21世纪全国高职高专土建立体化系列规划教材
浙江省高校重点教材建设项目
浙江省示范实训基地支持教材

# 房地产营销与策划

主　编　应佐萍
副主编　章　简　陆君豪
参　编　罗少卿　王园园
　　　　叶剑锋　王飞飞
主　审　陈旭平

北京大学出版社
PEKING UNIVERSITY PRESS

## 内 容 简 介

本书采用房地产行业营销策划的最新动态，结合大量项目实例，并参阅国家各部委相关法律政策，系统地阐述了房地产项目营销策划的主要内容，包括房地产项目策划概述、房地产项目前期策划、房地产项目市场环境分析、房地产项目 STP 策划、房地产项目产品策划、房地产项目投融资策划、房地产项目推广策划、房地产项目营销概述、房地产项目营销操作实务和房地产项目营销策划书撰写。

本书采用全新体例编写。除附有大量房地产项目案例外，还增加了章节导读、案例导入、知识链接、知识点滴、特别提示等模块。此外，每项目还附有多种题型的习题供读者练习。通过对本书的学习，读者可以掌握房地产项目营销、房地产策划的基本理论和操作技能，具备房地产项目营销操作和撰写房地产项目营销策划书的能力。

本书可作为高职高专院校房地产经营与估价以及相关专业的教材和指导书，也可为企业营销策划人员和房地产行业从业、执业资格考试人员提供培训参考。

**图书在版编目(CIP)数据**

房地产营销与策划/应佐萍主编. —北京：北京大学出版社，2012.8

(21 世纪全国高职高专土建立体化系列规划教材)

ISBN 978-7-301-18731-9

Ⅰ. ①房…　Ⅱ. ①应…　Ⅲ. ①房地产—市场营销学—高等职业教育—教材　Ⅳ. ①F293.35

中国版本图书馆 CIP 数据核字(2012)第 194039 号

书　　名：房地产营销与策划
著作责任者：应佐萍　主编
策 划 编 辑：赖　青　王红樱
责 任 编 辑：王红樱
标 准 书 号：ISBN 978-7-301-18731-9/TU・0262
出　版　者：北京大学出版社
地　　址：北京市海淀区成府路 205 号　100871
网　　址：http://www.pup.cn　http://www.pup6.cn
电　　话：邮购部 62752015　发行部 62750672　编辑部 62750667　出版部 62754962
电 子 邮 箱：pup_6@163.com
印　刷　者：三河市博文印刷有限公司
发　行　者：北京大学出版社
经　销　者：新华书店
787 毫米×1092 毫米　16 开本　22.25 印张　516 千字
2012 年 8 月第 1 版　2014 年 7 月第 2 次印刷
定　　价：42.00 元

# 北大版·高职高专土建系列规划教材
## 专家编审指导委员会

# 前言

本书为浙江省高校重点教材建设项目。为适应21世纪职业技术教育发展需要，培养房地产行业具备项目全程营销策划的专业经营管理应用型人才，我们结合当前房地产现状和发展编写了本书。

本书内容共分10个项目，主要包括房地产项目策划概述、房地产项目前期策划、房地产项目市场环境分析、房地产项目STP策划、房地产项目产品策划、房地产项目投融资策划、房地产项目推广策划、房地产项目营销概述、房地产项目营销操作实务和房地产项目营销策划书撰写。此外，为便于读者学习，本书中还穿插了营销策划操作模板和相关标准合同文本。

本书内容可按照64～80学时安排，推荐学时分配：项目1，4~6学时，项目2，4～6学时，项目3，8～12学时，项目4，8～10学时，项目5，6～8学时，项目6，4～6学时，项目7，8～10学时，项目8，4学时，项目9，8~10学时，项目10，10学时。教师可根据不同的使用专业灵活安排学时，课堂重点讲解每项目主要知识模块，项目中的知识链接、案例导入和习题等模块可安排学生课后阅读和练习，同时建议设置16~20课时的实践教学，安排学生进行相关的技能操作。如果已经设置了“房地产投资分析”、“房地产开发”等课程，可以选学项目2和项目6内容。

本书突破了已有相关教材的知识框架，注重理论与实践相结合，采用全新体例编写，内容丰富，案例翔实，并附有多种类型的习题供读者选用。

本书可作为高职高专院校房地产经营与估价以及相关专业的教材和指导书，也可为企业营销策划人员和房地产行业从业、执业资格考试人员提供培训参考。

本书由浙江建设职业技术学院应佐萍担任主编，杭州希捷商务咨询有限公司执行董事章简、浙江建设职业技术学院陆君豪担任副主编，全书由浙江建设职业技术学院应佐萍负责统稿。本书具体章节编写分工为：杭州希捷商务咨询有限公司章简编写项目1和项目8；山东城市建设职业学院王园园编写项目 2；湖南城建职业技术学院罗少卿和浙江建设职业技术学院应佐萍共同编写项目3；应佐萍和陆君豪共同编写项目4；湖南城建职业技术学院罗少卿编写项目5；莱茵达控股集团有限公司叶剑锋编写项目6；浙江建设职业技术学院应佐萍编写项目7和项目10；陆君豪和王飞飞共同编写项目9；浙江建设职业技术学院赵凤、杭州爱想广告策划有限公司万佳奇也参与了本书的编写工作。浙江建设职业技术学院陈旭平老师对本书进行了审读，并提出了很多宝贵意见，坤和建设集团股份有限公司、绿城物业服务集团也对本书的编写工作提供了很大的帮助，在此一并表示感谢！

本书在编写过程中，参考和引用了国内外大量文献资料，在此谨向原书作者表示衷心感谢。由于编者水平有限，本书难免存在不足和疏漏之处，敬请各位读者批评指正。

编者

2012年4月

# 目 录

# 项目1

# 房地产项目策划概述

## 教学目标

通过对策划的概念、房地产项目策划的内涵及理论学说、房地产项目可行性研究、房地产项目特性分析、房地产项目品牌行销策划等概念性学习，了解国内房地产业界的策划实践及理论发展，知晓房地产项目策划的理念、地位和作用转变，掌握房地产项目策划的基本流程并进行实践应用，理解并掌握应用主题概念和各种方法手段进行房地产项目策划创新。

## 教学要求

| 能力目标 | 知识要点 | 权重 |
|---|---|---|
| 了解策划的基本概念 | 策划的概念和性质 | 5% |
| 理解房地产项目策划的概念内涵 | 房地产策划发展史、房地产项目策划内涵 | 10% |
| 领会房地产项目策划的范例演变 | 房地产策划的理论发展、房地产项目策划的主要理论学说 | 15% |
| 了解房地产项目策划的实践意义 | 房地产项目策划的理念、地位和作用 | 10% |
| 理解房地产项目策划的特有概念 | 房地产项目可行性研究、房地产项目特性分析、房地产项目品牌行销策划 | 15% |
| 掌握房地产项目策划的基本流程 | 房地产项目策划的范畴和流程 | 20% |
| 理解房地产项目策划的思维流派 | 房地产项目策划的思维基础和创新发展 | 10% |
| 领会房地产项目策划实践性创新 | 房地产项目策划的主题概念创新和方法手段创新 | 15% |

## 导读

在 20 世纪 80 年代末期以前，中国内地处于短缺经济，房产供给实行造房分房的社会福利保障政策。当时，房地产市场基本没有形成，更谈不上房产策划的概念。90 年代初，国内住房分配改革开始，实物供应逐渐取消，货币补贴形式抬头。有关资料表明，策划在中国房地产业的孕育发展就始于这个阶段。

挣脱了计划经济体制的管控，商业房产初露端倪，房产金融信贷政策开放，促进了房地产的市场化进程。自从国际金融危机爆发后，国内房地产业在政府的干预下急剧波动，为应对风云突变的危机动荡，各色各样的策划呼声日益高涨。时至今日，房地产策划形成了“战略策划模式”和“发展商策划模式”的对局格式，项目策划也成了房地产专业课程不可不探讨的重要部分。

策划，也称筹划或谋划。如图 1.1 所示，策划不仅体现了谋略，更是集结智慧的思想内涵提炼。因而，本章节从讨论策划的概念着手，逐步过渡到策划在房地产领域的应用以及它的理论演变和实践创新。本章的重点为房地产项目策划的结构流程，难点为房地产项目策划的模块创新。

图 1.1　策划的谋略和智慧

## 知识点滴

### 策划与房地产项目策划

策划是社会发展、文明推动的产物。在中国，房地产项目策划的产生和发展源于经济转型、行业低迷、知识经济的到来。当传统的计划经济向有特色的社会主义市场经济转型，当行业低迷的客观事实摆在房地产企业面前，当智力智慧越来越服务于市场经济，诸如此类的因素敦促国内的房地产业引入新颖的运作模式，为策划融入房地产项目构建了良好的空间舞台。导入策划行为，可使濒临低潮的房地产项目起死回生；引入文化智慧，可为房地产经济积聚不可低估的能量。如今，策划在房地产领域已颇受青睐，常常贯穿房地产项目开发始终，为成功的房地产运营建树了不可磨灭的功勋。

## 1.1 房地产项目策划内涵

### 案例导入

在日常生活中，我们常见的是买卖产品、推广服务。但对很多城市来说，旅游不仅产生直观的经济效益，也带动了当地的经济发展，所以城市也成了推广的目的地之一。如图1.2所示，昔日繁荣的旅游业曾给都市伦敦创造过上百亿的经济价值。然而，接二连三的恐怖袭击，如2001年的纽约9·11事件，随后英美卷入的伊拉克战争，2005年的伦敦7·7地铁爆炸，给这个国际大都市的安全造成了重创，也给伦敦的旅游经济蒙上了阴影。

带着国际安全隐患的城市很难推广。依照传统做法，伦敦旅游局主要以吸引游客为主要目的。但“访问伦敦”(注：一家受命推广伦敦的机构)试图让伦敦迎合居民群体，包括了国内外的商务人士和旅游人士。该机构的首项策划活动——“全伦敦”运动，集合了伦敦的街头标记和市政交通，突兀排印为一体，大肆宣传博物馆、零售店、公园等历史文化消费名胜。

从那以后，伦敦就细分受众，特别关注同性恋、留学生、华人等特定群体。例如，为了吸引国际学生，他们专门提供留学建议服务；为了吸引华人群体，他们策划“中国新年”等文化活动；为了加强和中国的经济往来，他们用移动媒体在地铁等处播放“在伦敦的中国”节目；为了在国际市场上宣传伦敦、推广伦敦，“访问伦敦”还采用了多种新颖的营销技术。如在日本，他们委托流行明星录制“感叹伦敦——将来的呼唤”；在美国，他们雇佣6个伦敦出租车司机自驾游历美国12个城市，免费搭乘上下班的路人。

借助于这些精心策划的好点子，伦敦的访客数量已从地铁爆炸中慢步恢复。然而，廉价航空遍及欧洲，英国很多人选择便捷旅行，出游到欧洲其他国家，伦敦这个城市还是面临国内市场分散到欧洲各目的地的挑战。但是，凭着对市场不断地创新努力，伦敦也逐渐收复国内英伦三岛的市场失地。现在，2012年伦敦奥运会召开，它势必将推动伦敦，让伦敦成为更有魅力的国际大都市之一。

图1.2 都市伦敦略影

**案例说明**

上述案例根据 David Jobber 和 John Fahy(2009，pp.16-17)编译，着重突出了都市伦敦在国际环境风云突变前后的城市推广策划智慧。怎样在房地产项目中运用策划的智慧，彰显策划的思维和方法，将是本章节聚焦的知识点。

### 1.1.1 策划

在美国哈佛企业管理丛书中，策划被定义为“一种程序”，一种在本质上“运用脑力的理性行为”。据此理解，策划是以实践活动为基础事实条件，基于一定的科学理论和方法，用智能创造驱动思维的过程和行为。策划需要有具体的项目，围绕特定设置的目标；策划需要收集整理市场信息，关注分析行业动态；策划需要推导判断项目走向，构思设计落实项目方案；策划需要集思广益，最终良性地推动项目运行。

完善的策划离不开科学的方法、完备的数据、新颖的思路、有效的方案。作为显赫的国际大都市之一，伦敦在经历重重危机后，仍能重占国际国内的市场，应特别归功于新颖的策划思路和有效的推广方案，同时也离不开充分的市场调查所掌握的一手、二手资料，及在信息分析基础上的有针对性的活动和措施。

策划应明确目标、前瞻性强、前后关联、遵照程序、系统提案、多样创新。没有了创新，策划将平淡无奇，缺乏亮点。策划的主要特征和属性见表 1-1。

**表 1-1 策划的主要特征和属性**

| 属性 | 特征阐释 |
|---|---|
| 目的性 | 策划应为特定的项目设定总体目标，并根据项目任务和进度分别拟定子目标和阶段性目标 |
| 前瞻性 | 策划应能依据今时今日及过去发生的实际情况，合理地评估并预测未来的项目趋势，策划的理念、创意、手段应有超前性及预见性 |
| 关联性 | 策划应为将来服务，但不能脱离现在或剥离各项关联事件，不能失去一致性和连贯性 |
| 程序性 | 策划应遵循一定的流程或程序，策划全程应由始至终地为既定的目标服务 |
| 系统性 | 策划需以系统的解决方案为结果，这是一个庞大的由多个子系统组成的系统工程，不应简单草率地零星拼凑 |
| 创新性 | 策划是创新的创作，应提倡新意，如新主题、新概念、新思路、新点子、新方法、新手段等 |

项目策划是一门新兴的学科，以具体的项目活动为对象，体现一定的功利性、社会性、创造性、时效性、超前性。在理论研究或实践应用中，项目策划可以行业专业化，如房地产策划、旅游策划、酒店策划等，也可以功能专业化，如商务策划、营销策划、公关策划、品牌策划等。本项目初始的导入案例，从城市推广的角度看，既涉及旅游行业策划，又涉及营销功能策划。同理，房地产项目策划就是在房地产行业应用各功能模块的专业一体化策划。

### 1.1.2 房地产策划的概念

笼统而言，在房地产领域内灵活运用科学建制进行策划的行为和活动，即统称为房地产策划。房地产项目策划，则是指开发商取得地产项目之后，围绕具体的开发期望和目标，在客观的市场调研基础上提出合理的项目定位，赋予项目独特的核心概念，运用多种策划途径，如投资策划、主题策划、建筑策划、品牌策划、公关策划、营销策划等，按一定的规范和程序对项目进行创造性的规划和构思。

**特别提示**

不论是前期策划还是后期策划，房地产项目策划讲究以主题策划为主线，将概念串在投资、设计、形象、营销、广告、公关、活动等各种功能模块性策划之中。

房地产项目策划的执行者是策划人或策划团队，成品是系统的方案文本。事实上，有针对性的市场调查将为房地产项目策划提供关键的重要信息依据，即根据项目本身的不同开发条件如区位、占地面积、建筑密度、容积率、地价、开发时限、产品定性，对市场主客观要素如资本条件、金融条件、技术条件、 政策条件、市场条件、消费形态、竞争情况、促销攻略等多方面展开调查和分析。而最终，要形成一套完整的、预期实现利润最大化的，可据以实施的投入、产出、运营的文本型决策方案或策划书，作为项目开发的行动纲领。

除了要关注政策、资金、技术、市场、管理等要素之外，还必须关注隐藏在这些因素之中或背后的人文要素，如社会动态与人口变迁，区域居民消费与投资心理趋向，区域居民文化习俗与审美价值取向，规划、设计、施工方的综合文化修养，项目本身所含有的文化价值等。

**案例说明**

英国 Linden Homes 利用西南港口城市码头上的废弃造船厂重新开发精装公寓项目时，就结合了港口、码头和布鲁内尔的 SS 大不列颠景点的天然资源，将公寓设计成工业厂房的造型，让住户拥有充足的空间，尽享通透的光线以及产生无限的遐想，除了满足新一代业主对现代时尚生活方式的渴望，还自然地让住户在观水景、船景和岸景等自然风光的同时，跨入一步之遥的布鲁内尔的 SS 大不列颠体验历史文化，通过近距离触摸世界上第一个伟大的远洋班轮，体验维多利亚时代的乘客和船员在船上生活的景象、声音和气味。

在房地产项目策划中，有三点特殊性有待关注：一是房地产的消费与投资心理不能单纯以居民购买能力来衡量，也不能以城市大小来划分。比如，若干年前国内很多大城市的居民购房是以自主提高居住品质为目的的，但炒房团的发源地温州虽是个地区级城市，当地的很多居民却很早就将购房当做一种投资回报行为。二是由于民俗、宗教、习惯的文化差异，楼盘的规划与设计不能完全拷贝国外的模式，也不能按国内的范例依样画葫芦，而应兼顾风水及目标消费群体的审美习俗。国内外客户在购买新楼盘、二手房房产时的倾向明显不同，很大程度上是文化差异在作祟。三是要充分评估项目开发区域内含的自然与人文遗产要素，如对地下水、地下温泉、地面河道、地面名贵植物、地面与地下历史遗址等加以利用和保护，并与周遭的自然、历史、人文名胜或标志性建筑遥相呼应。例如，在西溪国家湿地公园方圆几里的房地产开发项目中，以西溪开始命名的楼盘就数不胜数。

所以，房地产项目策划除了享有策划的共性(见表 1-1)之外，还具有以下专属特征见表 1-2。

表 1-2　房地产项目策划的特殊属性

| 属性 | 特征阐释 |
|---|---|
| 地域性 | 房地产项目策划要考虑房地产开发项目的区域经济情况、项目周围的市场情况、项目的区位情况 |
| 市场性 | 房地产项目策划要自始至终以市场为主导，要适应并吻合市场的需要，要追随市场的变化而变化，要造就市场并创造市场 |
| 操作性 | 在敏感多变市场环境中，房地产项目策划要具备可操作可实现的支持条件，且策划方案本身要易于操作、便于实施，在具体实施时有可操作可实现的方法 |
| 多样性 | 为更好地适应形势的发展和时局的变化，房地产项目策划要有多个预案，即以主导方案为核心，随时监测房产市场环境的变化，适时调整和修订各阶段的方案措施 |

在我国房地产业，策划走过了从无到有，从萌芽到快速发展的过程。随着房地产策划的经验积累，房地产项目策划的理论在国内也不断得到提炼。当然，这归结于中国房地产的市场化进程、国外营销理论的学习和借鉴、国内房地产的迅速膨胀、市场需求的多元与多变、竞争的激烈与楼盘空置的残酷以及国内众多策划人的努力耕耘等多重因素。

### 1.1.3　房地产策划的理论发展

**特别提示**

中国房地产市场的发展经历了 5 个阶段.

第一阶段为：1980—1988 年间的国有及国有控股的垄断性房产市场。

第二阶段为：1989—1991 年，国内少数开放地区房地产业初步市场化。

第三阶段为：1992—1997 年，以住房分配为主的房地产业半市场化。

第四阶段为：1998—2001 年，货币化和住房个贷支持的房地产业市场化。

第五阶段为：2002—2008 年，土地垄断供给的房地产业市场化。

随着房地产市场的演变，房地产企业的发展战略与策略也不断过渡，从 1980—1988 年的拥有土地、简单生产，到 1989—1991 年的清理整顿、维持生产，于 1992—1997 年走成本控制和规模化路线，经 1998—2001 年的品牌、技术、产品全面升级，到 2002 至今注重资本与金融的结合。与此同时，房地产策划的理论也不断派生。大体上，我国房地产策划理论的发展经历了标准规划、销售策划、概念策划、卖点群策划、全程策划、整合策划六重演进过程。

#### 1．建设观念阶段的标准规划

20 世纪 80 年代末以前的计划经济时代，国内只有简单的“房地产”概念，还没有形成“房地产市场”的概念。当时实行的是标准规划，规划有规划院，设计有建筑设计院，建造按标准图纸。到 80 年代末，消费者对住房的需求有了层次性增长，国外营销理论开始得到应用，房地产有了初步的设计概念，但仍局限于提供价格低廉的住房。

#### 2．楼盘观念阶段的销售策划

房地产刚刚走向市场化，开发商的观念尚未完全扭转，房地产开发尚缺乏市场调研的意识，也没有了解消费者和竞争者的意识。那个年代所谓的策划，多是企业领导或设计院专家集聚一堂，在一番讨论后拍案定板，主观判断的成分居多。那时的房地产营销，处在产品导向型的楼盘观念阶段，即致力于规划和设计并重，改进楼盘的品质和功能，供应高质量、多功能、有特色的楼盘。

**特别提示**

1993 年 6 月，王志纲加入广东顺德“碧桂园”，积极整合调动新闻资源，颂扬“名牌的背后是文化”的新理念，传播“给你一个五星级的家”的全新生活，使策划在房地产开发中起到了成功的示范作用，就此他开创了中国房地产项目策划的先河。按照王志纲的观点，好的房地产项目是用文化内涵作为切入点策划出来的，而其影响最深远的著作——《谋事在人—王志纲策划实录》，被海外华人广誉为“大陆奇书”。

在国内，房地产策划概念的应用始于 1993 年前后，算是国内房地产市场化的伊始阶段。在 1997 年以前，房地产策划的主要特点是运用各种单项技术手段进行策划。随着房地产策划实践的日益深入和成功案例的推出，房地产策划开始得到关注和认可，各种策划组织(如企业内部策划部、专业策划公司、策划代理机构、物业顾问公司、自由策划人)应运而生，房地产项目策划理论也不断得到总结。但总体上说，此阶段的房地产策划绝大多数仍属于“销售策划”。

### 3．推销观念阶段的概念策划

后来，国内开发商把房地产市场泡沫的出现、楼盘空置率的增高归咎于消费者的购买惰性，所以一度把营销放在房地产企业运营的首要位置，作为房企的头等大事和核心工作来抓。到了 1997—1999 年间，大多房地产策划仅停留在广告策划和销售策划上，重点宣传楼盘的一两个概念特征，用这一两个“卖点”达到主动推销和积极促销的目的。这段时间是国内房地产策划的低潮期，地段、价格仍然是房地产消费者的主要识别因素。

### 4．准营销观念阶段的卖点群策划

随着经济的高速增长、社会文化的进步与生活水平的提高，消费者对居住的需求层次更加分明，购房行为更趋理性。此时的开发商开始以用户为中心，用建设观念、楼盘观念建筑楼盘，向市场诉求无穷无尽的卖点，如环保住宅、绿色住宅、智能住宅、生态社区、人文社区、山水社区等。依赖卖点群的策划虽然让楼盘品质有了提升，但缺点是导致运营成本急速攀升。

### 5．营销观念阶段的全程策划

在供需矛盾、楼盘空置并未得到缓解的情况下，房地产开发商开始意识到确定目标市场、掌握目标客户真正需求的必要性和重要性。此时，产品不再是唯一的关注点。取而代之的是，转向关注市场需求，以用户为中心，策划与营销并重的观念，这使房地产策划在行业中的位置进一步抬升。

在后全程策划阶段，增值策划是代表性的理论学说。增值策划旨在通过需求调查，基于差异化、避免竞争的营销理论，采用等值策划的技术手段，创新出不可替代的楼盘，来适应需求、引导需求、挖掘需求、满足需求，从而提高楼盘的价值。这是一种以用户为核心、策划为主体功能、营销为主要功能的主导开发模式。在这个模式中，让消费者洞察楼盘所增加的使用价值，相对提高楼盘售价，是增值策划期望达到的结果。增值策划更加强化了项目策划在房地产开发中的作用和地位。

整合营销观念阶段的整合策划。整合营销倡导结合使用各种营销技巧，兼顾企业、顾客、社会各方的共同利益。根据国外房地产策划理论，我国部分房地产业发达地区，已率先带着整合营销观念进入整合策划时代。在整合营销的理念推导下，营销是全员参与的事，企业应上下一致，整合协调所有资源，努力为顾客创造利益。整合营销时代也将房地产的策划模式推入了整合策划时代，即强调从静态走向动态去分析市场，努力运用房地产领域内外各种技术手段，使地产与泛地产复合，以创造房地产品牌，提升房地产价值，迎合目标市场。

**知识点滴**

整合策划出现了三大走向。

(1) 指上千亩以上的大项目，即大盘策划，如广州“雅居乐花园”(4500 亩)、北京“远洋山水”(3000 亩)。

(2) 真正具有差异化和个性化的连锁策划，如“奥林匹克花园”连锁项目分布在广州、北京、上海、大连等城市，共享“奥林匹克”的精神和“运动与健康”的特色。

(3) 依次做好城市定位、城市规划和城市运营的城市策划，如 2003 年的“祥和丽城”开发项目是王志纲的代表作；丽江的定位是香格里拉大旅游圈的门户，世界精品体验旅游名城——“东方体验之都”，而“祥和丽城”建设成了“大香格里拉国际旅游核心服务平台”、“丽江城市之心”。

随着房地产项目策划的理论升华和实践深化，房地产策划的思想流派也不断分化。各派各有所长，各创精彩，促进了房地产项目策划理论的多元发展。

**知识点滴**

(1) 以王志纲为首的“战略策划”流派。

(2) 以冯佳为首的“全程策划”流派。

(3) 以曾宪斌为首的“品牌策划”流派。

(4) 以黎振伟为首的“投资策划”流派。

(5) 以周勇为首的“实战策划”流派。

### 1.1.4 房地产策划的理论学说

在国内众多房地产策划的理论学说中，“策划基本理论”和“全程策划理论”是综合策划阶段产生的主要代表性策划学说；“战略策划”理论、“品牌策划”理论、“房地产全程营销”理论则在复合策划阶段激流涌现。其中，“房地产全程营销”是房地产策划理论开始趋向成熟的标记。

(1) “策划基本理论”强调策划应集思维、设计、整合、监理科学于一体的四 4 个理论基础，强调策划的生产力本质与策划的辩证作用，强调策划的因时、因地、因人制宜性与唯一排他性的权威原则，强调策划的成果、机制、人才品牌导向性，强调策划的流程以及策划人的思维特征和素质。

(2) “全程策划理论”的含义，侧重于“全程为握”，将策划落实在市场调研、项目论证、概念设计、规划布局、建筑设计、工程控制、营销推广、售后服务等各个环节中，追求的是一种全过程策划。“全程策划”强调策划时不漏过任一过程或环节，意味着每个环节、每道工序、每个细节均不可忽视，即从可行性研究论证到营销策划再至方案执行，在市场调研、分析、定位、促销、推广过程中全得悉数重视。策划时还要注意各环节各过程的前后连贯性，并注重在每一环节或过程中用多样化的手段给项目扩大增值空间。“全程策划”涵盖了土地价值的研制、概念设计、视觉设计、营销推广、媒体组合、品牌培育、品牌运用、工程控制、物业管理及售后服务。

**特别提示**

“全程策划理论”为房地产领域提供了一种全新的策划模式，应用广泛，影响深远。但实际上，很多房地产开发商将项目策划工作交由专业的房地产策划公司，当委托全部策划内容时，就习称为**项目**全程策划。所以，在实践应用中，要注意这两者的概念差别。

(3) “战略策划”理论认为，房地产项目策划要从战略的高度把握大势，再解决做什么(what)、谁来做(who)、怎样做 (how)的问题。“战略策划”理论追随从开始把握大势，到提出思路创新理念，再提出定位设计策略，然后提出方案整合资源，最后提供平台和监理顾问的策划路线。后续发展的“战略策划”理论内容更为丰富，体系更为规范，更具指导意义。

(4) “品牌策划”理论也颇为独到，注重为房地产强化品牌、培养品牌、输出品牌的核心价值。房地产“品牌策划”讲究的是围绕一个中心——建立品牌，两个基本点——建立一流的品质和一流的推广，讲究 3 个推广重心(融入和谐的自然环境、提供社会化的社区服务、注重信息化的居家生活)，4 个推广阶段(人工造雨、筑池蓄水、开闸泄流、持续蓄水)，5 种快速品牌推广方法(筑巢引凤、盆景示范、借花献佛、马良神笔、巨量广告)，及 6 个工程(软性推广、公关活动、卖场包装、口碑工程、公关危机、大众广告)。

(5) 以价值链为理论基础的“房地产全程营销”策划理论，主张从项目主题策划伊始就着手挖掘市场的需求，结合房地产项目可行性研究，综合房地产市场理论及营销实务，实行全程策划营销方案的概念。换言之，在房地产项目用地的初始阶段，就导入“策划营销”之说，将“营销概念”逐级分层融入到房地产项目的全运作过程，从而推动房地产项目的科学策划与品牌运营。在“房地产全程营销” 策划概念中，“策划营销”分别落实在项目投资、规划设计、质量控制、形象设计、推广执行、顾问销售、项目服务、及项目二次运作共八重过程中。这意味着用科学的营销思想，穿插于房地产项目开发始末，而形成独到的房地产全程策划营销方案。

**知识链接**

与“全程策划理论”有所区别的是，“房地产全程营销”强调策划为先、创新为赢、塑造差异、整后营销。

(1) 策划为先的意思是，在项目开发过程中，从思维上策划在先，包括项目认证、风险评估，资金渠道、市场定位、规划设计、施工招标、工程管理、材料选择、形象包装、开盘销售、广告宣传、营销策略、物业管理、品牌塑造、效益提升等都需要系统策划。

(2) 创新为赢追求的是，在全盘策划过程中进行营销策划创新，包括建筑形态、布局规划、户型设计、整合营销、广告宣传、公关活动、物业管理、融资方式等。比如，有效结合金融服务创新支付方式；有效利用消费者心理创新价格策略、宣传策略和定位策略，都是房地产全程策划营销的创新实例。

(3) 塑造差异是指在房地产策划过程中，应在不同层面，如建筑风格、整体外立面、风系设计、光系设计、户型设计、布局空间设计、功能设计、智能化设计、逃生设计等方面创新立异，吸引消费者的眼球，提升项目价值。但必须注意的是，在追求新颖化的同时必须要权衡投入成本的差异，尽量给项目创造产品和盈利的双重竞争优势。整合营销是指，在房地产项目开发或经营中，不仅要体现良好的企业、项目与员工形象，关注单体产品与营销方式，更要善于整合优质的产品卖点与物管服务，整合定价方式与策略，整合营销主题、广告媒体。例如，就整合有形产品和无形服务的内外资源而言，可引进组合家电、组合厨房、综合社区配套等；就整合营销传播方式和渠道而言，可整合楼盘地段、升值潜力、房产概念、设计户型，综合利用单页、电视、车体、广播、户外等多种广告媒体。

在这些理论学说基础上，房地产策划的理论研究得到了专家学者的关注，并在学术领域有了长足的发展，继而陆续进入一些大专院校的课堂。可见，在房地产策划市场期待更理智更成熟的同时，房地产项目策划的专业地位、作用与契机不容小觑。

## 1.2 房地产项目策划作用与流程

**案例导入**

如图 1.3 所示某高教园区别墅项目占地 404 亩，共 15 万 $m^2$，由近 300 幢别墅和 50 余幢排屋组成。项目分二期开发，一期以独立别墅为主，二期以连体别墅为主，绿化超过 50%。项目离市中心近，交通便利，配套设施全；所在地自然环境独到，山水资源丰富。同时，由于大学城的开发，项目传递着浓郁的人文信息，是居住、生活、学习的最佳的区块之一。随着交通条件的改善，该区域在近年发展较快，客户群主要面向当地中产人士。

图 1.3 某高教区别墅项目楼盘展示

**案例说明**

- 自然环境是第一策划卖点：别墅坐落在优美的自然环境，不仅着重强调周边的自然环境美，还强调社区内的优美自然环境。其中，空气好、天然绿化是该项目较好的环境参照标准系数。
- 地理位置是第二策划卖点：项目地处城市近郊，与城区的距离约 20 分钟，城市机能较强，直接决定了其优越的地理位置。
- 人文环境是第三策划卖点：现代都市人很注重楼盘周边区域的人文环境，比如，周边拥有的知名人文或旅游景点，周围居住的人群性质，周遭的生活居住环境，都会成为买房卖房的重要驱动因素。

- 产品舒适度是第四策划卖点：购买别墅的人群，通常要求自己的居所能在回归自然的同时，体现尊贵且有一定的生活品味，并能充分展现自己的个性化空间。
- 市政配套是第五策划卖点：市政配套现状决定了水电煤暖等必要的生活资源供应条件和状况，各项市政配套设施是否齐全决定了今后居住的成本，例如物业管理费用的高低。
- 生活设施是第六策划卖点：由于地处城市郊区，所开发物业必须要有小配套设施，以保障和满足居住人群的生活、休闲等各种需要。同时，周边的大配套设施也必须齐全，如学校、医院、酒店、娱乐场所、商业、银行、邮电和金融等，为住户提供更多更好更便利的选择，使住户充分享受都市生活的现代感。
- 人口密度是第七策划卖点：当居住区域人口过密，私密性、安全性有时就很难得到良好的保障。尤其是别墅房产，人口密度低，能相对体现一定的档次性，对高档消费人群也就越能产生吸引力。所以，别墅楼盘的人口密度千万不能过高。

该项目在策划过程中，抽取了以上主要卖点。根据上述卖点提炼，结合项目本身，项目营销主题拟定为"山谷，纯现代别墅"，并将项目客户人群——IT人士、大学教师、艺术家、私营业主等。

房地产项目策划属于综合知识型智力服务，能创造显著的经济效益和社会效益。它能为房地产项目决策指明方向，能增强所开发项目的核心竞争力，并能将行业内外资源及企业内外资源进行有效的整合。与其他领域的策划相比，房地产项目策划的周期较长，横跨更多的应用专业，牵涉资金流量大，策划团队成员背景更为复杂，对国家有关政策法规及经济金融环境的变化甚为敏感。因而，房地产项目策划所包含的内容更为宽泛，所涉及的流程也更为复杂。

### 1.2.1 房地产项目策划的地位作用

随着中国房地产业逐步从卖方市场转向买方市场，从产品时代迈入品牌时代，从价格竞争、概念竞争转入品牌竞争，未来的房地产项目策划将呈现三大趋势。

(1) 观念与追求的转变，房地产项目策划观念将从产品品牌转向企业品牌，从单纯地追求经济效益转向追求社会、文化乃至生态效益。

(2) 策划组织的转变，房地产项目策划将从自由的策划个体走向更有组织的智慧群体，横跨人文、经济、管理、建筑、信息技术、生态、环境等多种领域人才，以应对收集、分析、整理、归纳大量横纵向的动态信息。

(3) 房地产项目策划的理念与方法的转变，将从淡薄、零散的点子策划到全面、系统的理论与实践并重的策划，从侧重策划项目概念转到概念与项目细节并重，从定性分析转到定量定性分析相结合的趋势。

经多年的项目策划实践，房地产策划人形成了公司组织、策划研究与实践相结合、自由策划人 3 种运作形式。不管怎样，房地产项目策划师的角色定位、素质要求也正在不断演变中。

**特别提示**

根据房地产策划行业的发展，2005 年 3 月 31 日，"房地产策划师"成为我国国家劳动和社会保障部正式发布的第三批 10 个新职业之一。2006 年 1 月 17 日，国家劳动和社会保障部又制定并颁布了《房地产策划师国家职业资格标准（试行）》，对房地产策划师的职业概况、基本要求和工作要求进行了详细的界定。房地产策划师国家职业资格准入制度的建立，规范了从业人员的职业道德和专业素质，将对房地产策划行业的健康发展起到积极的推动作用。

当以王志纲为代表的专业策划人强调大势策划时，以潘石屹、王石等人为代表的房地产开发商却高调呼吁，声称发展商才是真正的策划大师。新世纪的房地产项目策划人才需要具备丰富的房地产专业知识，需要有逻辑性、创造性和创新性思维，需要能敏锐地洞察、分析、判断和解决问题，需要具备良好的语言沟通技巧与文字表述能力，更需要理解房地产项目策划对项目、企业、社会的多层推动作用，以及因此而背负的多重责任。

房地产项目策划对项目、对企业、对社会的推动与促进，既是显性的，又是隐性的，能为房地产企业直接创造经济效应，间接地促进社会的良好互动，从而产生一定的社会文化附加价值。另外，通过遵循科学的策划程序，房地产项目策划能帮助房地产企业追求管理创新，从项目开发的问题入手，经寻求解决问题的途径，来提高房地产企业的有效管理和管理效率。

(1) 从项目层面来说，卓越的房地产项目策划会赋予项目极佳的创新理念，给新项目新楼盘配置最理想的配套与服务，从而更好地与市场需求接轨。在当前房地产业竞争白热化的局势下，房地产项目策划更能发挥它的特长，使房地产开发项目增强其竞争力，让项目在市场上赢得主动，从而稳操胜券，立于不败之地。

(2) 从企业层面来说，房地产项目策划可以担当企业及行业的参谋顾问，使企业及企业家决策更为准确，以避免项目在运作中出现偏差。同时，优秀的房地产项目策划通常蕴含风险预警机制，及时启动风险预警机制会加强企业在环境突变时的整体抗风险能力。因而，房地产项目策划不仅能促进管理层的科学决策能力，更能增强企业在同行中的风险防范能力与核心竞争能力，提高企业的双重盈利(营收与赢利)能力。

(3) 从社会文化效益来看，房地产项目策划涉及概念资源、人力资源、物力资源、社会资源，房地产项目策划能充分挖掘各层资源的功能，梳理各级资源的关系，分析各种资源结构，为项目充分地进行资源整合，以发挥优势互补的作用。更深入地说，房地产项目策划还能预测未来市场居民居住的趋势要求，有效地满足居民对将来“如何改善居住”和“改善居住什么”的渴望和需求。此外，房地产项目策划将切实地加强项目在环境保护、社区关系维护等方面的操控与驾驭能力，最终促进企业的社会责任感建设。

一般说来，房地产项目策划可分为三部分内容：一是项目的前期定位策划，即房地产开发项目的可行性研究，包括市场调研、项目定位、项目的经济效益分析等；二是项目的推广整合策划，包括项目的 VI 设计、项目推广期、促销期、强销期、收盘期投放多种媒体的广告方案设计和各种促销活动的策划方案等；三是项目的销售招商策划，包括售楼人员培训、销售手册的编制、分阶段销售价格的确定等，而且项目的商业部分还要进行业态定位策划和招商策划等。接下去，本节将继续探讨房地产项目的可行性研究、特性分析和行销策划的内容和作用。

### 1.2.2 房地产项目可行性研究

房地产项目的可行性研究，是指在项目开发投资决策前，对与项目有关的市场、资源、工程、技术、经济、社会等问题进行全面的分析、论证和评估，再以此判断项目在技术、财务和经济上的可行性，并从中选择最优化项目方案的方法。在房地产项目开发过程中，可行性研究促进了项目的科学与民主决策，减少或避免了投资决策的失误，为编制项目设计任务书、与各方合作、项目的审批和建设提供了重要的参考依据。

房地产项目可行性研究主要包含了以下内容。

(1) 调查项目整体概况、项目用地情况、项目动迁安置情况。

(2) 分析房地产市场、项目开发规模、项目规划设计及开发计划。

(3) 研究项目组织架构、资金资源保障、环境保护等问题。

(4) 总体评估项目的经济、社会、环境效益。

房地产项目可行性研究又分为投资机会研究、初步可行性研究、详细可行性研究、项目评估和决策4个研究阶段。

(1) 投资机会研究。其主要任务是对投资项目或投资方向提出建议，即由相关部门在一定的区域内，以自然资源和市场的调查预测为基础，寻找最有利的投资机会。投资机会研究相当粗略，依靠大致的估计。该阶段投资估算的精确度约为±30%，研究费用一般占总投资的0.2%～0.8%。如果机会研究认为可行的，就可以着手进行初步可行性研究工作。

(2) 初步可行性研究。也叫预可行性研究，是在机会研究的基础上，进一步对项目建设的可行性与潜在效益进行论证分析。在初步可行性研究阶段，投资估算精确度预计可达±20%，所需费用约占总投资的0.25%～1.5%。

(3) 详细可行性研究。也是通常说的可行性研究，是开发建设项目投资决策的基础，是对分析项目在技术上、财务上、经济上的可行性后做出是否投资的决策关键。这一阶段对建设投资估算的精度应在±10%，所需费用，小型项目约占投资的1.0%～3.0%，大型复杂的工程约占0.2%～1.0%。

(4) 项目的评估和决策。按照国家有关规定，对于大中型和限额以上的项目及重要的小型项目，须经有权审批单位委托有资格的咨询评估单位就项目可行性研究报告进行评估论证。未经评估的建设项目，任何单位不准审批，更不准组织建设。

可行性研究常遵循5个步骤执行：接受委托——调查研究——方案选择——财务评价和经济评价——编制可行性研究报告。

在完成可行性研究论证之后，房地产项目的推广整合策划和销售招商策划在实践中可组合为品牌和行销策划。事实上，房地产项目特性分析对品牌和行销策划的起到了重要基础工程的作用。

### 1.2.3 房地产项目特性分析

房地产项目特性是通过分析项目后发掘的，能清晰地反映项目特点的特殊属性。通俗地说，房地产项目的特性分析就是对项目的优劣势判断，并据此确定项目在同类物业中的地位排序。房地产项目特性是确立所开发项目在所处地段和同类物业中市场定位的重要指征。

房地产项目特性需要对市场、客户、价格、传播等环节做充分的调研和合理的分析。房地产项目特性分析需要调查以下项目概况。

(1) 项目的建筑规模与风格、建筑布局和结构，如建筑实用率、建筑绿化面积、房产配套设施、房产厅房布局、房产层高、房产采光通风、房产管道布线等。

(2) 房产装修和设备，如装修是豪华型还是朴素型，家电设备是进口的还是国产的，消防通讯设备设施是否齐备是否先进。

(3) 楼盘功能配置，是否建造了休闲娱乐设施，如游泳池、网球场、俱乐部、健身房等，周边是否有公共服务配套，如学校、菜场、餐饮、酒店、剧院等。

(4) 物业管理，是开发商自己管理还是委托他方物业公司管理，物业管理的收费水平和管理范畴、物业管理保安的素质和技能等。

(5) 发展商背景，如品牌内涵、资金实力、开发业绩、交房信誉、员工素质等。

在上述调查得出结论后，应就上述细节提出全面的策划意见，比如建议哪些需突出，哪些需规避，哪些需弥补，哪些需调整等。

房地产项目特性分析涉及目标客户时，应综合考虑以下方面。

(1) 客户群的经济背景。

(2) 客户群行业或公司特征，如资金实力、单位规模、经营管理、运营模式、承受租金、使用面积、所属行业。

(3) 客户群家庭情况，如家庭收入消费水平、购房付款方式、银行按揭方式。

然后根据购买者的职业类型、收入水平(或家庭收入结构)、文化背景(专业背景、教育水平)等，描述其主力客户的基本特征和确切定位。针对客户定位的项目特色分析将给项目的品牌推广、宣传创意、诉求卖点、媒体选用、推广方式提供较好的借鉴意义。

房地产项目特性分析也关系到以达成销售目标为宗旨的价格定位和营销沟通分析。房地产的价格定位涵盖了理论销售价格、实际成交价格、租金价格、价格策略 4 个方面，它需要不断地检测企业状况和市场动态来确立项目的入市时机和入市姿态，如是否卖楼花、是否卖现楼，是否封顶再卖，是否抢在竞争对手前开卖，还是等人家卖完了再说。

再者，房地产项目特性分析，还要与广告策略、媒介策略、推广办法、人员销售等促销策划相挂钩。随着广告的阶段性变化(如准备期、导入期、推广期、成熟期、巩固期)，广告的阶段性宣传目标、主题设计、创意表现、监控手法也随之变化。

在摸清本项目应达到的实际定位后，项目策划时就能扬长避短，突出项目的长处，避开项目的短处，从而以最佳的品牌姿态和项目形象展现在目标客户面前，为项目的行销策划分别从感性和理性的角度埋下了重要伏笔。例如，万科房产就是将项目特性分析与品牌策划结合较好的例子之一。

**案例说明**

在前述案例中，某策划机构也简单地罗列了该高教园区的别墅楼盘项目特性：自然环境佳，地理位置优，人文环境较佳，产品舒适度强，生活设施配套全，人口密度低。

## 1.2.4 房地产项目的品牌行销策划

品牌是商品身份的个性标志，是区别自身与他类商品的差异。房地产品牌代表房地产项目区别于其他项目的个性，自有其特定认同的目标客户群体，也是独享其知名度、美誉度和忠诚度的象征。

房地产品牌策划是对房地产品牌的内涵进行挖掘、发现、宣传和推广，使所开发房地产项目获得目标客户的信赖、认同和支持。房地产品牌策划的最大特点是一手抓品牌的内在和外在品质，一手抓项目品牌的推广。也就是说，品牌策划就是建立一流的品质和一流的推广。

首先，品牌策划要以建立项目品牌为中心，要给予品牌独特的核心内涵。其次，品质是品牌的基础，品牌策划要创建一流的品质入手。即从核心品牌内涵出发，在楼盘产品上寻找品质保障支撑，将其内涵细化到规划、设计、景观、配套、物业、服务等各方面。

知识点滴

品牌的推广要有一流的附加价值、一流的战略战术和一流的物业管理队伍。品牌要塑造得具有社会价值，要得到公众认可，要有侧重点地推广其附加值。房地产品牌策划可以通过现场工地包装、现场销售包装、大众媒体造势(如电视、报纸)、样板房展示、新闻公关活动对项目进行“快速推广”，使项目在短期内赢得受众的认同，刺激客户消费购买的欲望，最终达到品牌策划的目的。当然，在品牌推广时不能忽视楼盘和品牌的品质建设，不能片面追求造势和炒作。

行销策划统筹所有房地产项目的销售及宣传推广工作，是一项连贯的系统工程，可从下述几方面来着手。

(1) 产品设计定位。根据前期项目特性分析，确定项目整体的市场定位、目标客户群定位之后，在市场定位和营销策划总体思路下，提出符合市场需求和投资回报的产品设计方案，从楼盘规划到设计理念直至完成产品定位。产品的规划设计建议包括：项目开发总体规划、交通道路规划、户型设计、整体风格、外立面设计、园林景观设计、社区配套、会所建设、楼宇配套、装修装饰、物业管理。

(2) 市场推广策划。根据项目特性分析的市场竞争环境和项目自身优劣势，针对目标市场的特定需求，制定有效的市场推广方案，为楼宇开盘销售做好准备。相关策略内容包括市场推广主题与概念、项目核心卖点提炼、销售策略、VI设计、宣传品设计、广告设计、媒体投放、公关活动等。其中，销售策略建议根据目标市场、开发项目、竞争对手综合考虑开盘时机，提出销售阶段及周期划分建议，制定定价策略，建议开盘时机，拟定定价方法、回款计划、回款方式、付款方式、销售组织、计划、流程及控制建议；广告策略建议包括广告推广阶段计划、广告推广目标、诉求人群、诉求重点、对不同媒体的广告创意等；媒体投放策略建议包括媒体选择、媒体组合、投放预算、媒体计划、媒体排期；公关策略建议包括媒体公关、软文撰写、活动策划、活动执行等。

(3) 项目销售策划。主要帮助开发商制订销售计划，协助展开促销工作，做好销售现场的管理顾问，帮助发展商实现预定的销售收入。销售策划的具体内容包括对各阶段销售费用(包括广告设计制作与发布、售楼处及样板房装修、销售人员奖金、名类促销活动等费用)及资金流量调控提出相关建议；针对推盘手法提出各销售人员在不同销售阶段的成交折扣、价格调控与促销手段、签署认购书与合同的注意事项等多环节销售控制办法；针对销售人员进行培训的全面建议，含项目规划的主题理念、价值、设施、配套、服务，市场定位、目标客户、促销计划，销售制度、销售技巧、月度销售分析、销售现场包装及样板间管理，客户资料管理、客户服务跟踪、竞争对手跟踪等。

特别提示

房地产项目策划常见的误区：①策划介入过迟，个人决策与盲目策划现象较为常见；②设计开发比较注重，市场研究成分偏少，营销传播整合不够到位；③产品和楼盘包装策划比较重视，但物业管理和配套服务常被淡化。

鉴于实战过程中的策划失误，综合本章前述有关策划在中国房地产业的应用情况，房地产策划的不同理论学说和观点，本书着重突出房地产项目策划的前期介入必要性和全程策划必要性，接下去重点介绍房地产项目策划的工作流程。

### 1.2.5 房地产项目策划的工作流程

与多数活动策划不同，房地产项目策划是一项长期多环节的连续工作，要使所开发项目在众多同行中脱颖而出，必须建立完善的工作流程。如图 1.4 所示，房地产项目策划的工作流程可划分为 9 个阶段：①机构组建阶段；②目标制定阶段；③问题探索阶段；④项目调研阶段；⑤头脑风暴阶段；⑥数据综合阶段；⑦评估论证阶段；⑧预案建设阶段；⑨执行实施阶段。

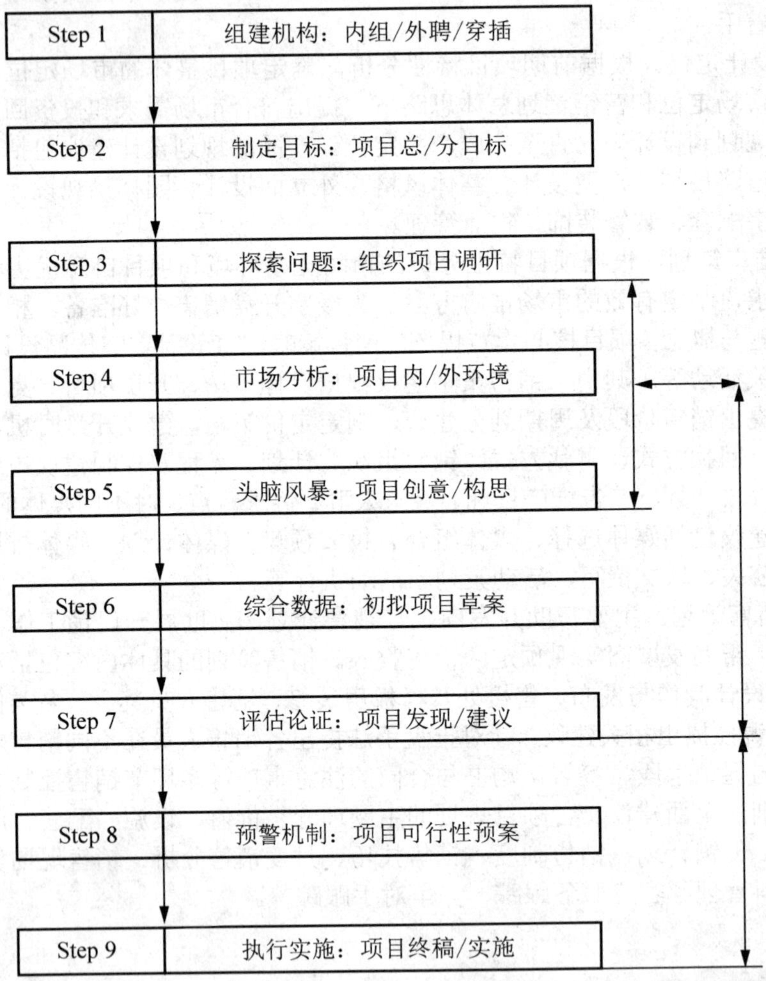


图 1.4　房地产项目策划阶段流程图

在不同策划阶段，策划的侧重点也有所不同。在组建策划团队时，团队成员可根据公司实际情况进行内部筛选或外部聘请，或内外聘用结合。团队组建完毕后，策划成员的首要任务是要和公司管理层或项目决策层及时沟通，合理地制定项目总目标和阶段性分目标或项目子目标。其次，在发现、挖掘项目的关键问题后，要依据项目的核心问题与外延问题组织项目调研，并进行市场与环境分析。综合各项数据与发现后，策划团队对项目进行创意与构思，并结合前述调研发现及有关项目建议初拟项目草案。随着项目动态的变换，项目策划时非常有必要融入预警机制建设。换句话说，可行性预案的建立不可或缺，且策划时须不断回顾方案、修改方案，为最终项目优化方案做好坚实的基础工作。

其中，项目调研是房地产项目策划的核心环节。在调研前，策划组必须明确项目调研的背景、动机、手段和目的；在调研过程中，环境调研必须了解项目地块的位置、面积、地形、地貌、性质、地块优劣势、地块周围景观、环境污染、社会治安、环邻公共交通和地块直入交通条件、公共配套设施(菜市场、商店、购物中心、公共汽车站、学校、医院、文体娱乐场所、银行、邮局、酒店)，综合分析地块地理条件的强项和弱项。

在项目分析过程中，项目投资分析是重中之重。房地产项目投资特别不能忽视的是房产投资环境分析，房产投资环境分析包括：当前经济环境分析，如银行利息、金融政策调整等；当代当地房地产政策法规分析；当地房产供求现状及价格成本和效益走势分析；现实土地价值和土地延展价值分析，可围绕土地建筑功能，参考周边土地竞争楼盘的售价和租价；成本敏感性分析，比如容积率、资金投入、边际成本利润的分析；其他如投入产出的成本与售价模拟分析、股东回报率分析及同类项目成败的市场因素分析。

策划追求新意，讲究独特。不论是优化生存环境，还是策划房产项目，创新性首当其冲。从发展角度来说，要在市场竞争中赢得主动，独创是房地产项目策划的重要原则之一。独创意味着策划必须独到、创新，坚持在差异化策略下走个性化路线。房地产项目的策划创新应落实在房地产项目策划的细节中。

## 1.3 房地产项目策划创新

**案例导入**

2001年“五一”放假期间，广州“星河湾”在华南板块正式开盘，参观人数达到15万多，内部认购超过600套，至5月底，累计售房达500套以上，销售回款超过3个亿。如此的开盘场面和销售效果，要归功于其整合了战略、大盘、超前和泛地产各种理念，融房地产、园林业、教育业、水业于一体，集中了策划公司、设计公司、园林公司、规划公司的智慧，将夏威夷、墨西哥、西班牙、新加坡和地中海各种风格同时展现，创造出了“高尚住宅要有高尚环境”的项目主题。

创新是事物得以发展的动力源泉。所谓房地产项目策划创新，主要体现在思维理念创新、主题概念创新和方法手段创新三方面。一是思维创新需要摆脱守旧的思维模式，既不简单照搬前人的思维理念，也不轻易照抄同行的思维模式，而是在突破固有策划理论的基础上整合前人独到的理论思想，建立新的自有的策划思维观。二是持之以恒地研究、发现、引导市场需求，用差异化策略给项目以新主题新概念，从而激发满足终端消费者潜在的个性化需求，达到项目主题创新的目的。三是坚持不懈地开创房地产项目策划的新手段、新方法，不同的策划方式能带来不同的策划灵感，不同的分析手段也将呈现不同的需求分析依据，创新地探索解决项目问题的新路径。

### 1.3.1 房地产项目策划思维理念创新

房地产项目策划创新，不仅需要兼顾各种策划流派学说，更有必要在集合各专业策划人员的思想时，鼓励观念创新和思维创新。

**知识链接**

20 世纪早期，美国管理之父泰勒（Frederick Taylor）和德国学者韦伯（Max Weber）提出“科学管理”学说，是以利润最大化和效率最高化为目标驱动着策划思维的。

(1) 马斯洛(Abraham Maslow)的“需求层次理论”、赫森伯(Frederick Herzberg)的“保健-激励法”主张从以“事”为中心到以“人”为中心，从“纪律”研究到“行为”研究，从“监督”管理到“民主”参与，克服了把人视作机器的策划思维模式，提出了将各种利益关联体的人作为策划重点，支持了基本的人际和谐。

(2) 西蒙(Herbert Simon)在《行政行为》一书中提出“满意标准”和“有限性原则”，把人类的行为方式作为基本分析单位，以实证研究的方法打开了用行为模式主导策划思维的路径。

(3) 以弗勒德(Robert Fred)、杰克逊(Michael Jackson)为代表的“整体体系”主导的策划思维，既引用了前沿系统理论，又参考了传统的中国哲学思想，用系统的方法考虑企业发展、营销与策划之间的问题。

按照国内房地产策划实践派代表王志纲的观点，“概念设计”或“理念设计”是一度引导房地产项目策划思维的关键。所谓“概念设计”或“理念设计”，就是赋予待建的楼盘项目深厚而独特的文化内涵，随后在功能和设计上配置鲜明的形象并物化个性文化底蕴，然后予以强化宣传推广。一旦这一特定的概念或理念被社会所接受，这个概念或理念所支持的硬件产品就能被市场上的消费者所接纳。“概念地产”的顶峰是“SOHO 现代城”，“有点前卫、有点另类”的风格让 SOHO 现代城在开盘不到一个月内就被认购了百分之七八十。

在“概念地产”理念基础上的升华和发展，是以“泛地产”理念引导的房地产策划思维创新。“泛地产”理念，不限于将“房子”作为唯一的核心，而是在某特定概念下营造人性化的主题功能区域。在“泛地产”理念中，“房子”既是主体，也是附属配套。用“泛地产”理念创新策划的例子很多，比如生态农业度假区、高科技园区、高尔夫生活村、观赏型农业旅游区等。

之后，随着房地产业的不断发展，又陆续出现了其他较为新颖的房地产策划理念，如“创意地产”理念、“开放式社区”理念、“节能省地”理念、“亲情和谐”理念、“精细化设计”理念等。其中，“创意地产”理念最为引领时代潮流。“创意地产”一词，最早见于《房地产世界》中的《当商业地产遇上创意产业——创意地产解密》(戴承良，2005)，随后“创意地产”的理念在房地产业内逐渐流行，并得到了业内外人士的充分肯定。创意地产，以“泛地产”为理念，以创造意义为灵魂，是一种注重时尚、文脉和体验的房地产经营。

“创意地产”的第一种观点是房地产业与创意产业的融合，可同时隶属房地产业和创意产业，如创意商铺、创意办公楼、创意园区、创意住区等。创意地产的第二种观点是房地产业与创意产业的美妙结合，即不与住宅、商务、体育、旅游、会展、娱乐休闲等各类房地产产品品种并列而行，而是一种新型的商业地产运作理念和方法。创意地产不仅指含有创意因素的房地产产品，也指从理念、策划、规划、设计、建造到营销和物业管理各个环节，分别投入大量创意因素，形成整个产业链全方位的创意环节整合，以此提升产品的品牌效应和无形资产。

无论如何，房地产项目策划的思维创新，要倡导以改善项目产品终端消费价值为主导核心，集点状、线状和面状的思维模式，渗透到近期、中期、远期的规划中去。这势必对策划者提出更高的要求，在房地产项目的售前、售中、售后不断进行策划创新。

**特别提示**

在项目开发过程中，点状思维策划创新模式就是要突出项目的特色、优势和卖点，展开独一无二的品牌或产品创新；在项目推广过程中，要催化快速、放心、安全、有效的购买，应积极利用可持续的线状思维模式，进行售前、售中、售后的系列服务创新；在多位一体的全过程策划中，要确保购买者、潜在消费者和影响消费者对所开发房产项目的信心，策划需并用点状思维模式与线状思维模式，增强对项目的人文策划、知识策划、环保策划、整合营销策划、社会价值体系策划。

纵观房地产项目策划的思维观念创新历程，概念、主题仍是主宰项目开发的灵魂。只有概念主题有了新意，项目才会被赋予独特的个性及与众不同的内容、形式和气质。因此，主题创新堪称房地产项目策划的灵魂创新。

## 1.3.2 房地产项目策划主题概念创新

房地产项目策划就像创作媲美的文学作品，需要有鲜明、独特的中心思想做主题。独特的思想昭示的是策划者从主观上赋予某特定开发项目的个性化概念，反映了房地产开发商倡导的某种特殊的生活方式，能营造特殊的氛围渲染受众，激发人们对此生活概念的向往，从而在项目和消费者之间起到移情的作用。例如，在广州，“翠湖山庄”采用了“非一般度假或生活居所”的主题概念，试图在其特定的消费群体中引起共鸣。

房地产项目策划创新的首要表现形式为概念新主题新。一个成功的房地产项目策划主题，能将项目的统帅思想、文化内涵、服务内涵透析到项目的定位、规划、设计、营销、推广、社区、物业等各个细节。如广州的“奥林匹克花园”以“运动就在家门口”为主题，该项目将奥林匹克精神的运动健康的独特个性理念融于项目的规划布局、配套设施、社区文化等各个方面。

主题策划，还可以用多种方式展开创新。比如，主题策划可以实行多主题创新围绕主主题、设立副主题，让主主题和副主题或齐头并进或互相补充、互相烘托；也可以在项目开发各阶段，如在项目定位、项目设计、项目包装、宣传形象、定价宣传中实行创新。此外，主题策划可以与教育、旅游、运动、科技、艺术、商业、生态等产业复合创新；可以结合康居、科技、生态等国家政策来倡导创新；可以开创园林、山水、景观等生态环境的概念创新；可以尝试做会所、运动、智能等配套服务创新；可着手做白领、老龄、教师、明星等客户职业分层创新；甚至可尝试国际、星级服务等其他创新。

主题策划的创新将推动房地产项目开发的整体创新，而最终主题策划的创新应围绕盈利、增值两方面来展开。在精心策划增加房产销售的同时，更要做好项目品牌和企业品牌的主题策划创新工作。如何让房地产价值和品牌价值有机地结合来创建双赢的局面，是一项从抽象落实到细节的创新工作。比如，品牌形象识别系统的创新，可体现在品牌名称、品牌标志、品牌颜色、品牌字体，以及品牌标志运用系统(如项目施工现场、工地围板、工地彩旗、工地挂幅或欢迎牌、防火防电系统、配电房、消防通道、监控室等实际展示环节)等方面。

主题概念设计的独特创新，还可具体承载在楼盘小区的规划设计、空间布局和配套组织的主题示意上。例如，小区建筑风格及概念示意创新，小区建筑外立面色彩造型及概念示意创新，小区环境绿化原则与概念示意创新，小区人流车流道路系统布局与概念示意创新，小区学校、会所、购物等公共配套布局安排及概念示意创新，小区户型比例搭配结构及概念示意创新，小区容积率的获得及概念示意创新，小区经典户型与功能及概念示意创新，小区环艺风格及概念示意创新，物业配套服务及概念示意创新。

**知识链接**

一方面，策划主题是一种概念性资源，需要有具体的内容来支撑其附加值。随着科技的迅速发展以及社会文化的变迁，高科技、精装修、奢华的房产不见得仍是吸引消费者的噱头。而如何同时提升房地产产品的人文和科技价值，是房地产项目策划创新值得关注的议题。例如，广州“颐和山庄”的“绿色、空气、空间与文化”的主题反映了人渴望与自然、文化共谱乐章的生活愿望。

另一方面，主题策划也是经房地产项目策划实践检验的一种行之有效的方法。主题策划的创新要有一定的广度、深度和独特性，但必须根植于客户的需求，迎合市场及行业发展趋势，结合项目或企业的自身资源优势和支持体系。

房地产项目策划创新，还表现为策划方法新、策划手段新。在房地产项目策划创新中，主题概念创新比较容易领会，手段创新则比较繁杂。因为策划的方法和手段虽有共性，但不同的方法手段组合，用在不同的项目上，却可以达到不同的效果。

### 1.3.3 房地产项目策划方法手段创新

房地产项目策划手段是房地产项目策划的具体方法或办法，是共性方法在不同项目上的不同组合。不同的方法各显不同的魅力，只有通过不断的策划实践，才能创造出更多更新的策划方法和策划手段。

房地产项目策划在中国市场已走过近 20 个年头。从助推房产市场所运用的各种策划手段来看，房地产项目策划已历经单项策划、综合策划、复合策划、整合策划、创意策划几个阶段。在 1990—1992 年间，台湾销售专家仇福宪对广州“世界贸易中心大厦”首推“卖楼花”，倡导按揭贷款，可以说是房地产销售策划的萌芽，但并未引入真正的策划理念。

在 1993—1997 年间，房地产项目策划徘徊在单项策划阶段。单项策划的主要特点是运用各种单项技术手段，并在某种技术手段深入拓展、规范后操作，以取得良好的效果。当时让业主分享绿地，丰富建筑群体空间，兼顾人流车流的“架空层”就是一种新颖的策划手段。

自 1997—1999 年，中国的房地产项目策划步入综合策划阶段。在此阶段，各项目主要根据自身情况，以主题策划为主线，综合运用市场、投资、广告、营销等各种技术手段，以达到理想的销售效果。比如，广州“锦城花园”项目，以品质、价格、舒适与和谐等主题为主线，在投资策划时将写字楼变更为住宅，在市场策划时以占领 12 层带电梯小高层住宅的市场份额为目标，在设计策划时侧重欧陆立面设计、集中共用绿地、合理安排建筑户型、结构设备满足建筑功能及美观要求，在营销策划时则淡季入市以彰显身份高尚的住宅，在广告策划时连登悬念广告以积聚人气，在形象策划时使用寓意深刻的标志，可称之为房地产综合策划阶段的典范。其他同步的方法，则有侧重自然环境策划的，注重山庄文化策划的，强调人文活动策划的，突出建筑设计策划的，展示商业功能策划的，着重销售推广策划的，聚焦楼盘形象策划的。

从1999—2001年，房地产项目策划走到了复合策划阶段，即除了在房地产领域运用各种技术手段外，房地产项目策划还可运用房地产领域以外的其他手段将狭义地产与泛地产相复合。接前述广州奥林匹克花园的例子，当其他开发商还在用单一手段策划楼盘的时候，奥林匹克花园的发展商却用地产业和体育业的复合手段策划楼盘，为房地产项目策划开创了典型的复合策划之里程。这个案例的成功，促使人们反观传统的房地产项目策划手段，启发业界开拓、探索其他领域的房产开发，如教育地产、旅游地产、科技地产、养生地产、音乐地产等。

自2001—2006年，以广州“星河湾”的成功推广为标记，房地产项目策划演变为整合策划阶段。该策划阶段主要以客户的市场需求或潜在需求为中心，力图整合各种产业、理念、智力和手段，使推出的楼盘在激烈的竞争市场中赢得消费者的青睐。在整合策划阶段比较突出的代表性楼盘还有上海的“中远两湾城”和北京“远洋天地”等。

2006年北京“华远·企业号”以创意地产理念开发，该项目的成功推出标志着创意策划阶段的开始。在创意策划阶段，创意要落实在理念、策划、规划、设计、建造、营销、物业管理各个环节中，并整合整条产业链各个环节的创意，以提升产品的品牌效应和价值，将房地产开发创意项目成功推向市场。在上海，前后进行创意地产实验的项目有“海上海创意LOFT”、“创智天地”等。

**案例链接**

“华远•企业号”位于北京西城区西外大街，定位高端的办公商业群落，强调房地产业与创意产业联姻，为客户办公、购物、消费、休闲、娱乐、文化等提供全新全方位的消费感受，开盘后便赢得中影集团等传媒客户的追捧。

为避免项目策划方法的单调和偏颇，房地产项目策划手段的创新应着眼对行业客观事实依据的新认知，对项目信息进行分析推理的新技术，对社会、文化、生活方式等发生变化的新演绎，对因时代发展而调整的项目新规范。例如，随着互联网信息业的发展，互联网站也成为房地产项目策划创新的探索渠道与手段。总之，从事实入手，从信息入手，从技术入手，从文化入手，在变化中求创新。

**知识链接**

在本书中，房地产项目策划是指就具体房地产开发项目而言，在项目前期选址与获取土地使用权策划及可行性评估基础上，以客观的市场分析手段来明晰项目开发环境与客户需求及竞争局势，并对潜在的客户进行市场细分、选择与定位，进而规划设计项目、优化项目定位、策划优质产品与配套服务，为理想的项目利润空间制定定价目标、价格策略与价格组合，为项目营销策划、优选、整合相应的推广渠道、广告、销售、公关等系列操作方案。

在项目前期策划阶段，主要考虑房地产开发项目的区位(包括地域和具体地点)分析与选择，开发商自身在土地、资金、经营专长、经验、关系等方面的实力和优势，并从风险抗衡的角度出发，对项目合作方式与开发时机进行策划。

项目市场分析包括当前房产市场开发总量、竣工总量、积压总量的分析，房产区域市场的销售价格与成交情况分析，有关房地产的最新政策、法规与金融形势分析，同行竞争楼盘个案调查与分析，房产市场购买者的地域分布、购买动机、购买时机、购买频度、购买偏好(如楼盘外观、房产面积、地段地点、房产格局、建材与公共设施、价格付款方式等)，及消费者的季节性购买习惯，对价格、规划、地点等的购买反应分析。

项目 STP 策划，是指通过市场调研，按照一定的标准，把房地产整体市场细分成若干个消费群，再明确目标客户群体以及他们的消费习惯(消费行为、消费动机、消费方式)，确定开发产品样式，并制定有形产品和无形服务的定位方案和策略，研究房地产项目商品的最佳市场表现方式，具体设计产品参数、模式、效用、功能等。

产品策划和主题策划有些同步，贯穿于客户定位、产品定位、形象定位之中，是结合文化内涵、科技进步、自然环境、顾客需求对拟建项目提出的一种新概念新思想，是一种反映为人们所倡导的超前生活方式和居住理念。

项目的投融资策划，也就是资金运作策划，主要是结合项目开发方案，设计资金结构，剖析资金来源渠道与结构，阐释短期资金和长期资金需求流量，明确项目的阶段性资金需求投入与筹措方案，并对项目预期收益进行评估。

项目方案策划，涉及项目市场推广的渠道策划，广告创意分析、产品卖点或诉求点、媒体使用、广告商选择、广告费用预算、阶段性广告目的与广告方式。

## 小　结

本项目主要介绍了房地产项目策划的概念内涵、理论基础、应用发展、作用流程、操作特色、创新渠道。基于策划在我国房地产行业的应用实际，房地产项目策划将更倾向于全程化、个性化。房地产项目策划主要涵盖了项目前期策划、项目市场分析、项目 STP 策划、项目产品策划、项目投融资策划、项目方案策划六维度，有关内容，将在本书的后续项目中详细阐述。

## 习　题

### 一、填空题

1. 策划的 6 大特征为____________、____________、____________、____________、____________和____________。

2. 房地产项目策划的专项属性为____________、____________、____________和____________。

3. 国内房地产策划实践研究成形的 5 种基本学说为____________、____________、____________、____________和____________。

4. 国内房地产项目营销的 6 种基本观念为____________、____________、____________、____________、____________和____________。

## 二、选择题

1. 在房地产项目用地的初始阶段，就导入“策划营销”之说，将“营销概念”融入到房地产项目的全运作过程，是(　　)。

A. 销售策划　　B. 概念策划
C. 全程策划　　D. 整合策划

2. 高调呼吁、声称发展商才是真正的策划大师的代表人物为(　　)。

A. 王志纲　　B. 冯佳
C. 曾宪斌　　D. 潘石屹、王石

3. 讲究房地产项目策划要从战略的高度把握大势，再解决做什么(what)、谁来做(who)、怎样做 (how)的问题，归属(　　)学说。

A. 战略策划　　B. 投资策划
C. 全程策划　　D. 品牌策划

4. 在国内，房地产项目策划步入综合策划阶段为(　　)。

A. 1993—1997年　　B. 1997—1999年
C. 1999—2001年　　D. 2001—2006年

## 三、问答题

1. 结合市场营销理论，阐述房地产项目策划的理论和实践变迁。
2. 解释房地产项目策划、项目可行性研究、房地产行销策划的区别。
3. 什么是房地产项目特性？项目特性分析在房地产项目策划中有何作用？
4. 基于本章节中探讨的房地产策划创新思路和办法，就当前国内房地产行业的波动，联系实际案例探索如何进行策划创新，以摆脱房产滞销、房企与客户博弈的困境。

## 四、实训项目

### 南都·西湖高尔夫别墅策划案例

项目名称：南都·西湖高尔夫别墅.

项目位置：杭州之江路200号。

项目发展商：浙江南都集团有限公司。

项目综述：

南都集团从追求好地段、大面积，到追求环境好、物业好，再追求顶级豪宅，一步一个脚印地实现了自己的梦想。如图1.5所示，集团旗下的南都·西湖高尔夫别墅就是其孜孜不倦追求唯我独尊的杰作之一。

杭州西湖高尔夫球场，经国务院批准建造，拥有两个标准18洞，属于国际锦标级的高尔夫球场。南都·西湖高尔夫首期别墅用地170亩建有独立别墅70余幢，位于西湖高尔夫球场中的钻石地块，被4个球道所环绕，在高尔夫别墅设计中甚是罕见。其绿色资源丰富，纳入球场天然独到的草坡、水体、果岭，堪称杭州南都·西湖高尔夫绿海中的翡翠。

图 1.5　南都·西湖高尔夫别墅项目样图

南都·西湖高尔夫二期别墅项目突出了景观优先的规划原则，即在发挥别墅区独特的高尔夫景观资源的同时，挖掘自身园区的条件特点，通过设计加以优化。别墅区采用手指状用地形态，与单侧鱼骨形的尽端道路模式呼应，整合成婉转、自然、幽美的起伏式地形路线，形成别墅与绿色球场互融的特色景观，赋予了别墅真实自然高雅的品质。

南都·西湖高尔夫别墅交通便捷，四周商业配套齐全，附件有宋城、未来世界、六和塔等著名景点。凭借高尔夫文化的高贵属性，开发商致力将南都·西湖高尔夫别墅打造成"高尚、运动、健康"的高端项目。其策划的营销主题——"居住文明的极致，绿海中的翡翠"，也恰到好处地突兀了这一项目特征，贴切地塑造了高尚社区的品牌形象。

南都·西湖高尔夫别墅不仅在规划时讲究自然和谐，将居住别墅群有机地延续了高尔夫这一独特高雅的球场环境与氛围，而且在建筑产品元素上追求精致与细节。比如，该项目二期采用了立体式的空间衔接设计，独特地展现了双挑空的空间关系，有效地改善了别墅各层之间的竖向交流和空间过渡。其引入的相互连通的下沉式庭院与地下室的组合空间设计，为业主提供了隐蔽但通透明亮的户外空间。在兼具私密性与开放性的地下室安排了辅助空间及个人空间，提高了空间的利用率和舒适性。

这些增加、延伸项目的核心价值、附加价值的策划，使南都·西湖高尔夫别墅攀升为杭州乃至全国有名的高尔夫别墅楼盘之一，受到了海外在杭人士的瞩目和青睐，成了杭州第一个面向全国和海外销售的国际化楼盘。

南都·西湖高尔夫别墅单套售价在 1000 万～3000 万元之间，高尔夫别墅不仅用传统的本地门市、展示方式销售，还通过国际高尔夫中国组织协会，使用现代互联网手段，吸引全国乃至全球的置业者和投资者。

其他别墅楼盘附例：

物业 1 名称：云栖碟谷。
建筑面积：62000m$^2$。
主力面积：250～300m$^2$。
营销主题：像蝴蝶一样美丽的生活。

物业 2 名称：爱都枫丹白露。
建筑面积：38000m$^2$。
主力面积：250～350m$^2$。
营销主题：枕五云青翠，览梦湖绮丽。

物业 3 名称：万安景月湾。
建筑面积： 39500m$^2$。
主力面积：200～300m$^2$。
营销主题：错过了星星，不能再错过月亮。

物业 4 名称：九月森林别墅。
建筑面积：55000m$^2$。
主力面积：250～300m$^2$。
营销主题：树是回归的地方。

物业 5 名称：水木清华。
建筑面积：150000m$^2$。
主力面积：250～350m$^2$。
营销主题：山水中的精神家园，景观学府高档住宅区。

**综合实训思考**

1. 分析西湖高尔夫别墅的项目策划理念和方法。

2. 与相关竞争楼盘比较，分析南都·西湖高尔夫别墅的项目特色和品牌定位。

3. 以小组为单位(每组 4～6 人)，针对南都·西湖高尔夫别墅国际目标客户群，给南都·西湖高尔夫别墅做一份项目国际品牌行销策划方案。

# 项目 2

# 房地产项目前期策划

## 教学目标

通过本项目的学习，能简单运用所学知识分析项目选址应考虑的影响因素；能分析项目选址的重点地段；了解土地储备的一般程序，了解土地一级开发的主要内容；掌握土地获取的过程，熟悉土地使用权出让的方式、各自的特点和操作程序；掌握房地产项目可行性研究的目的、内容与步骤；熟悉房地产可行性评价的财务分析主要内容；了解房地产开发项目可行性研究报告的基本构成。

## 教学要求

| 能力目标 | 知识要点 | 权重 |
|---|---|---|
| 能简单运用所学知识分析项目选址应主要考虑的影响因素 | 市场供求、自然条件、社会条件等 | 10% |
| 能分析项目选址的重点地段 | 地段选择的理论和经验 | 10% |
| 了解土地储备的一般程序 | 收购—开发整理—储备—供给 | 5% |
| 了解土地一级开发的主要内容 | 过程、内容、开发成本及意义 | 5% |
| 掌握土地获取的过程，熟悉土地使用权出让的方式、各自的特点和操作程序 | 土地获取的方式：土地使用权出让、土地使用权行政划拨和土地使用权转；土地使用权出让的方式：协议、招标、拍卖和挂牌 | 20% |
| 掌握房地产项目可行性研究的目的、内容与步骤 | 目的、内容与步骤 | 10% |
| 熟悉房地产可行性评价的财务分析主要内容 | 财务评价程序的步骤、项目投资估算、房地产开发项目收入估算、财务评价的方法 | 15% |
| 了解房地产开发项目可行性研究报告的基本构成 | 基本构成、正文部分 | 10% |
| 能简单地评价具体项目的可行性研究方案 | 对具体项目的可行性研究方案在结构和内容上提出简单的修改建议 | 15% |

## 导读

房地产项目前期策划，要先于实际的决策和项目产品的形成。它是一种科学的预测活动，在整个工程建设中具有决定意义。前期策划的主要任务是如何进行项目选址，如何获得土地的使用权，如何进行项目的可行性研究，从而预测项目的社会效益与经济效益，指导项目的规划和设计工作，从而拟定具体的项目计划如图 2.1 所示。

(a) 拍卖现场会

(b) 土地储备宣传

(c) 国有土地使用权证书

(d) 国有土地出让签约现场

图 2.1 房地产项目策划

## 案例导入

某市某高职地处市中心，占地 100 亩，由于市场竞争激烈和新校区建设，学校负债累累。某房地产开发公司找到该校领导，希望与其合作进行房地产开发，学校也想借此盘活土地资源。但是，该土地属于国家所有(已知土地性质为划拨)，要进行房地产开发必须经城市规划部门批准，并交付土地使用权出让金。于是双方协定，以建学校职工住房为由，由学校向土地管理部门申请划拨土地。房屋建好后，留一部分以成本价向学校职工出售，其余的则以商品房向社会销售，所得收益双方共同分配。

于是学校以建造职工住房用地向城市规划、土地等管理部分提出划拨土地申请后，行政机关根据法律和政策，划拨了 8 亩土地用于建筑职工宿舍。房地产开发公司在划拨的土地上建造了 4 栋共计 200 多套房屋，其中只有 60 多套以成本价向学校职工出售，剩下的房屋均以商品房的价格向社会出售。

上述行为是否符合我国当前法律和制度的规定？有关部门应该如何处罚相关的责任人？我国建设用地使用权的获取应该遵循怎样的法律程序？

## 2.1 项目选址

**引例**

曾经有一种说法：房地产开发取决于 3 个重要的因素：第一个因素是地段；第二个因素是地段；第三个因素还是地段。这种唯“地段论”曾被很多开发商奉为“金科玉律”。我们也曾看到“地段论”的影子，例如：“我的楼盘地段好，不愁没有销路”，“这里是市区最好的位置，当然要卖最好的价钱”等。中国海外(香港)地产有限公司的董事总经理萧潇说：“房地产开发中起关键作用的是拿到一块好地盘。由于建筑成本、专业费、税费等费用相对固定，房地产开发中有关技术如：规划、监理、物业管理业务也相对规范，因此地盘状况对项目起决定影响。”恒基(中国)投资有限公司执行董事李锡然说，我们在大陆的投资原则是：“重要城市、黄金地点。”

项目的选址到底在房地产开发中起什么作用，“地段论”依然成立么？我们认为：地块位置在房地产开发中起重要作用，有时甚至是决定性作用，但不是唯一因素。项目选址对房地产投资的成败有着至关重要的作用。房地产具有增值性，在很大程度上是土地在增值。土地增值潜力的大小、利用效果的好坏程度，都与地段有着密切的关系。本部分重点对项目选址的影响因素和项目选址的重点地段进行详细分析。

### 2.1.1 地块影响因素分析

房地产投资地段的影响因素很多，不同地段的影响因素不一样，影响程度也不同。具体分析时，应结合实际，灵活掌握。

#### 1. 市场供求行情

一宗地块的好坏，最终体现在需求者和供给量。正因如此，一宗地块的好坏与市场行情的关系非常密切。如果一宗地块的需求呈上升趋势，其价格必然上扬，而且容易出手，房地产投资者随之就可以获得较高的投资回报，那么该地块就是较好的投资地段。如果一宗地块的需求呈下降趋势，那么，该地块的价格将相对降低，而且买者寥寥，房地产投资回报随之降低，也就是说，该地块不是好的投资地段。

#### 2. 地块的自然条件

地块的自然条件包括地块与市中心的距离、土地承载力、地形地势、土地面积、地块形状、日照、风力和风向、温度、降水量、自然灾害。

(1) 地块与市中心的距离，是影响房地产投资地段的主要因素之一。一般来讲，地块越接近市中心，地价越高，越容易出手，但竞争也越剧烈，对投资者的资金要求也越严格。地块越远离市中心，地价越低，实现升值的时间越长，越不容易出手，但对投资者的资金要求则越轻松。所以，地块与市中心距离对投资地块的影响，需结合投资者本身条件来考虑。

(2) 土地承载力越大，越容易进行地基处理，建设费用越省，所以土地承载力越大，越应作为好的投资地段来对待。

(3) 地形地势直接影响到建筑物与相邻房地产的高低关系，直接影响到土地的利用效果，直接影响到建设费用的高低，所以，它对投资地段有着相当的影响作用。一般来讲，土地越平坦、地势越高，越应作为好的投资地段来对待。

(4) 地块面积的大小直接影响到土地利用效果，所以地块面积大小对投资地段的选择有着很大的影响作用。一般来讲，当相邻土地拥有者急于扩大地盘时，不论面积大小，该地块都是较好的投资地段。在城市繁华地区，地块面积越大，越是好的投资地段。在市郊或农村地区，地块面积的大小对投资地段好坏的影响程度，相对来讲，不十分敏感。当某地区适于高层建筑时，地块面积越大，越是好的投资地段。当某地区适于低层建筑时，地块面积越大，有可能越是不好的投资地段。

(5) 地块形状也直接影响到土地的利用效果，所以地块形状也对投资地段的选择有着很大的影响作用。地块形状越规则，越接近长方形，长方形临街长度越大，则该地块越应作为好的投资地段来对待。

(6) 日照对投资地段既有好的影响作用，又有不好的影响作用。比如，当某地块周围巨大建筑物较多，日照量较小，而且此地块适于建造住宅时，对投资地段的影响越不好。再比如当炎热地区的同一街道两边的商业用地比较时，日照量越小，越背阴的那一边，人流量越大，越应作为好的投资地段来对待。

(7) 风向和风力对投资地段的影响一般体现如下：①上风地区的地块是好的投资地段，下风地区的地块是差的投资地段；②风力越大的地块，越不是好的投资地段，风力越适中的地块越是好的投资地段。

(8) 温度过高或过低地区的地块，都不是好的投资地段。那些温度适中、空气清新的地块，才是好的投资地段。

(9) 降水量大小适中的地块，是好的投资地段。降水量大且地势低的地块，肯定不是好的投资地段。

(10) 自然灾害发生频繁的地区，不是好的投资地段。自然条件对地块投资的影响见表 2-1。

**表 2-1 自然条件对地块投资的影响**

| 影响因素 | 对地块投资的影响 |
|---|---|
| 与市中心的距离 | 地块越接近市中心，地价越高，越容易出手，但竞争也越剧烈，对投资者的资金要求也越严格 |
| 土地承载力 | 土地承载力越大，越容易进行地基处理，建设费用越省 |
| 地形地势 | 土地越平坦、地势越高，越应作为好的投资地段来对待 |
| 地块面积 | 在城市繁华地区，地块面积越大，越是好的投资地段 |
| 地块形状 | 地块形状越规则，越接近长方形，长方形临街长度越大，越是好的投资地段 |
| 日照 | 既有好的影响作用，又有不好的影响作用 |
| 风向和风力 | 上风地区的地块，风力越适中的地块越是好的投资地段 |
| 温度 | 温度适中、空气清新的地块，才是好的投资地段 |
| 降水量 | 降水量大小适中的地块，是好的投资地段 |
| 自然灾害 | 自然灾害发生频繁的地区，不是好的投资地段 |

### 3. 地块的社会条件

地块的社会条件包括地块附近的城市基础设施情况、附近的房地产情况、社会治安情况、政局稳定情况等。

(1) 城市基础设施越齐全的地块，越容易发挥作用，越是好的投资地段。按照基础设施建设，选择建设地块，也是一种常用策略。

(2) 附近房地产的情况，对投资地段也有很大的影响作用。如果某地块靠近一大型商场，而且商场生意兴隆，顾客盈门的话，那该地块是一好的投资地段。

(3) 如果某一住宅规划用地附近有化工厂存在的话，肯定不是好的投资地段。如果某地区经常发生偷盗、抢劫、杀人犯罪行为的话，那么该地区的任何地块都不是好的投资地段。如果某地区治安良好的话，在此地区投资有安全感，那么该地区的有些地块将是好的投资地段。

(4) 如果某地区的政局稳定、政策宽松，那么该地区是较好的投资场所。如果某地区有发生政变的可能性或发生战争的潜在威胁的话，那么必须远离此地投资。

#### 4．地块的环境条件

地块的环境条件包括空气污染程度、噪声大小、绿化程度、视觉效果、清洁程度等。

(1) 空气污染严重的地区，人们不愿意在那里生活和工作，因此，不是好的投资地段。

(2) 噪声大小对人的情绪以及人的健康都有影响，所以，噪声太大的地区，人们都不愿意居住，不愿意逗留。靠近噪声源的地块，如高架、公路、工厂、车库、人群附近的地块，都不是好的投资地段。

(3) 绿化程度越好，生活工作的环境越好，地块越受欢迎，越是好的投资地段。靠近公园、绿地、树林的地块，都是好的投资地段。

(4) 视觉效果好的地块，比较受人欢迎，当然就是好的投资地段。视觉效果差的地块，给人以不偷快地感觉，当然不是好的投资地段。视觉效果的影响因素有：房地产平面布局、各种用线的悬挂状态、各种牌杆的树立状态等。

(5) 干净清洁的地块，自然地给人以舒服的感觉，人的感觉越好，就越愿意投资，所以，干净清洁的地块是好的投资地段。

#### 5．地块周围的经济条件

地块周围的经济条件包括当地的经济发展状况、物价水平、工资水平、储蓄利率、投资水平等。

(1) 经济发展状况好的地区，投资比较活跃，对房地产的需求比较旺盛，所以，这些地区的许多地块是好的投资地段。尤其是那些经济发展势头猛的地区，其许多地块是相当好的投资地段。

(2) 物价水平，尤其是建筑材料价格，对房地产投资地段选择影响很大。在其他条件相同条件下，物价水平越高的地区，越不是好的投资地段。

(3) 工资水平越高，房地产购买力越强。所以工资水平高的地区，往往是好的投资地段较多。

(4) 银行储蓄利率越高，吸收存款越多，用于购买房地产保值增值的资金就越少，越不利于房地产投资。

(5) 一个地区投资力度的大小，对于房地产市场的繁荣与否，至关重要。投资力度大的地区，是好的投资地段。投资力度呈下降趋势的地区，是不好的投资地段。

6．政策限制

政策限制包括价格限制、税收限制、优惠政策、土地制度等。

(1) 房地产价格限制严格的地区，不利于房地产投资收益，不是好的投资地段。房地产价格放开的地区，有利于市场竞争，有利于投资收益，是好的投资地段。

(2) 税收种类越多，税费越重，越不利于吸引投资，越不是好的投资地段。税收减免程度越大，越易于吸引投资，越是好的投资地段。税收政策的稳定程度也对投资地段有影响，税收政策越稳定，越利于房地产投资收益，越应作为好的投资地段。

(3) 优惠政策是相对其他地区而言的政策性照顾。优惠政策越多越实惠的地区，越应是好的投资地段。

(4) 土地制度对投资地段的选择关系重大。土地制度越科学合理，越有利于房地产投资。实行科学合理的土地制度的地块，是好的投资地段。

7．人口因素

人口因素包括人的数量、人的素质、家庭规模等。

(1) 人口数量越多，人口密度越大的地区，房地产供给越相对短缺，越是好的投资地段。

(2) 人口素质越高，越有利于促进经济发展，越有利于对房地产的需求，越有利于秩序稳定，越有利于地区档次的提高，所以人口素质高的地区是好的投资地段。

(3) 家庭规模的变化影响到对房地产的需求，家庭规模变小的地区，对房地产需长较快，较利于房地产投资，因此是好的投资地段。

8．城市规划因素

城市规划因素包括土地用途、容积率、覆盖率、建筑高度、交通道路、行政隶属变更等。

(1) 土地用途允许范围越大，越便于规划设计，越利于投资收益，所以越是好的投资地段。土地用途改变的地块，更是好的投资地段，因为土地用途改变的地块，必定是升值潜力巨大的地块。

(2) 容积率的大小直接决定了建筑面积的大小。容积率小的地块，往往投资效益稍差，因而不是好的投资地段。容积率大的地块，往往投资效益较好，因而是好的投资地段。

(3) 覆盖率越大，允许建造的建筑面积越大，越便于规划设计，因而越应按好的投资地段看待。

(4) 允许建筑高度越大，可以建造的层数越多，建筑面积越大，越有利于投资者，因而越应按好的投资地段看待。

(5) 交通道路规划对地段影响很大，越接近交通要道的地块，临街长度越大的地块，越应按好的投资地段看待。

(6) 行政隶属关系变更的地区，往往使得房地产价格迅速抬高，因而是好的投资地段。

9．心理影响

心理影响包括地块风水、土地号码、名人效应、风俗习惯等。

(1) 地块风水是按迷信思想对地块的好坏判断。地块风水越好，越容易升值，越是好的投资地段。

(2) 土地号码越吉祥，越容易被人接受，越应按好的投资地块对待。

(3) 名人效应是指是否有名人在某地居住或居住过。凡是有名人居住过的地块，往往都是好的投资地段。

(4) 风俗习惯对投资地段影响很大。符合风俗习惯要求的地块，是好的投资地段。违背风俗习惯要求的地块，最好是远远离开。

**知识链接**

### 城市住宅投资区位选择的发展趋向

住宅项目的选址要遵循交通便利、环境适宜、设施齐备的原则。近年来，城市住宅投资区位选择的发展有以下趋向。

(1) 追求高质量住宅。

① 高质量的住宅突出先进性、实用性、安全性、舒适性、生态性。

② 中国各城市已从“居者有其屋”迈向了“居者优其屋”的时代。

③ 高质量住宅将趋向发展为生态化住宅，追求高质量住宅增强了区位选择的“环境性”。

(2) 追求自然环境——郊区化。

现代化居住观念的变化和发展，亲绿、亲山、亲水的心理使住宅选址向郊区化发展。

(3) 追求人文环境——复合区位。

复合区位指自然位置与周围人文环境相结合所体现的区位概念。

(1) 文化教育复合区位。在住所附近是否有好的学校方便孩子上学是家长们买房的重点考虑因素。

(2) 体育复合区位。奥林匹克花园以“科学运动、健康生活”为核心理念，提出“运动就在家门口”的主题，修建了上万平方米的体育设置，大获成功，区位价值猛增。

(3) 旅游复合区位。稀缺的旅游资源和地产完美结合的产品，融合旅游、休闲、度假、居住为一体，从而具有更好的自然景观、建筑景观，同时拥有完善的配套功能和极高的投资价值。

## 2.1.2 项目选址的重点地段

### 1. 选择最有升值潜力的土地进行投资

不同地块的升值潜力是有大有小的，房地产投资地段分析的目的就是把那些最具升值潜力的地块找出来，并进行投资。为选择出升值潜力大的地块，往往需要对地块划分类型后进行分析比较。

在未开发的土地上建设房屋，虽然价格看起来并不贵，但建设过程中的配套资金却非常大，如果该地区的经济发展不是很快，这类土地上建设的房地产在中短期内增值幅度就不会很大，因为房地产的增值总是随着当地的社会经济发展实现的。目前，在我国，选择未开发土地进行投资，不是明智之举。

已开发的土地是指已经具备城镇规模的土地。在西方发达国家里，这类土地不仅价格比较高，而且可供利用的空间也相当少，建筑规模和居住人口已趋于饱和，房地产在日后增值的可能性已不大，同时，闹市区居住的人多是低收入的家庭，投资者当然不会在这类地区再花钱。我国目前情况下，这类土地可供再利用的价值很大，升值潜力尚待开发，国家又有政策鼓励投资，所以，在一段时间内，还将是可供选择的投资地段。

开发中的地块是指已经完成了区域规划，具备基本的交通条件的供水、供电等有保障的地区，多指城镇周围的郊区或开发区。比较起来，这类土地的价格适中，投资后的增值潜力比较大，最为房地产投资者看好。在美国很多大城市的郊区，由于房地产投资的消费引导，如今已形成大片的住宅区，这是典型的投资地段选择的结果。中国的许多地区，开发区已得到极大发展，这也是典型的投资地段选择的结果。人们在郊区或开发区投资建房、买房，疏散了市中心的人口，促进了新社区的建立和发展。

如何选择最有升值潜力的土地进行投资：一是选择现时的最佳地段，这需要有雄厚的经济实力做基础。因为黄金地段的位置固然很好，但地价亦十分客观，非一般投资者所能承受。另一种选择最具有升值潜力的地段，这需要有灵敏的信息和独到的眼光，承担较大的决策风险。然而预期一旦被证实，获得的利润就会十分客观，远远超过一般投资者所得。先进国家的房地产巨头，就是独具慧眼，先他人一步认识到了某些地块在短期内的升值潜力，从而以低廉的价格购进，在快速升值中得到巨额的回报。

**2．掌握并应用地段选择的理论和经验**

投资地段选择的理论和经验很多，主要有上风口发展理论、高走理论、近水发展理论、沿边发展理论等。

(1) 上风口发展理论的涵义是：市场将主要向上风口方向发展，上风口地段是好的投资地段。由于城市的烟尘污染严重，为免受其害，人们必然涌向城市的上风口，从而使得上风口地段成为好的投资地段。

(2) 高走理论的涵义是：市场将主要向地势高处发展，明显高于周围地区的地段是好的投资地段。由于地势高的地块，受周围环境干扰小，有居高临下的感觉，所以人们必然愿意选择地势高的房地产。地势高的地块，是投资者选择的热点所在。

(3) 近水发展理论的涵义是：城市将主要向河、湖、海的方向发展，从市区到水边的地段是好的投资地段。有水的地方景色美好、空气清新，所以人们愿意到这里来。水有财意，近水有便于发财之愿望，所以人们很愿意离水较近。离水较近的地块，应是投资地段的主要所在。

(4) 沿边发展理论的涵义是：城市将主要沿着铁路或公路道边、江河岸边、境界边发展，沿边地段是好的投资地段。道边的交通方便，货物运进运出、人员走进走出都很便捷，所以道路两边地块是好的投资地段。江河岸边的交通也较方便，而且环境优美，所以岸边地块是好的投资地段。境界边是互通有无、进行贸易的必经之地，有过境贸易的地利优势，所以境界边地块也是好的投资地段。

**3．总揽全局选择投资地段**

房地产投资地段仅是整个城市土地的一个组成部分，因此必须从整个城市布局、整个城市规划的全局角度来考察地块投资利弊。在选择投资地段时，既要判断出近期的投资热点地段，又要判断出中长期的投资热点地段，还要判断出隐蔽的投资地段所在。为达此目标，首先要用全局的观点来考虑问题；其次要认真调查研究，充分掌握第一手材料；再次要透过表象看本质，通过材料分析，找出关键所在。

选择房地产投资的位置时，不仅要注意预见其升值的潜力，选择那些升值潜力相对较大的地区；同时还要注意避开那些因各种原因而可能降值的地段。城市规划和地区性质的变化，往往是导致某些地段降值的重要原因。

**案例说明**

在未规划兴建北京西客站之前，北京站的站前街因其拥有巨大的客流，是很多商铺的首选之地，其铺面租金之贵，也令寻常租客不敢问津。但是西客站开通后，北京站减少了 50％的客流，站前街商铺的营业额相应也减少了30%～50%，由此导致商铺租金的大幅度下挫。

### 4．积极稳妥，敢冒地段风险

为实现获取最大利润这一投资目标，房地产投资不仅要重视现在的地段位置，更要重视预测未来地段位置的变化趋向。如果能预测出某一地段位置将随着经济的、社会的、文化的发展，处于更加优越的地位，就应该毫不迟疑地选择这一地段投资；如能在低价位时进入市场则更好。这类地段增值的潜力最大，风险也最大。为保证投资稳妥积极地进行，预测地段未来发展趋向还必须考虑制度性因素，包括城市发展总体规划、土地利用的总体规划、分区规划和详细规划等。

当然对地段位置未来变化趋向的预测要考虑技术和经济的变化对地段位置的影响，如私人小轿车的大量出现将提高郊区或高速公路两侧居住区位置的价格；电视的普及降低了人们与公共娱乐中心联系的重要性，冰箱和食物冷藏设施的使用降低了人们购物的频率等。这些都要求人们对选择位置的标准作相应的调整。

**特别提示**

总之，投资任何地段，都要冒一定的风险，只不过风险有大有小而已。世界上不存在只有收益没有风险的投资地段。在选择投资地段时，既需要认真分析，尽量避免投资地段风险，又要敢于冒险，以敢冒风险的勇气去争取投资的巨大收益。

## 2.2 土地使用权的获取

**引例**

土地储备制度是适应我国土地使用制度改革不断深化和城市土地市场发育而产生的一种新型的土地管理制度，也是土地有偿使用制度及管理制度的创新制度。土地储备制度的建立代表了我国土地制度改革的方向，是我国城市用地制度的又一次重大突破，有人将其誉为新中国成立后“第二次土地管理革命”。实践证明，土地储备制度对政府调控土地市场，实施土地利用总体规划和城市规划，保证国有土地资产的保值、增值，促进社会经济全面协调发展发挥了重要作用。

**特别提示**

要提高土地储备资源的有效性，一要规模适度，要根据所占市场份额和企业资源优势、开发实力确定土地储备数量。二要结构合理，比例适当。国外的经验一般是 3 个 1/3，即建成在售住宅、在建住宅和土地储备各占 1/3。三要选择适合建设住宅并开发前景的区域或城市，储备土地资源。

房地产开发，没有了土地就成了无米之炊，没有土地，任何开发计划或开发项目的实施都只能是空谈。当完成项目选址并对项目评估之后，就要进入实施过程，而实施过程的第一步就是取得土地使用权。

## 2.2.1 土地储备与土地一级开发

### 1. 土地储备

土地储备是指市、县人民政府国土资源管理部门为实现调控土地市场、促进土地资源合理利用的目标，依法取得土地，进行前期开发、储存以备供应土地的行为。该制度的建立旨在加强土地调控，规范土地市场运行，促进土地节约集约利用，提高建设用地保障能力。

土地储备实行计划管理。年度土地储备计划包括年初与年末土地储备规模、年度前期开发规模和年度供应规模等指标，由地方人民政府相关部门依据当地经济和社会发展规划、土地利用总体规划、城市总体规划、土地利用年度计划和土地市场供求状况等联合编制。

1) 土地储备的范围

包括依法收回的国有土地、收购的土地、行使优先购买权取得的土地、已办理农用地转用和土地征收批准手续的土地以及其他依法取得的土地。纳入储备的土地的前期开发、保护、管理和临时利用，以及为储备土地、实施前期开发进行融资等活动，由土地储备机构负责实施。

2) 土地储备的运作程序

土地储备的运作程序有 4 个步骤，包括：①收购指土地储备机构根据政府授权和土地储备计划，收回或收购市区范围内国有土地使用权，征收农村集体土地使用权并对农民进行补偿的行为；②开发整理指根据城市总体规划、土地利用总体规划和经济发展的客观需要，对收购得到的土地通过行政、经济、技术和法律的方法有计划地进行旧城区综合改造，如房屋拆迁改造、土地平整归并，进行基础设施建设的行为；③储备指土地储备中心将已经完成土地整理和基础设施建设的“熟地”储备起来，等待供应的行为；④供给指对纳入政府土地储备体系的土地，根据客观需要和土地供应计划，向市场供应的行为。

### 2. 土地一级开发

土地一级开发是由政府或其授权委托的企业进行土地征收、拆迁、土地平整，进行地上、地下市政基础设施和社会公共配套设施建设，使土地达到“三通一平”、“五通一平”或“七通一平”的建设条件活动。土地一级开发的项目实施模式，有政府土地储备机构负责实施并委托开发企业负责土地开发具体管理和授权开发企业负责实施两种模式。

土地储备机构负责实施土地开发时，由土地储备机构负责筹措资金，办理规划、项目核准、土地征收、拆迁及大市政建设等手续并组织实施。土地开发过程中涉及的道路、供水、供电、供气、排水、通讯、照明、绿化、土地平整等基础设施建设，可通过公开招标方式选择工程实施单位，开发企业的管理费用不高于土地储备开发成本的 2%。

在政府授权开发企业负责实施土地开发时，由开发企业负责筹措资金，办理规划、项目核准、土地征收、拆迁和大市政建设等手续并组织实施。招标底价包括土地储备开发的预计总成本和利润，利润率不高于预计成本的8%。

土地储备开发成本包括：①征收、拆迁补偿费及有关税费；②收购、收回和置换过程中发生的有关补偿费用；③市政基础设施建设有关费用；④招标、拍卖和挂牌交易中发生的费用；⑤贷款利息；⑥土地储备开发供应过程中发生的审计、律师、工程监理等费用，不可预见费以及经政府财政和土地主管部门核准的其他支出。

土地储备和土地一级开发模式的建立，推动了公开、公平和透明的土地供应市场建设，改变了传统的开发商取得土地使用权的程序，对房地产开发商或投资者取得土地使用权的成本也产生了很大影响。此外，由于政府土地储备中心所实施的土地一级开发工作，通常将土地开发工作发包给房地产开发商，因此也为房地产开发商参与土地开发创造了市场机会。

## 2.2.2 获取土地的途径

从事房地产开发，地块选择是第一步，它决定着项目投资的成败。土地使用权的获取是房地产开发的关键环节，没有土地，任何开发计划或开发项目的实施都只能是空谈。房地产开发用地是指房地产企业进行基础设施建设和房屋建设的用地。土地使用权的获取方式主要有土地使用权出让、土地使用权行政划拨和土地使用权转让3种。

### 1. 土地使用权出让

土地使用权出让是指国家以土地所有者的身份将土地的使用权在一定的年限内让给土地使用者，并由土地使用者向国家支付土地使用权出让金的行为。土地使用权的出让由当地政府土地管理部门与土地使用者(土地使用权的受让者)签订土地出让合同。

1) 土地使用权出让特征

(1) 土地所有权与使用权分离。经出让取得土地使用权的单位和个人，在土地使用期限内没有所有权，只有使用权，在使用土地期限内对土地拥有使用、占有、收益和处分权；土地使用权可以进入市场，可以进行转让、出租、抵押等经营活动。

(2) 土地使用权出让是有偿的。获得土地使用权的受让者需要支付一定的出让金。

(3) 土地使用权出让是国家以土地所有者的身份与使用单位之间关于权利和义务的经济关系，因此具有平等、自愿、有偿、有限期的特点。

(4) 土地使用权出让是有期限的如图2.2所示。《中华人民共和国城镇国有土地使用权出让和转让暂行条例》第十二条规定了各类土地的最高出让年限，各类土地使用年限见表2-2。

表2-2 各类土地使用年限

| 用地类型 | 土地使用年限 |
|---|---|
| 居住用地 | 70年 |
| 工业用地 | 50年 |
| 教育、科技、文化、卫生、体育用地 | 50年 |
| 商业、旅游、娱乐用地 | 40年 |
| 综合或者其他用地 | 50年 |

图 2.2　漫画欣赏：住宅用地续期问题

2) 土地使用权出让方式

根据相关规定，国有土地使用权出让，即土地一级市场，一般有 4 种交易方式：协议、招标、拍卖及挂牌。其中后三者是通过市场公开交易的方式来出让土地使用权。《城市房地产管理法》第 12 条第 2 款规定，“商业、旅游、娱乐、豪华住宅用地，有条件的，必须采取拍卖、招标方式；没有条件，不能采取拍卖、招标方式的，可以采取双方协议的方式。”究竟采用哪种方式，要根据出让土地的具体情况和土地用途来决定。

(1) 协议出让方式。协议出让指土地使用权的受让方向市、县人民政府的土地管理部门提出有偿使用土地的申请，双方达成一致后出让土地的行为。该方式一般适用于公益事业、福利事业，如国家机关、教育、卫生等部门的用地出让。协议方式出让土地使用权时，应由市、县人民政府土地管理部门根据土地用途、建设规划要求、土地开发程度等情况，与受让申请人协商用地条件和土地使用权出让金，双方经过协商达成协议后，受让方便依据协议取得土地使用权。

**特别提示**

### 协议出让的程序

(1) 申请用地。欲获得土地使用权者必须持经人民政府批准的投资计划及相关文件，向土地管理部门提交受让土地的申请。

(2) 审查复核。土地管理部门接到提交的申请文件后，对受让申请及有关资料进行审查，并在规定的时间内(一般为 20 个工作日)给予回复，通知申请人是否同意提供土地。

(3) 签订合同。申请人与土地管理部门先协商，并把协商的合同草案由土地管理部门向同级人民政府报批，批准后对外公布，正式签订土地使用权出让合同。

(4) 登记领证。受让方按照土地使用权出让合同的约定付清土地使用权出让金后，到土地管理部门办理土地使用权登记手续，领取《国有土地使用权证》，取得土地使用权。

(2) 招标出让方式。招标出让国有建设用地使用权是指市、县人民政府国土资源行政主管部门(以下简称出让人)发布招标公告，邀请特定或者不特定的自然人、法人和其他组织参加国有建设用地使用权投标，根据投标结果确定国有建设用地使用权人的行为。

招标方式包括邀请招标和公开招标。招标出让土地使用权方式有利于公平竞争，适用于需要优化土地布局以及用于重大工程的较大地块土地的出让。

**特别提示**

### 招标出让的程序

(1) 发布招标会告。土地管理部门向符合条件的单位发出《招标邀请书》或者公开向社会发布招标公告。

(2) 领取招标文件。有意参加的投标者经招标人进行资格审查后，在规定的时间内到指定地点领取招标文件。

(3) 投标。投标者在规定的投标日期和时间内到指定的地点将密封的投标书投入标箱，并按土地管理部门的规定交付投标保证金。

(4) 决标。土地管理部门会同有关部门聘请专家组成评标委员会，由评标委员会主持开标、验标、评标和决标工作，对有效标书进行评审并确定中标者。在选定中标者后，由土地管理部门签发中标通知书。

(5) 签订合同。中标人在接到中标通知书后，按规定的时间与土地管理部门签订土地使用权出让合同，并支付全部土地使用权出让金。

(6) 登记领证。中标人凭土地管理部门出具的《付清地价款》凭证，办理土地使用权登记手续，领取《国有土地使用证》，取得土地使用权。

(3) 拍卖出让方式。拍卖出让国有建设用地使用权是指出让人发布拍卖公告，由竞买人在指定时间、地点进行公开竞价，根据出价结果确定国有建设用地使用权人的行为。

拍卖出让土地使用权方式有利于公平竞争，主要适用于区位条件好、交通便利的闹市区以及土地利用上有较大灵活性的地块的出让，如图 2.3 所示。

图 2.3　漫画欣赏：缴清土地出让金之后方能领取土地使用权证书

特别提示

### 拍卖出让的程序

(1) 发布公告。土地管理部门以公告方式或其他方式发布拍卖消息，告知可以参加竞标的单位和个人，一般是采用在当地的报纸上发布拍卖消息。

(2) 领取拍卖文件。有意参加拍卖竞投者在交纳保证金后按公告要求领取拍卖文件，并向土地管理部门索取地块资料，取得正式参加拍卖的权利。

(3) 举行拍卖活动。拍卖主持人按公告确定的时间、地点主持拍卖会，简介土地位置、面积、用途、使用年限、规划要求等内容并报出底价，确定最后应价者为受让人。

(4) 签订合同。受让人与土地管理部门签订土地使用权出让合同，并按规定的时间交付土地使用权出让金。不能按规定时间交清土地使用权出让金的，土地管理部门有权解除合同，不退保证金。

(5) 登记领证。受让人交付全部土地使用权出让金后，凭土地管理部门出具的《付清地价款》凭证，办理土地使用权登记手续，领取《国有土地使用证》，取得土地使用权。

(4) 挂牌出让方式。挂牌出让国有建设用地使用权是指出让人发布挂牌公告，按公告规定的期限将拟出让宗地的交易条件在指定的土地交易场所挂牌公布，接受竞买人的报价申请并更新挂牌价格，根据挂牌期限截止时的出价结果或者现场竞价结果确定国有建设用地使用权人的行为。

挂牌出让综合体现了招标、拍卖和协议方式的优点，并同样是具有公开、公平、公正特点的国有土地使用权出让的重要方式，尤其适用于当前我国土地市场现状，具有招标、拍卖不具备的优势：一是挂牌时间长，且允许多次报价，有利于投资者理性决策和竞争；二是操作简便，便于开展；三是有利于土地有形市场的形成和运作。挂牌出让是招标拍卖方式出让国有土地使用权的重要补充。

特别提示

### 挂牌出让的程序

(1) 在挂牌公告规定的挂牌起始日，出让人将挂牌宗地的面积、界址、空间范围、现状、用途、使用日期、规划指标要求、开工时间和竣工时间、起始价、赠价规则及赠价幅度等，在挂牌公告规定的土地交易场所挂牌公布。

(2) 符合条件的竞买人填写报价单报价。

(3) 挂牌主持人确认该报价后，更新现实挂牌价格。

(4) 挂牌主持人在挂牌公告规定的挂牌截止时间确定竞买人。

挂牌截止应当由挂牌主持人主持确定。挂牌期限届满，挂牌主持人现场宣布最高报价及其报价者，并询问竞买人是否愿意继续竞价。有竞买人表示愿意继续竞价的，挂牌出让转入现场竞价，通过现场竞价确定竞买人。挂牌主持人连续 3 次报出最高挂牌价格，没有竞买人表示愿意继续竞价的，按照下列规定确定是否成交：挂牌期限内只有一个竞买人报价，且报价不低于竞价的，并符合其他条件的，挂牌成交；在挂牌期限内有两个或者两个以上的竞买人报价的，出价最高者为竞得人；报价相同的，先提交报价单者为竞得人，但报价低于底价者除外；在挂牌期限内无应价者或者竞买人的报价均低于底价或者均不符合其他条件的，挂牌不成交。如图 2.4 所示杭州市国有土地使用权挂牌出让公告。

# 杭州市萧山区萧储工出[2007]25-30号地块国有土地使用权挂牌出让公告

**招标编号：GY-TDGP2007009**

根据《萧山区土地储备招标、拍卖办法（试行）》的规定和区规划部门提供的规划设计条件，经区政府同意和区招管办核准，杭州市萧山区招投标交易中心受杭州市国土资源局萧山分局的委托，决定以公开挂牌方式出让国有土地使用权。现将有关事项公告如下：

**一、挂牌出让地块的基本情况和规划指标要求**

| 编号 | 土地位置 | 土地面积（m²） | 土地用途（产业类别） | 规划指标要求 | | | 出让年限（年） | 投资强度要求 | 竞买保证金 | 备注 |
|---|---|---|---|---|---|---|---|---|---|---|
| | | | | 容积率 | 建筑密度 | 绿地率 | | | | |
| 萧储工出[2007]25号 | 萧山经济技术开发区红垦区块红六路以南、鸿九路以东 | 总面积为16667平方米，其中出让面积16667平方米 | 工业用地（轴承、齿轮、传动和驱动部件制造业） | 1.0以上，1.5以下 | 45%-55% | 15%-20% | 50年 | 建设规模必须符合国家和杭州市萧山区的有关规定，项目须经萧山区发展和改革局批准。 | 人民币100万元 | 以净地挂牌出让 |
| 萧储工出[2007]26号 | 萧山经济技术开发区桥南区块先锋河以南、新城路以东 | 总面积为30667平方米，其中出让面积30667平方米 | 工业用地（纺织业和纺织服装制造业） | 1.0以上，1.5以下 | 45%-55% | 15%-20% | | | 人民币300万元 | |
| 萧储工出[2007]27号 | 萧山经济技术开发区桥南区块八号路以东、二号路以南 | 总面积为10114平方米，其中出让面积10114平方米 | 工业用地（电动机制造业和微电机及其他电机制造业） | 1.0以上，1.5以下 | 40%-60% | 15%-20% | | | 人民币60万元 | |
| 萧储工出[2007]28号 | 萧山经济技术开发区红垦区块鸿九路以东、红六路以南 | 总面积为26667平方米，其中出让面积26667平方米 | 工业用地（技术玻璃制品制造业） | 1.0以上，1.5以下 | 45%-55% | 15%-20% | | | 人民币200万元 | |
| 萧储工出[2007]29号 | 益农镇民围村，东至围垦排灌沟，南至农田，西至农田，北至三丈排灌沟 | 总面积为40000平方米，其中出让面积33058.5平方米 | 工业用地（玻璃及玻璃制品制造） | 1.0以上，1.5以下 | 45%以下 | 15%-20% | | | 人民币217万元 | |
| 萧储工出[2007]30号 | 瓜沥镇横埂头村、暗一村，东至定康食品有限公司，南至农田，北至旺旺食品，西至坚三路 | 总面积为6666.67平方米，其中出让面积6666.67平方米 | 工业用地（食品制造） | 1.0以上，1.5以下 | 45%以下 | 15%-20% | | | 人民币47万元 | |

地块的其他条件及挂牌出让起始价详见挂牌文件。上述地块发证面积以实测为准。

**二、竞买人资格及要求**

凡符合萧储工出（2007）25、26、27、28、29、30号地块挂牌出让文件要求的竞买人，可以独立竞买，也可以联合竞买。联合竞买者必须满足各自的资质要求。上述地块的竞得者必须严格按照土地使用权出让合同规定的条件进行开发建设。竞买人资格由所在镇、开发区认定。

具体资格及要求详见《挂牌出让文件》。

**三、竞得人的确定**

本次国有土地使用权挂牌出让按照价高者得原则确定竞得人。

**四、挂牌文件的获取**

本次挂牌出让的详细资料和具体要求，见挂牌出让文件。申请人可于2007年11月12日至2007年11月22日（工作日），到萧山区金城路535号区办事服务中心三楼、杭州市萧山区招投标交易中心土地交易窗口领取挂牌出让文件。

**五、竞买申请**

竞买人可于2007年11月12日至2007年11月22日16时30分（工作日）止，到杭州市萧山区金城路535号三楼、杭州市萧山区招投标交易中心土地交易窗口（地点），提交书面申请。

**六、竞买人资格审查**

经审查，申请人按规定交纳竞买保证金，具备申请条件的，由杭州市萧山区招投标交易中心在2007年11月22日16时30分（工作日）前发出《竞买资格确认书》。

**七、交纳竞买保证金金额及截止时间**

1、萧储工出[2007]25号地块：为人民币100万元整（用汇票交纳）；

2、萧储工出[2007]26号地块：为人民币300万元整（用汇票交纳）；

3、萧储工出[2007]27号地块：为人民币60万元整（用汇票交纳）；

4、萧储工出[2007]28号地块：为人民币200万元整（用汇票交纳）；

5、萧储工出[2007]29号地块：为人民币217万元整（用汇票交纳）；

6、萧储工出[2007]30号地块：为人民币47万元整（用汇票交纳）；

申请人须向杭州市萧山区财政局财政专户缴付竞买保证金，交纳保证金截止时间为：2007年11月22日16时30分（工作日）。

账户名称：杭州市萧山区财政局财政专户

联 系 人：杨 静

联系电话：82752995　13656680352

联系地址：杭州市萧山区财政局5楼5012室

**八、本次国有土地使用权挂牌地点及时间**

上述地块挂牌地点为：

萧山区金城路535号三楼、杭州市萧山区招投标交易中心土地交易窗口。

上述地块挂牌时间和截止时间分别为：

萧储工出[2007]25、26、27、28、29、30号地块为2007年11月23日至2007年12月6日14时30分（工作日）止。

**九、其他需要公告的事项**

挂牌时间截止时，仍有二个以上竞买人表示愿意继续竞价，转入现场竞价，通过现场竞价确定竞得人。

**十、联系方式**

出让人　杭州市国土资源局萧山分局

联系地址：萧山区萧然东路279号

联系电话：0571-82717509　82731638

联 系 人：葛先生　朱先生

挂牌人　杭州市萧山区招投标交易中心

联系地址：萧山区金城路535号办事服务中心三楼土地交易窗口

联系电话：0571-82899322　82899316

联 系 人：于先生

杭州市萧山区招投标交易中心

2007年11月2日

图 2.4　杭州市国有土地使用权挂牌出让公告

## 2．土地使用权划拨

土地使用权划拨是指经县级以上人民政府依法批准，在土地使用者缴纳补偿、安置等费用后，将该幅土地交付其使用，或者将其土地使用权无偿交付给土地使用者使用的行为。目前土地使用权划拨使用极少，土地使用权的划拨一般适用于国家机关、军事用地、城市基础建设和公益事业用地，以及国家重点扶持的能源、交通、水利等项目用地。廉租住房和部分经济适用住房项目用地，目前也是通过行政划拨方式供应。以行政划拨方式供应廉租住房和经济适用住房建设用地时，也逐步开始采用以未来住宅租售价格或政府回购价格为标的的公开招标方式。

1) 土地使用权划拨的特点

(1) 没有使用期限的限制。

(2) 无须支付土地使用权出让金。

(3) 土地用途，未经批准，不得改变。

(4) 不能随意转让、出租和抵押。

2) 土地使用权划拨的形式

土地使用权划拨主要有两种形式：第一种是经县级以上人民政府依法批准，在土地使用者缴纳补偿、安置等费用后，将该幅土地支付其使用的形式。第二种是经县级以上人民政府依法批准，将国有土地使用权无偿支付给土地使用者使用的形式。无论哪一种，都无须支付土地使用权出让金。

3) 土地使用权划拨的业务流程

通过划拨方式取得的土地使用权，必须按法定的程序办理手续后才能取得划拨土地使用权。其一般程序有 8 个环节，土地使用权划拨办事流程如图 2.5 所示。

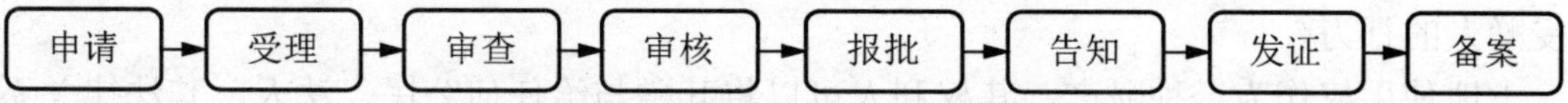


图 2.5 土地使用权划拨办事流程

3. 国有土地使用权转让

土地使用权转让是指经出让方式获得土地使用权的土地使用者，通过买卖、赠与或其他合法方式将土地使用权再转移的行为。土地使用权的转让经营是在土地使用权出让的基础上，使用权在土地使用者之间的横向流动，转让者可以抬高地价，获得比出让价高的额外的转让收益，也就是常说的“炒地皮”现象。

1) 土地使用权转让的特征

(1) 必须以出让合同规定的期限和条件投资、开发、利用土地为前提。

(2) 土地使用权转移时，土地使用权出让合同和登记文件所载明的权利、义务随之转移。

(3) 土地使用者通过转让方式取得的土地使用权，其使用年限为土地使用权出让合同规定的使用年限减去原土地使用者已使用年限后的剩余年限。

(4) 土地使用权转让时，其地上建筑物和其他附着物的所有权随之转让。

2) 土地使用权转让的条件

土地使用权转让是土地使用权在不同使用者之间的流动，是土地市场最活跃的二级市场。为规范市场行为，防止“炒卖”地皮现象的发生和削弱土地投机的负面效应，我国《城市房地产管理法》第三十八条规定，以出让方式取得土地使用权的，转让土地使用权时应当满足以下两个条件。土地使用权转让应具备以下条件。

(1) 土地使用权转让只能在原土地使用权出让合同规定的权利义务范围内进行，权利人不得扩张其权利内容。按照出让合同的约定，受让方已经交付全部土地使用权出让金并取得土地使用权证书。

(2) 按照出让合同约定对土地进行了投资开发，属于房屋建设工程的，要完成开发投资总额的 25%以上，属于成片开发土地的，要形成工业用地或者其他建设用地条件。

3) 土地使用权转让的形式

根据《城镇国有土地使用权出让和转让暂行条例》的规定，“当国有土地使用权转让时，转让双方必须签订转让合同，即以合同的形式进行土地使用权的转让。”目前，国有土地使用权转让主要有出售、交换和赠与 3 种形式。

(1) 土地使用权出售。土地使用权出售，是指土地使用者将余期土地使用权转移给其他公民、法人，并获得土地使用权转让金的行为。

土地使用权出售后，出让合同中的一切权利义务全部转给新的土地使用者。但是，这种出售行为与一般意义上的买卖不同，一般买卖行为涉及所有权的转移，而土地使用权的出售只转移使用权，所有权仍属于国家。

(2) 土地使用权交换。土地使用权交换，是指当事人双方约定互相转移余期土地使用权，或一方转移土地使用权，另一方转移金钱以外的标的物的一种以物易物的交易方式。

它是以双方当事人都需要支配对方的物为前提的。土地使用权交换后，双方同土地管理部门因“出让”而产生的权利义务关系也同时转移。

(3) 土地使用权赠与。土地使用权赠与是指赠与人自愿无偿地将余期土地使用权转移给受赠人的行为。

土地使用权作为一种财产，其权利人可以将其赠与给任何公民、法人，其法律关系与一般赠与关系一致。土地使用权赠与后，赠与人与土地管理部门之间因“出让”而产生的权利由受赠人享受。

在实际经济生活中，土地使用权还存在其他转让方式，如房地产开发项目转让，土地入股联建联营、企业兼并等经营性土地使用权转移方式，以及土地使用权继承、用地单位合并或分立等非经营性土地使用权转移方式。

## 2.3 房地产项目可行性研究

**知识点滴**

可行性研究是分析、计算和评价投资项目的技术方案、开发方案和经营方案的经济效果，研究投资项目的必要性和可能性，进行投资方案决策的科学分析方法，它是为提高投资的有效性，避免盲目性，减少投资风险而设计的一套科学、系统的投资管理制度和风险防御机制，其理论和方法在国际上已相当成熟。早在20世纪30年代，美国在开发田纳西流域时已将可行性研究列入开发程序，可行性研究成为项目规划的必经程序，对提高项目经济效益、优化项目开发方案起了重要作用。如今，随着应用计算技术的发展和电子计算机的广泛应用，可行性研究已渗透到各个领域并成为各国项目投资前期的重要工作内容。70年代以来，现代投资决策理论开始运用于房地产投资领域，并获得较大的发展。

### 2.3.1 房地产项目可行性研究的目的、内容与步骤

可行性研究是对建设项目在投资决策前进行技术经济论证的一门综合学科。房地产开发项目的可行性研究是指在投资决策前对拟开发项目相关的社会、经济和技术等各方面情况进行深入细致的调查研究，在对各种可能的方案进行科学评价的基础上，综合研究拟开发项目在技术上是否先进、适用、可靠，在经济上是否合理，在财务上是否赢利，由此确定该项目是否应该投资和如何投资。

#### 1. 可行性研究的目的

可行性研究的根本目的是减少或避免投资决策的失误，提高项目开发建设的经济、社会和环境效益。

(1) 为投资决策提供依据。房地产开发项目，特别是大中型项目，花费的人力、物力、财力很多，不是只凭经验或感觉就能确定的，而是要通过投资决策前的可行性研究，明确拟开发项目的建设地址、规模、建设内容与方案等是否可行，以此作为项目投资决策的依据。

(2) 为筹集开发资金提供依据。银行等金融机构都把可行性研究报告作为建设项目申请贷款的先决条件。他们对可行性研究报告进行全面、细致的分析评估后，才能确定是否发放贷款。

(3) 为签订协议和合同提供依据。项目所需的建筑材料、电、水、热、通信、交通等诸多方面，都需要与有关部门协作供应。而供应的协议和合同均需根据可行性研究报告进行商谈。有关技术引进和建筑设备进口也必须在可行性研究报告审查批准生效后，才能据此向厂商正式签约。

(4) 为编制规划设计提供依据。在可行性研究中，对拟开发项目的规模、地址、建筑设计方案、主要设备、单项工程结构形式、配套设施和公用设施的种类等都进行了分析和论证，确定了原则，推荐了建设方案。可行性研究报告批准后，规划设计工作就可据此进行，不必另作方案比较选择和重新论证。

### 2. 可行性研究的内容

由于房地产开发项目的性质、规模和复杂程度不同，其可行性研究的内容不尽相同，各有侧重。但主要内容是不变的，包括以下 3 个方面。

(1) 项目的必要性。基本标准是该项目是否为社会所需要。解决这个问题需要对拟开发项目所在地区的社会、经济发展状况和拟开发产品的市场供需情况进行调查、分析和预测。

(2) 项目实施的可能性。可能性是建立在对项目的外部制约条件分析的基础上的，需要考察固定资产投资规模及城市规划对项目的限制条件，还需要看资金、建筑材料、施工力量、城市基础设施等能否保证开发项目的顺利实施。此外，还需考察开发建设过程和建成投入使用后的道路、通信、供电、供水、供热等的制约条件，以及治安、消防、就学、购物等社会服务条件。项目开发时对这些约束因素的承受力和突破力决定着项目实施的可能性，承受力和突破力强则实施的可能性就大。

(3) 项目的技术经济分析。这是可行性研究中的核心部分。相对而言，经济分析又比技术分析更为重要，因为对于企业来说，经济效益是最重要的。

### 3. 可行性研究的步骤

1) 接受委托

在项目建议被批准之后，开发商即可委托咨询评估公司对项目进行可行性研究。双方签订合同，明确规定可行性研究的工作范围、目标意图、进度安排、费用支付办法及协作方式等内容。承担单位接受委托时，应获得项目建议书和有关项目背景介绍资料，搞清楚委托者的目的和要求，明确研究内容，制订计划，并收集有关基础资料、指标、规范、标准等基本数据。

2) 调查研究

主要从市场调查和资源调查两方面进行。市场调查应查明和预测市场供给量和需求量、价格、竞争能力等，以便确定项目的经济规模和项目构成。资源调查包括建设地点、项目用地、交通运输条件、外围基础设施、环境保护、水文地质、气象等方面的调查，为下一步规划方案设计、技术经济分析提供准确的资料。

3) 方案选择和优化

根据项目建议书的要求，结合调查研究结果，在收集到的资料和数据的基础上编制若干个可供选择的开发方案，进行反复的方案论证和比较，会同委托方明确方案选择的原则和标准，采用技术经济分析的方法，评选出合理的方案。

4) 财务评价和国民经济评价

在估算项目投资、成本、价格、收入等基础上，对经上述分析后所确定的最佳方案进行详细的财务评价和国民经济评价。研究论证项目在经济上的合理性和赢利能力，进一步提出资金筹措建议和项目实施总进度计划。

5) 编制可行性研究报告

经过上述分析与评价，即可编制详细的可行性研究报告，推荐一个以上的可行方案和实施计划，提出结论性意见、措施和建议。

## 2.3.2 可行性研究中的财务评价

房地产开发项目的财务评价是根据国家现行财税制度和价格体系，在科学估算项目的成本和收入基础上，通过计算一系列评价指标来评价项目的赢利能力、清偿能力以及外汇平衡能力，并据此判断项目的财务可行性和经济合理性，为投资决策提供依据。它是可行性研究的核心内容。

### 1．财务评价的程序分 3 个步骤

(1) 分析和估算开发项目的财务数据。即通过市场调查、预测分析，以及技术与投资方案分析，确定房地产开发项目的建设规模、建设地点和投资方案，拟定项目实施进度计划。据此进行财务预测，获得项目总投资、资金筹措方案、开发成本、销售或出租收入和利润、税金等一系列财务基础数据。

(2) 编制财务基本报表。财务基本报表是根据财务数据填列的，包括现金流量表、资产负债表、利润表、借款还本付息表等，是计算反映项目赢利能力、清偿能力的技术经济指标的基础。

(3) 计算财务评价指标。财务评价指标主要有财务净现值、财务内部收益率、投资回收期、成本利润率等。通过分析这些指标的计算结果，来评价项目的经济可行性。

### 2．项目投资估算

一个房地产开发项目需要投入大量的资金，在项目的前期阶段，为了对项目进行经济效益评价并做出投资决策，必须对项目的投资和预期收入进行准确的估算，它由估价师会同造价工程师完成。一般来说，房地产开发项目成本及费用包括以下几个部分。

(1) 土地费用，即为取得项目用地而发生的费用，主要包括以下几个方面。

① 土地使用权出让金及征地费等。

② 基础设施配套费用。这些费用的估算可根据各地的具体规定和标准进行。

③ 拆迁安置补偿费。按照有关规定给予安置所发生的费用。

(2) 前期工程费，主要包括项目的可行性研究、水文地质勘察、规划、设计以及“三通一平”等土地开发工程费支出。项目的规划、设计、可行件研究所需的费用支出一般可按项目总投资的一个百分比估算。“三通一平”等土地开发费用，主要根据实际工作量，参照有关计费标准估算。

**特别提示**

项目的规划、设计、可行性研究所需的费用支出一般可按项目投资的一个百分比估算。一般情况下，规划设计费为建安工程费的3%左右，可行性研究费占总投资的1%～3%。水文、地质勘探所需的费用可根据所需工作量结合有关收费标准估算，一般为设计概算的 0.5%左右。“三通一平”等土地开发费用主要包括：地上原有建筑物、构筑物拆除费用，场地平整费用和通水、电、路的费用。这些费用可根据实际工作量，参照有关计费标准估算。

(3) 房屋建造费，包括建筑安装工程费、附属工程费和室外工程费。

(4) 销售费用，是指在销售房地产产品过程中发生的各项费用，包括广告宣传费、代理费、销售许可证申领费、销售人员工资、奖金等。

(5) 税费。在投资估算中还应考虑项目所负担的各种税金和地方政府或有关部门征收的费用。各项税费应根据当地有关法规标准估算。

(6) 财务费用。企业为筹集资金而发生的各项费用，主要为借款或债券的利息，还包括金融机构手续费、融资代理费以及企业筹资发生的其他财务费用。

(7) 管理费。为管理和组织生产经营活动而发生的各种费用，包括公司经费、职工教育培训经费、劳动保险费、诉讼费、坏账损失及其他管理费用，可按项目投资的一个百分比计算。

(8) 其他费用，主要包括临时用地费和临时建设费、施工图预算和标底编制费、招标管理费、合同公证费、施工执照费、工程监理费、保险费等杂项费用。这些费用一般按当地有关部门规定的费率估算。

(9) 不可预见费。根据项目的复杂程度和前述各项费用估算的准确程度，以上述各项费用的 3%～7%估算。

**特别提示**

当房地产开发项目竣工后采取出租或者自营方式经营时，还应估算项目经营期间的运营费用。运营费用通常包括人工费、公共设施设备运行费、卫生清洁与保安费、维修与保养费、办公费、保险费、房产税、广告宣传及市场推广费、租赁代理费、不可预见费。

### 3．房地产开发项目收入估算

应先确定项目租售方案，租售方案一般应包括以下几个方面的内容：①项目是出租、出售还是租售结合方案，出租面积和出售面积的比例；②租金和售价水平；③出租和出售的时间进度安排和各时间段内租售面积数量；④收款计划。租售方案确定了，则可据此估算项目收入。房地产开发项目用于销售时，收入快时间短；房地产开发项目用于出租时，收入慢时间长。

### 4．财务评价的方法

财务评价方法按其是否考虑资金的时间价值，分为动态评价方法和静态评价方法两类。在房地产开发项目的财务评价中一般以动态评价为主，以静态评价为辅。

1) 动态评价法

在评价中不仅考虑投资、成本、收入这些现金流量绝对值的大小，还考虑其发生的时间。动态评价法能客观地反映项目效益状况，是财务评价的主要方法。

常用的指标主要有3个：

(1) 财务净现值(FNPV)。是指项目按行业的基准收益率或设定的目标收益率，将项目计算期内各年的净现金流量折算到开发活动起始点的现值之和，它是房地产开发项目财务评价中的一个重要经济指标，主要反映技术方案在计算期内盈利能力的动态评价指标。

其计算公式为：

$$FNPV=\sum_{t=1}^{n}(CI-CO)_t(1+i_c)^{-t}$$

式中：$FNPV$——项目在起始时间点上的财务净现值；

$i_c$——项目的基准收益率或目标收益率；

$(CI-CO)_t$——第 $t$ 期净现金流量；

n——计算周期，即项目的开始经营周期(年、半年、季度或月)。

财务净现值是项目寿命期内各年净收益现值的总和，反映了项目的获利能力的大小，是评价技术方案盈利能力的绝对指标。用净现值指标评价投资项目时，必须注意以下三种情况：

① 若 $FNPV>0$，则项目的投资收益率可以达到基准收益率或最低可以接受的收益率，且会超过基准收益率，获得额外收益。

② 若 $FNPV=0$，则项目投资收益率和基准收益率持平。

③ 若 $FNPV<0$，则项目投资收益率达不到收益水平，但不一定会亏损。

在上述情况下，只有①②两种情况，即 $NPV$ 大于或等于0时，该房地产项目才是可行的，$NPV<0$ 的项目或方案一般将被淘汰，如果是多项目或多方案进行比较，则FNPV值越大的项目优先考虑。

**例题讲解 2-1**

已知项目的净现金流量见表2-3。如果投资者目标收益率为10%，求该项目的财务净现值。

表2-3 财务净现值　　单位：万元

| 年份 | 0 | 1 | 2 | 3 | 4 | 5 |
|---|---|---|---|---|---|---|
| 现金流入量 | | 300 | 300 | 300 | 300 | 300 |
| 现金流出量 | 1000 | | | | | |
| 净现金流量 | -1000 | 300 | 300 | 300 | 300 | 300 |

**解**：因为 $i=10\%$，利用公式 $FNPV=\sum_{t=1}^{n}\frac{(CI-CO)_t}{(1+i)^t}$，则该项目的净现金流量为：

$$FNPV=-1000+300\times(P/A,10\%,5)=-1000+300\times3.791=137.24(万元)$$

**特别提示**

净现值法的优点是考虑了项目整个寿命期内各年现金流量的现值，也就是考虑了资金的时间价值因素。它的缺点为：一是基准收益率不易确定；二是净现值只说明收益率大于、小于或等于基准收益率，但未能算出确切的收益率，大于、小于或等于的幅度。

(2) 财务内部收益率(FIRR)。指项目在整个计算期内各年净现金流量现值累计等于零时的折现率，用 FIRR 表示，计算公式：

$$\sum_{t=0}^{n}(CI-CO)_t(1+FIRR)^{-t}=0$$

式中：$CI$——现金注入量；

$CO$——现金注入量；

$(CI-CO)$——项目在 t 年的净现金流量；

n——计算期，即项目的开发或经营周期(年、半年、季度或月)。

财务内部收益率的经济含义是在项目寿命期内项目内部未收回投资每年的净收益率。同时意味着，到项目寿命期终了时，所有投资可以被完全收回。

财务内部收益率可以通过内插法求得。即先按目标收益率或基准收益率求得项目的财务净现值，如为止，则采用更高的折现率使净现值为接近于零的止值和负值各一个，最后用内插公式求出，内插法公式为：

$$FIRR=i_1\frac{|NPV_1|\times i_2-i_1}{|NPV_1|+|NPV_2|}$$

式中：$i_1$——当净现值为接近于零的正值时的折现率；

$i_2$——当净现值为接近于零的负值时的折现率；

$NPV_1$——采用低折现率时净现值的正值；

$NPV_2$——采用高折现率时净现值的正值。

$i_1$ 和 $i_2$ 之差不应超过 1%—2%。

当 $FIRR>ic$ 时，则认为项目在财务上是可以接受的。如 $FIRR<ic$，则项目不可接受。

**例题讲解 2-2**

有一住宅投资项目第一年净现金流量为-35000000，以后每年分别为：-6880085, 36880806,15428988。试编制净现值表，计算财务内部收益率。

**解：** 假设 $r_1$=11%，$r_2$=12%，计算的净现值见表 2-4。

表 2-4 净现值

单位：万元

| 年份 | 净现金流量 | 折现率 11% | | 折现率 12% | |
|---|---|---|---|---|---|
| | | 折现系数 | 净现值 | 折现系数 | 净现值 |
| 1 | -35000000 | 0.9009 | -31531500 | 0.8929 | -31251500 |
| 2 | -6880085 | 0.8116 | -5583876 | 0.7972 | -5484804 |
| 3 | 36880806 | 0.7312 | 26967245 | 0.7118 | 26251758 |
| 4 | 15428988 | 0.6587 | 10163074 | 0.6355 | 9805122 |
| 合计 | | | 14943 | | -679424 |

根据上表的计算结果，可以判定该项目的内部收益率在 10%与 15%之间，用线性插值法求得：

$$FIRR=11\%+(12\%-11\%)\times\frac{|14943|}{|14943|+|-679424|}=11.02\%$$

(3) 动态投资回收期($P_b$)。指考虑折现因素时，项目以净收益抵偿全部投资所需的时间，是反映开发项目投资回收能力的重要指标。对房地产投资项目来说，动态投资回收期自投资起点算起，累计净现值等于零或出现正值得年份即为投资回收终止年份，其计算公式为：

$$\sum_{t=0}^{P_b}\frac{(\mathrm{CI}-\mathrm{CO})_t}{(1+i)^t}=0$$

动态投资回收期以年表示，其详细的计算公式为

$$P_b=(\text{累计净现金流量现值开始出现正值得期数}-1)+\frac{\text{上期累计净现金流量现值的绝对值}}{\text{当期净现金流量现值}}$$

上式得出的是以计算周期为单位的动态投资回收期，应该再把它换算成以年未单位的动态投资回收期，其中的小数部分也可以折算成月数，以年和月表示，如 3 年零 9 个月或 3.75 年。

**例题讲解 2-3**

已知某投资项目的净现金流量见表 2-5 和表 2-6。若该项目投资者目标收益率为 12%，求该项目的动态投资回收期。

**表 2-5 某投资项目的净现金流量(1)**

单位：万元

| 年份 | 0 | 1 | 2 | 3 | 4 | 5 | 6 |
|---|---|---|---|---|---|---|---|
| 现金流入量 | | 300 | 300 | 350 | 400 | 400 | 600 |
| 现金流出量 | 1200 | | | | | | |
| 净现金流量 | -1200 | 300 | 300 | 350 | 400 | 400 | 600 |

**表 2-6 某投资项目的净现金流量(2)**

单位：万元

| 年份 | | 0 | 1 | 2 | 3 | 4 | 5 | 6 |
|---|---|---|---|---|---|---|---|---|
| 现金流入量 | | | 300 | 300 | 350 | 400 | 400 | 600 |
| 现金流出量 | | 1200 | | | | | | |
| 净现金流量 | | -1200 | 300 | 300 | 350 | 400 | 400 | 600 |
| NPV (i=12%) | 净现值 | -1200 | 267.86 | 239.16 | 249.12 | 254.21 | 226.97 | 303.98 |
| | 累计净现值 | -1200 | -932.14 | -692.98 | -443.86 | -189.65 | 37.32 | 341.30 |

因为项目在第 5 年累计净现金流量现值出现正值，所以：

**解：**

$$P_b=(\text{累计净现金流量现值开始出现正值得期数}-1)+\frac{\text{上期累计净现金流量现值的绝对值}}{\text{当期净现金流量现值}}$$

$$=(5-1)+\frac{189.65}{226.97}=4.84(\text{年})$$

**特别提示**

动态评价指标，能比较全面地反映投资方案整个计算期的经济效果，适用于详细可行性研究阶段的经济评价和计算期较长的投资项目。

2) 静态评价法

在评价中不考虑资金的时间价值，而按实际发生数计算，静态评价方法是一种简便易行的分析评价方法。这种方法不能全面地反映企业经济活动状况，难以作为房地产长期投资决策的依据，但计算方法简单，使用方便，在投资方案的机会研究阶段和初步可行性研究阶段，以及短期小型的房地产投资决策中仍有一定的参考价值。常用的指标有3个。

(1) 成本利润率。指项目投资产生的利润总额与投资额的比率，一般来说，对于一个开发期为2～3年的项目，如果项目建成后销售，其成本利润率大体应为30%～50%。其公式为：

$$\text{成本利润率}=\frac{\text{项目总开发价值}-\text{项目总开发成本}}{\text{项目总开发成本}}\times 100\%$$

**例题讲解 2-4**

已知某房地产投资项目的总开发价值为22698万元，项目的总开发成本为17594.6万元。求项目的成本利润率。

**解：**

$$\text{成本利润率}=\frac{\text{项目总开发价值}-\text{项目总开发成本}}{\text{项目总开发成本}}\times 100\%$$

$$=\frac{22698-17594.6}{17594.6}\times 100\%=29.01\%$$

**特别提示**

成本利润率是开发经营期的利润率，不是年利润率。成本利润率除以开发经营期的年数，也不等于年成本利润率，因为开发成本在开发经营期内逐渐发生，而不是在开发经营期开始时一次投入。

(2) 资本金利润率。是指项目经营期内一个正常年份的年利润总额或项目经营期内年平均利润总额与资本金的比率，它反映投入项目的资本金的盈利能力。资本金是投资者为房地产投资项目投入的资本金或权益资本。资本金利润率的计算公式为：

$$\text{资本金利润率}=\frac{\text{年利润总额或年平均利润总额}}{\text{资本金}}\times 100\%$$

**例题讲解 2-5**

已知某房地产投资项目的投资为4500万元，流动资金为500万元。如果投资经营期内年平均利润总额为650万元，计算该投资项目的资本金利润率为多少。

**解:**

$$资本金利润率=\frac{年利润总额或年平均利润总额}{资本金}\times 100\%=\frac{650}{1500}\times 100\%=43.3\%$$

(3) 静态投资回收期($P_b'$)。是指以项目的净收益抵偿全部投资所需要的时间，是考察项目在财务上的投资回收能力的主要静态指标。其计算公式为：

$$\sum_{t=0}^{P_b}(CI-CO)_t=0$$

动态投资回收期以年表示，其详细的计算公式为：

$$P_b'=(累计净现金流量开始出现正值期数-1)+\frac{上期累计净现金流量的绝对值}{当期净现金流量现值}$$

上式得出的是以计算周期为单位的静态投资回收期，应该再把它换算成以年末单位的静态投资回收期，其中的小数部分也可以折算成月数，以年和月表示，如3年零9个月或3.75年。

## 2.3.3 房地产开发项目可行性研究报告的撰写

可行性报告作为房地产投资项目可行性研究结果的体现，是申请立项、贷款以及和有关各部门签订协议、合同时的必备材料。每个可行性研究报告必须说明评估什么、为什么评估、得出什么结论和凭什么得出这些结论。可行性研究报告通常由开发商委托房地产评估机构、研究机构来撰写。

### 1. 基本构成

一般来说，一份正式的可行性研究报告应包括封面、摘要、目录、正文、附表和附图等内容。

1) 封面

反映评估项目的名称、评估机构和委托评估机构的名称及报告编写的时间。

2) 摘要

用简洁的语言概要介绍项目的情况和特点、所处地区的市场情况、评估的结论，一般不超过1000字。

3) 目录

如果可行性研究报告较长，最好要有目录，以便读者能很快地了解可行性研究报告所包括的具体内容以及前后关系，根据自己的需要快速地找到相关的部分。

4) 正文

这是可行性研究报告的主体，正文一般要按照逻辑的顺序，从总体到细节循序进行。

**特别提示**

要注意，报告的内容不要太烦琐，重要的是尽可能简明地回答未来读者所关心的问题。对于一般的可行性研究报告，通常包括具体内容有项目总说明、项目概况、市场研究、规划设计方案及建设条件、建设方式及进度安排、项目投资估算及收入估算、项目资金筹措计划、项目经济效益评价、可行性研究结论等方面。

5) 附表

对于正文中不便于插入的较大型表格，为了使读者便于阅读，通常将其按顺序编号附于正文之后，如项目工程进度计划表、项目投资估算表、资金筹措表、项目销售计划表等。

6) 附图

为了辅助文字说明，使读者很快建立起空间概念，通常还要有一些附图，如项目位置示意图、项目规划用地红线图、与项目有关的土地利用规划示意图等。此外附图还包括评估报告中的一些数据分析图，如直方图、饼图、曲线图等，如图 2.6 和图 2.7 所示。

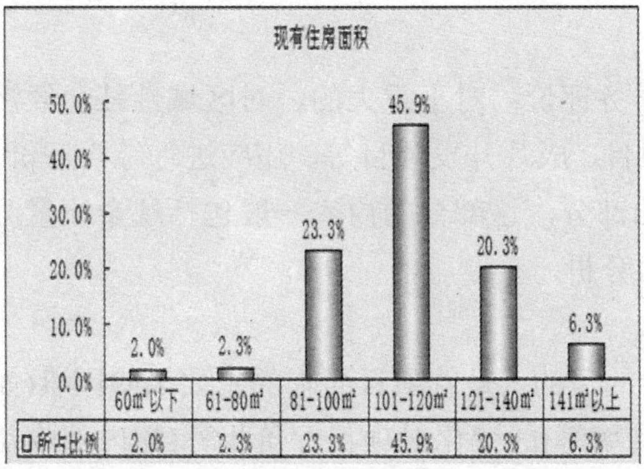


图 2.6　可行性研究中的直方图

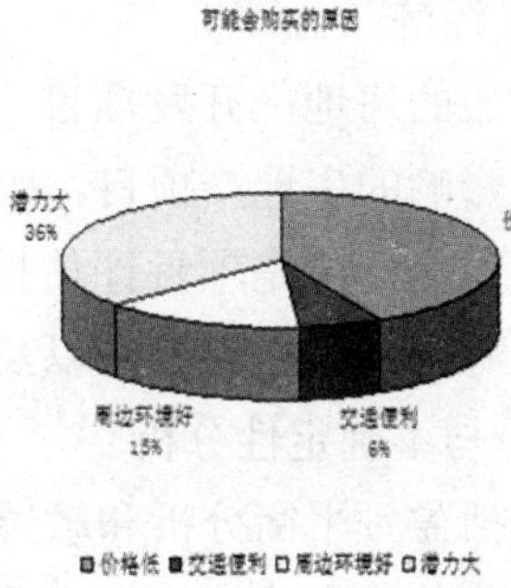


图 2.7　可行性研究中的饼状图

**特别提示**

有时报告中还包括一些附件，如土地使用权证、施工许可证、规划设计方案审定通知书、建筑设计方案平面图、公司营业执照、经营许可证等附件，这些附件通常由开发商或委托评估方准备，与评估报告一同送有关读者。

### 2. 可行性研究报告正文部分

正文部分是可行性研究报告的核心，一般包括以下内容。

1) 概况

要求写清楚进行可行性研究的背景；所研究项目的名称、性质、地址、其周边的基础设施和市政配套设施的现状；可行性研究的目的；可行性研究的编写依据；可行性研究的假设和说明。

2) 投资环境研究

主要包括当地总体社会经济情况、城市基础设施状况、土地使用制度、当地政府的金融和税收等方面的政府鼓励投资的领域等。

3) 市场调查

在分析房地产投资环境的基础上，主要内容包括当地与所评估项目相关的土地市场、居住物业市场、写字楼物业市场、零售商业物业市场、酒店市场等进行分析研究。重点在掌握大量的第一手市场信息资料，通过列举市场交易实例，令读者信服报告的市场价格、供求关系、发展趋势等方面的理解。

4) 规划设计方案

写出项目所具备的规划设计方案及市政条件的满足程度，就项目的规模、档次、建筑物装修标准和功能面积分配等提出建议。

5) 建设方式及进度安排

分析人员对项目提出建设方式建议或由开发商提供建设方式和进度安排，一旦确定下来就成为其后进行经济评价的基础。

6) 投资估算及资金筹措

写出项目建设过程中必须发生的各项费用并逐一计算，资金筹措部分要就整个项目投资额和相应的支付时间做出融资安排。

7) 项目经济效益评价

对于一般的房地产开发项目，只需要进行财务评价；对于重大的、对区域性社会经济发展有较大影响的房地产项目，如经济开发区项目、成片开发项目等，还应进行综合评价。项目的经济效益评价是项目评估报告中最关键的部分，这部分的内容一般包括现金流量分析、资金来源与运用表分析，以及贷款偿还能力分析。

8) 风险与不确定性分析

一般包括盈亏平衡分析和敏感性分析。分析的目的，是就项目面临的主要风险因素(如建造成本、售价、租金水平、开发周期、贷款利率等)的变化对项目评价指标(如内部收益率、财务净现值和投资回收期等)的影响程度进行定量研究；对当地政治、经济、社会条件可能变化的影响进行定性分析。

9) 结论

写出该项目可行性研究的结论，主要说明项目的财务评价结果，明确说明该项目是否可行，是否具有较强的盈利能力和较强的抗风险能力。

10) 有关建议

提出一些有利于项目获得更佳的经济效益、社会效益、环境效益等方面的建议，供决策者参考。

## 小　　结

本项目首先主要介绍了项目选址的影响因素，并对项目选址的重点地段进行详细分析；其次介绍了土地储备的基本知识，土地所有权和土地使用权的基本概念，对土地使用权的出让、划拨和转让解释，特别是对土地使用权出让的协议、招标、拍卖、挂牌 4 种方式进行的详细的分析；最后介绍了房地产可行性研究等方面的内容，包含可行性研究的目的、步骤和财务分析的主要内容，并介绍了房地产可行性研究报告的撰写格式及主要内容。

本项目的教学目标是使学生能简单运用所学知识分析项目选址应主要考虑的影响因素；了解土地储备的一般程序；掌握土地获取的过程，熟悉土地使用权出让的方式，各自的特点和操作程序；掌握房地产项目可行性研究的目的、内容与步骤；熟悉房地产可行性评价的财务分析主要内容；了解房地产开发项目可行性研究报告的基本构成。

# 习　题

## 一、填空题

1. 土地储备的运作程序有4个步骤，包括__________、__________、__________和__________。

2. 国有土地使用权出让，有4种交易方式：__________、__________、__________和__________。

3. 土地费用，即为取得项目用地而发生的费用，主要包括__________、__________和__________。

## 二、选择题

1. 房地产开发用地使用权主要取得方式是(　　)。

A. 转让　　B. 出让　　C. 租赁　　D. 划拨

2. 以出让方式取得商业房地产开发用地使用权的主要途径有(　　)。

A. 协议　　B. 招标　　C. 拍卖　　D. 挂牌

3. 房地产开发项目的土地费用是指为取得开发项目用地而发生的费用，主要包括(　　)。

A.土地征用拆迁费　　B.土地出让地价款

C.土地租用费　　D.土地投资折价

4. 财务评价方法按其是否考虑资金的时间价值，分为动态评价方法和静态评价方法两类，下列属于动态评价方法的是(　　)。

A. 财务内部收益率　　B. 成本利润率

C. 财务净现值　　D. 投资收益率

## 三、简答题

1. 哪些因素会影响房地产项目选址？
2. 土地储备的运作程序是怎样的？
3. 土地使用权获取的途径有哪些？
4. 房地产可行性研究的财务评价包括哪些内容？
5. 房地产可行性研究报告的正文应该包括哪些方面的内容？

## 四、实训项目

实训任务：以下表格为某商品房的财务分析表，根据表格部分内容完成剩余内容。

任务要求：学习可行性分析报告中财务分析的主要内容。

任务提示：根据表格中的已知数据以及计算基础，计算各项费用的总价。能掌握一个简单的房地产项目的成本和费用。

某商品房成本和费用见表2-7。

表 2-7 某商品房成本和费用

| 序号 | 费用名称 | 费用估算 | | | |
|---|---|---|---|---|---|
| | | 面积(万 $m^2$)或万元 | 单价(元/$m^2$)或百分比 | 总价(元) | 计算基础 |
| 1 | 土地费用 | | | | |
| | 土地成本(含契税) | — | — | ￥1000000000 | |
| | 契税 | | 3.0% | — | |
| | 土地管理费 | | 2.0% | | 2%×土地总价款 |
| | 拆迁费 | — | — | | |
| 小计 | | | | | |
| 2 | 前期工程费用 | | | | |
| | 城市基础设施配套费 | 1114770.00 | 246.00 | | 246 元/$m^2$×总建筑面积 |
| | 建设工程交易费 | 2791925000.00 | 0.06% | | 0.06%×建安工程费 |
| | 造价管理费 | 2791925000.00 | 0.10% | | 0.1%×建安工程费 |
| | 图纸审查费 | 1114770.00 | 5.63 | | 5.63 元/$m^2$×总建筑面积 |
| | 墙体建筑材料节能费 | 1114770.00 | 10.00 | | 10 元/$m^2$×总建筑面积 |
| | 散装水泥保证金 | 1114770.00 | 2.00 | | 2 元/$m^2$×总建筑面积 |
| | 房产交易费 | 2791925000.00 | 0.25% | | 0.25%×建安工程费 |
| | 地质灾害评估费 | 1114770.00 | 0.60 | | 0.6 元/$m^2$×总建筑面积 |
| | 建设项目用地勘测费 | 3935169115.00 | 0.30% | | 建筑安装造价(包括配套建筑)的 0.2%～0.5% |
| | 房产测绘费 | 1114770.00 | 1.36 | | 住宅 1.36 元/$m^2$，写字楼 2.04 元/$m^2$ |
| | 规划技术服务费 | 1114770.00 | 2.60 | | 总建面 |
| | 设计费(规划、施工图、环境等) | 1114770.00 | 50.00 | | 37 元/$m^2$×总建筑面积 |
| | 人防费 | 63701.20 | 2000.00 | | 10 层(含)以上或基础埋深 3m(含)以上的民用建筑，按地面首层建筑面积每平方米 2000 元缴纳 |
| | 水土保持基金 | 477.76 | 2.00 | | 2 元/$m^2$×占地面积 |
| | 消防审查费 | 1114770.00 | 4.00 | | 4 元/$m^2$×总建筑面积 |
| | 地震安全性评价费 | 1114770.00 | 0.08 | | 0.08 元/$m^2$×总建筑面积 |
| | 抗震审查费 | 1114770.00 | 0.08 | | 0.08 元/$m^2$×总建筑面积 |
| | 环评费 | 1114770.00 | 0.70 | | 0.7 元/$m^2$×总建筑面积 |
| | 消防检测审查费 | 1114770.00 | 4.50 | | 4.5 元/$m^2$×总建筑面积 |
| | 防雷检测审查费 | 1114770.00 | 1.2 | | 1.2 元/$m^2$×总建筑面积 |
| | 可行性研究报告 | 1114770.00 | | | 0.5 元/$m^2$×总建筑面积 |
| | 室内环境五项检测 | 1114770.00 | 1 | | 1 元/$m^2$×总建筑面积 |

续表

| 序号 | 费用名称 | 费用估算 | | | |
|---|---|---|---|---|---|
| | | 面积(万 $m^2$)或万元 | 单价(元/$m^2$)或百分比 | 总价(元) | 计算基础 |
| | 三通一平(临时用水用电等) | 1114770.00 | 2.00 | | 2 元/$m^2$×总建筑面积(临时用水、用电、填土及平整场地费) |
| | 临时设施费 | 1114770.00 | 0.50 | | 0.5 元/$m^2$×总建筑面积(临时围墙、办公室、临时场地占地费) |
| | 房屋拆迁管理费 | 0.00 | 5.60 | | 5.6 元/平米×拆迁房屋建筑面积 |
| | 城市环境卫生费 | 318506.00 | 2.30 | | 包括建筑垃圾工程渣土处置费、建筑卫生费，按围占面积计 |
| 小计 | | | | | |
| 3 | 建安工程费 | | | | |
| 3.1 | 建安费用 | | | | |
| | 高层 | 947570.00 | 2500.00 | | |
| | 公寓 | 74100.00 | 2500 | | |
| | 社区底商 | 33100.00 | 2500 | | |
| | 集中商业 | 10000.00 | 2000 | | |
| | 酒店 | 45000.00 | 3000 | | |
| 小计 | | | | | |
| 3.2 | 基础设施配套费 | | | | |
| | 给排水供气供电 | 1114770.00 | 80.00 | | 总建面 |
| | 室外管网 | 318506.00 | 120.00 | | 占地面积 |
| | 园林绿化 | 152540.10 | 200.00 | | 绿化面积 |
| | 智能化等附加 | 1114770.00 | 100.00 | | 总建面 |
| | 道路广场(硬景) | 241477.70 | 150.00 | | 道路硬景面积 |
| | 其他费用 | 0.00 | 0.00 | | |
| 小计 | | | | | |
| 3.3 | 公共配套设施费 | | | | |
| | 学校 | 15000.00 | 1500.00 | | |
| | 车库(地下) | 286655.40 | 2800.00 | | |
| | 会所 | 5000.00 | 2500.00 | | |
| | 其他 | 0.00 | 0.00 | | 地下人防：2000 元/$m^2$、换热站、配电室等：200 元/$m^2$ |
| 小计 | | | | | |
| 总计 | | | | | |
| 4 | 施工手续费(开发期间接费用) | | | | |
| | 劳保统筹费 | 2791925000.00 | 2.60% | | |

续表

| 序号 | 费用名称 | 费用估算 | | | |
|---|---|---|---|---|---|
| | | 面积(万 $m^2$)或万元 | 单价(元/$m^2$)或百分比 | 总价(元) | 计算基础 |
| | 工程建设监理费 | 2791925000.00 | 1.50% | | 1%×建安工程费 |
| | 建设工程质量监督费 | 2791925000.00 | 0.14% | | 0.14%×建安工程费 |
| | 招标管理费/招标代理 | 2791925000.00 | 0.060% | | 0.055%×建安工程费 |
| | 定额测定费 | 2791925000.00 | 0.07% | | 0.07%×建安工程费 |
| 小计 | | | | | |
| 5 | 工程管理费 | | | | |
| | 综合开发管理费 | 2791925000.00 | 1.00% | | 1%～2%×建安费用 |
| | 预算编制费 | 2791925000.00 | 0.04% | | 0.04×建安工程费 |
| | 管理费用 | 9536426200.00 | 2.00% | | 2%×销售收入 |
| 小计 | | | | | |
| 6 | 其他费用(开发期费用) | | | | |
| | 销售费用 | 9536426200.00 | 3.00% | | 3%×销售收入 |
| | 财务费用 | 5456939766.66 | 6.65% | | 土地费用+施工前期费用+工程费用 |
| 小计 | | | | | |
| 7 | 不可预见费 | | | | |
| | 不可预见费 | 5447690713.65 | 2.5% | | 施工前期费用+工程费用+施工手续费+工程管理费+销售费用+财务费用，除土地费用以外的其他费用 |
| **八** | **总成本合计** | | | | |
| 8 | 销售收入 | | | | |
| | 高层 | 947570.00 | 8000.00 | | |
| | 社区底商 | 33100.00 | 12000.00 | | |
| | 酒店 | 22500.00 | 8000.00 | | |
| | 公寓 | 74100.00 | 7000.00 | | |
| | 车库(地下) | 286655.40 | 3000.00 | | |
| 小计 | | | | | |
| 9 | 经营税金及附加(开发期税费) | | | | |
| | 营业税 | 9536426200.00 | 5% | | 5%×销售收入 |
| | 城市维护建设税 | 9536426200.00 | 0.35% | | 0.35%×销售收入 |
| | 教育费附加 | 9536426200.00 | 0.15% | | 免 |
| | 土地增值税 | 9536426200.00 | 2.0% | | 2%×销售收入 |
| | 印花税 | 9536426200.00 | 0.05% | | 0.05%×销售收入 |
| 小计 | | | | | |

# 项目3

# 房地产项目市场环境分析

## 教学目标

通过对房地产项目市场环境分析的学习，熟悉影响房地产市场营销环境的宏观因素和微观因素，掌握房地产市场营销环境的SWOT分析法及当环境发生变化时需采取的应对策略选择；熟悉消费者行为模式，掌握影响房地产消费者购买行为的主要因素及房地产消费者购买决策过程的特征；掌握房地产开发企业竞争者分析的主要内容和基本方法。

## 教学要求

| 能力目标 | 知识要点 | 权重 |
|---|---|---|
| 了解房地产市场营销环境的内涵 | 房地产市场营销环境的含义和特征 | 5% |
| 熟悉房地产宏观环境 | 房地产宏观环境的构成因素及其影响特点 | 10% |
| 熟悉房地产微观环境 | 房地产微观环境的构成因素及其影响特点 | 10% |
| 熟悉房地产市场营销环境的分析 | 市场营销环境分析的内容与方法 | 10% |
| 了解消费者市场和组织市场 | 消费者市场和组织市场的含义、类型和特点 | 5% |
| 熟悉房地产消费者购买行为 | 我国住宅消费者购买行为的特征<br>影响房地产消费者购买行为的主要因素 | 10% |
| 熟悉生产者市场及其购买行为 | 生产者市场和购买行为分析 | 5% |
| 熟悉房地产购买决策的过程 | 房地产购买决策过程的主要内容及其影响因素 | 10% |
| 熟悉房地产项目竞争情况分析 | 竞争楼盘分析的内容 | 10% |
| 熟悉竞争楼盘分析的情报搜集 | 竞争楼盘分析的情报来源及其搜集方法 | 5% |
| 熟悉组织开展房地产市场调研 | 房地产市场调研的内容的程序 | 10% |
| 熟悉编写房地产市场调研报告 | 房地产市场调研报告的写作方法 | 10% |

**导读**

房地产市场环境是在不断变化的。为了实现营销目标，制订相应的营销策略，经营房地产企业必须分析和研究市场环境。

在现在的房地产局势下，分析市场环境的目的：一方面可寻求新的市场机会；另一方面可避免环境威胁。在激烈而又复杂的市场竞争中，机会与威胁并存，而不断变化的市场环境又不断造成新的机会与新的威胁。

## 3.1 房地产项目市场营销环境分析

**案例导入**

### 长沙2011年3月房地产市场环境分析(节选)

根据长沙市某企业房地产项目开发建设的需要，结合湖南长沙房地产交易会如图3.1所示，我们拟对长沙市2011年3月份的房地产市场环境进行分析。

图3.1　湖南长沙房地产交易会

土地市场：2011年3月，长沙共供应土地两宗，分别分布在岳麓、雨花区，总面积19684.33m$^2$；成交土地两宗，面积3.29万m$^2$，主要为商业和住宅用地，包括商业用地1.59万m$^2$、住宅0.88万m$^2$、0.82万m$^2$仓储用地以及少量划拨地。

二级市场：2011年3月，长沙一手纯商品房批准预售面积61.38万m$^2$，环比增加147.20%，同比增加76.18%；成交面积77.44万m$^2$，环比增加1.44%，同比减少34.38%。

2011年3月，长沙一手商品住宅批准预售面积63.93万m$^2$，较上月增加22.11万m$^2$，环比增加52.87%，同比减少20.72%；成交面积102.21m$^2$，环比增加109.73%，同比减少29.7%，成交均价为6171元/m$^2$，环比减少1.86%，同比上升25.30%。

总的来讲：2011年3月，长沙商品住宅供需环比出现较大幅度上升，市场呈现升温局面。长沙纯商品房市场销大于供，存量消耗较大，商品住宅均价出现回落，内五区月成交均价6171元/m$^2$，环比略降。

思考：房地产市场环境分析主要考虑哪些因素？

## 3.1.1 房地产市场营销环境的含义

房地产市场营销环境是指影响房地产企业生存和发展的各种内部条件和外在因素的总和。房地产市场营销环境包括微观环境和宏观环境。

(1) 宏观环境是指间接影响房地产企业市场营销活动的各种环境因素，包括人口环境、经济环境、政治法律环境、技术环境、自然环境和社会文化环境。宏观环境对企业的市场营销活动虽只有间接影响，但它却是给企业造成市场机会和环境威胁的主要因素，它对房地产企业营销活动的影响是广泛而深远的。

(2) 微观环境是指直接影响房地产企业服务其目标市场能力的各种因素，包括企业本身、消费者、供应商、中间商、竞争者以及社会公众等。微观环境对房地产企业的营销活动具有直接影响，同时微观环境中的各种行为者都是在宏观环境中运作并受其影响的。

## 3.1.2 房地产宏观市场营销环境

房地产宏观环境是从企业与整个社会相互作用的角度来阐述市场环境的。它由影响与制约市场的各种社会力量构成，包括人口因素、经济因素、政治和法律因素、社会和文化因素、自然因素及技术因素等。房地产企业及其所处的微观环境也受相应的宏观力量的控制和影响。一切企业都处于这些宏观环境因素之中，不可避免地受其影响和制约，这些都是不可控制的变数，任何企业及所处的微观环境必然在这些宏观力量控制下，这些宏观环境既可以给企业提供机会，也可以造成威胁。

### 1. 人口

市场是由有购买欲望同时又有支付能力的人构成的，房地产企业营销活动的最终对象是购买者，因此，人口因素是直接影响房地产市场的规模及其结构与发展趋势，从而影响房地产企业营销活动的一个重要因素，具有购买欲望与支付能力的人是构成市场的决定性因素，也是房地产市场营销环境中最活跃的因素。与房地产市场关系密切的人口因素主要包括人口状况、人口流动性和家庭结构等。每一个企业必须依据人口的实际状况，根据自己行业的优势选择自己的目标市场。

1) 人口状况

房屋是供人们栖息居住、工作、学习、生活、娱乐的场所。人口越多，对房屋的需求就越大。新中国成立以来我国由于人口政策上的失误，人口增长一度失控，出生率曾出现两次高峰，此后虽作改进，总的趋势是年平均自然增长率在逐步下降，但由于我国人口基数大，人口增长的绝对数很大，导致对住宅有大量的刚性需求。2010 年 11 月 1 日，我国人口总量为 13.4 亿人，其中，城镇人口 6.66 亿。2000—2010 年的十年之间，人口净增长 7390 万人，年均增长 0.57%。2010 年，我国城镇人均住房面积达 31.6m$^2$，根据国家的《人口发展“十一五”和 2020 年规划》预测，到 2020 年，我国的城镇人口将达到 8.7 亿，要达到建设部制定的住房小康标准(2020 年提高到 35m$^2$，同时最低收入家庭人均住房建筑面积不得低于 20m$^2$)，届时全国城镇存有的总的住房面积，就必须达到 304.5 亿 m$^2$(2020 年)，新增住房总量 94 亿 m$^2$。

此外，人口规模还直接影响区域内商业的繁荣程度和工业的发展速度，从而间接影响商业与工业对房地产的需求，如在开发经营购物中心、酒店、写字楼的市场分析中，要充分考虑该项目所处地区的流动人口和常住人口的数量。

2) 人口流动

城市化水平急速提高，人口不断地从农村流向城市，这是社会发展的必然现象。这种人口的流动性给房地产市场带来巨大的潜在需求。

**知识点滴**

影响2011年，我国城镇居住人口已达6.66亿多，随着经济的发展，从农村流向城市的人口还将增多，这是城市住宅市场发展的又一个潜在因素。根据国家的《人口发展“十一五”和2020年规划》，到2020年，我国的城镇人口将达到8.7亿，新增城市人口2.04亿人

另外，在研究人口流动性对房地产市场的中长期影响时，也不能忽视在我国经济发达地区，在特大城市将出现人口由城市流向郊区的可能，这对住宅开发和购物中心的建设将是一个新的市场机遇。

3) 家庭结构的变化

一个地区在总人口不变的条件下，平均家庭人口越多，所需的住宅单位数越少；反之若平均家庭人口越少，所需的住宅单位数就越多。一个地区的家庭平均人口一般受社会风俗、时尚、文化背景以及现实收入等因素的影响。家庭结构的复杂性导致房地产市场需求的多样性，从而对房地产产品的户型配比起到了一个导向作用；家庭结构变小，使以家庭为单位购买的住房需求量增加。

**知识点滴**

2010年人口普查，我国平均每户家庭人口数是3.1。现代青年独立意识较强，小家庭生活的趋势日益明显，这将增加对住宅单位数的需求。同时也要注意中国人传统的天伦之乐和我国人口的老龄化，家庭的小型化与老年父母无人赡养和照顾之间存在着矛盾等问题，所以对住宅的需求就要既满足青年夫妇独立生活“分”的愿望，又要在一定程度上具有因种种原因而要求“合”的功能。企业如能以这部分消费群作为自己的目标市场，规划设计合乎他们愿望的适宜住宅，就能确立自己的发展方向。

### 2．经济环境

构成市场的因素除人口之外，还有购买力。而社会购买力是受宏观经济环境制约的，是经济环境的反映。经济高峰时期，百业俱兴，房地产需求旺盛；经济低谷，市场疲软，房地产作为衡量当地经济的杠杆首当其冲要受到影响，很多家庭会取消或者推迟对房屋这样耐用品的消费，其他支出的减少导致商业不景气，商业楼宇的价格可能会下跌。

影响购买力的主要因素有：消费者个人可支配收入，消费者支出模式的变化以及消费者储蓄和信贷的情况。

1) 消费者收入

消费者收入在市场上表现为实际购买力，它是构成市场的基本要素。市场容量的大小，归根结底取决于消费者购买力的大小。大家都知道，我们在满足自己的购买需求时，都会考虑到自己的实际经济收入。所以，从市场营销的角度，我们把经济收入分为国民收入、个人收入、个人可支配收入、个人可任意支配收入，其中后两者可以合并为恩格尔系数分

析法则。可支配收入不是消费者可以任意支配的收入，而应从总收入中减除个人或家庭生活支出必不可少的费用，这才是个人可以任意支配的收入。可支配收入是影响市场消费需求变化最活跃的因素。如 2010 年，中国城镇居民全年人均可支配收入 19109 元，中国农村居民人均纯收入 5919 元。

2)消费者支出模式的变化

消费者支出模式即消费结构的变化主要受消费者自主收入的影响。

消费结构反映出人们在生活消费过程中所耗费的各种消费对象的比例关系及协调程度。消费结构及其变化是衡量居民生活水平的重要标志，它反映居民的消费特征及消费趋势，反映居民生活水平提高程度及社会经济发展状况。

**知识链接**

德国统计学家 E·恩格尔在 1875 年研究劳工家庭支出构成时指出：当家庭收入增加时，只是一小部分购买食物；用于衣服、房租和燃料方面支出变动不大，但用于教育、医药卫生与闲暇娱乐活动方面的支出则增加较多。这种趋势被称为恩格尔定律。随着城镇居民收入的不断提高，生活质量不断提升，消费需求趋于活跃，居民消费不断升级换代，跨上新台阶。呈现出新的变化和特点。其中，食品支出比重下降，恩格尔系数逐年走底。1980 年，城市居民消费的恩格尔系数为 56.9%，1995 年为 49.9%，2000 年，我国城镇居民恩格尔系数达到 39.2%，首次低于 40%。

**特别提示**

世界主要国家和地区的经济发展历程和居民消费结构演变的历史经验表明，恩格尔系数水平低于 40%时是启动以居民住房消费和交通通讯消费为标志的居民消费结构升级的临界点。

根据 2010 年国家一项权威的消费支出调查显示，饮食、住房、服装成为中国城市居民的三大消费热点，其中近八成人认为 2010 年饮食消费支出最高，其次是住房。本次调查中，受访者在《小康》列出的住房、医疗、子女教育等 15 类家庭消费支出项目中，票选出了“2010 年中国城市居民的五大开支大项”。按得票率由高至低依次是：饮食、住房(买房、租房等)、服装、电子产品(电脑、照相机、摄像机、手机等)和家用电器(电视机、空调、洗衣机等)。其中票数最高的饮食达到了 77.9%。

我国城市居民的恩格尔不断下降，促进了休闲经济的发展，城市居民对居住质量和住房功能的要求越来越高，这对房地产市场营销者是一个新的机遇。与此同时，城市居民的基尼系数却在不断增加，这是房地产市场营销者面临的巨大挑战。

3) 消费者储蓄和信贷情况

消费者的购买力还要受储蓄和信贷的直接影响，居民个人收入不可能全部用掉，总有一部分以各种形式(银行存款、债券、股票、不动产等)储蓄起来，这是一种推迟了的潜在购买力，主要用来购买耐用消费品或住房不动产之类。在正常情况下，银行储蓄与国民收入成正比，是稳定的，但是当通货膨胀，物价上涨过大时，消费者会将储蓄变为现金，争购保值商品，这是消费者一种自卫行为，是消费者对经济前景不信任的一种表现。

**知识点滴**

2010 年，我国城乡储蓄存款 30 万亿，人均大约 23000 元。如果平均每户家庭人口数按 3.1 计算，平均每个家庭存款大约 7 万元。

### 3. 自然环境

一个国家的自然环境是指实际的自然地形和气候以及潜在的各种资源的总和。不同的地形、地域或不同的气候，将给产品的使用、设备的功能、能源的需求带来影响，同时地理位置也将影响市场的发展。例如，我国沿海地区，地势平坦，气候宜人，交通便利，老百姓思想观念变更较快，市场较为繁荣，房地产业较为兴旺。一些大城市如上海、广州、南京、深圳等地，市中心的土地转让费高达每平方米过万元，而较为闭塞的山区、边远地区的城市，房地产业还较为落后，有些地方甚至还未起步。所以房地产公司在进行投资决策时，必须慎重考虑这些自然环境的影响。同时还需要对自然环境进行综合分析、利用。例如沿海地区，交通发达，运输方便，而山区交通不便，必然运输成本高；沿海平原地区，由于寸土寸金，连烧砖瓦的土地都没有，故砖瓦成本较贵，而山区石头遍地，房屋造价相对就要低一些。

营销活动要受自然环境的影响，也对自然环境的变化负有责任。当前，自然资源日益缺乏，环境污染日益严重，在开发建设活动中，政府应加强对资源利用和环境保护的干预和管理。

### 4. 技术环境

科学技术是第一生产力。每一种新科技都是一种“创造性的破坏”力量。晶体管淘汰了电子管，静电复印机损害了复写纸的销售，汽车抢走了铁路乘客，而电视分流了电影观众等等。科技的发展对经济发展有巨大的影响，不仅直接影响企业内部的生产和经营，还同时与其他环境因素互相依赖、互相作用，给企业营销活动带来有利或不利的影响。

**知识点滴**

各行各业都以新技术革命为前导，建筑业、房地产业也不例外。1984 年，华盛顿、纽约、费城等城市先后掀起住宅节能热潮，开始研究推广高功能隔热材料。1986 年，美国阿灵顿市的 479 户住宅推广使用微处理器能源管理系统，一套设备可管理约 28 万 $m^2$ 住宅，管理范围包括空调系统、热气贮存、热水供应、照明以及自动贮电等。日本建筑业推出一种名为“OM 太阳能”的地板暖气装置，可使室温保持在 18～22℃，既节能又实用。这套装置的特点是，当通过顶棚通气管的热空气达到 25℃时，该系统便会自动运转，冬季可升高温度，夏季则兼作空调，并使屋内过热气体排出。由于使用太阳能，每月暖气费比水暖节约 3000 日元左右。新技术革命步伐加快，创新的机会无穷。技术在提升了生产与生活的效率性与便利性的同时，也引发了很多环境与社会问题。当代，房地产开发日益强调“资源节约、环境友好”的低碳理念，广泛采用绿色建材及可视门铃、红外监控与烟气自动报警等现代化高科技智能设备与系统。

市场营销部门人员对此一定要高度重视，既要了解科技发展方向，同时应对科技工作进行指导，使新产品的设计、制造和老产品的改良符合市场需要，这样制定的营销计划才有实现的可能，具有较高的价值。

### 5. 政治法律环境

政治法律环境的发展，对公司的市场营销决策有很大的影响。主要表现为以下 3 个方面。

1) 国际国内的政治风云影响消费与营销行为

人们的经济行为常常不自觉地为政治形势所左右。以香港地区房地产为例，当人们对香港经济与繁荣充满信心时，地价就会较为稳定或上升。如果缺乏信心，地价就下跌。1984 年 9 月 26 日中英两国政府草签关于香港问题的联合声明前后，香港地产市场情况明显波动。在草签联合声明前夕的 1983—1984 年，香港地价明显下跌，而联合声明发表后，香港地价又重新趋向稳定与回升。

2) 政府的政策引导和调节影响销售行为

一个国家从发展国民经济的全局出发，制定经济与社会发展的战略和方针政策，这将影响市场追求，改变某些资源的分配和流向，从而引导企业的经营活动。国家投资政策、价格政策、税收政策等都给企业营销活动带来机会或制约。当房地产热刚刚兴起时，许多房地产公司仅从效益出发建造了许多高档房屋，出现了高级别墅多，高档写字楼多，高级公寓多，价格高，微利房和解困房少的“三多一高一少”扭曲局面，住房价格也自 2002 年以来一路攀升。为此，政府采取了一系列调控房地产市场的政策措施。通过几年的宏观调控，到 2011 年，房价过快上涨的势头得到了遏制，房地产市场逐渐回归到良性发展的轨道。

3) 良好的法律环境是市场营销活动得以正常进行的基本保证

社会安定是企业经营的基本前提，健全的法律可以使社会安定得到保障。国家在不同时期，颁发的各种经济法规都不同程度改变着经营环境和营销环境。

### 6．文化环境

文化环境是不可忽视的重要营销环境，因为文化影响消费者的购买目标、购买方式。这里所说的文化主要是指一个国家、地区或民族的传统文化，如风俗习惯、伦理道德观念、价值观念等，人们在不同社会文化背景下成长和生活，有其不同的基本观念和信仰。文化环境包含范围很广泛，主要涉及以下 4 个方面。

1) 受教育程度和职业

受教育程度和职业与消费者的收入、社交、居住环境及消费习惯均有密切的关联性。从购买习惯来看，通常教育程度越高的消费者购买时的理性程度越高，他们对房屋的设计方案、房间大小与分隔、功能与环境等要求与一般人不尽相同。

2) 家庭结构

现代家庭，仍是社会最基本的经济单位，也是商品房购买的主要对象。随着城市年轻人消费习惯的改变，单位家庭的平均人数不断下降，小家庭越来越多，房屋市场需求量越来越大，为房地产业的发展带来了机遇。

3) 民族与宗教

各民族在漫长的历史过程中形成了民族风俗习惯，从而有不同的消费需求和行为，居住建筑形式、风格都各有特点，这些必须引起营销人员的注意。

4) 价值观念

在特定的社会中，人们都有许多持久不变的信仰和价值观。

**知识点滴**

中国人大部分崇尚工作、结婚、受教育、诚实和勤俭持家等，美国人则具有求新、求奇的心理，他们的工作岗位也是经常变动的，所以他们的住房也经常变换；而中国人，相对来讲希望稳定生活，有些人一辈子都没离开一个城市，一个工厂，住房的更换更是不可能了。自 1992 年来，中国的年轻人消费观念也逐渐改变，为了体现自身的价值、能耐，他们南下广州、深圳谋生或北上北京、上海“淘金”，甚至出国做生意、办厂。营销者在充分地了解当地传统文化对人们思想行为的影响之后，在房屋设计、房地产开发、广告和服务的形式等方面要充分考虑不同信念和价值观念，否则将受到不必要的损失。

市场营销的宏观环境主要包括以上 6 个方面，这些对企业来说都是不可控制的变数，企业只有设法适应这些环境，而不能改变环境，这是营销学的传统观点。但是近年来，一些外国学者提出了一些不同见解。他们认为，企业营销活动不仅受外部环境的影响和制约，同时通过企业向外提供产品和劳务、传播信息、公共关系等活动，也可能影响外部环境，使之变得有利于企业达到自己的目标。看似一些不可控制的环境障碍，通过营销者的努力，也是可以克服的。

**特别提示**

(1) 消费者收入。包括工资、奖金、其他劳务收入、红利、利息、租金、馈赠、遗产等。

① 消费者收入去除税费即为可支配收入。

② 可支配收入去除必要支出后为可随意支配收入。此收入越多，营销机会就越多。

(2) 恩格尔系数。用于食品支出占总支出的比率。

(3) 基尼系数。在全部居民收入中，用于进行不平均分配的那部分收入占总收入的百分比，反映贫富差距。数值越低，财富分配越均匀。

### 3.1.3 房地产微观市场营销环境

微观环境是指直接影响房地产企业服务其目标市场能力的各种因素，包括企业本身、消费者、供应商、营销中间商、顾客、竞争者以及社会公众等。微观环境对房地产企业的营销活动具有直接影响，同时微观环境中的各种行为者都是在宏观环境中运作并受其影响的。

#### 1. 企业内部

企业是一个相对完整的系统，市场营销部门是这一系统中的重要的因素。它面对着企业的许多其他职能部门，如高层管理者(董事会)、财务部、人事部、工程部、材料部等部门。企业营销部门与财务、采购、制造、研究与开发等部门之间既有多方面的合作，也存在争取资源方面的矛盾。如在营销计划的实施过程中，资金的有效运用、资金在房屋施工和营销活动中的合理分配等。

#### 2. 供应商

供应商是向房地产企业及竞争者提供开发经营所需要的各种资源的企业、组织和个人，包括提供的建筑设计方案、原材料、设备、能源、劳务和资金等。供应者这一环境因素对房地产公司的营销影响很大，所提供资源的各种价格、数量将直接影响房屋的价格、销量和公司的利润。具体来讲，设计者所设计的建筑方案考虑到各类人的需求，做到了生活舒适、起居方便、功能齐全、外观美丽，与周边环境协调和谐，这样设计出来的房子自然赢得顾客的青睐并会增加消费者的购买欲。

**特别提示**

房地产商品质量历来是消费者最为关心的话题，材料单位提供的各种材料，如钢筋、水泥、装饰材料质优、价平，无疑对施工质量有很大保证。特别是施工队伍的技术水平、管理能力将影响着工程质量。如果每一个环节都保证质量，营销工作才能顺利地开展。

供应商对房地产开发企业营销活动的影响主要表现在供货的质量、价格、及时性等。房地产开发企业在寻找和选择供应商时，首先应充分考虑供应商的资信状况，并尽可能与供应商建立长期、稳定的合作关系，以保证资源供应的稳定性。其次，房地产开发企业必须使自己的供应商多样化，如果过分依赖一家或少数几家供应商，则受到供应变化的影响和打击的可能性就大。

开发商的主要供应者包括如下5类。

(1) 土地所有者或当前的占有者。在我国土地所有权与使用权分离的条件下，城市土地的所有者——国家不仅要通过城市规划管理来影响建筑物的平面和空间位置，还要限制土地的用途和房地产开发的产品类型、开发地点及具体坐落位置。土地当前的占有者——使用权人的影响也不可忽视，同一开发地块上的使用权人越多，对开发的影响也就越大，因为开发商要与他们谈判拆迁、安置、补偿方案，进展是否顺利将直接影响开发周期和前期费用。

(2) 建筑承包商。开发商可以通过招投标方式选择承包商承担工程施工任务，承包商的技术实力、经济实力、管理经验及效率的高低等直接影响到工期和工程质量。承包合同形式、工程款的数额及支付方式、支付时间等直接关系到开发商的开发利润及风险大小。另外，由一个信誉良好的承包商承建工程对房地产品的市场推广工作也非常有利。

(3) 金融机构。开发过程中需要两类贷款，即用于支付开发费用的短期资金或“开发融资”和项目建成后用于支持入住者购买房屋的长期资金或“按揭贷款”。房地产开发投资数额巨大，回收期长，任何开发计划的实施都离不开金融机构提供的贷款。

(4) 建筑材料及设备的供应商。质量的好坏，交货是否及时，价格是否合理等对开发计划和利润水平都有直接的影响。

(5) 专业顾问。他们为开发商提供技术及信息服务，主要包括规划师、建筑师、估价师、经济师和工程师等。

从以上的介绍中可以看出，房地产企业的资源供应者对企业营销活动的影响是较大的。因此，房地产企业既要有稳定的供应渠道，与主要供应者建立良好的信誉关系，同时还应使供应者之间存在一定的竞争，不要过分依赖一家或少数几家供应者，以避免在资源短缺时措手不及。

### 3. 营销中介

营销中介商是协助公司促销、销售和配销其产品给最终购买者的公司。包括中间商、实体分配公司、营销服务机构和财务中介机构。

1) 中间商

所谓中介商是指为房地产企业营销活动提供各种服务的企业总称。房地产中介业务是市场经济发展的产物，是房地产商品生产、流通和消费中不可缺少的媒介和桥梁，在房地产市场具有举足轻重的地位。

2) 实体分配机构

这些公司协助房地产开发经营商管理房地产产品，负责为顾客介绍，同时还可以在开发经营的前期阶段，为房地产公司提供货物的运输、保管等辅助业务。目前，在我国，这种公司数量很少，而且一般都和其他类型的公司合作经营，单一业务的几乎没有。

3) 营销服务机构

市场营销服务机构是指市场调研公司、广告公司、各种广告媒介以及营销咨询等专业公司，他们帮助公司推出和促销其产品到恰当的市场，公司对每一种服务要决定自制还是购买。某些大型的房地产公司，本身就有自己的营销顾问，以及营销研究部门，但大多数公司仍需依靠外部代理机构。这些机构本身在创造力、质量、服务和价格方面是千差万别的，因此，如果房地产公司决定外部代理后，应仔细选择雇用代理公司，同时，还需定期评估代理机构的绩效，考虑替换不再具有预期服务水平的公司。

4) 财务中介

这些机构包括银行、信用公司、保险公司和其他协助融资或保障货物购买和销售风险的公司。房地产投资是一种投资金额巨大，收益时间长，风险大的行为，因此，房地产开发企业目前大多采取银行贷款、保险公司投保的方式来吸引资金，从而达到分散风险的目的。因为公司的营销业绩会大大地受信用成本的上升及有限的信用额度的影响，所以，每次公司需大量融资时，须制定经营计划并使财务中介机构相信其计划的可靠性。同时，公司可与外部财务中介机构建立密切的关系，以保证其贷款的来源。

#### 4. 消费者

消费者是房地产产品的直接购买和使用者，是企业的目标市场，是企业服务的对象，也是营销活动的出发点和归宿。因此，顾客是企业最重要的环境因素。企业的一切营销活动都应以满足顾客的需要为中心。但是，任何产品，只能满足其特定的目标市场需求。如住宅小区靠近知名学校，即制订以强调子女教育为主题的营销策略，占领中小学生家庭的住宅市场；小区靠近公园绿地，即强调运动与休闲，以重点赢得中老年家庭的青睐。

消费者通常在两个方面影响房地产企业的经营。

(1) 对产品的总需求决定着行业的市场潜力，影响行业内所有企业的发展边界。

(2) 不同顾客讨价还价能力的差别常会诱发企业之间的价格竞争，影响企业的获利能力。

#### 5. 竞争者

在激烈的市场竞争中，企业会面临许多竞争的挑战，因而分析竞争来自何方，出于何种动机，哪个威胁最大，趋势如何，对企业十分重要。

#### 6. 公众

公众指对企业实现营销目标的能力有实际或潜在利害关系和影响力的团体或个人。企业所面临的公众主要有以下几种。

(1) 融资公众。包括银行、投资公司、证券公司等。融资公众是开发商获得资金支持的可依赖者。

(2) 新闻媒介公众。指各类报纸、杂志、广播电台、电视台和网络。新闻媒介公众是开发商声誉的保障者。

(3) 政府公众。 包括发改委、国土局、规划局、建设局、房产局、工商局、税务局等行政部门，他们都是房地产开发企业必不可少的最有力的支持者。

(4) 社团公众。包括行业协会、消委会、环保组织等。社团公众往往是商业地产中关注的重点。

(5) 社区公众。包括企业和项目周边的居委会、街道办事处、学校、医院等。其在安抚民心、避免施工过程的骚扰中能发挥积极作用。

(6) 一般公众。 关注一般公众，主要在于培养企业良好的“口碑”。

(7) 内部公众。包括董事会、经理、一般管理人员和员工等。只有企业关心自己的员工，自己的员工才会关心企业的顾客。

上述所有公众，一般都与公司的营销活动有直接或间接的关系。现代企业是一个开放系统，在经营活动中，必然与各方面发生联系，处理好与各方面公众的关系，是企业管理中一项极其重要的任务。

**特别提示**

目前，全国共有房地产企业 12.9 万家，超过了建筑企业（12.8 万家）。其中，房地产开发企业 5.9 万家，房地产中介服务企业 2 万家，物业管理企业 3.2 万家，其他房地产企业 1.8 万家。

## 3.1.4 房地产市场营销环境分析

不论是微观环境还是宏观环境都既可能给企业带来市场机会，也可能带来市场威胁，同时造成环境威胁。因此，企业应对市场机会与环境威胁进行评价、分析，以便及时采取相应的对策，以求企业生存与发展。

### 1. 市场环境分析的内容

房地产企业的市场营销环境是由微观环境和宏观环境构成的多因素、多变量并不断变化的环境，根据制定市场营销战略的需要，应重点调查研究如下 5 个方面。

(1) 顾客需求。房地产企业在制定市场营销战略时应注意家庭收入的增长情况及工商业的发展趋势等。房地产市场是一个复杂的多元化市场，房地产企业只有充分认识顾客需求的层次性和差异性，正确选择目标市场，制定营销策略，才能充分满足顾客的需求。

(2) 竞争情况。应根据目标市场所在地区的经济发展预期，科学地确定出未来的需求变化及潜在市场需求量。房地产企业不仅要分析所在地区的同类房地产开发经营企业的营销计划，还要充分估计已投入使用物业的竞争能力，尤其是某些在未来可能改扩建的物业对市场供给的影响。

(3) 供应情况。地产企业应充分掌握所在地区的城市规划、土地供应计划以及金融机构，提供开发贷款和按揭贷款的发展趋势。

(4) 政府政策。随着区域经济和社会的发展，政府的规划限制、环保要求及防火要求等都将发生一定的变化，房地产业的发展政策也将有所改变，房地产企业在制定市场营销战略时必须掌握上述变化的趋势。

(5) 企业自身条件。应主要分析企业在房地产开发、物业经营管理方面的水平及其与竞争对手相比较所具有的优势及可能产生的差距，企业的资金积累及抵押力的变化能否满足经营目标的要求等。

以上 5 个方面是房地产企业在制定营销战略时必须加以调查分析的问题。此外，因所在地区的特殊性及开发经营物业的特点，还要进行专项分析。

### 2．市场营销环境的分析方法

市场营销环境分析常用的方法为 SWOT 法 SWOT 分析法又称为态势分析法，它是由旧金山大学的管理学教授于 20 世纪 80 年代初提出来的，是一种能够较客观而准确地分析和研究一个单位现实情况的方法。

SWOT 分析法是基于企业的自身实力，对比竞争对手，分析企业外部环境变化及影响可能对企业带来的机会与企业面临的挑战，进而制定企业最佳发展战略的方法。

**知识链接**

SWOT 四个英文字母分别代表优势(Strength)、劣势(Weakness)、机会(Opportunity)、威胁(Threat)。从整体上看，SWOT 可以分为两部分：第一部分为 SW，主要用来分析内部条件；第二部分为 OT，主要用来分析外部条件。利用这种方法可以从中找出对自己有利的、值得发扬的因素，以及对自己不利的、要避开的东西，发现存在的问题，找出解决办法，并明确以后的发展方向。

SWOT 分析法常常被用于制定集团发展战略和分析竞争对手情况，在战略分析中，它是最常用的方法之一。

1) 外部环境分析(机会与威胁)

环境机会的实质是指市场上存在着“未满足的需求”。它既可能来源于宏观环境，也可能来源于微观环境。随着消费者需求不断变化和产品寿命周期的缩短，引起旧产品不断被淘汰，需开发新产品来满足消费者的需求，从而市场上便出现了许多新的机会。

环境机会对不同企业是不相等的，同一个环境机会对某一些企业可能成为有利的机会，而对另一些企业可能就造成威胁。环境机会能否成为企业的机会，要看此环境机会是否与企业目标、资源及任务相一致，企业利用此环境机会能否比其竞争者带来更大的利益。

环境威胁是指对企业营销活动不利或限制企业营销活动发展的因素。这种环境威胁，主要来自两方面，一方面，是环境因素直接威胁着企业的营销活动，如政府近几年来推出的限制住房价格过快上涨的一系列宏观调控政策，对于主要从事住宅开发的房地产企业来说，就构成了巨大的威胁。另一方面，企业的目标、任务及资源同环境机会相矛盾，如人们对自行车的需求转为对摩托车的需求，给自行车厂的目标与资源同这一环境机会造成矛盾。自行车厂要将“环境机会”变成“企业机会”，就需要淘汰原来产品，更换全部设备，同时必须通过培训，学习新的生产技术，这对自行车厂无疑是一种威胁。摩托车的需求量增加，自行车的销售量必然减少，给自行车厂又增加一份威胁。

2) 内部环境分析(优势/劣势分析)

识别环境中有吸引力的机会是一回事，拥有在机会中成功所必需的竞争能力是另一回事。每个企业都要定期检查自己的优势与劣势，这可通过“营销备忘录优势/劣势绩效分析检查表”的方式进行。管理当局或企业外的咨询机构都可利用这一格式检查企业的营销、财务、制造和组织能力。每一要素都要按照特强、稍强、中等、稍弱或特弱划分等级。

企业不应去纠正它的所有劣势，也不是对其优势不加利用。主要的问题是企业应研究，它究竟是应只局限在已拥有优势的机会中，还是去获取和发展一些优势以找到更好的机会。有时，企业发展慢并非因为其各部门缺乏优势，而是因为它们不能很好地协调配合。

**特别提示**

任何房地产开发企业都面临着若干环境威胁与市场机会。然而，并不是所有的环境威胁都一样大，也不是所有的市场机会都有同样的吸引力。企业可以用“市场机会矩阵图”与“环境威胁矩阵图”来加以分析、评价。

3．房地产市场机会

市场机会则是指环境中该产品营销活动的有利因素。在日益激烈的房地产市场竞争中，企业的市场营销环境是不断变化的，这种变化一方面给企业创造了新的市场营销机会；另一方面也给企业带来威胁。房地产企业只有密切注视市场环境的动态变化，并对其进行科学的分析和预测，善于抓住机会克服威胁，使企业的营销策略与市场环境的变化相适应，不断创造和开拓有利于企业发展的市场范围。可以说，寻找和把握房地产企业市场机会是研究分析营销环境变化的最根本目的。房地产企业在寻找和选择市场机会时，还必须对多种形式的尚待满足的市场需求作进一步深入研究，在此基础上才能分辨出适合企业的市场机会。

1) 环境机会与企业机会

在环境发生变化的过程中，市场需求也会随之变化，客观上就会出现各种尚待满足的需求，存在许多市场机会。由于这些市场机会是环境变化客观形成的，因而称为环境机会。如改革开放后，许多外商到中国投资，为了适应他们周末休闲和度假的生活方式，形成了对乡间别墅的需求，这就是经济环境的变化给房地产企业带来的机会。

**案例说明**

环境机会对不同企业来说，肯定并不都是最佳机会。假如许多开发企业看到建别墅盖洋楼利润丰厚，于是纷纷上马，结果楼盖好了，由于没有配备相应的销售力量或没有选择有实力的中介机构代理，会导致大量房屋空置，资金积压。因为环境机会未必符合这些企业的发展目标和自身能力，不一定能够取得最大竞争优势，因此只有符合企业的发展目标和自身能力，有利于发挥企业优势的市场机会，才是企业机会。

2) 显性的市场机会与潜在的市场机会

在市场机会中，一些是明显表现出来的尚待满足的需求，这就是显性市场机会。一些是隐藏在现有的某种需求后面的未被满足的需求，即潜在的市场机会。

显性的机会容易寻找和识别，难度系数较低，因而利用的企业必然较多，一旦超过这种机会的容纳度，就未必能够给企业带来机会效益，机会也就失去了其本身的价值。潜在机会不易发现，寻找和识别的难度系数较大，正因为如此，一旦把握这种机会，竞争对手可能要比显性机会的少，机会效益也比较高。

3) 目前的市场机会与未来的市场机会

通常所讲的市场机会是指目前市场上存在的尚待满足的需求，这些已经出现的市场机会，即目前市场机会。用发展的眼光来看，还存在一种未来的市场机会，它并未在目前的市场上表现为大量需求，而仅仅暴露出一种消费意向或极少量的需求，在未来某一时期内，如果条件具备，它可能会表现为大量的需求或大多数的消费倾向，转化为该时期的现实的市场机会。

## 3.2 客户需求分析

案例导入

### 上海市消费者需求特征分析

上海中原地产研究部对上海市消费者的购房需求进行了市场调研，节选其中的消费者需求特征分析如下。

1. 徐汇区成为购房热点区域

从本次的调查结果来看，区域排名和去年大致相同，排名前四位的地区仍是徐汇、普陀、闵行和浦东，因为这4个区域具有充足的房源供给、适中的价格、便利的交通、完善的基础设施等特点，所以最受购房者的青睐。

2. 70～90m$^2$的二手房最受客户青睐

从潜在购房者的需求面积来看，购房者的消费倾向比较明显。71～90m$^2$(35.48%)和91～110m$^2$(30.97%)占据了整个市场需求的66.45%，中小型房屋较受客户喜爱。由于目前房价仍然停留在比较高的位置，过大的面积将带来高总价，因此选择面积适中的房型既可以满足一般性的居住功能，同时也可以有效控制总价，使之在一个可以承受的总价范围内。

3. 5年以下的次新房最受欢迎

从潜在购房者对于二手房房龄的需求偏好来看，购房者普遍都偏好于选择房龄在1～5年左右的次新楼盘，其所占比例达到了52.6%。另外，随着房龄的不断增加，购房者的需求欲望也变得越来越弱，其中只有不到5%左右的购房者愿意购买房龄在10～15年的二手房。这也表明潜在购房者对于所购二手房的品质比较看重，消费已由数量向质量上转移。

4. 结婚购房和投资购房比例有较大上升

由于2008是中国的奥运年，加之一些对2008有特殊爱好的年轻人都选择了于2008年结婚，使得今年的因结婚购房的比重明显上升，结婚购房的比重由去年的16.8%上升到今年的21.1%，同比上升了4.3个百分点；另外，中国股市最近一直低迷，一些投资客由股市转战房地产，使得投资购房比重明显增加，由去年的1.4%上升至今年的5.9%。结婚购房和投资购房的比重上升使得为改善居住条件购房和为家人购房的比重有所下降，改善居住购房由去年的58.7%下降至今年的52.2%，为家人买房的比重由去年的15.60%下降至今年的14.2%。

5. 购房者的影响因素分析

从分析的结果来看，房屋的所属地段、房屋的房型和房屋的价格仍是客户在购房时考虑的最多的3个因素，调查结果显示，在所有被调查者中，有47.78%的人在购置二手房时会考虑房屋的地段因素，有44.62%的人会考虑房屋的房型因素，有41.46%的人会考虑价格因素。

### 3.2.1 消费者市场及其购买行为

#### 1. 消费者市场

消费者市场又称最终消费者市场、消费品市场或生活资料市场，是指个人或家庭为满足生活需求而购买或租用商品的市场，它是市场体系的基础，是起决定作用的市场。消费者市场是现代市场营销理论研究的主要对象。成功的市场营销者是那些能够有效地开发对消费者有价值的产品，并运用富有吸引力和说服力的方法将产品有效地呈现给消费者的企业和个人。因而，研究影响消费者购买行为的主要因素及其购买决策过程，对于开展有效的市场营销活动至关重要。

### 2．消费者购买行为模式

1) 消费者购买行为的一般模式

由于购买动机、消费方式与习惯的差异，各个消费者的消费行为表现得形形色色，各不相同。尽管如此，在千差万别的消费者行为中，仍然有着某种共同的带有规律性的东西。心理学家在深入研究的基础上，揭示了消费者行为中的共性或规律性，并以模式的方式加以总结描述，这就是消费者行为的一般模式，如图 3.2 所示。

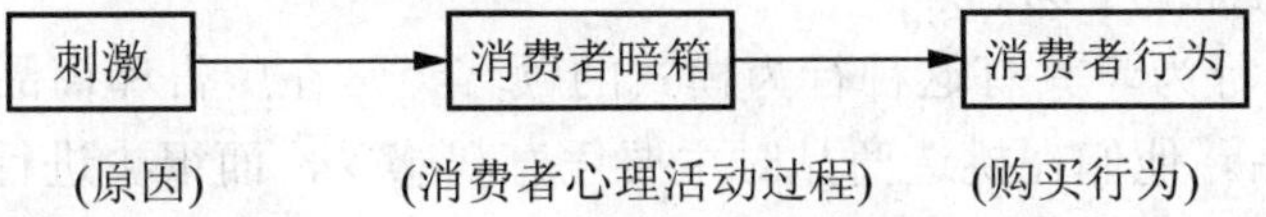


图 3.2　消费者行为一般模式

**特别提示**

以上消费者行为的一般模式表明，所有消费者行为都是因某种刺激而激发产生的。

在各种刺激因素的作用下，消费者经过复杂的心理活动过程，产生购买动机。由于这一过程是在消费者内部自我完成的，因此，许多心理学家称之为“黑箱”或“暗箱”。

在动机的驱使下，消费者进行购买决策，采取购买行动，并进行购买后评价，由此完成了一次完整的购买行为。

**知识链接**

市场营销学家归纳出以下 7 个主要问题对消费者购买行为进行分析。

| | |
|---|---|
| 消费者市场由谁构成?(Who) | 购买者(Occupants) |
| 消费者市场购买什么?(What) | 购买对象(Objects) |
| 消费者市场为何购买?(Why) | 购买目的(Objectives) |
| 消费者市场的购买活动有谁参与?(Who) | 购买组织(Organizations) |
| 消费者市场怎样购买?(How) | 购买方式(Operations) |
| 消费者市场何时购买?(When) | 购买时间(Occasions) |
| 消费者市场何地购买?(Where) | 购买地点(Outlets) |

由于后 7 个英文字母的开头都是 O，所以称为“7O”研究法。

**特别提示**

Who、What、Where、Why、When 和 How 称为 5W1H 消费者行为模式。

2) 购买行为的类型

现实中的顾客是多种多样的，不同的顾客在购买动机及行为方面有着很大差别。受购买动机、经济条件、生活方式、社会文化、年龄和个性等因素的影响，顾客的购买行为主要有以下 6 种类型。

(1) 价格型购买行为。具有这种购买行为模式的客户对商品价格比较敏感。其中，有些总喜欢购买廉价商品，甚至在没有购买意向的情况下，见到廉价商品也会采取购买行动。还有些价格型的人特别信任高级商品，认为这类商品用料上乘，质量可靠，即所谓“一分钱，一分货”，所以常乐于购买高价商品，认为这样可以使自己的需求达到更好地满足。

(2) 理智型购买行为。有些客户习惯于在反复考虑、认真分析、多方选择的基础上采取购买行为。他们购买商品时比较慎重，不轻易受广告宣传、商品外观以及其他购买行为的影响，而是对商品质量、性能、价格和服务等认真比较。接待这类客户要实事求是，详细地介绍商品，努力促成交易。

(3) 冲动型购买行为。具有这种行为模式的顾客经常在广告和商品陈列、使用示范等因素刺激下购买商品。他们在挑选商品时主要凭直观感受，而很少进行理智思考，不大讲究商品实际效用和价格等，因为喜爱看到他人争相购买，就会迅速采取购买行动。生动的广告、美观的商品包装、引人注目的商品陈列等，对于吸引这类购买者效果十分显著。

(4) 想象型购买行为。有些人往往根据自己对商品的想象、评价或联想进行选购。该类客户在购买商品时，比较重视商品名称、造型、图案、色彩、寓意等，这是一种比较复杂的购买行为。具有这种购买行为的客户通常对商品有很高的鉴赏力，他们的选择对相关群体的影响比较大。

(5) 习惯型购买行动。有些客户通常根据自己过去的使用习惯和爱好购买商品，或总是到自己熟悉的地点去购买商品。他们一般比较忠于自己熟悉的商品、商标和经销商，选择商品和购买地点具有定向性、重复性，他们见到自己惯用的商品就果断采取购买行动，不需要进行反复比较。

(6) 随意型购买行为。有些顾客对商品没有固定的偏好，不讲究商品的商标和外观，往往是随机购买，这被称为随意型购买。它有两种表现：一种表现是不愿为购买商品多费精力，需要时遇到什么就买什么，图方便和省事；另一种表现是购买者缺乏主见或经验，不知道怎样选择，乐于仿效他人，卖方的建议对其影响也很大。

**特别提示**

人们的购买行为模式并不是一成不变的。在现实生活中，人们的购买行为模式如何，与产品特性有直接关系。

### 3.2.2 影响房地产消费者购买行为的主要因素

消费者生活在纷繁复杂的社会之中，购买行为受到诸多因素的影响。要透彻地把握消费者购买房地产产品的行为，有效地开展市场营销活动，必须分析影响消费者购买行为的有关因素。

### 1. 消费者自身因素

1) 消费者的经济状况

它主要包括：消费者的收入、存款与资产、借贷能力等。消费者的经济状况会强烈影响消费者的消费水平和消费范围，并决定着消费者的需求层次和购买能力。消费者经济状况较好，就可能产生较高层次的需求，购买较高档次的商品房，享受较为高级的消费。相反，消费者经济状况较差，通常只能优先满足基本生活居住需求，选择安居房或价格较低的商品房。

2) 消费者的职业和地位

不同职业的消费者，对于商品房的需求与爱好往往不尽一致。一个从事教师职业的消费者，一般会较多地选择文化色彩较为浓厚的商品房产；而对于IT行业的金领来说，时尚、个性和宽带更为需要。消费者的地位不同也影响着其对商品房的购买。经济实力雄厚、有一定社会地位的消费者，通常会购买能够显示其身份与地位的较高级的商品房或者别墅。

3) 消费者的年龄与性别

消费者对产品的需求会随着年龄的增长而变化，在生命周期的不同阶段，相应需要各种不同的商品。如在幼年期，需要婴儿食品、玩具等；而在老年期，则更多需要保健和延年益寿产品。不同性别的消费者，其购房行为也有很大差异。在看房人群中，通常男性消费者更关注会所、客厅、阳台、书房等部分，女性消费者更关注厨房、卫生间的实用性和舒适性。年轻的消费者比较注意楼房的外部环境及交通便利程度；年长的消费者则更关注小区内部的环境。

4) 消费者的性格与自我观念

性格是指一个人特有的心理素质，通常用冲动或理性、外向或内向、创意或保守等去描述。不同性格的消费者具有不同的购买行为。冲动的消费者在购买中表现出大胆自信，而理性的消费者在挑选商品房中往往货比三家、择优选择。

### 2. 社会因素

1) 社会文化因素对消费者购买行为的影响

文化通常是指人类在长期生活实践中建立起来的价值观念、道德观念以及其他行为准则和生活习俗。若不研究、不了解消费者所处的文化背景，往往会导致营销活动的失败。

**知识点滴**

我国除了占人口多数的汉族外，还有几十个民族，他们在食品、服饰、娱乐等方面仍保留着各自民族的许多传统情趣和喜好。

我国还同时存在着伊斯兰教、佛教、天主教等。他们特有的信仰、偏好和禁忌在购买行为和购买种类上表现出许多特征。

我国华南地区与西北地区，或沿海地区与内地偏远地区，都有不同的生活方式和时尚，从而对商品房的购买也有很大不同。北方城市对南北朝向的优先选择程度远远超过景观，南方城市则以景观为优选选择对象。

2) 社会相关群体对消费者购房行为的影响

相关群体是指对消费者的态度和购买行为具有直接或间接影响的组织、团体和人群等。消费者作为社会一员，在日常生活中要经常与家庭、学校、工作单位、左邻右舍、社会团体等发生各种各样的联系。

家庭是消费者最基本的相关群体，因而家庭成员对消费者购买行为的影响显然最强烈。亲戚、朋友、同学、同事、邻居等也是影响消费者购买行为的重要相关群体。

**特别提示**

现在大多数房地产营销人员都很注意研究家庭不同成员，如丈夫、妻子、子女在商品房购买中所起的作用和影响。

分期开发的房地产项目中，首期物业的销售及管理对后期的项目开发、销售有重要影响。万科四季花城成功地塑造了白领社区的氛围，对后期的宣传、推广以及销售起到了巨大的推动作用。

### 3. 产品因素

产品在质量、价格等各方面的因素也是影响消费者购买行为的重要因素。对于房地产产品而言，由于不同类型的物业功能用途不同，其重点要考虑的产品因素也有所差异。

1) 影响住宅购买行为的产品因素

(1) 住宅所在地与城市中心、商业服务业的距离及交通便捷程度。居住物业对城市社会经济生活的可接近性是消费者购买决策的一个重要参数。

**特别提示**

一般住宅的购买者要求所购买的住宅接近公交车站；别墅的购买者通常拥有自己的小汽车，更关注别墅通向外部的道路是否总会保持畅通；高层公寓的购买者希望公寓最好坐落在城市主要街道上。

(2) 区域环境因素。区域环境因素包罗极广，诸如风景、空气、噪声、邻里等都是环境的一部分，再有如林木、花草、菜市场、百货公司、学校、公园、电影院、歌厅、活动场所等各项设施。

在区域环境选择中，个人的观念、教育程度、生理需要、购买动机、性别差异都可能会对环境选择造成影响。

一般而言，环境的各子因素中，首先林木、花草为代表的绿化最为重要；其次是附近有没有学校，或者换个角度看，是区域的文化气息如何；再次是各类商店等基础设施的有无，而女性较男性更重视附近有没有菜市场，男性较女性更重视附近有没有运动场所。

**特别提示**

房地产项目策划人员必须深入了解、区别环境因素中各子因素对不同消费群体的重要性，了解周围楼盘在环境因素中与自己相对而言的长处、短处，以使得自家的房地产广告更具针对性，不犯搞错对象的错误。

(3) 房屋自身要素。房屋本身具有许多要素，其中包括：A.外观；B.室内设计；C.房厅数；D.工程质量；E.水电设施；F.采光；G.通风；H.朝向。这些房屋要素的相对重要性，受个人年龄、教育程度、购买动机、房型期望等因素影响，可能产生相当程度的变动。

**特别提示**

年轻人一般说来比较重视室内设计，这大概与年轻人重视享受的观念相吻合，而教育程度较高者也往往比较重视室内设计。

**知识链接**

心理学家马斯洛的需要层次理论认为：人的心理需要是具有层次性的，某些需要是较其他需要更基本的，而为其他需要的基础，在满足了较底层的需要以后，人会追求上层需要的满足。因此，不同收入水平的人，会有不同的心理需要，会重视不同的住宅属性。同样的，住在不同类型住宅的居民，由于已获得满足的心理需要处于不同层次，因此他们寻求满足的下一个心理需要也就不同，从而他们会重视不同的住宅属性。

2) 影响写字楼购买行为的产品因素

(1) 周围市政配套设施状况。写字楼作为日常办公场所，对其周围的市政配套设施有较高要求。如写字楼的对外道路交通是否便捷，是否有足够的停车位；写字楼附近是否有与办理商务紧密相关的机构和服务设施，如政府有关办事机构、银行、保险机构、邮电局、打字复印社、餐饮设施、宾馆、酒店等。

(2) 配套设施设备的数量与质量。写字楼的电梯、卫生设施、空调设备、通讯设备是否齐全有效，数量是否够，质量是否稳定，能否确保正常运行。这些配套设施设备的数量足够、质量合格对发挥写字楼的功能至关重要。

(3) 写字楼的空间尺寸与布局。在空间尺寸上，除少数行业的特殊要求外，绝大多数的商贸型公司都需要空间尺寸较大的写字间，以提高机构的工作效率。

**特别提示**

写字楼楼层上最好无强制分隔，以利各公司根据实际情况进行办公室的布局安排。写字楼层高度不宜过低，以免在其中的工作人员有压迫感。层高不足往往会降低写字楼的价值。

(4) 写字楼的社会形象。良好的社会形象对于写字楼的购买者和承租者来说，是重要的决策因素。因为这将有助衬托和提高其社会地位，为其发展创造出更多的机会。

(5) 物业管理服务。写字楼物业能否正常发挥其使用价值，与物业管理服务的水平高低有重大关系。物业管理工作做得好，等于创造一个良好的工作环境，有利于写字楼内各公司(企业)的正常营运，并帮助它们维持企业形象和提高企业的信誉。

3) 影响商铺购买行为的产品因素

商铺属于商业地产，以收益和经营为投资目的，其购买行为与住宅、写字楼相比，具有以下主要影响因素。

(1) 周边的环境。周边环境直接影响商业地产的价值，对于商铺而言，人群聚集度是最重要的环境。

**特别提示**

过宽的路面，虽然方便交通车流，但不易积聚人流，直接影响租金的标准；路面有障碍物也会影响到租金。

(2) 设施配备。A.要有通风环保等设备有效留住客户，这是最基础的，独立经营的铺位需要互联网等；B.电梯的数量足够是客流充分的保障，电梯的位置和安排也同样重要。

(3) 整体的规划布局。合理的布局可以使客流有效地流动。

(4) 科学的铺面设计。包括：A.面积大小；B.进深的设计；C.层高。

**特别提示**

一般来讲，当进深大于面宽的两倍，影响店内货品的展示；当进深小于面宽时，影响进店率。层高太低会影响经营，一般商铺层高4.5～5.5m比较合理。

(5) 停车位。充足的车位保证有效消费人群的到达，另外停车场设计要合理，保证进出方便，使客流能够有效地流动。

(6) 售价。购买商业物业之前，应该估算出这个商业物业的合理售价。

4) 影响工业物业购买行为的产品因素

(1) 工业建筑设计与质量。不同的工业生产有不同的工艺流程、设备、管道设施和环境卫生条件等方面的要求，相应地，工业建筑的平面布局、形体、结构形式、空间大小、立面设计和艺术处理等也各不相同。

**知识链接**

工业建筑的设计必须贯彻下列4条基本原则.

① 满足生产工艺要求，包括流程、运输工具和运输方式、生产特点等的要求。

② 根据生产工艺要求和材料、施工条件，选择适宜的结构条件。

③ 保证良好的生产环境。

④ 合理布置存衣间、卫生间、餐室等生活用房和辅助用房。

(2) 交通便捷程度。工业物业交通便捷度是指生产原材料的运入以及生产成品运出的便捷程度。

**知识点滴**

交通便捷程度可以从两个方面加以测度和衡量，一是对内的情况，包括区域内道路类型、宽度、路面状况、道路面积、道路密度等：二是对外联系情况，包括工业区道路系统同骨干公路、高速公路、过境公路和铁路的连接状况，工业物业距火车站、港口以及其他交通枢纽的距离和上述设施可利用程度等。

(3) 基础设施完善程度。基础设施包括动力能源、供水能力及保证率、排水设施及能力。工业的动力能源主要有煤、油、火电、水电、热能等。一般说，基础设施条件好，保证率高，生产则不受影响，工业物业的使用效益可得到充分发挥。

(4) 产业集聚规模。工业物业所在区域企业数目、行业类型以及企业规模将直接影响物业价值和购买决策。现代化工业生产分工细、专业化强，许多生产部门需要相互协作。

工业区内具有一定规模生产技术体系才能使置身其中的企业产生规模经济效益和集聚效益，减少不必要的生产成本和一些其他费用。

**知识点滴**

产业的集聚规模可以用两个指标加以测度和衡量：一是工业区内的工业企业数目与行业结构；二是每一企业占地面积(或职工总数)和产品结构与产量。

(5) 环境质量环境。环境质量参数主要包括地质状况，土地承压力，地形和受到洪水淹没威胁的可能性，区域内水污染程度及大气、噪声污染程度等。

**特别提示**

一些工业产品的生产，对气象条件和环境质量要求较严格(如温度、湿度、粉尘等)。污染严重地区对许多工厂，特别是对生产现代化的高、精、尖产品的工厂，有明显的不利影响。

除以上提到的消费者因素、社会因素和不同类型物业的产品因素以外，企业因素也是影响消费者房地产购买行为的一个因素。如房地产公司的品牌、物业服务的优劣、宣传策略、推广模式和销售中的促销工作等。

### 3.2.3 房地产购买决策过程

不同的购买类型反映了消费者购买过程的差异性或特殊性，但是消费者的购买过程也有其共同性或一般性。西方营销学者对消费者购买决策的一般过程作了深入研究，提出若干模式，采用较多的是五阶段模式。对于消费者的购房决策过程，5 个阶段分别是：认识需要、信息搜索、评估选择、购买决定与购后评估。

#### 1. 认识需要

消费者首先要认识到自己需要某种商品的功能后，才会去选择和购买，因此，认识需要是消费者购买决策过程中的第一个阶段。在这个阶段里，消费者认识到自己的即时状态与理想中的状态的差距，所以就想消除这个差距。许多因素都可以使人们认识到自己的需要。正是因为许多因素都可以激发人们认识需要，因此进行市场营销的房地产企业可以通过广告和宣传推广来激发人们对新产品的需要，从而使他们认识到自己的需要。

**特别提示**

许多房地产项目的概念炒作都是基于激发人们认识需求的基础上的。当分房制度取消后，二次置业的提出成为一个激发人们认识需要的因素，接着就有了“郊区化居住模式”、“新都市主义”的崛起，2002 年深圳媒体和房地产商出台的“终极置业”概念，相信又是一个可以激发人们认识需要的因素。

#### 2. 信息搜索

消费者认识到自己的需要以后，便会自动地进入购买决策过程中的另一个阶段——信息搜索，当然，对于反复购买的商品，消费者会越过信息搜索阶段，因为所需信息已被消费者通过过去的搜索而掌握，这是不言而喻的。购买商品房对于一个消费者来说，一般还是比较重视信息搜索。信息的外部来源有多种。

(1) 个人来源。亲戚和朋友是典型的外部信息来源，

(2) 公共来源。公共来源的范围较广，可以是政府或其他组织的评奖，也可以是报纸或杂志中关于产品的评论与介绍，还可以是广播电台或电视台组织的有关商品房的节目。

**知识点滴**

目前，国内各个城市都开通了房地产信息网站，报纸媒体也都开辟了房地产专栏，为消费者提供购房信息。还有的房地产企业也开通了自己的网站，向消费者推介自己的项目。深圳有一个叫做“丽阳天下”的楼盘，在利用公共信息推广上取得了较好的业绩。

(3) 商品来源。商品来源包括产品广告、售楼员的介绍、销售中心的情景营造、现场及样板房的感受等，不过这些途径的信息对消费者来讲有时会有先天性的偏差，消费者可以同意或相信，也可以提出问题或根据自己的经验作其他评论。

### 3. 评估选择

1) 品牌子集

所谓品牌子集是指消费者根据某种标准所作出的限定范围内的开发商品牌。评估选择只在消费者的品牌子集中进行，这个子集并不包括其他的品牌。

**特别提示**

深圳万科通过万客会的推广，聚集了一大批忠实的消费者，他们的品牌子集就是万科，选择的范围就是万科开发的项目。

2) 决定性因素

在消费者评价与选择的标准中，通常会有一项是促成消费者决策的主要因素，这项因素被称为决定性因素。决定性因素依商品房的种类和消费者的感觉、生活方式、态度、需要等诸多方面的因素而变化。例如，当一位公司高级职员要买一块与他的地位相称的手表，他一般会去买欧米茄牌(OMEGA)的，这时品牌就是他评价与选择的决定性因素。假如一位爱吃辣椒的消费者买零食，那么带辣味儿的食品就是他的首选食品，于是他会买带辣味儿的锅巴或虾条，至于说品牌，则不是他关注的要点。

**特别提示**

对房地产企业来说，使某个项目具有独一无二的特色并不是工作的全部，要紧的是这个特色必须与消费者眼里的决定性因素结合起来，这样才能吸引消费者并满足消费者的迫切需要。这种思想已经被许多企业所利用，并在广告中不断地宣传产品迎合消费者决定性因素的功能。如购房入户、名校效应、地铁概念、投资回报等，都是这方面的例子。

4．购买决定

消费者经过搜索信息对产品进行了评价与选择后就会作出购买决定。当然，消费者也可能因为评价与选择过程中的问题推迟或取消购买的决定，这时消费者购买的决策过程处于停滞状态。

消费者一旦做出购买决定，余下的只是完成交易，也就是签合同、付款、等待入伙等事宜。在这个过程中也不可掉以轻心，由于房地产项目的特殊性，许多消费者在合同的审定上都会请来专业的法律顾问，所以，销售相关的法律文书的严密性、公正性也是成交的一个重要条件。

5．购后评估

将商品房买卖合同签订以后，消费者的购买决策过程还没有终止，因为在商品房的交付使用的过程中，消费者会以购前的期望为标准来检查与衡量自己买回来的商品房，为的是看看有没有什么问题或不满意的地方。

## 3.3 项目竞争楼盘分析

### 3.3.1 项目竞争楼盘分析的含义和作用

项目竞争楼盘分析是房地产市场营销调研一个非常重要的内容，它是以与本项目有共性的在建开发项目为特定的商品对象所开展的市场营销调研活动。项目竞争楼盘分析主要以本项目商品本身的消费者为对象，用科学方法收集消费者购买以及使用商品的事实、意见、动机等有关资料，并予以分析研究的营销调研活动。据此了解特定区域内竞争楼盘，尤其是明星楼盘的销售状况、主要卖点、吸引消费者的主要因素，为特定将建楼盘的定位提供参考依据。

实践证明，在十分复杂、激烈竞争的经营环境中，只有通过认真细致、有效的以项目竞争楼盘分析为主要内容的市场调研，才能制定出切实可行的营销战略，使企业立于不败之地。

**知识链接**

市场营销调研(Martketing Research)就是运用科学的方法，有目的、有计划、系统地收集、整理和分析研究有关市场营销方面的信息，提出解决问题的建议，供营销管理人员了解营销环境，发现机会与问题，以此作为市场预测和营销决策的依据。

**特别提示**

由于土地和房屋位置的固定性（不动产），房地产市场调研也烙有很深的地域特征。我们对房地产市场的切入，也习惯依据地域形态，由单个楼盘到区域市场。再由区域市场到宏观环境，然后再从宏观环境回到单个楼盘、区域市场。不断地循环往复，融会贯通，才可真正把握市场的脉搏。

### 3.3.2 竞争楼盘分析的内容

竞争楼盘分析的内容主要包括“竞争楼盘的基本情况”、“消费者购买以及使用商品的事实”及“消费者购买商品的动机以及使用商品的意见”3 个部分内容。

(1) 竞争楼盘的基本情况是指那些与本项目在区域位置、功能用途、目标客户等多方面具有共性而与本项目形成竞争楼盘的一些基本的技术经济指标、销售策略和其他商务信息。

**特别提示**

项目的技术经济指标包括项目的总用地面积、总建筑面积、总户数、平均每套建筑面积、建筑密度、容积率、绿化率、建筑层数、户型的组合配比及其面积分布、车位配比。

(2) 消费者购买以及使用商品的事实是指调查分析竞争楼盘房屋的销售率、购买客户的来源分布、购买时间、规划偏好以及面积偏好等事实资料。

(3) 消费者购买商品的动机以及使用商品的意见是指调查分析竞争楼盘购房者购买该房屋的原因是居住，还是投资，对该房屋的满意程度如何，包括价格、建材、格局、地点以及环境等的反应资料。

针对不同的项目，结合在房地产营销不同阶段竞争楼盘分析目的的不同，竞争楼盘分析的内容会有所侧重，具体内容多以表格方式体现。如本项目案例所示。

### 3.3.3 竞争楼盘分析的情报来源及其搜集方法

#### 1. 情报来源

房地产的情报来源非常广泛，大致可以分为如下 5 类.

1) 正式出版物

报纸和杂志是房地产市场推广应用最多的媒体，也是最主要的房地产竞争情报源。

2) 非正式出版物

房地产行业的非正式出版物很多，主要有楼书、海报、客户通讯、企业内刊、电子楼书等。这些都是企业为了展示项目资料、宣传企业文化、促进房屋销售所制作的销售展示工具。

**特别提示**

非正式出版物是竞争对手分析非常重要的情报源，不仅可以了解竞争项目的产品资料，还能了解竞争项目的企业背景、实力信誉、运作模式、决策特征等。

3) 互联网

随着互联网的全面普及，网络情报源正显示着其独特的魅力。互联网上的情报不仅覆盖面广，而且信息及时。同时还能提供其他媒体无法提供的情报。

4) 人际网络

人际网络关系往往能得到公开渠道所无法获得的信息，而这些信息能对企业快速反应产生影响，尤其是在立项报批阶段和销售阶段。在立项报批阶段通过人际关系能及时了解竞争对手或潜在竞争对手的规划信息，在销售阶段通过人际关系能及时了解潜在竞争对手的价格策略、销售策略和推广策略。

5) 房展会或研讨会

在房展会、专业论坛、业内研讨会等公共活动中，可以及时了解业内最新的市场动态、产品技术应用、建筑及景观设计概念、营销概念等情报。很多企业的市场部人员都会通过拍照、摄像来搜集资料，如沙盘模型、展会特装、活动演出等。

### 2. 竞争楼盘分析情报的搜集方法

1) 文献检索

通过对报纸、杂志等正式出版物和楼书、海报等非正式出版物进行检索，将有价值的情报信息摘录、剪贴、复印，是房地产行业竞争情报最常用的方法之一。

2) 搜索引擎和网络数据库

情报搜集一般首选搜索引擎，其特点是方便快捷，覆盖面广，但信息比较零散。Intranet 情报的另一种重要的搜集方法是网络数据库的使用。互联网信息搜索以后通过下载或直接打印整理后保存，以备情报分析使用。

3) 专项调查

调查是房地产竞争情报最主要的搜集方法，很多情报往往在公开的信息中无法获得，就需要针对具体的情报需求进行专项调查。

### 3. 房地产竞争情报的分析技术

竞争情报分析是竞争情报管理的核心工作，是把信息转化为情报的关键，也是提供战略支持的关键。房地产竞争情报的分析技术有很多，常用的有以下几种。

1) SWOT 矩阵分析法

SWOT 矩阵分析是房地产市场研究中最常用的情报分析方法，用于帮助企业识别其相对于市场环境、竞争对手的优势、劣势、机会和威胁，提供可选择的竞争战略。

2) 竞争对手跟踪

房地产行业对竞争对手进行系统跟踪分析的企业不是很多，主要是房地产项目竞争具有很强的区域性，同一个企业在 CBD 是竞争对手，在中关村可能就是合作伙伴。目前房地产竞争对手的跟踪主要集中在销售环节，对竞争对手的价格策略、促销策略、推广策略以及客户服务策略进行跟踪分析。但是随着房地产开发公司在竞争中的优胜劣汰，企业要想生存和发展，就必须对竞争对手进行系统全面的跟踪分析，包括对竞争对手的战略战术、管理运营、企业文化及其他相关活动的评估以确认其优势、劣势以及未来的可能动向。

3) 反求工程

房地产的成本主要是土地成本，建安成本对房价的影响很小。因此反求工程主要是在征地阶段应用。发展商在征地时，先要了解地块周边在售项目的均价，再减去行业平均利润和经验的建安成本，就估算出该项目的土地成本，这一数值就是项目征地时的参考价格。

4) 市场信号分析

竞争对手的任何行动，都将提供竞争对手的意图、动机、目标或内部状况的直接或间接的暗示，这些暗示对制定竞争战略往往起着重要的作用。2002 年下半年，北京某发展商计划在宣武区广外小红庙购置土地，但是通过业内朋友了解到，该地块附近已经有一个经济适用房项目立项，由于北京经济适用房最高限价为 4500 元/m$^2$，而该发展商洽谈的土地成本加上建安费用就已经高出了 4500 元/m$^2$，于是发展商选择了放弃这块土地。2003 年春季，当初立项的经济适用房项目乐城开盘，政府限价 4300 元/m$^2$，周边的商品房立刻感到巨大的竞争压力。公开的信息中也能搜集到市场信号，如在竞争对手的招聘广告中，分析竞争对手的招聘要求，可以发现竞争对手的很多意图和动向。

5) 事件分析

事件分析可以用于帮助企业找出必须面对的某些关键的机会和问题，从而保持或增强其竞争地位。SARS 之后，很多板式住宅项目纷纷以香港陶大花园为反面教材，攻击竞争对手的塔式设计，同时开始大肆宣传“健康住宅”的概念。

**案例链接**

## 北京市某房地产项目竞争楼盘调查(节选)

因石景山目前在售项目不是很多，纯小户型的项目更是少之又少，因此一共调研了 4 个楼盘，包括远洋山水、茂华·璟都会、华富丽苑、地铁古城家园，其中远洋山水和茂华·璟都会两个楼盘较有代表性见表 3-1。

(1) 远洋山水。

**表 3-1 楼盘调查**

| 楼盘基础资料 | | | |
|---|---|---|---|
| 楼盘名称 | 远洋山水 28#楼 | 售楼电话 | 68666866 |
| 地理位置 | 石景山区玉泉路地铁口南侧 400m | 建筑类型 | 板楼、塔楼 |
| | | 发 展 商 | 中远房地产公司 |
| 占地面积 | 204 公顷，建设用地 50 万 m$^2$ | 建筑面积 | 130 万 m$^2$ |
| 总 户 数 | 6481 套(28#楼小户型 1100 套) | 交楼标准 | 毛坯 |
| 面积区间 | 50～77m$^2$ 一居、97～117m$^2$ 二居 | 物业管理 | 远洋基业物业公司 |
| 容 积 率 | 3 | 物 业 费 | 1.9 元 |
| 实 用 率 | 76%～78% | 工程进度 | 未交付 |
| 绿 化 率 | 32.50% | 交房时间 | 2008 年底前 |
| 配 套 | 购 物：华普超市 医 疗：解放军陆军总医院、武警总医院 | | |
| | 教 育：景山学校、幼儿园 其 他：首都雕塑公园、地铁一号线 | | |

| 户型种类 | 面积区间 | 价格区间 | 数 量 | 占 比 | 销售情况 |
|---|---|---|---|---|---|
| 一居 | 50～77m$^2$ | 10000-12000 | 600 余套 | 55% | 75% |
| 二居 | 97～117m$^2$ | 9000-10500 | 500 余套 | 45% | 60% |

| 销售和营销情况 | | | |
|---|---|---|---|
| 均 价 | 10500 元/m$^2$ | 产品定位 | |
| 价格区间 | 9000～12000 元/m$^2$，<br>底商 30000 元/m$^2$ | 客户定位 | 主要来源：周边 80%、海淀区 |
| 付款方式 | 按揭、一次性 | | 从事职业：白领、知识分子 |
| 销售时间 | 正式开盘一个月左右 | | 购买目的：<br>自住 80%、投资 20% |

续表

| | | | |
|---|---|---|---|
| 销售进度 | 28 号楼 1000 余套小户型总体销售 2/3 左右 | 街区描述 | 街区功能：居住区 |
| 物业类型 | 大型综合居住区 | | 街区居民：高级白领知识分子 |
| 提供配套 | 健身会所、超市学校 | 人流组织 | 人车分流 |
| 电梯数 | 一居 3 梯 12～14 户<br>二居 2 梯 4 户 | 售楼处<br>样板房概述 | 样板房装修风格较为温馨，提供鞋套，有保安站岗 |
| 营销手法 | “远洋会”会员制营销较有特色，业主会员可享受百安居、海尔等商家消费优惠，同时根据付款比例享有不同优惠。编写了“西区故事”文化画册 | | |
| 产品创新 | (1)使用加拿大进口塑钢窗，可以上下打开<br>(2)起居室落地飘窗<br>(3)使用了名牌全钢暖气片<br>(4)安装有多用于高档写字楼和公建的新风换气扇，保持空气清新<br>(5)层高 2.8m，室内可以自由分隔<br>(6)专用会所，有游泳馆、健身中心等<br>(7)通过中水系统节水，环保同时降低业主生活成本<br>两户之间设计有一采光井，改善通风采光 | | |
| 备 注 | (1)一居比二居畅销<br>(2)景山学校吸引了很多业主，不少人为了子女教育而买房<br>(3)纯投资客户比例不大，不少客户为了养老和保值而购买<br>(4)客户中事业机构和科研院所购买占较大比例，如 307 医院、武警医院、中直机关、中科院研究生院、新华社、中铁等<br>(5)主要业主为高级白领和知识分子，二居业主 30 岁以上为主 | | |

(2) 茂华·璟都会(略)。

## 3.4 房地产项目市场调查

### 案例导入

北京 CBD 商圈“凤凰城”项目的发展商在规划设计之前，就进行了有重点的市场调查工作，通过对大量购房潜在客户进行详细的需求调查后，发现对高档公寓项目的潜在客户而言，小区内的环境是除价格、位置、户型、交通、周边环境等因素外，对其购买影响最大的因素之一。因此在社区整体规划设计中充分考虑了小区内的环境，特别聘请德国规划师进行园林景观的规划设计：精心保留了现状的杨树林，其间有椭圆形林间漫步道穿越；小区主入口设计了以喷泉为主题的庭院广场，小溪及弧形水道流向园中树林及喷泉，整体环境自然、宁静、优雅。“凤凰城”成为少有的入住时即为住户提供良好生活环境的项目，大大提升了该项目的品质，受到市场的欢迎，成为京城最热卖楼盘之一，如图 3.3 所示。

图 3.3　项目楼盘和景观示意图

### 3.4.1　房地产市场调查概述

#### 1. 市场调查概念

市场调查(Marketing Research)就是指运用科学的方法，有目的地、有系统地搜集、记录、整理有关市场营销信息和资料，分析市场情况，了解市场的现状及其发展趋势，为市场预测和营销决策提供客观的、正确的资料。包括市场环境调查、市场状况调查、销售可能性调查，还可对消费者及消费需求、企业产品、产品价格、影响销售的社会和自然因素、销售渠道等开展调查。

**特别提示**

Marketing Research 译为市场调查，国内还有其他的译法，比如“市场研究”、“营销研究”、“市场调研”等。

#### 2. 房地产市场调查概念

房地产市场调查是以房地产为特定的商品对象，对相关的市场信息进行系统的收集、整理、记录和分析，进而对房地产市场进行研究与预测的活动过程。

**特别提示**

(1) 房地产市场调查对象为房地产，调研过程中必须依据房地产固有的特性。

(2) 市场调查是项目运行的基础，所以市场调查数据必须准确翔实，数据的收集和处理必须有计划、有目的，尽可能符合实际。

#### 3. 房地产市场调查的作用

1) 发现机会，规避风险

房地产行业作为资金密集型行业，项目运作资金辄上亿元，丝毫的马虎都有可能导致严重的后果。因此，通过市场调研，使房地产开发商对现有市场充分了解，对产品及营销策略进行评估，不断发现新的市场机会，解决面临的问题，规避市场风险。

2) 把握市场需求，提高市场占有率

消费者的需求是不断变化的，通过及时的市场调研可以掌握消费者的意向和动态。根据马斯洛的“需要层次理论”，人们的需要是不断变化的，如对住房的要求刚开始是保证遮风、挡雨、睡觉、休息，而后随着生活水平的提高，经济条件的改善，又提出了上些功能要求，包括厨房、卫生设备俱全，房间布局合理，朝向位置较好等。随着科技的发展、新材料的诞生以及人口、家庭结构和人们活动范围的变化，现今人们不仅追求住房的多功能性，室内家具、装修的和谐一体化等。房地产开发商必须通过市场调研，了解消费者对住房的需求，以及对现有住房的意见，以寻找住房开发的最佳市场切入点，从而不断开拓市场，提高市场占有率。

3) 房地产企业生存和发展的需要

市场调查是企业了解市场情况，进行市场判断、预测、制定正确经营策略的前提，也可以说，市场调查直接关系到企业的生存和发展。

随着房地产市场的日趋完善，市场竞争日益激烈，市场调查工作对房地产企业的作用也逐渐显得重要和现实起来。房地产业具有建设周期长、资金占压量大且周转时间长等特点，因此如何正确地把握市场，更具重要意义。当房地产市场逐渐由卖方市场转变成为买方市场，如果不了解什么样的项目才是市场真正需要的，对市场发展趋势没有明确、清醒的认识，盲目决策，如果一旦在决策上发生失误，其后果将是致命的。因此越来越多的房地产企业认识到对房地产市场进行调查是十分关键的一步。

**特别提示**

市场调查是企业营销活动中的重要组成部分。在信息技术时代，信息已与资金、材料、设备、人力并列为管理的五大资源。随着房地产市场由卖方市场向买方市场的转变，房地产市场竞争由价格竞争向非价格竞争发展，使得企业对房地产市场营销信息的需要比过去任何时候都更为强烈。

### 4. 房地产市场调查步骤与程序

市场调查是一个科学性很强、工作流程系统化很高的工作。它是由调查人员收集目标材料，并对所收集的材料加以整理统计，然后对统计结果进行分析以便为企业的决策提供正确的预测的方法，市场调研必须围绕一个主题进行，它的工作组成必须依照严格合理的工作程序和步骤。房地产市场调查大致来说可分为准备、实施和结果处理 3 个阶段。

(1) 准备阶段。它一般分为界定调查问题、设计调查方案、设计调查问卷或调查提纲 3 个部分。

(2) 实施阶段。根据调研要求，采用多种形式，由调查人员广泛地收集与调查活动有关的信息。

(3) 结果处理阶段。将收集的信息进行汇总、归纳、整理和分析，并将调研结果以书面的形式——调研报告表述出来。

房地产市场调查程序如图 3.4 所示。

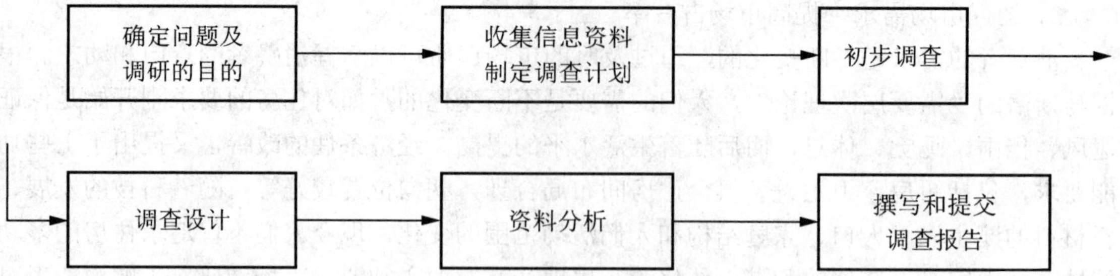


图 3.4　房地产市场调查程序

### 3.4.2　房地产项目市场调查内容

房地产项目的市场调查贯穿项目开发全程，但调研的重点伴随着项目的开发而有所不同，总体而言，主要分为以下几个阶段。

1. 购地前的宏观调查

房地产作为一种特殊的商品具有不可移动性这一特点，所以房地产企业在购买土地之前，要对该地区房地产的整体市场供给、需求状况进行宏观的调查，尤其是对该地块周边的市场供需情况进行详细的调查研究，这一区域各类房地产项目的开发量是多少，消化量是多少，现在存量是多少，空置率及租金水平如何，结合该地区近两年各类房地产项目的销售情况，对各类房地产项目的租售价格走势如何进行预测。同时进行需求方面的调查，了解该地区对各类房地产项目的需求情况。在此基础上进行项目的可行性分析，为项目投资决策提供依据。

**知识点滴**

如根据供需的宏观调查结果，确定该地块大致的产品定位——是做哪一类房地产项目，即住宅、写字楼、商场或其他类型建筑。之后，对所确定的类型项目进行更为细致的调查，以确定是做哪一档次的项目，即高档、中档、低档或者是外销、内销，以及主要客户层的范围，再进行相应的经济测算，即进行征地、拆迁、设计、市政、建安、销售、财务等费用的估算与预计收入间的综合盈亏分析。在合理成本利润率条件下，才能做出是否购买的决策。

**特别提示**

这一阶段的市场调查结果往往是最为关键的，因为据此做出的决策将直接关系到项目经营的成败。

2. 购地后项目产品定位分析

在购地后，就要进行更为详细而有重点的市场调查分析，依据所确定的产品宏观定位，对同一档次的项目市场供给情况及主要客户层的具体需求进行调查，以给要开发的产品提供更为细致的定位指导。

**知识点滴**

以居住性项目为例，要根据目标客户群体的消费水平、职业特征、购买偏好等确定以哪一种户型为主打户型，各类户型的建设比例，是采用什么样的装修标准等。对于主要消费群体的调查，可以通过直接向可能的潜在客户调查，也可以向租赁者了解客户心态，因为租房与买房的人对于房屋的渴望心理是相同的，他们对于房屋的需求也是相同的，而且许多租房者就是潜在的买房者，所以，通过对租赁者的调查去了解客户的心态是最巧妙的捷径。把调查来的素材去粗取精，去伪存真，进行综合分析研究，最后使产品的定位更加清晰。见表3-2。

表3-2 项目市场定位调查表

| 分析内容 | 内容重点 |
|---|---|
| 竞争对手甄别 | 根据市场情况和项目自身特点，判断竞争项目，并分析该项目的优劣势及其对本项目的影响 |
| 价格分析 | 明确所在区域市场的价格分布特点、价格段划分、价格缺口空间、各不同物业类型的定价策略，为本项目定价提供依据 |
| 产品分析 | 分析项目所在区域市场发展程度与产品发展程度的对应关系，为项目产品形态定位提供依据 |

### 3．配合产品设计进行的调查

进入设计阶段，市场调查工作也应不断地深化。应该选择该地区同档次的竞争楼盘进行重点调查，分析其在设计上的优劣势，以便在设计时有所依据，因为房地产建设周期长，所以在设计中必须具有超前意识。

**特别提示**

导入案例中的京城CBD商圈内闪亮登场的“凤凰城”项目之所以在短短几个月时间内取得了销售几万平方米的骄人业绩，就是其充分利用市场调查这一有利工具辅助设计的结果。

**案例链接**

某项目在户型设计时根据需求调查的结果分析本案目标客户对朝向有着非常强烈的偏好，而朝向是塔楼设计中一个比较难解决的问题。经过仔细推敲，在设计中甚至不惜牺牲塔楼西南角可以建设的面积，而尽可能保证所有户型的良好朝向。正是由于在设计中充分考虑了市场调查的结果，使其设计符合客户的心理，且具有超前特性，使得该项目在周边众多楼盘中脱颖而出，令人耳目一新，取得了很好的销售业绩。

### 4．配合市场营销进行的调查

为配合房地产项目的市场营销，要对周边同档次项目进行长期的跟踪调查。因为房地产项目的特点之一是地域性，周边同档次的项目必将是强有力的竞争对手，因此要对其进行长期的跟踪调查，尤其是对其销售策略更要给予密切关注，以便公司随时采取相应对策，在竞争中处于不败之地。这类调查集中在项目SWOT分析、项目产品定位、项目营销策略确定和项目营销实施过程。

**知识点滴**

项目周边市场调查，主要包含区域市场项目竞争板块或楼盘的基本情况和经济技术指标，见表3-3和表3-4。

表 3-3 区域市场竞争板块调查表

| 板块分析法 | 分析内容 |
| --- | --- |
| 各板块定性分析 | 对各板块的区域历史沿袭、房地产市场发展动态等进行定性分析及描述 |
| 各板块楼盘价格指标分析 | 将各板块楼盘的销售价格加以集中分析，准确把握各板块楼盘的总体价位及档次 |
| 各板块楼盘户型指标分析 | 将各版块楼盘的户型间隔及面积按统一的分析标准加以集中分析，清晰把握各板块楼盘的户型配比特征 |
| 各板块楼盘规模指标分析 | 将各板块楼盘的占地面积及建筑面积加以集中分析、了解各板块楼盘总体供应量及竞争情况 |
| 各板块楼盘产品类别分析 | 是以别墅为主，还是以高层、小高层、多层为主？分析各板块楼盘的产品类别，为项目提供相关初步意见 |
| 各板块楼盘销售情况分析 | 结合各板块楼盘的推销时间，对各板块楼盘的总体销售率及客户型的情况加以集中分析，反映各板块的市场需求情况 |
| 各版块客户类别及需求分析 | 通常同一板块楼盘，其目标客户都存在一定的相似性，分析各板块楼盘的客户结构及该类客户的需求情况，结合各板块的户型结构及各户型的销售情况加以分析 |

表 3-4 竞争楼盘调查表

| 楼盘个案分析 | |
| --- | --- |
| 分析要素 | 具体内容 |
| 竞争楼盘基本情况 | 竞争楼盘的开发销售数据、客户构成等方面情况 |
| 竞争楼盘深层情况 | 竞争楼盘优缺点分析、综合评估预测 |
| 对本项目的竞争威胁 | 评估竞争楼盘对本项目构成什么样的威胁 |
| 本项目的竞争机会 | 针对竞争对手分析本项目存在什么样的竞争机会 |

**案例链接**

## 长沙某别墅楼盘竞争分析(节选)

竞争板块判断。由于客户的购买行为存在板块的认同和选择，“市府板块” 的主要竞争者为比较靠近的“麓南板块” 和“金霞板块”。其他板块项目为间接竞争，楼盘单键分析见表 3-5。

表 3-5 楼盘竞争分析

| 别墅板块 | 板块分析 | 主要竞争项目 |
| --- | --- | --- |
| 金霞板块 | 金霞板块规划为湖南国际贸易物流中心，现有的两个项目：绿城具有强大的品牌支撑和高尔夫景观；湘江壹号紧邻湘江、芙蓉路，背靠鹅羊山公园，有规划的地铁经过，交通方便 | 绿城青竹园<br>湘江一号 |
| 麓南板块 | 麓南板块有不可复制的岳麓山，环境毋庸置疑，文脉风水更受认同，地处南二环沿线与西三环交汇处，交通方便，别墅所需的条件均具备，但周边开发落后，区域生活配套跟不上 | 卓越麓山别墅<br>迪亚溪谷<br>汀湘十里<br>岳麓山公馆 |
| 市府板块 | 靠近长沙市政府，凭借大长沙规划带来的发展契机，以河西为先导区，大力扩建河西新城。近年发展迅速，地产项目众多，已形成规模化板块优势。目前在建在别墅项目较多，但销售价格比其他板块低 | 长沙玫瑰园<br>南山苏迪亚诺<br>盈峰翠邸(未开盘)<br>金科东方大院(未开盘)<br>中粮北纬 28(未开盘) |

5. 其他方面的调查工作

在项目开发过程中，还应根据公司对某些具体方面的特殊要求，进行一些专门性、一次性的调查，如：对新材料、新产品、新技术的调查，对物业管理收费标准及提供的服务的调查等，为公司的一些具体决策提供依据。

**特别提示**

现阶段，房地产市场瞬息万变，而房地产项目开发周期长、资金量大、风险高，市场调研更加要长期化、经常化。如果没有经常性的市场调查工作，就不可能及时了解市场的变化情况和采取应变措施。因此，具有远见卓识的房地产企业管理人员应该选派专人，设立专职负责市场调查的工作部门或组织系统，订立合理的规章制度，让房地产企业本身的市场调查工作不会时断时续，而是结合营销业务的实际需要不断地改变调查的重点，经常性地发挥应有的作用。使市场调查工作贯穿着房地产开发的各个阶段，真正成为房地产企业的生命线。

### 3.4.3 房地产项目市场调查问卷设计

房地产市场调查问卷，是调查者根据一定的调查目的和要求，按照一定的理论假设设计出来的，由一系列问题、调查项目、备选答案及说明所组成，向被调查者收集资料的一种工具。

1. 市场调查问卷的功能

(1) 能将所要调查的问题明确地传递给调查者。

(2) 设法取得对方合作，最终取得真实、准确的答案。

2. 市场调查问卷的分类

1) 根据市场调查中使用问卷方法的不同分类

(1) 自填式问卷是指由调查者发给(或邮寄给)被调查者，由被调查者根据实际情况自己填写的问卷。

(2) 代填式问卷则是由调查者按照事先设计好的问卷或问卷提纲向被调查者提问，然后根据被调查者的回答进行填写的问卷。

2) 根据问卷发放方式的不同分类

根据问卷发放方式的不同，可将房地产调查问卷分为送发式问卷、邮寄式问卷、报刊式问卷、人员访问式问卷、电话访问式问卷和网上访问式问卷6种。

3) 根据房地产市场调查的目的、研究对象、资料分析和解释的种类的不同分类

根据房地产市场调查的目的、对象、资料分析和解释的种类不同，可以将房地产市场调查问卷分为宏观数据调查问卷、项目调查问卷、客户需求调查问卷和产品需求调查问卷。

3. 市场调查问卷的一般结构

(1) 问卷的标题。概括说明调查研究的主题，使被调查者对所要回答的问题有一个大致的了解并有引起兴趣。

(2) 问卷说明。常常以简短的书信形式出现，是调查者向被调查者说明本次调查的目的、意义、选择方法以及填答说明等，一般放在问卷的开头；有些问卷的说明信还交代交表地点及其他事项等；有些则加上一些宣传内容，这样使说明信更具说服力。

**特别提示**

制作调查问卷，首先必须明确调查的目的，即为什么要实施这种调查、该调查问卷到底想了解什么、它是否能提供必要的管理决策信息等。如果这些目的不明确，就无法决定要调查的内容、向谁调查、调查什么、用什么方式调查、要达到什么要求等，也就无法获得需要的数据或资料。

(3) 被调查者基本情况。这部分是被调查者的主要背景资料，如被调查者的职业、年龄、收入、文化水平等等。根据调查目的、调查要求而定。

(4) 调查内容。调查内容是调查问卷中最主要的部分，也叫正文部分，主要包括指导语、各类问题及其回答方式、问题的编码等。该部分是问卷的主体部分，也是问卷设计的关键部分。

① 指导语。指导语，也就是填答说明，用来指导被调查者填答问题的各种解释和说明。不同的调查问卷，对指导语的要求不一样，指导语所采取的形式也多种多样。

② 问题及其回答方式。调查内容的主要组成部分，包括调查者所要了解的问题及其答案，这是问卷设计的主要内容，可以说，问题及其回答方式的设计质量直接关系到整个调查问卷的质量。

③ 编码。编码是将调查问卷中的调查项目以及备选答案给予统一设计的代码。编码是将问卷中的调查项目变成代码数字的工作过程，它便于分类整理并将结果进行计算机处理和统计分析。因为在大规模问卷调查中，调查资料的统计汇总工作十分繁重，借助于编码技术和计算机，则可大大简化这一工作。

(5) 结束语。结束语一般放在问卷的最后面，用来简短地对被调查者的合作表示感谢，也可征询一下被调查者对问卷设计和问卷调查本身的看法和感受。

**知识点滴**

房地产问卷设计的过程一般包括十大步骤：确定所需信息、确定问卷的类型、确定问题的内容、确定问题的类型、确定问题的措辞、确定问题的顺序、问卷的排版和布局、问卷的预试、问卷的定稿和问卷的评价。

### 4. 调查问卷的提问形式

1) 封闭式提问

(1) 二项选择法。提出一个问题，仅有两个答案可供选择。

**例 3-1**：请问您是否打算在近年内购房？

是(　　)　　　　　　　　　　否(　　)

(2) 多项选择法。提出一个问题，给出两个以上的答案，被调查对象可从中任选一项或几项作为回答。

**例 3-2**：请问您打算购买的住宅类型是什么？(单选)

A.别墅(　　)　　B. 多层住宅(　　)

C. 小高层住宅(10 层以下)(　　)　　D. 高层住宅(11 层以上)(　　)

**例 3-3**：购选住宅时，您最看重哪些因素？(多选)

A.位置(　　)　　B.交通(　　)　　C. 环境(　　)

D.户型(　　)　　E.价格(　　)　　F.物业管理(　　)

(3) 程度评定法。对提出的问题，给出程度不同的答案，被调查对象从中选择同意的一个做出回答。

**例 3-4**：在购买商品房时，您认为品牌的重要性(　　)。

A.很重要(　　)　　B. 较重要(　　)　　C.一般(　　)

D.不太重要(　　)　　E.很不重要(　　)

(4) 语意差别法。列出两个语意相反的词，让被调查对象做出一个选择。

**例 3-5**：请问您对××花园小区的看法如何？(每对只选 1 个)

A. 建筑新颖(　　)　　建筑风格陈旧(　　)

B.品位高(　　)　　品位低(　　)

C.户型设计合理(　　)　　户型设计不合理(　　)

D.价格合理(　　)　　价格偏高(　　)

**特别提示**

封闭式问卷的优点：数据易于记录和分析。

封闭式问卷的缺点：选项没有涵盖所有可能的情况，即选项不具备完备性，由此就会得出有偏差的结果。

2) 开放式提问

开放式提问是指对所提出的问题，回答没有限制，被调查对象可以根据自己的情况自由回答。此种提问方式，答案不唯一，不易统计，不易分析。

(1) 自由式。被调查对象可以不受任何限制回答问题。

**例 3-6**：请给出你印象最深的一个房地产广告。

(2) 语句完成式。提出一个不完整的句子，由被调查对象完成。

**例 3-7**：如果您欲购房，您购房的主要理由是________。

(3) 顺问式。这种方法要求被调查对象根据自己的态度来评定问题的顺序。

**例 3-8**：购买时您所看中的因素依次为(请根据您认为的重要程度分别标上序号)。

A. 价格(　　)　　B.配套(　　)　　C.环境(　　)

D. 设计(　　)　　E.服务(　　)　　F.品牌(　　)

(4) 过滤法。又称为“漏斗法”，是指最初提出的问题较为广泛，离主题较远，再根据调查者回答的情况逐渐缩小提问范围，最后有目的地引向要调查的某个专题性问题。

**例 3-9**：请问您近年内打算购房吗？

是(　　)　　否(　　)

如果是，您打算购买住宅的建筑面积为：________。

如果否，请跳到第 5 题。

**特别提示**

开放式问卷优点：调研人员不对被调查对象进行限制，研究人员可以据此获得丰富的信息。

开放式问卷缺点：由于其自由性，被调查者的个性特征、反应能力会大大影响调研的结果。调研结果的分析和处理较为困难。

5．问卷设计中应注意的几个问题

(1) 避免提一般性或缺乏针对性的问题。

(2) 避免使用不确切的词语，如经常、高档、著名等，尽可能使用能量化的词语。

(3) 避免引导性的提问，市场调查必须客观反映市场，不能带有调查者本身的倾向。

(4) 避免令被调查者感到难堪、敏感或禁忌的话题。

(5) 避免问题与答案的不一致。

**特别提示**

问题的类型很多，对问卷设计者而言，确定问题的类型并不是随心所欲的，必须紧紧把握一条宗旨，即使设计出的问题能尽可能多、尽可能准确地收集到有用信息。

### 3.4.4 房地产市场调研报告的撰写

调研报告是在问卷及资料经过整理和分析以后，以文字、数字和图形的形式对调研结果进行分析和说明，并以书面的形式提交给客户的文稿。

一个完整的调研报告通常由以下几部分所构成：调研概况、主要结论、样本概况、报告正文、营销建议、附件等。

(1) 调研概况。主要对项目情况，包括项目的背景、调研区域与对象、抽样方法、主要调查内容、分析技术等主要内容调研；调研过程，主要对调研人员及具体操作过程的一个简单说明；质量控制，对公司的控制系统进行简单说明，为调研结果的准确性提供佐证。

(2) 主要结论。是对调研所得结果的一个简单、精练的综合性概述。

(3) 样本概况。主要对调研对象(即样本的年龄、性别、文化程度、职业、家庭人口、家庭收入)等方面进行分析。

(4) 报告正文。是以事实和数据为依据，对调研内容的一个详细、客观的分析。

(5) 营销建议。是根据调研结论，对客户目前所面临的问题提出可供采取的办法。

(6) 附件。包含问卷、图表、技术细节说明、统计输出结果显示和其他相关内容。

## 知识链接

常见房地产项目市场调查见表3-6。

表3-6 常见房地产项目市场调查

楼盘名称：　　　　　　　　调研时间：　　　　　　　　调研人员：

| 项目基本情况 | | | |
|---|---|---|---|
| 项目名称 | | 地理位置 | |
| 交通状况 | | 开发商 | |
| 项目性质 | | 功能定位 | |
| 目标消费群 | | 开盘时间 | |
| 竣工时间 | | 开业时间 | |
| 总建筑面积 | | 商业面积 | |
| 停车位面积 | | 产权年限 | |

| 建筑材料及装饰 | | | | |
|---|---|---|---|---|
| 建筑风格 | | | | |
| 外立面 | 外墙 | 屋顶 | 门窗 | |
| 公共区域 | 广场 | 公共走道 | | |
| 内部 | 外墙 | 地面 | 内部门窗 | 灯光照明 |

| 配套设施 | | | |
|---|---|---|---|
| 空调设施 | | 卫生间数量及分布 | |
| 收银台及ATM | | 安防设施 | |
| 其他配套设施 | | | |

| 业态分布及价格情况 | | | | | | | |
|---|---|---|---|---|---|---|---|
| 楼层 | 单层面积 | 业态规划及主要进驻品牌 | 单店经营面积 | 层高 | 销售价格 | 租赁价格 | 租售率 |
| 地下一层 | | | | | | | |
| 一层 | | | | | | | |
| 二层 | | | | | | | |
| 三层 | | | | | | | |
| 其他楼层 | | | | | | | |
| 备注 | | | | | | | |

| 租售模式 | | | | | | |
|---|---|---|---|---|---|---|
| 租赁 | 租赁模式 | | 出租率 | | 租赁者 | |
| | 租赁年限 | | 物业管理费 | | 经营模式 | |
| 销售 | 销售模式 | | 销售率 | | | |
| 反租 | 返租价格 | | 返租年限 | | | |
| | 可否自营 | | 返租期满处理方式 | | | |
| | 返租回报支付方式 | | 返租回报率 | | | |

续表

| | | | | | |
|---|---|---|---|---|---|
| 经营状况 | | | | | |
| 商户数 | 总商户数 | | 产权商户数 | | |
| | 租赁商户数 | | 总销售额(天) | | |
| 客流量 | 日均客流量 | | 节假客流量 | | |
| | 客源构成 | | 客源消费额(日) | | |
| 推广情况 | | | | | |
| 推广主题 | | 媒体选择 | | 广告频率 | |
| 促销主题 | | 效果分析 | | | |
| 其他 | | | | | |
| 周边商业环境评价 | | | | | |
| 客户群分析 | | | | | |
| 项目优势分析 | | | | | |
| 项目劣势分析 | | | | | |

## 小　结

本项目介绍了房地产项目宏观环境和微观环境的概念和组成，分析不同类型客户的购买需求和购买决策，分析影响不同类型房地产项目的产品因素，阐述了房地产市场调查的概念、作用、程序、内容和房地产问卷设计的基本概念、问卷的基本结构、问卷设计的基本过程。在此基础上，利用 SWOT 矩阵、消费者购买行为模式等方法对具体项目进行市场经济、技术、法律、政策等环境和项目竞争楼盘进行市场调研和分析，提高市场调研和项目环境分析能力。

## 习　题

### 一、填空题

1. 房地产项目微观环境主要包括________、________、________、________、________和________。

2. 房地产项目竞争楼盘分析包括(至少写出 3 个)________、________和________。

3. 形成消费者购买决策的 5 个阶段分别是____________、____________、____________、____________和____________。

## 二、选择题

1. 下列因素中，属于对企业营销活动影响较为密切的宏观环境因素是(　　)。

A. 竞争者　　B. 消费者　　C. 社会文化　　D. 人口

2. 当恩格尔系数(　　)时，人们对房产需求和购买能力将增加(　　)。

A. 上升　　B. 下降　　C. 不变　　D. 不清楚

3. 影响消费者住宅购买决策的一个重要参数是(　　)。

A. 层高　　B. 空气质量

C. 城市生活的可接近度　　D. 停车位

## 三、 问答题

1. 问卷设计的基本结构包括哪些部分？
2. 试对比分析开放式问题与封闭式问题各自的优缺点。
3. 分析影响消费者购买行为的主要因素。
4. 竞争楼盘分析的内容。

## 四、实训项目

为稳定房地产市场发展，遏制房地产投机行为，2011 年国务院、银监会等相继出台多项政策，节选如下。

(1) 2011 年 1 月 26 日。国务院常务会议再度推出八条房地产市场调控措施(下称“新国八条”)，要求强化差别化住房信贷政策，对贷款购买第二套住房的家庭，首付款比例不低于 60%，贷款利率不低于基准利率的 1.1 倍。

(2) 2011 年 1 月 27 日。财政部公布了《关于调整个人住房转让营业税政策的通知》，规定个人将购买不足 5 年的住房对外销售的，将全部征收营业税。

(3) 2011 年 1 月 28 日。(财政部)上海和重庆正式实施房产税，深圳宣布成为第三个房产税试点城市。

(4) 2011 年 2 月 8 日。中国人民银行决定，自 2011 年 2 月 9 日起上调金融机构人民币存贷款基准利率。金融机构一年期存贷款基准利率分别上调 0.25 个百分点，其他各档次存贷款基准利率相应调整。

(5) 2011 年 2 月 9 日。住房和城乡建设部发布《关于调整住房公积金存款利率的通知》，要求从 2011 年 2 月 9 日起，上调个人住房公积金贷款利率。五年期以上个人住房公积金贷款利率上调 0．20 个百分点，调至 4.50%。五年期以下(含五年)个人住房公积金贷款利率上调 0．25 个百分点，调至 4.00%。

(6) 2011 年 5 月 1 日。根据国家发改委于 2011 年 3 月 16 日发布《商品房销售明码标价规定》，从 5 月 1 日起，商品房销售必须明码标价。对违反明码标价规定未执行“一房一价”的房地产开发企业，将处以每套房 5000 元罚款。构成价格欺诈的，将没收违法所得，并处违法所得 5 倍以下罚款；没有违法所得，处 5 万元以上 50 万元以下罚款。

(7) 2011 年 5 月 10 日。住建部下发了《关于公开城镇保障性安居工程建设信息的通知》，要求各地在下发文件后的 20 个工作日内公布保障房建设计划、开工和竣工相关信息。按照住建部的规定，6 月 9 日则是公布信息的最后期限，截至 6 月 9 日，北京、上海等一线城市已公布了今年保障房的建设情况。

(8) 2011 年 5 月 19 日。住建部与各省、自治区、直辖市签订《保障性住房目标责任书》，完成 1000 万套保障性安居工程住房的分配任务。

(9) 2011 年 7 月 14 日。国务院召开会议部署房地产调控，称部分城市房价上涨压力仍然较大，要求继续严格执行限购政策，上涨过快的二、三线城市也要采取限购。

(10) 2011 年 12 月 4 日。住建部政策研究中心房地产处处长赵路兴明确表示，房地产调控政策从严落实的方向不会改变，并将延续至明年。而此前有媒体证实，住建部已知会地方政府，对于限购政策将于今年年底到期的城市，地方政府需在到期后对限购政策进行延续。

(11) 2011 年 12 月 9 日。胡锦涛主持政治局会议，要求明年实施积极财政政策和稳健货币政策，根据形势变化做出预调、微调；坚持房地产调控政策不动摇，促进房价合理回归；保证物价总水平基本稳定。

请根据以上材料，分 3～4 人小组为单位，以宏观调控下的房地产市场变化为总目的进行市场调查实训。要求：

(1) 确定调查主题。

(2) 设计调查问卷。

(3) 撰写调查实施计划。

(4) 进行调查结果汇报。

# 项目 4

# 房地产项目 STP 策划

## 教学目标

通过房地产项目 STP 战略的学习，掌握市场细分、房地产市场细分、细分市场、目标市场和市场定位的概念，掌握房地产项目目标市场选择策略和不同策略的优劣；熟悉市场细分的原则和方法，熟悉市场定位的含义，了解市场细分、目标市场选择的程序。

## 教学要求

| 能力目标 | 知识要点 | 权重 |
|---|---|---|
| 掌握市场细分内涵 | 市场细分、房地产市场细分和细分市场的概念与区别 | 15% |
| 熟悉市场细分流程 | 市场细分原则、细分变量 | 10% |
| 了解市场细分的程序 | 市场细分程序 | 5% |
| 针对项目进行市场细分 | 市场需求 细分市场特点 | 10% |
| 掌握目标市场内涵 | 目标市场 目标市场模式 | 15% |
| 掌握目标市场选择策略 | 集中选择 差异化选择 无差异化选择 | 15% |
| 掌握房地产市场定位 | 市场定位 市场定位内容 | 10% |
| 了解市场定位策略 | 市场定位步骤 市场定位方法 | 5% |
| 能运用 STP 战略理论进行项目策划 | 房地产营销规划报告模板 | 15% |

## 导读

在当今市场经济中，一个决定在房地产市场上开展业务的企业应该意识到，由于房地产开发具有投资大、风险高、周期长、竞争激烈等特点，通常情况它不大可能为全体客户服务。客户市场容量巨大，客户群体的组成结构十分复杂，他们的需求和品位又各不相同，为了能与对手展开竞争，开发商需要在营销过程中确定它能为之最有效服务的目标市场，根据选定的目标市场的需求开发和销售有针对性的产品。

现代营销战略的核心为 STP 战略，即目标市场营销管理战略。在中国，STP 战略目前不仅被较多地运用于日用品行业的营销竞争之中，随着房地产市场的日渐成熟，越来越多的房地产开发企业在项目的营销工作中运用了该战略。

房地产营销应用 STP 战略的目的就是要为项目的营建，在设计、建设、营销、服务、管理等方面提出比竞争者更有效地满足顾客需求的实施细则，从而为开发项目的整体概念准确地建立起一整套价值体系，力求通过产品差异化战略，最大限度地避免竞争、超越竞争，使开发商及其产品在消费者面前树立良好的品牌形象，最终达到良好的销售目的。如图 4.1 所示分别为广州碧桂园(市场定位是度假、休闲的五星级的家)和丽江花园(市场定位是文化丰富的和谐居家场所)。

碧桂园

丽江花园

**图 4.1　项目的市场定位**

## 知识点滴

### STP 营销理论

STP 营销又称目标市场营销或 STP 三部曲。市场细分(Market Segmentation)的概念是美国营销学家温德尔·史密斯(Wended Smith)在 1956 年最早提出的，此后，美国营销学家菲利浦·科特勒进一步发展和完善了温德尔·史密斯的理论并最终形成了成熟的 STP 理论。STP 理论中的 S、T、P 分别是市场细分(Segmentation)、目标市场选择(Targeting)和市场定位(Positioning)3 个英文单词的缩写。营销大师菲利普·科特勒认为：当代战略营销的核心，可被定义为 STP。

STP 理论的根本要义在于选择确定目标消费者或客户，或称市场定位理论。根据 STP 理论，市场是一个综合体，是多层次、多元化的消费需求集合体，任何企业都无法满足所有的需求，然后企业应该根据不同需求、购买力等因素把市场分为由相似需求构成的消费群，即若干子市场，这就是市场细分。企业可以根据自身战略和产品情况从子市场中选取有一定规模和发展前景，并且符合公司的目标和能力的细分市场作为公司的目标市场。随后，企业需要将产品定位在目标消费者所偏好的位置上，并通过一系列营销活动向目标消费者传达这一定位信息，让他们注意到品牌，并感知到这就是他们所需要的。

STP 理论是指企业在一定的市场细分的基础上，确定自己的目标市场，最后把产品或服务定位在目标市场中的确定位置上。STP 营销有 3 个主要步骤。

(1) 市场细分，根据购买者对产品或营销组合的不同需要，将市场分为若干不同的顾客群体，并勾勒出细分市场的轮廓。

(2) 确定目标市场，选择要进入的一个或多个细分市场。

(3) 定位，建立与在市场上传播该产品的关键特征与利益。

## 4.1 房地产项目市场细分

**案例导入**

成都某房地产开发有限公司在成都东门的龙舟路有一块占地 31 亩的土地待开发，需进行项目定位及整合营销策划。该公司选派精兵强将组成强大阵容，对该楼盘做了大量的市调工作。

经调查发现该楼盘的重要优势有：楼盘地处东门，土地价格便宜；位置紧临龙舟路，交通方便；牛市口小学、幼儿园、四川师大附中分布四周；紧邻府南河，背靠望江公园、河心公园，环境清幽；莲花新区、农贸市场及牛沙便道农贸市场就在附近，生活方便。

同时发现几处明显的劣势：小区占地面积小，不可能开发高档楼盘，因为不能满足高档楼盘必须配制的会所及其他大型配套项目设施。由于该公司是一家年轻的公司，刚介入房地产领域，自身缺乏知名度，经济实力也不济，没有成片大规模开发的实力，竞争能力弱。如果走中低档路线，又发现：特色不突出，竞争对手非常多，而且对手实力较强劲。打价格战，该公司不仅没把握取胜，说不定连本钱都收不回来。龙舟路沿线为旧城改造、老成渝公路拓宽改造的重点城区，房地产开发新项目非常多，并且由于成都东门国营老厂单位非常多，经济效益普遍较差，故价位低，卖点雷同。

怎样能在中低价位的楼盘上做出鲜明的个性色彩，填补市场空白，切中市场特色需求，是项目面临的最大难题。

### 4.1.1 房地产市场细分概述

由于受到资源与能力所限，任何一家房地产企业都不可能满足整体市场中所有消费者的需求。因为整体市场中不仅人数多，分布广，而且购买需求差异巨大。竞争者通常只能在为某些特定消费者群体服务方面处于优势地位。考虑到上述原因，房地产企业只有准确地选择目标市场，才能够将自身的优势与社会需求完美地结合起来，有效地制定营销策略。房地产市场细分是房地产企业选择目标市场的基本方法，准确地选择房地产目标市场是房地产企业取得成功的先决条件，进行正确的市场定位是房地产市场营销工作的一项重要任务。

#### 1. 市场细分的概念

市场细分这一概念是美国市场学家温德尔·史密斯(Wendell R.Smith)于 20 世纪 50 年代中期总结一些企业的实践经验提出来的。所谓市场细分，就是根据消费者之间需求的差异性，将整体市场(整体市场通常太大以致企业很难完全为之服务或占领)划分为若干个具有共同特征消费者群体——子市场的过程。每一个消费者群体的子市场也称细分市场。不同细分市场的消费者对同一种产品的需求和欲望存在着明显的差别，而同属于一个细分市场的消费者的需求和欲望则较为相似。可见，市场细分的前提是消费者需求的异质性，它以消费者作为划分的对象，而非消费的产品，是识别具有不同要求或需求的消费者的过程。

2．房地产市场细分

房地产市场是指实际和潜在的房地产产品购买者的总和，目标市场是指房地产企业所追求的部分合格的有效市场。市场规模取决于具有这种需要及支付能力，并且愿意进行交换的人的数量。营销人员要对市场有敏锐的洞察力。

房地产市场细分就是房地产开发商在市场调研的基础上，从消费者需求的差异性出发，依据消费者的欲望和需要、购买行为和购买习惯，将房地产市场整体分为若干个具有相似欲望和需要的消费者群体的分市场、子市场的分类过程。其中每一个消费群即为一个细分市场，最终的目标是为企业选择目标市场做准备。

**特别提示**

消费者的需求是有差异的，子市场中的消费者具有共同的需求与欲望。市场细分是一个过程，市场细分的结果是形成不同的子市场，即细分市场。

在市场经济发达的今天，房地产作为一种特殊的商品供求处于由卖方市场向买方市场过渡阶段，房地产企业在营销决策之前，必须确定具体的服务对象在哪里，产品往哪销，这就要求必须对市场进行细分。消费者需求虽然千差万别，但总能找到某些相同或相似的需求特性，以此可以归并出一些各具特色的消费者群体，形成较为稳定的分市场。

3．房地产市场细分的方法

随着市场细分化理论在企业营销中的普遍应用，对市场细分标准的研究也愈来愈为人们所重视。归纳起来，主要有以下几方面：地理环境因素、人口因素、消费心理和消费行为因素。这些因素有些是相对稳定的，多数则处于动态变化中，市场细分一般分类见表 4-1。

表 4-1　市场细分一般分类

| | |
|---|---|
| 地理细分 | 国家、地区、城市、乡村、城市规模、人口密度、气候、地形地貌、产业用户的地点 |
| 人口细分 | 年龄、性别、职业、收入、教育、家庭人口、家庭生命周期、国籍、民族、宗教、社会阶层 |
| 心理细分 | 生活方式、个性、购买动机、价值取向以及对商品供求局势和销售方式的感应程度 |
| 行为细分 | 追求利益(产业用户指用户行业)、消费者进入市场的程度、购买或使用产品的时机、消费的数量规模(产业用户指用户规模)、对品牌的忠诚程度 |

4．房地产市场细分作用

房地产市场细分，一方面有助于房地产企业发现新的市场机会。房地产市场是一个容量大、品种多、配套服务性强、需求多样化、存在很多机会的市场。抓住一个新的市场机会，对房地产企业来说，就意味着开拓了一个新的经营业务领域，能够在未来占领更多的市场份额。如本节案例可以通过市场细分选择老年消费群体，该市场细分为房地产企业发现新的市场机会；另一方面，有利于集中资源，制定适当的营销组合策略并进行评估和调整。房地产市场细分可以帮助房地产企业及时了解房地产消费者群的特殊需求及其变化，帮助房地产企业搞好准确合理的产品定位，并据此制定灵活有效的房地产市场营销策略。

细分作用有如下几点。

(1) 市场细分有利于房地产企业分析，发现新的市场机会。

(2) 市场细分使房地产企业能识别具体的、有着不同需求的消费者群体；通过识别这些不同的需求，营销者能较好地决定最适合房地产企业介入的细分市场。

(3) 市场细分有利于调整房地产企业的市场营销战略。

(4) 市场细分使得大房地产企业和小房地产企业都能更有效地在市场上进行竞争。

(5) 市场细分使房地产企业能针对不同顾客群体的需要制定更适当的营销组合。

(6) 市场细分可用于识别市场上房地产企业所愿服务而又忽视的缺口。

(7) 市场细分促使公司不断地评估顾客需要的变化，以及由此带来的潜在的机会和威胁。

同理，不作市场细分可能产生的危害如下。

(1) 竞争者可抢占你未介入的细分市场和市场缺口。

(2) 即使并非不可能，也难以制定有效的营销组合。

(3) 一个公司想用大规模营销战略来满足所有的市场需要，但实际上满足不了任何一个细分市场的需要。把对已识别的不同细分市场的评价，作为选择目标市场的基础。

由此可见，市场细分是立足于消费者相似的需求和共同特征基础上的，既是对需求差异的分类，又是对相似需求的归并。通过细分，有利于企业发展和拓展新的市场机会，以形成新的目标市场；有利于房地产企业集中有限资源，取得最大经济效益；有利于为消费者提供适销对路的产品，更好地满足社会需要。

### 5．市场细分的准则

从企业市场营销的角度看，无论消费者市场还是产业市场，并非所有的细分市场都有异议。在细分市场时，必须认真分析、测定是否具备从事有效经营的条件。所选择的细分市场必须具备下述条件，即可衡量性、可准入性、可盈利性和可区分性四大准则，市场细分准则见表 4-2。

表 4-2　市场细分准则

| 市场细分准则 | |
|---|---|
| 可衡量准则 | 细分市场必须足够大以保证其有利可图<br>细分市场必须是可以识别和衡量的 |
| 可进入准则 | 细分市场必须是媒体能够接触到的也是房地产企业的产品能够进入的市场<br>就其大小而言，各细分市场应该是稳定的 |
| 可盈利准则 | 细分市场应该不断增长，且细分市场应该具有合理的一致性保证使本企业有利可图 |
| 可区分准则 | 不同细分市场对营销组合应该有不同反应。如果用一种市场营销设计就能够达到所有的细分市场，就没有必要把它们分开<br>细分市场不应该主要被竞争者占领，以免我们的项目达到失败。房地产企业能够制定和实施有效的市场营销计划 |

### 4.1.2 房地产市场细分的标准

一种产品的整体市场之所以可以细分，是由于消费者或用户的需求存在差异性。引起消费者需求差异的变量很多，要科学地进行市场细分，首先必须确定市场细分变量。

所谓“细分变量”，是指房地产市场中购买者对房地产商品的不同欲望和需求，这种需求的差异性即为细分变量。

市场细分变量是房地产开发企业根据客户需求的差异性来区分不同客户群体的标准和依据，具体有以下4类。

#### 1. 按地理因素划分

市场细分的地理性变量有：国界(国内、国外)；地区(东部、西部、南部、北部)；行政区(省、市、地、县)；城乡(城市、乡村、大城市、中等城市、小城镇)；地形(平原、高原、山地、盆地、丘陵)；气候(热带、温带、寒带、亚热带)。

**案例说明**

深圳万科集团在1997年确定了房地产开发为其核心业务，通过认真分析研究，该集团将国内的房地产市场分为北部、东部、南部三大片区，并制定了通过深圳、北京、天津、上海这些核心城市的房地产开发，以带动周边大中型城市房地产业务的企业发展战略。

#### 2. 按人口因素划分

市场细分的人口变量如下。

(1) 年龄。如婴儿、儿童、青少年、中年、老年或具体年龄范围。

(2) 性别。如男、女。

(3) 收入。可分为家庭月(或年)总收入、家庭月(年)人均可支配收入的具体范围，如小于5000元、5000~8000元(含5000元)等。

(4) 职业。如工人、农民、教师、学生、企业职员、白领、政府官员、企业家、文艺界人士、自由职业者等。

(5) 文化程度。如中学及以下、大学(含专科)、硕士、博士。

(6) 婚姻状态。如未婚、已婚、离异等。

**案例说明**

香港钧濠集团以收入作为细分变量，将深圳的房地产市场细分为高收入、中等收入和低收入3个子市场，通过大量的市场调研、科学分析并结合企业所拥有的资源优势，该集团选择了面广量大的低收入群体作为自己的目标市场，并有针对性地开发了德福花园项目。

#### 3. 按客户心理划分

市场细分的客户心理变量如下。

(1) 生活方式。如时髦、朴素、随俗等。

(2) 个人性格。如外向、内向、独立、依赖、乐观、悲观、激进、孤僻、开放、保守等。

(3) 价值观念。如追求性价比、追求外观、追求地段等。

如深圳的金雨豪园复式豪宅项目，开发商在对深圳市高收入群体的需求进行摸底时，发现部分高收群体有着群居的心理，他们对楼盘的位置、地段很讲究，他们希望自己的邻居是和自己处于同一层次、有共同品位、有共同语言的人。为此开发商根据高收入群体的心理因素，将他们的需求市场划分为独立式别墅、联排式别墅、空中别墅和复式豪宅，并选择了其中的复式豪宅作为目标市场。

4．按客户行为因素划分

市场细分的行为变量如下。

(1) 时间习惯。如时令性、季节性、节日、假日。

(2) 地点习惯。随意决定购买、冲动决定购买、理性购买等。

(3) 品牌忠诚度。高、中、低。

**知识链接**

住宅市场是面向家庭和居民消费者的市场。

细分住宅市场所依据的变量可概括为 4 类：客户变量、客户心理变量、客户行为变量、区域变量，住宅市场细分变量如图 4.2 所示。

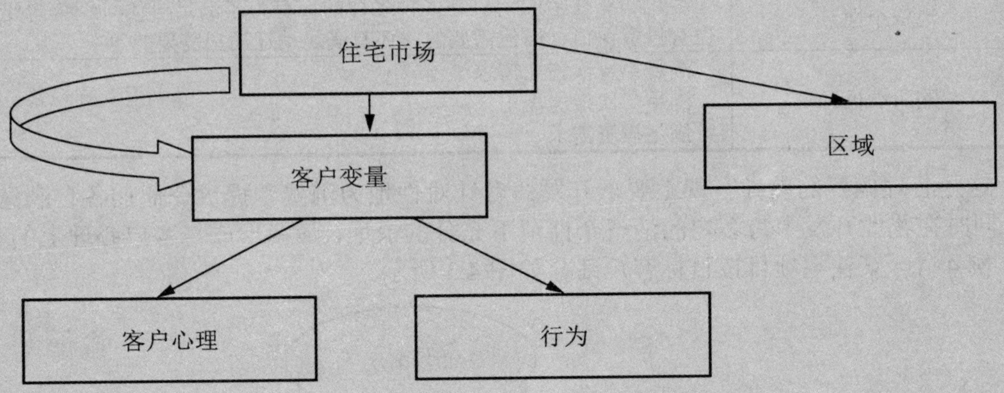


图 4.2　住宅市场细分变量

1) 客户变量

住宅市场的客户主要是家庭，主要分析家庭人口状况、家庭收入水平，即形成客户变量。

(1) 家庭人口状况。家庭人口数量与住宅消费有着密切的关系，家庭人口结构也直接影响住宅消费倾向。我国现阶段家庭人口状况主要有 3 种类型，即“单身一族”、“夫妻型”或“二代型(2～3 人)”、“三代同堂(4～5 人)”。不同类型家庭对住宅需求偏好各有差异，如“夫妻型”家庭住宅面积需求一般为一室一厅或两室一厅水平。又如杭州某房地产企业推出一种概念户型，为 150$m^2$ 的四室三厅两卫的子母套户型，即满足了父母与子女同住的需求，又解决了住在一起可能有的矛盾，为两套合二为一，分别独立成套的户型结构，上市后受到好评。

(2) 家庭收入水平。家庭收入水平高低直接影响消费者需求的质量和档次。随着收入水不断提高，人们对住宅的需求将从“生存型”向“发展型”乃至“享受型”发展；对居家环境的要求也将从仅仅满足家庭基本生活需要过渡到全方位地追求一个居住宽敞，功能齐全，外环境幽静，物业管理健全的安居环境。房地产开发商应抓住人们不断变化的需求，推出适销对路的楼盘，以取得市场上的主动权。

在学习中还可以通过表 4-3 进行相关分析因素的变换来进行具体项目的分析。

表 4-3 家庭成员变量细分表

| 变量名称 | 年龄 | 性别 | 文化 | 职业 | 年收入 | 需求 | 家庭人口 |
|---|---|---|---|---|---|---|---|
| 变量内容 | 20～30<br>30～40<br>40～50<br>50 以上 | 男<br>女 | 大专<br>本科<br>硕士以上<br>其他 | 公务员<br>个体<br>企业<br>事业 | 3 万元以下<br>3 万～5 万元<br>6 万～8 万元<br>8 万～12 万元 | 大<br>中<br>小 | 单身<br>夫妻<br>二代<br>三代 |

2) 客户心理变量

以客户的生活方式、购买住宅的动机及消费个性等心理特征，作为划分住宅消费群体的基础。客户心理变量细分见表 4-4。

表 4-4 客户心理变量细分

| 细分变量 | 细分市场特征 |
|---|---|
| 生活方式 | 不同的客户，其生活方式存在很大差异，比如有的喜欢经济实惠的廉价房，有的喜欢高级公寓，有的喜欢亲朋好友来家里聚会，有的喜欢自然景观，有的追求都市风情等 |
| 消费个性 | 客户购买住宅的动机是多种多样的，有为了满足居住、经营需要的，也有投资保值、增值需要的，还有满足动迁用户需要的等 |
| 购买动机 | 满足第一次置业需求<br>满足二次换房需求<br>满足投资需求 |

这些心理偏好的差异客观上要求开发商有针对性地为消费者提供令他们各自满意的产品。同时在物业开发中为客户的消费个性留下充分的余地，最终形成与客户心理上的共鸣。

**例 4-1** 某住宅项目按目标客户细分如图 4.3 所示。

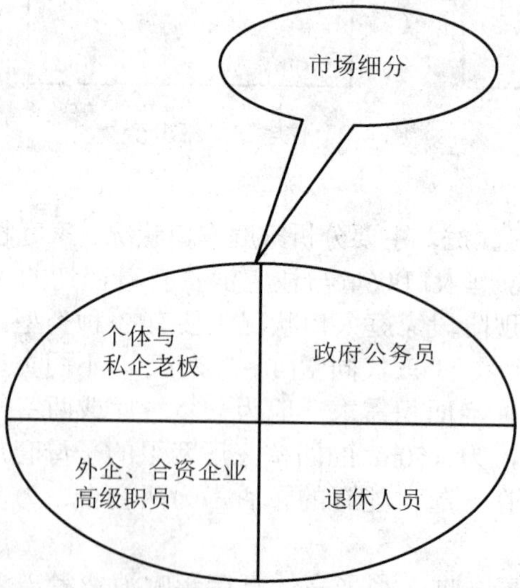


图 4.3 目标客户细分示意图

(1) 个体与私企老板 (市内 +周边城镇)。该阶层基本都有住房，对生活质量要求比较高。且在长期的经营过程中对“功能价格比”有着较清楚的认识，文化方面都有一定修养，对“居住+度假 +投资”概念的理解高于其他行业人士。

(2) 外企、合资企业高级职员。在QD市虽然这一群族人数并不太多，但该市发达的工业重地及便利的外贸港口，对他们还是具有很大的诱惑力。细分如下：①企业业主；②高级职业经理人；③高级技术人员；④该群族是本项目主要目标客户。

(3) 政府公务员。虽然在该市该群族庞大，但是能成为本项目目标客户的十分有限。原因是：按公务员的纯薪水收入水平，要想在原居住条件下再拥有度假公寓难度很大。

(4) 退休人员。①该群族较复杂，有公务员、文化人、高级知识分子、回国人员、国企老板等不同类型，不同收入来源；②该群族都有一个消费指导思想，就是 “享受天伦之乐，安度晚年”，因此，对居住环境的要求高于一切；③该群族也是我们项目的目标客户。

该细分是以项目的规模和档次所界定的有效需求为基本出发点，选定目标客户，通过分析其消费力水平，又确定不同消费群的层级，是本项目目标客户定位的最大特点。

3) 客户行为变量

客户行为变量是人们对住宅产品的使用态度或反应，主要包括“使用时机”、“追求利益”和“购买次数”等方面。

(1) 使用时机。根据人们对住宅的使用时机及时提供与需求相一致的各类商品住宅及其管理服务，是企业开拓和占领新住宅市场的有效策略。比如在新城扩建和旧城改造过程中，会产生动迁安置用房的巨大需求，开发商应不失时机地开辟“动迁用周转房”市场，为特定的居民安置需要服务。

(2) 追求利益。二次购房族的眼光和品味及特殊的市场感召力，给开发商带来了压力，也带来了动力。同样的市场，关键看谁愿意去把握。

## 5. 区域变量

房地产区域是指房地产商品所处的空间位置、相邻环境及使用条件等相互关系的总和。人们对住宅在地理空间方面的偏好，主要体现在楼层层次、房间朝向与视野和楼房所处地理环境配套这3个方面。

价格相对较低且难以推销的一般为底层及顶层住宅，但现在屋顶带花园的顶层住宅及带储藏室或车库的底层住宅已变得紧俏，因为开发商改变了原来对底层、顶层在使用性质上认识的不足，从而形成畅销。

房间朝向一般与光照、冷热及环境的安静性有关。对于朝向的选择，人们愈来愈注重于楼房前面的景观，尤其是令人心旷神怡的自然风景。

住宅作为一项不动产，它的品质优劣必须与室外环境联系起来衡量判断。影响区域变量的影响因素见表4-5和表4-6。

表4-5 外部环境细分表

| 细分变量 | 细分市场特征 |
|---|---|
| 外部环境因素 | 自然环境，如地质、气候、空气及周边建筑概况等 |
| | 能源、交通、通讯、排污等生产、生活和社会服务基础设施情况 |
| | 社会因素包括法律、法规、行政政策、社会制度、治安状况、人口数量、密度和素质以及人们的消费心理等 |
| | 经济、科技、教育发展水平和城市化、国际化程度等 |

**表 4-6　房地产市场细分表**

| 细分因素 | 细分市场 | |
|---|---|---|
| 用途 | 住宅 | 低档住宅、中档住宅、高档住宅、别墅<br>一室一厅、二室一厅、二室二厅、三室一厅等 |
| | 商业用房 | 商场、餐馆、购物中心、超市 |
| | 写字楼 | 国家甲级、甲级、乙级 |
| | 厂房 | 标准厂房、专用厂房 |
| | 其他 | 商住楼、综合楼 |
| 购买力 | 个人年收入 | 高收入者、中等收入者、低收入者 |
| | 集团年收入 | 高收入者、中等收入者、低收入者 |
| 区域变量 | 同城消费市场 | 旧城区、新城区、城郊结合部、郊区 |
| | 异地消费市场 | 旧城区、新城区、城郊结合部、郊区 |
| 销售方式 | 出租 | 预售、现房销售 |
| | 出售 | 长期、短期 |
| 消费者偏好 | 低层建筑、高层建筑、小高层建筑 | |
| | 绿化、物业管理、建筑风格、配套 | |
| | 其他 | |

区域变量还可以分为：旧市区与新市区；高级住宅区与大众住宅区；商业区、住宅区及准工业区；繁华商业区、衰退商业区及计划再开发区；中小型业主区、大型业主独占区以及开放竞争区；人口递增区、人口持平区及人口递减区等。

**特别提示**

由此案例可知，项目针对目标市场为中、青年人，其月收应在3500～5000元/月的中等工资收入家庭，其家庭成员为3～5人，他们会对房屋价格、地段和物业管理等因素较敏感，而并不十分看重开发商品牌，其理房屋总价位应控制在30万元左右。

**案例分析**

## 某项目市场细分报告(节选)——项目市场细分

1) 选定市场范围

本项目策划中将该地区商品房消费的市场范围选定为工薪阶层、单位退休职工、生意人和较成功人士，市场特点见表4-7。

**表 4-7　商品房消费的市场**

| 市场细分 | 特点 |
|---|---|
| 工薪阶层 | 该阶层中一部分是初次置业的年轻人，他们大多没有雄厚的资金实力，底子较薄，但其月收入一般较稳定，将要成家立业的年轻人购房意愿也比较强烈，这部分人受经济实力的制约，往往需要信贷消费予以支持；另一种是并非初次置业的中老年人，他们当中很多是三世同堂，比较倾向于选择户型面积稍大的房产，购房时往往比较挑剔，会对楼盘进行多方面比较，出手比较谨慎 |
| 单位退休职工 | 他们选择标准是环境比较清静，配套设施较完善，总房价不太高。他们中大多数不会选择按揭购房，而且选择的楼层将会以二楼或三楼为多，二室一厅的中小户型会是他们的首选。房屋质量和物管服务也是在购房时关心的问题 |

续表

| 市场细分 | 特点 |
|---|---|
| 生意人 | 这部分人主要会选择中小面积的户型，多会出于一种投资意义上的考虑，而且善于盘算，会选择易于出租或脱手售出的房产 |
| 较成功人士 | 该阶层人士数量不多，大面积复式结构房产是他们的首选，是否有泊车位也是要考虑的因素 |

2) 确定细分指标

细分指标为：年龄、月收入、职业、社会阶层、家庭人口数、工作地、追求利益、品牌忠诚度等。

3) 进行市场细分

按照细分指标，本项目细分市场划分见表 4-8。

表 4-8 细分市场表

| 消费者类型 | 人均月收入(元) | 家庭人口数 | 追求利益 | 品牌忠诚度 | 能承受首付 |
|---|---|---|---|---|---|
| 25 岁以下的初次购房者 | 2500 元以下 | 1～2 | 价格低 | 低 | 10 万以内 |
| 工资收入者(1) | 2500～3500 | 3～5 人 | 地段好 | 中 | 15～25 万 |
| 工资收入者(2) | 3500～5000 | 3～5 人 | 配套齐 | 中 | 20～35 万 |
| 与退休父母同住者 | 3000～5000 | 5 人以上 | 服务优 | 高 | 30 万以上 |
| 商人 | 4000 以上 | 不定 | 大社区 | 高 | 30 万上 |

**特别提示**

实际市场细分过程中一般进行变量组合，单一变量的细分市场其市场容量规模往往太小。

### 4.1.3 房地产市场细分的程序

#### 1. 市场调查阶段

在该阶段，市场营销人员需要进行调研，集中主要的力量掌握消费者的消费动机、消费心理、消费行为。并根据调查结果，营销人员应该收集房地产产品的品牌知名度、受欢迎程度和社会认可程度。

房地产商在投资决策前可以派自己的调研人员或者外包独立的调查机构调查消费需求的满足状况和市场供给状况。调查内容包括某一时期该城市现有家庭中有多少住房已解决，有多少无房户和住房困难户，未来几年的发展趋势；这些有需求的家庭需要什么结构和面积的房屋，他们的收入水平、文化程度以及实际购买力；该城市已建、在建和将要建设的住宅开发项目的区位、结构、面积、单价、总价、配套情况；该城市开发企业的数量、资质、市场份额、营销策略、销售情况等；该城市近几年及今后几年的土地供给情况、城市基础设施配套情况、金融服务情况等。

#### 2. 分析阶段

房地产公司的专业分析人员借助定性和定量的分析手段，如经验曲线分析法、多元回归分析法、判别分析法、因子分析法等，剔除相关性很大的细分变量，然后用集群分析法划分出一些差异最大的细分市场。

## 案例导入

根据市场调研数据，各市场需求情况见表4-9。

表4-9　各市场的需求情况(数据来源于项目市场调研)

| 时间 | 低端 | 中低端 | 中端 | 中高端 | 高端 |
|---|---|---|---|---|---|
| 2008秋房交会成交 | 10% | 18% | 27% | 28% | 17% |
| 2009春房交会成交 | 6.3% | 38.6% | 29.5% | 11.4% | 14.2% |
| 潜在消费者需求 | 16.81% | 20.35% | 35.05% | 14.17% | 1.77% |

## 案例分析

从两次房交会的成交情况可以看出消费市场的变化，中端和中高端市场更加集中，中端市场增长比例较快；从潜在消费者需求看，中端市场的需求量最大，其次为中低端和低端市场，说明目前购房主力为中低收入人群，可见，中端和中低端市场大有可为。

### 3．细分阶段

房地产商根据客户不同的态度、行为、人口变量、心理变量和一般需求习惯划分出每一个细分群体，归纳总结出各个细分市场的特征，并且加以命名，最终形成报告。

一般在针对房地产项目进行市场细分时采用方法有主导因素排列法、多因素排列法、多因素矩阵排列法、市场因素分析法等。

## 特别提示

值得引起重视的是，细分市场是处于不断变化的动态过程，所以需要周期性地进行以上程序，特别要注意到细分变量的变化引起的市场变化。

## 知识链接

具体到房地产项目中，美国市场学家麦卡锡提出细分市场的一整套程序，包括7个步骤。

(1) 选定产品市场范围。即确定进入什么层次市场，建造什么产品。例如：某房地产公司打算在乡间建造一幢简朴的住宅，若只考虑产品本身特性，该公司可能认为这幢住宅的出租对象是中低收入人群，但从市场需求角度看，高收入者也可能是这幢住宅的潜在顾客。因为高收入者在厌倦了城市的喧嚣，恰恰可能向往乡间的清净，从而成为这幢住宅的顾客。

(2) 列举潜在顾客的基本需求。选定产品市场范围以后，项目的营销策划可以通过“头脑风暴”估算潜在顾客有哪些需求。例如，公司通过市场调查，了解潜在消费者对前述住宅的基本要求。这些要求包括满足基本居住、安全、方便、宁静，设计装修合理，工程质量优良等。

(3) 了解不同潜在顾客的不同要求。比如安全、经济是所有顾客共同要求的，但有的可能特别重视生活的方便，对居住只要求基本满足，另外一类则对环境的宁静、内部装修、生活舒适等有较高的要求。对于列举出来的基本需求，不同顾客强调的侧重点可能会存在差异。通过这种差异比较，不同的顾客群体即可初步被识别出来。

(4) 以特殊要求作为市场细分标准。上述所列的购房的共同要求固然重要，但不能作为市场细分的基础，应该剔出，要根据顾客特殊需求为标准，对市场进行细分。

(5) 划分不同群体或子市场。根据潜在顾客基本需求上的差异，将其划分为不同的群体或子市场，并赋予每一个子市场一定的名称，并据此采用不同的营销策略。

(6) 对已细分的子市场进行合并或再细分。进一步分析每一个细分市场的需求与购买行为特点，并分析其原因，以便在此基础上决定是否可以对细分出来的市场进行合并，或作进一步细分。

(7) 对细分市场产品竞争状况和发展趋势作出分析。估计每一细分市场的规模，即在市场调研基础上，估计每一细分市场的容量、顾客数量、购买行为等，并对细分市场上产品竞争状况及发展趋势作出分析评价。

**案例链接**

北京 CBD 辐射区域的一个近 30 万平方米的大型社区，在制订开发计划、设计户型配比、制订营销计划和销售计划的时候，充分考虑了这一区域的客户细分情况。在设计产品的时候，就把握住这个社区是为哪些客户提供的产品，充分了解这些客户的消费习惯、生活状态、职业、年龄等信息，并将这群客户定义为“都市新锐”，后来这个名称在北京楼市中被众多楼盘采用。下面是此案例在拿地之时对目标客户的描述和客户细分。

专家预测，已形成一定商务规模的朝阳中央商务区，每年将会有 9 万人左右的外企员工涌进这片区域，同时，每年将会有十几万本土化的新白领阶层在这片区域里从事各项工作。而这些高收入的外方员工和本土化的白领阶层要生活，要解决衣、食、住、行，他们就要消费，就会带动相关产业，住宅便是其中重要的一项。

由于大部分写字楼聚集于 CBD 商圈，因此，这些外企白领将成为购买周边项目的主力军。此外，IT 界人士也是 CBD 区域不可忽视的购买群体。由于 IT 业引来许多外地高科技人才，这些人在北京没有现成住所，目前大多租房居住，以致房地产租赁市场形成了新的消费群(“新白领”)。

“都市新锐”特征：年龄在 25～35 岁，单身居多，大多从事网络、软件开发、通信设备等行业，月薪 6000 元以上，有的每月还可得到一笔可观的房屋津贴，可以承受 3000 元左右的房租。“都市新锐”对居住要求很高，向往质量高楼盘——环境优美、设计超前、交通便利、定位年轻化，最好还有一定的“知名度”和升值潜力。

因此，东三环沿线一些现有的普通住宅和小户型的公寓将是那些年轻创业者钟情的住所或一些人的“第二居所”。而东四环、五环沿线，作为 CBD 的周边地带，凭借便利的交通、优美的绿色环境，将吸引越来越多的 CBD 人士安家落户。

通过上面的客户细分，此案例把目标客户特征描述为：教育程度较高，率先接受国际先进住宅概念，并注重生活品质的年轻成功人士，包括外企白领、IT 界人士、私企业主，年龄在 30～35 岁，置业功能以自用为主。他们的日常工作、交际地点主要集中在 CBD 外企集中地带；另外，还包括一部分投资客户(购房用于出租)。

**特别提示**

每一个项目都应该有自己的目标客户群，在项目建设之初准确地进行客户细分，按照选定的目标客户群去设计产品、营销产品，将是项目成功的关键所在。

## 4.2 房地产项目目标市场选择

**引例**

在对整体市场进行有效细分后，房地产项目进入 STP 战略的第二阶段，房地产开发商要根据项目条件、企业的资源优势和外部营销环境状况对选择进入哪些目标市场或为多少个目标市场服务做出决策。这是本节要学习的主要内容。

**案例导入**

不同的家庭结构对住宅商品的要求也各不相同，在确定目标市场时，房地产企业首先对城市家庭的结构进行分析。如某项目按家庭年龄层次对市场进行了以下细分并分析如下：

(1) 青年家庭。青年家庭的年龄界限在各国有不同的划分，如在德国是以 25 岁为分界线，而在我国以 28 岁或 30 岁为分界线较适宜。这类家庭对交通和周围配套设施的要求较高，但由于受经济收入的限制，在房型、面积、地段上不可能有过多的选择。

(2) 中年家庭。对房地产开发商来说最具吸引力的应该属中年家庭，这类家庭的年龄段一般在 30 岁或 35 岁以上，一般这类家庭已经功成名就、事业有成，有能力也有愿望改善居住条件，在户型设计上要求动静分开、干湿分开、气派、舒适，面积要求在 $120m^2$ 以上，对小区环境和物业管理要求较高，能显示身份和地位。以杭州为例，杭州市房地产公司开发的住宅楼盘大多数都是定位在中年改善型需求家庭，如红石公寓、春江花月、丽江公寓等。

(3) 老年家庭。老年家庭是指年龄在 60 岁以上无子女或与子女分开单独居住的老年人家庭。这类家庭随着城市人口的高龄化，在家庭总数中所占的比例将越来越高。总的来说，老年家庭对居住的安全性、舒适性和联系性的要求较高。由于老年人生理条件的变化，安全性是对居住的第一要求，这个安全性包括运动的安全和居住的安全，前者是指居住环境的硬件，及空间的布局，诸如楼梯的设计以及路面的铺设；后者是指居住环境中的软件，主要是指居住小区内的服务设施，如医疗保健设施、保安措施以及报警设施等。

问题

(1) 如何在市场细分前提下根据项目选择目标市场？

(2) 选择目标市场的策略是什么？

(3) 影响项目选择目标市场的因素有哪些？

### 4.2.1 目标市场概念

按消费者的特征把整个潜在市场细分成若干部分，根据产品本身的特性，选定其中的某部分或几部分的消费者作为综合运用各种市场策略所追求的销售目标，此目标即为目标市场。

著名的市场营销学者麦卡锡提出：应当把消费者看作一个特定的群体，称为目标市场。通过市场细分，有利于明确目标，通过市场营销策略的应用，有利于满足目标市场的需要。即：目标市场就是通过市场细分后，企业准备以相应的产品和服务满足其需要的一个或几个子市场。

营销大师科特勒(Philip Kotler)认为：所谓目标市场，就是指企业在市场细分之后的若干“子市场”中，所运用的企业营销活动之“矢”而瞄准的市场方向之“的”的优选过程。

企业选择目标市场一般都是在市场细分的基础上进行的，目标市场是市场细分的目的。合理有效地选择市场，是企业营销过程中的重要环节，也是企业必须做好的一项重要工作。就整个市场而言，它存在着许多的市场机会，但对于一个企业而言，并非所有的市场机会都具有相同的价值，一是不是所有的子市场对本企业都有吸引力，任何企业都没有足够的人力资源和资金满足整个市场或追求过分大的目标；二是由于消费者欲望和需求的千差万别，企业很难全部满足所有消费者；三是房地产产品的相对同质性和产品本身条件的限制(如地段)，竞争对手和产品对企业构成较大阻力，企业必须面对客观存在的特定营销环境。因此选择目标市场，明确企业应为哪一类用户服务，满足他们的哪一种需求，是企业在营销活动中的一项重要策略。只有扬长避短，找到有利于发挥本企业现有的人、财、物优势的目标市场，才不至于在庞大的市场上瞎撞乱碰。例如，现阶段我国消费者对住宅的需求，可分为投资型需求、改善型需求和自住型需求等不同的消费者群，根据调查表明，不同购房目的的消费者对房地产项目的面积、价格、户型、环境、交通、管理等的欲望需求存在着较大差异，不同房地产企业开发的项目在可行性研究阶段通过市场调研划分市场，进而选择营销的目标，以扩大销售，提高市场占有率。

**知识链接**

西方市场学认为，市场细分概念的形成经历了3个历史阶段。

(1) 大量市场营销。兴起于西方国家实现工业化起至20世纪20年代，大量生产规格、品种单一的产品，并通过众多的渠道，试图以这种产品去吸引市场上所有的购买者。这种营销方式能大大降低成本和价格，发出最大的市场并获得丰厚的利润，在当时的市场形势下，曾经是行之有效的方式。

(2) 产品差异营销。从20世纪20年代至化二次大战结束，随着科学技术的进步和科学管理及大规模生产的推广，商品产量迅速增加，使得供过于求的商品逐渐增多，竞争激烈导致价格跌落、利润下降。同时，由于竞争者的产品互相类似、缺乏特点，价格成为主要的竞争手段，从而使销售者对价格的控制难度加大，竞争的形势使一些企业认识到产品差异化的利益。企业努力向市场推出外观、质量、式样、规格与竞争产品有所不同的产品以吸引顾客，提高竞争能力。但这时的产品差异只是着眼于产品本身的求新求变，而不是针对购买者需要上实际存在的差异，从而大大降低了获得预期效果的可能性，并不能明显提高产品适销对路的程度。

(3) 目标市场营销。20世纪50年代，主要西方国家的市场形势已由卖方市场转变为买方市场，针对目标市场的需求特点，开发适销对路的产品和适当的市场营销组合，使产品的差异性建立在需求差异性的基础之上，这种方式称为目标市场营销。

### 4.2.2 房地产项目目标市场模式

#### 1. 单一市场模式

此模式指房地产开发企业选择一个目标市场集中营销。

**案例说明**

深圳万科股份公司在1998年4月开发建设了万科俊园，该项目位于深圳市文锦路与爱国路交汇处的北侧，它占地5466m$^2$，总建筑面积78000m$^2$，建筑总层数45层，高161m，它是当时中国第一高住宅楼，在该项目的前期阶段，开发商通过市场细分后锁定了深圳市及周边地区拥有千万资产人士的目标市场，虽然这一目标市场十分狭窄，客户群体容量也十分有限，但由于这部分群体存在着有效需求，开发商把握了他们的需求信息，及时开发出他们所需求的物业产品——高层豪宅，结果市场反响热烈，至1999年11月，该项目的销售率已达到83%。

### 2．有选择的专业化模式

房地产开发企业选择若干个目标市场，其中每个目标市场在客观上有吸引力，而且符合开发商的目标和资源。

**案例说明**

北京红石实业公司，通过市场细分，选择了其中的两个目标市场，该公司集中有限的资源先后为北京的居家办公的目标市场开发了SOHO现代城，为金领人士组成的目标市场在海南开发了高档海景别墅。

### 3．复合产品模式

此模式是指房地产开发商集中开发一种类型的物业产品，并向多个目标市场的客户群体销售这种产品。

**案例说明**

北京市天创房地产开发公司精心打造天缘公寓(高层住宅项目)，该项目位于北京市宣武区白纸坊和西二环交汇口，项目总建筑面积7万$m^2$，公寓的户型面积从$75m^2$～$193m^2$，涵盖了二室二厅、三室二厅、四室二厅等多种规格，开发商力图通过该物业的开发建设来满足不同目标市场(小康型住宅需求群体、富裕型住宅需求群体、豪华享受型住宅需求群体)的需求。但是，将不同的目标客户群体安排在同一物业内显然无法满足这些目标群体的个性化需求，开发商在选用此模式时要慎重。

### 4．复合市场模式

此模式指房地产开发商专门为了满足某个目标客户群体的各种主要需求而开发物业。

**案例说明**

位于南京新街口中央商务区的标志性建筑天安国际大厦，它的目标客户群体定位在南京CBD办公的白领阶层，该项目的1～8层为大洋百货公司；9～13层为高档写字楼；14～42是公寓；开发商通过在一个楼盘中开发不同类型的物业，较好地满足了南京新街口CBD区域内的白领人士购物、餐饮娱乐、办公、居住等各种需求。

### 5．完全市场覆盖模式

这种模式是指房地产开发商通过投资开发各种类型的物业来满足各种目标市场的需求。只有大型的房地产公司才能采用完全市场覆盖战略。如深圳万科股份公司、南京栖霞建设股份公司等大型房地产开发企业就是借助自身核心竞争能力开发各种物业来满足各种客户群体的需求。

## 4.2.3 房地产项目目标市场选择策略

目标市场选择策略是指企业决定选择哪些细分市场为目标市场，然后据以制定企业营销策略。它实际上是决定企业能进入哪些目标市场的策略问题。可供选择的市场策略主要有：无差异营销策略、差异化营销策略、集中性营销策略。

### 1. 无差异营销策略

无差异市场策略，就是企业把整个市场作为自己的目标市场，只考虑市场需求的共性，而不考虑其差异，运用一种产品、一种价格、一种推销方法，吸引可能多的消费者，无差异营销策略如图 4.4 所示。

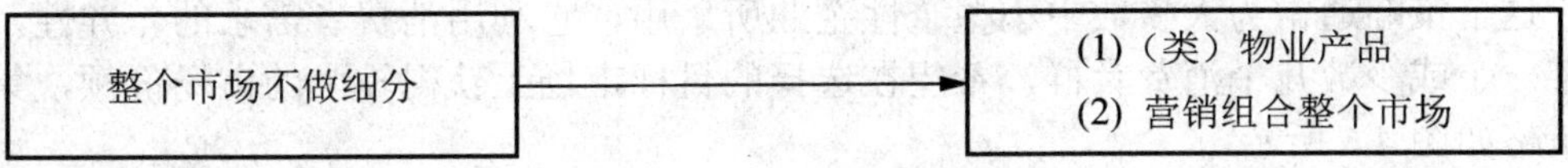


图 4.4　无差异营销策略

采用无差别市场策略，产品在内在质量和外在形体上必须有独特风格，才能得到多数消费者的认可，从而保持相对的稳定性。这种策略的优点是产品单一，容易保证质量，能大批量生产，降低生产和销售成本。但如果同类企业也采用这种策略时，必然要形成激烈竞争。所以，无差异营销策略的优点是成本低，方案简单，面对全部消费者，缺点是不考虑不同消费者的不同需求和不同适应性。这种营销策略在房地产项目营销中比较适合于卖方市场或引导性市场，而在消费者购房越来越理性，市场分化越来越细的房地产买方市场已趋于淘汰。

### 2. 差异化营销

差异化营销策略与无差异化营销策略正好相反，是把整体市场划分为若干个需求与愿望大致相同的细分市场，然后根据企业的资源、地块的状况及营销实力选择部分细分市场作为目标市场，针对不同的子市场，设计不同的产品，制定不同的营销策略，满足不同的消费需求，差异化营销策略如图 4.5 所示。

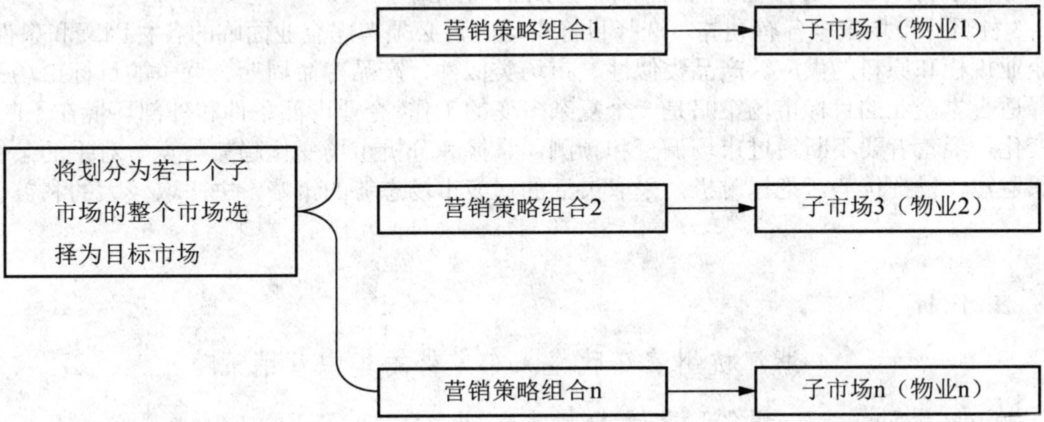


图 4.5　差异化营销策略

差异化营销策略是针对每个子市场的特点，制定不同的营销组合策略。差异化营销策略具有的突出的优势在于它能深入地为每一个细分市场服务，满足不同顾客群的需要，提高产品的竞争能力，增加总销售量，提高利润并分散经营风险。但是，由于产品品种、销售渠道、推广宣传的扩大化与多样化，开发和销售成本将大幅上升，同时可能会由于某些子市场的规模不够造成产品滞销，在市场观望气息浓郁时还容易因为铺面太大而失控。所以，无差异化营销策略的优势基本上成为差异化营销策略的劣势。在房地产行业中，在这种营销策略比较适合买方市场并有多品种经营能力的资金等实力雄厚的品牌房产企业。

### 3. 集中性营销策略

集中性营销策略是企业集中力量和资源，在细分后的市场上，选择两个或少数几个细分市场作为目标市场，实行专业化生产和销售。在个别少数市场上发挥优势，提高市场占有率。这个策略通常为大多数中小型企性企业所采用，它利用消费者需求的差异性，重点放在某一个或少数几个消费者群，希望在选择的目标市场上获得较大的市场份额，集中化营销策略如图 4.6 所示。

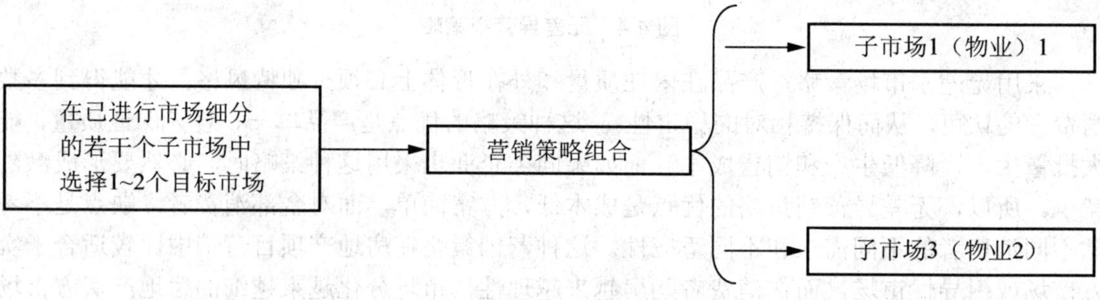


图 4.6　集中化营销策略

采用集中性市场策略，能集中优势力量，有利于产品适销对路，降低成本，提高企业和产品的知名度。但有较大的经营风险，因为它的目标市场范围小，品种单一。如果目标市场的消费者需求和爱好发生变化，企业就可能因应变不及时而陷入困境，也会由于选择的市场面较狭窄，当产品定位不当或市场突变可能造成企业销售困难。同时，当强有力的竞争者打入目标市场时，企业就要受到严重影响。这种营销策略比较适合房地产市场平稳发展，需求持续上升的环境下实力有限的房地产企业。

3 种目标市场策略各有利弊。选择目标市场时，必须考虑企业面临的各种因素和条件，如企业规模和原料的供应、产品类似性、市场类似性、产品寿命周期、竞争的目标市场等。选择适合本企业的目标市场策略是一个复杂多变的工作。企业内部条件和外部环境在不断发展变化，经营者要不断通过市场调查和预测，掌握和分析市场变化趋势与竞争对手的条件，扬长避短，发挥优势，把握时机，采取灵活的适应市场态势的策略，去争取较大的利益。

**案例分析**

## 浙江杭州滨江欣盛·东方郡的集中营销策略

杭州滨江欣盛·东方郡差异化开发规模住宅：多数住房做成 90m$^2$ 以下的户型；景观好、位置好的边套，做成舒适的大户型……因为受到“90/70”政策的限制，现在很多开发商拿到地后，都会这样来规划、设计楼盘。这样规划后，政策的条件是满足了，但会因为不同收入、年龄段的人生活在同一小区，由于生活方式的大相径庭而出现一些问题，比如，周末年轻人还在睡懒觉，大爷大妈们却一大早开起音乐在中心花园里跳起了健身操……

那么，这两种截然不同的居住形态，如何在一个小区内共存？这是因为东方郡所在的地块中间有一条规划道路春晓路，把地块自然地一分为二，这为东方郡做成双主题社区提供了先天条件。

【案例思考】

(1) 案例中选择了哪几个细分市场作为目标市场？

(2) 房地产项目目标市场选择策略的依据是什么？

## 4.3 房地产项目市场定位

**案例导入**

南京月牙湖花园是一举获得国家小康住宅评比全部六项金奖的示范小区，开发商——南京栖霞建设股份公司在项目初期，通过市场调研分析，在掌握了中高收入群体对品牌的忠诚度高并追求高利益的行为特征后，把南京中高收入群体的住房需求市场划分为别墅式小区、花园式公寓小区和高层精品小区，开发商在综合分析国家宏观环境、微观环境、企业的资源和地块的特点后，最终选择了花园式公寓小区并在产品定位时引入国家小康示范工程的概念和标准，开发商通过对住宅产品设计、配套、科技含量、设施等方面的不懈追求，最大限度地满足了目标客户的消费行为偏好。

市场定位是 STP 战略的第三阶段，是指开发商针对一个或几个目标市场的需求并结合企业所具有、正在追求的差异化优势，在目标客户群体的心目中占有特定位置的过程。

### 4.3.1 房地产市场定位内涵

房地产企业为了占领目标市场，必须做出具体的市场定位决策。可以从 3 个层面理解定位的概念：首先，它是一种使产品更具竞争力的营销和推广策略，可以称它为“定位策略”。其次，它是对产品进行定位的动态的过程，称它为“定位”(Positioning)。再次，它是对产品进行定位的动态过程的静态结果，即直接传达给消费者的关于产品采取什么样的定位的信息，称它为“产品定位”。

从房地产项目形成的程序和房地产项目的特征可以看出：房地产项目定位与普通商品定位之间有相似之处也有不同之处。房地产项目市场定位不仅仅来源于开发商的单方制造行为，它的定位是在市场研究基础上的市场定位，是对消费者使用方式和使用心理进行分析研究基础上的市场定位，是将产品核心按消费者的理解和偏好方式传达出去的形象定位。

所谓房地产市场定位是房地产开发经营者经过研究市场前提、技术前提和资金投入状况等一系列与房地产产品生产有关的前提条件，利用科学方法构思出房地产项目产品方案，从而在产品市场和目标客户中确定其与众不同的价值地位，这一过程就是房地产项目的定位。

**特别提示**

房地产营销，必须有科学的市场定位，而不应由经验引导定位。"定位"是房地产市场营销的关键！定位的正确与否将决定一个产品的成与败，乃至一个企业的生死存亡。房地产业作为中国的年轻产业正在迅猛发展，房地产业是一个资金密集型产业，它的发展直接关系到国计民生，在操作时尤其应当讲究科学、合理性，而"定位"始终贯穿房地产运作的整个过程，因此，正确地"定位"理所当然成为其运作的中心。

从房地产项目定位的概念可以看出，房地产项目定位包含三方面内容：产品定位、客户定位和形象定位。

1．产品定位

消费使用过程，这部分研究的目的是确定房地产项目形成过程中的外部和内部条件。

2．客户定位

就是确定房地产项目的目标消费者群体和他们的特征，需要研究消费者的消费行为、消费动机以及消费方式同时研究消费者自身的人格、观念、所处的阶层环境文化的背景、喜好、偏向和生活方式。

**案例说明**

如图 4.7 所示上海某写字楼项目目标客户定位示意图。

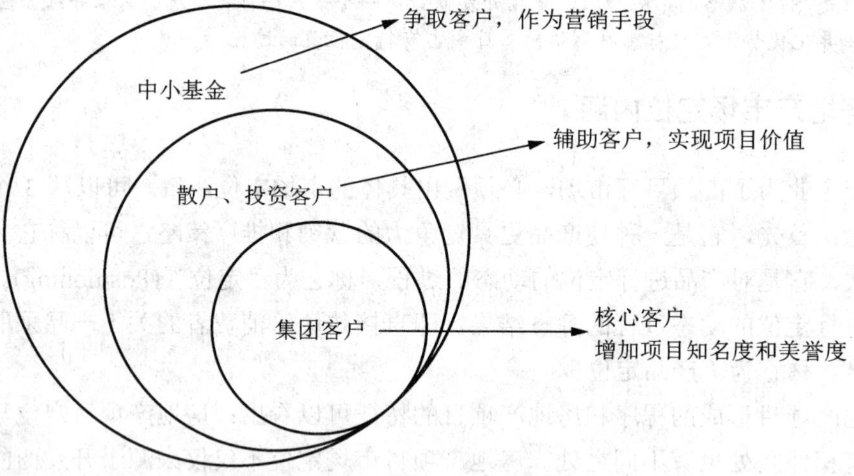


图 4.7　目标客户示意图

3．形象定位

主要是找到本楼盘所特有的不同于竞争者的能够进行概念化描述的，能够通过广告表达并能为目标客户所接受，而产生共鸣的特征。

形象定位需要研究房地产项目的市场表现方式。

(1) 有一定的市场容量和发展潜力。

(2) 市场上尚有未满足的需求，有充分的发展潜力。

(3) 足够的吸引力。

(4) 符合房地产企业的目标和能力。

市场定位是企业将自身置于某一选定的细分市场中。通过明确其产品价值，勾画公司形象，使该细分市场的顾客理解和认识本公司有别于其竞争者的特征。目标市场是市场定位的前提，市场定位是为目标市场服务的。若没有一个准确而生动的市场定位，整个房地产市场的策划和营销就显得呆板、苍白、缺乏方向性，楼盘就缺乏生机与活力。

如 4-1 分析的案例，其目标市场选择如下。

根据企业自身条件和特点，应选择的目标市场范围是产品/市场集中型，针对属于本企业市场范围的客户，规划设计出满足他们需求的楼盘。房地产市场目标市场定位最明显的区隔是房屋的总价区隔。由房屋总价，我们可以推算目标客户群的大致年收入、工作行业、公司职务和家庭构成情况。

由此，我们还可以进一步推算他们的生活习性、活动场所以及一切他们乐意获得信息的方式和方法、一切他们有可能获得信息的时间和空间。该项目选定的细分目标市场为人均月收入在 3500～5000 元/月的中等工资收入阶层。

## 4.3.2 房地产市场定位准则及任务

### 1. 房地产市场定位准则

以下的准则是对项目进行市场定位时，必须要考虑的。

(1) 重要性。市场定位对目标市场而言是否有较高价值，买家能否从中获益。

(2) 差异性。定位是否是竞争对手和周边楼盘没有做的。

(3) 优越性。相似的市场定位是否可以优胜于竞争对手。

(4) 可沟通性。定位是否能让目标客户感受到或看得见，发展商是否有操作的能力。

(5) 不可复制性。其它的楼盘是否难以对定位进行复制和抄袭。

(6) 可承受性。目标客户是否有为定位而支付的能力或成本。

(7) 利润性。定位是否为发展商创造利润，且定位能否吸引足够规模的目标客户，需要多少财务预算。

### 2. 房地产市场定位任务

房地产开发营销，必须有科学的市场定位，而不应由经验引导定位。所谓市场定位：就是将产品置于某个特定的细分市场中，针对目标客源，设计规划出符合消费者需求的产品。房地产市场定位包括：项目定位、品质定位、客源定位、房型和面积定位、价格定位。

1) 项目定位

拿到一块地，首选的问题就是确定开发项目，而这必须建立在了解客户需求的前提下，抓住市场空白点，准确地进行定位。沪北地区的锦秋加州花园之所以畅销，就是因为开发商充分了解了客户的需求，及时推出别墅公寓，填补了市场空白，取得了良好的经济和社会效益。

2) 品质定位

Internet 网络、闭路电视、管道热水与你的楼盘的品质是否相匹配？高品质按盘带来高价位又是否能被客户所接受？目前市场上，一些品质适中的楼金在市场上取得了比高档按盘更好的销售业绩，因此，一个楼盘的销售成功与否，并不在于其品质的高低，而在于其品质档次能否适合市场的实际采求。

3) 客源定位

客源定位其实质就是通过对项目周边竞争楼盘成交客户和潜在客户的统计与分析，预测项目未来客户群共性与特性，从而为项目定位和项目选择目标市场提供依据。

**案例说明**

### “欧洲印象”客源启示

香港柏年集团上海嘉业房产开发的嘉茵苑于 1997 年开始销售，其总规划户数为 714 户，全部为六层多层房，均价在 4300 元/m²，市场行情均价 3800 元/m²。

小区最大特色在于中央景观大道，起先业主自行销售 408 户，均为中央大道轴线附近的房源。由于开始滞销，1998 年 5 月 29 日交由代理商销售，并包装成“欧洲印象”，受 408 户成交客源的影响，界定客源为闸北 40%、普陀 30%、宝山 25%，结果由于决策失误，至 1998 年 7 月 5 日只大定 25 户，签约 15 户，销售乏力。之后重新界定客源。由于复试较多，总价较高，故策划客源定位调整为抓取外区域客户，尤其是邻近的购买力较强的虹口区。

最终至 1999 年 4 月，306 户中浅语 301 户，闸北区、虹口区、普陀区客户各占 25%，宝山 10%，静安、长宁、徐汇各占 5%。

4) 房型和面积定位

从目前上海积压的商品房来看，其原因不外乎是房型设计过时，面积配比不合理，不是过大，就是偏小。要改变这种局面的根本途径就是要了解消拓者的囊求，设计出符合目标客源来求的产品，以保证市场的供求平衡。

**案例说明**

如图 4.8 所示万科城市花园一期面积分布图，由此图可以看出项目的面积定位。

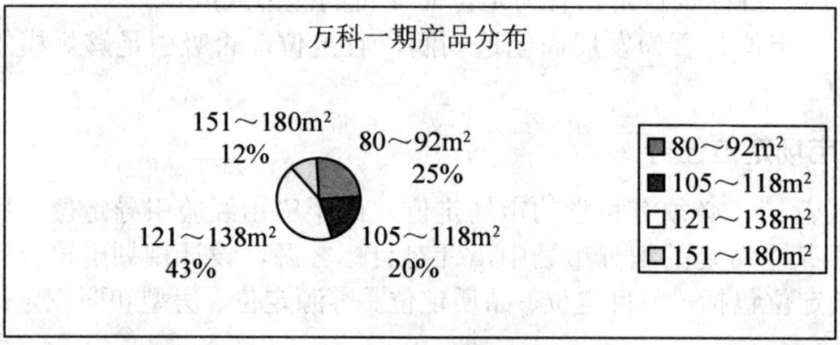


**图 4.8　万科城市花园一期面积分布图**

5) 价格定位

高价的楼盘，虽然在短期销售中可能会有较高利润，但若不为购房者所接受，将会造成楼盘的长期滞销。若价格定低，虽然能在相当短的时期内畅销，但也有可能因价格太便宜，使开发商无利可图。制定一个合理的价格是保证开发商资金尽快回笼并取得相应销售周期内最高利润的一个重要条件。

如新近推出的浦东“新世纪花苑”就是开发商在了解了客户需求的前提下，结合市场实际情况，制定了一个合理的价格，其结果既保证了消费者的利益，又使发展商取得了应有的经济效益。

3. 房地产项目市场定位的作用

关于定位的作用，有这样一个非常流行的比喻：你可以说出世界第一高峰是珠穆朗玛峰，但是你能够说出世界第二高峰是哪一座吗？我们常常会记住许多的第一，但是却很难举出哪怕是三个第二。只因为第一的意义要远比第二大得多，所以能够长久地留存在人们的记忆中，而第二则失去了开创性的意义，因而很少有人会刻意地去记住它们。可以这样概括定位对于产品的作用。

1) 它赋予产品以竞争对手所不具备的优势

这种优势并不是包含在产品实体中的质量、性能、用途的优势，而是一种观念上的优势，是一种关于产品的特定的形象、特定的用途、特定的市场、特定的消费者、特定的风格的观念。这种观念上的优势是使产品突破了“同质化”所带来的竞争困境，获得了一种在更高的层次上取胜的机会。

2) 为产品赢得特定而且稳定的消费者

对于消费者来说，选择具有相同质量和用途的不同品牌的产品并没有什么本质上的不同，但是如果一个产品宣称是专门为他们设计、专门满足他们的生理和心理需求的，他们无疑会更倾向于选择这种品牌。因此，产品的与众不同的定位能够帮助产品更加有针对性地指向目标消费者，从而在被大量的同质化产品包围着的消费者中，争取到一个稳定的消费群体的青睐。

3) 树立产品在消费者心目中与众不同的位置

消费者总会对有着与众不同之处的产品产生深刻印象，也总会选择具有特点的产品。因此，如果产品通过定位策略获得了与竞争产品的不同之处，那么它们同样也可以在消费者心目中获得与众不同的地位。如同人们总是记住第一而容易忽略第二一样，消费者对它们的印象也会比其他产品深刻得多，产品被消费者选择的机会也会比同类产品多。

4) 帮助产品占据一个有利的地位

“占位” 观念是定位观念的一种延伸，其内涵是：产品通过定位，发现并且占据一个有利的定位。它不但可以帮助产品在消费者心目中树立独特的形象，而且可以阻止竞争者采取同样的定位或者模仿自己的定位，从而使产品在竞争中获得绝对的优势。

### 4.3.3 房地产市场定位步骤

房地产市场定位应包括 3 个步骤。

(1) 明确潜在的竞争优势。

(2) 选择若干个适用的优势。

(3) 有效地向市场表明公司的定位观念。

一个房地产开发企业可以有多种定位，比如“低价定位”、“优质定位”、“优质服务定位”等。解决定位问题的好处是公司借此可以解决市场营销组合问题。市场营销组合，即产品、价格、渠道、促销的组合，从本质讲仍是制定定位策略的具体战术。

房地产项目的定位不仅是功能特性的展现，更多时候还是个性的体现，只有定准位并且执行好，才能在众多的楼盘中脱颖而出，才能在产品越来越趋向于同质化的房地产市场竞争中树立自己品牌的个性和魅力。当开发商选准了细分市场，明确了自身竞争优势之后，利用其优势与消费者的需求结合起来，转化为消费者的正吸引力，这就是市场定位。

### 4.3.4 房地产市场定位策略

1. 先入为主策略

当开发商找到一个全新的目标市场后，趁热打铁，抢先确立自己产品的领导地位，使后来者步其后尘。

2. 差异化定位

如果消费者的心智已经被先入者的品牌占领，那么跟进者的模仿永远只能是次要的地位，并不能产生积极的反响。显然，要取得项目的成功，必须另辟蹊径。差异化定位就是要在领导者品牌忽略的市场空隙，通过创造性思维的运用，占领消费者心智的定位方法。

定位可以从以下几个着眼点入手：定位于使用功能特征上，这是最常用的，直接点明项目与众不同的特点，定位于档次上，这种方法也比较常用，一般用于中高档房地产项目；定位于情感，这是从目标买家的生活需求出发，通过定位来引起其共鸣；定位于个性。通过彰显项目的个性，与目标买家的生活态度相符而产生效果；定位于文化，这是一种比较高层次的定位，需要项目本身有足够的文化支撑点，项目定位见表 4-10。

表 4-10 项目定位表

| 策 略 | 分 类 | 具体细分 |
|---|---|---|
| 策略 A | 人文因素细分定位 | 年龄<br>购房能力随着年龄的增加在不断地变化。20 岁、30 岁、35 岁、40 岁、45 岁、50 岁……其消费水准皆有大的差异 |
| | | 性别<br>性别区分为男性与女性。随着女权运动的高涨与女性经济能力的不断提升，在行销企划时，除了对传统男性特质的诉或外，愈来愈需要对女性的观点与特质作新颖的计划与诉求。正如同有愈来愈多的杂志是针对女性市场作开发与诉求 |
| | | 所得<br>可将所得分为高所得、中所得、低所得。市区的房子通常为中上所得购置，到区及较偏远区则为中下所得所光顾，而最高级的地段则为最高所得所聚居 |
| | | 职业<br>可分为会计师、律师、医师、企业界经理级、政府高级官员、老师、一般公务员、一般商人、劳工朋友、技术人员、家庭主妇等 |
| | | 教育<br>区分为小学、中学、专科、大学、研究生等学历 |
| | | 宗教信仰<br>道教、佛教、基督教、天主教等 |
| | | 社会阶层<br>可区分为下下、上下、下中、上中、下上、上上等阶层。社会阶层有以下之特征。<br>(1) 同一阶级的人群具有类似的行为<br>(2) 社会阶层的地位有高低<br>(3) 社会阶层乃是职业、所得、教育等综合的结果<br>(4) 社会阶层的内涵会变动，而且个人亦会提升到较高阶层或下降到较低阶层 |
| | | 家庭成员<br>1 人、2 人、3 人、4、 5 人、6 人、7 人、7 人以上等 |
| | | 家庭生命循环　可区分为年轻单身、年轻已婚无子女、年轻已婚最小小孩 6 岁以下，年轻已婚最小小孩 6 岁以上，年老已婚有小孩，年老已婚无 18 岁以下小孩，年老单身等。另如新婚市场、单身市场、老人市场等 |

续表

| 策 略 | 分 类 | 具体细分 |
|---|---|---|
| 策略 B | 根据地理因素细分定位 | 居住区<br>区分为市区、郊区、乡村等、或老市区、新发展区等 |
| | | 行政区<br>如杭州市的西湖区、滨江区、上城区、下城区等 |
| | | 大区域<br>都市人。多寡如 5 万人以下，5 万人～10 万人，10 万人～30 万人，50 万人、100 万人等 |
| 策略 C | 根据心理特征细分定位 | 个性<br>内向、外向、冲动型、理智型、合群型、独断型、野心型等 |
| | | 生活形态<br>平实型、寒酸型、炫耀型、名士型等 |
| 策略 D | 消费行为因素细分定位 | 购屋率<br>第一次购屋、第二次购屋、第三次购屋、多次购屋等 |
| | | 购买动机<br>经济型、地位型、理智型、投资性、投机型等 |
| | | 品牌忠诚性<br>强、轻、没有等 3 种 |
| | | 准备购买时<br>不知、已知、很清楚、有兴趣、有欲望等 |
| | | 对产品之态度<br>狂热、喜欢、无所谓、不喜欢、敌视等 |

**案例链接**

## 某别墅市场定位报告(节选)

1) 产品描述

苏州××国际高尔夫别墅是由苏州某房地产发展有限公司开发的高级别墅项目，目前已正式启动。

苏州××国际高尔夫别墅位于苏州太湖国家旅游度假区内，距离苏州市中心 20min 车程，与苏州 XX 国际高尔夫俱乐部球场毗邻。项目用地东起规划孙武路，西至吴城路，北抵蒋墩山中脊线，南面隔湖滨路与碧波万顷的太湖相邻。本项目距离著名的西山风景区咫尺之遥，沿湖滨路驱车前往东山风景区也只 20min 的路程。此外，灵岩山、天平山、香雪海、苏州乐园等均在本项目的概念范围内。计划于 2004 年中通车的苏州环城高速公路胥口出口处离本项目仅 5km。

本项目计划用地 636 亩，拟建造独立式别墅 250 余幢，并配备相应的配套设施。其景观环境将充分利用周边的山水自然景观和 18 洞国际锦标赛标准高尔夫球场的人工环境，如图 4.9 所示。

图 4.9　项目环境和样板房实景图

2) 产品分析及定位

鉴于本项目自然资源的优越性和开发商预期的大手笔投入，我们认为应当具有以下几个最突出的特征。

(1) 稀有的山水资源。

(2) 高尚的高尔夫球场概念。

(3) 旅游度假区概念。

(4) 古代文化个性底蕴的挖掘。

(5) 前所未有的低密度规划。

所以，我们有理由认为，本项目将是“苏州第一品牌豪华别墅区”！

**典型情景项目分析**

欣盛·东方郡地处滨江核心区，总建筑面积约40万$m^2$，地铁1号线滨和站就在家门口，是滨江核心区首席地铁大盘，也是欣盛房产继东方润园之后又一扛鼎力作。社区周边拥有区政府、星光大道、滨江体育中心、武警医院、江南实验学校等优质配套，尽享繁华盛宴。

欣盛·东方郡整个园区沿春晓路被天然分隔，形成两个较为独立的区域，其中东区紧临地铁1号线滨和站的出站口。为了创造更加纯粹、更具特色的高品质生活，欣盛·东方郡沿春晓路将整体园区分为相对独立的东区块和西区块。其地理位置和鸟瞰图如图4.10所示。

图4.10　项目鸟瞰图

根据不同人群对生活配套、生活习性、生活需求等各因素的不同，在东区(地铁出站口所在区块)引入青年社区文化概念，将园区建设成一个具有强烈社区文化凝聚力的、崇尚运动、崇尚自由、崇尚品位生活的纯粹青年贵族自治区，并命名为iHome，户型均控制在90$m^2$以下，拟内配溜冰场、篮球场、羽毛球、露天休闲广场等丰富设施，为园区青年业主之间的交流、活动、聚会提供场地支持。同时，东区户型呈现出富有创意的多样格局，加上“空中廊道”建筑元素的运用，整体园区将给人带来活力、创意、品位生活的全新感受。

西区，将建设为一个以城市精英为目标客户的优雅、疏朗的大户型园区。由于规划合理，在西区得以打造滨江稀缺的小高层住宅，甚至还出现了绝版的多层住宅，这样疏朗、通透的园区规划，从低到高、层层递进的建筑，将大幅减少业主视觉上的压迫，这对优雅社区氛围的营造起着十分重要的作用，与此同时，也是对园区天际线的丰富。

【分析】

欣盛东方郡地块由规划道路春晓路一分为二，形成相对独立的天然分区，这为双主题定位提供了很好的条件。在东方郡的开发中，欣盛房产立足于不同人群的不同需求，通过市场的细分选择两个不同的目标市场进行集中营销，并通过市场定位设计独特的产品，让不同的人都能在社区中获得最舒适、最自由的生活感受。开发商的双主题概念让东方郡从景观设计、规划设计、一直到后续的会所配置、物业管理服务的思考、想法等，包括外围有一些商业物业的思考，都围绕双主题。使得东方郡项目即使在2008年的金融危机和房地产市场动荡中都获得了“逆市旺销”的销售业绩。

**案例分析**

## 西湖高尔夫丽晶国际中心合作计划提案(节选)

西湖高尔夫丽晶国际中心，位于之江国际旅游度假区西湖高尔夫球场内，总用地面积约179亩，建筑面积约4万$m^2$，分为A区，DN区，C区，总投资约3.5亿～3.7亿元。

根据项目相关情况，我们初步认为该项目的开发策略原则应该着重思考以下几点。

1) 市场细分原则

项目开发之前，我们首先必须要思考一个问题，到底有多少高端消费群体来支撑项目的高端品质？所以我们必须要对市场进行深度调研，深度的精准的细分高端消费市场，致力寻找市场最精准的切入点。

2) 定制式产品推广原则

目前的高端房产品已经相当的丰富，但是纵观高端市场，市场产品之间较为类似，所以项目的开发战略必须要突出独特性，既不做市场的“追随者”，也不做市场的“领导者”，要做“独一无二”。

定制式产品模式就是为客户量身打造其独有的房产品，100%地满足客户的所有需求。

3) 营销前置原则

为了实现定制式产品的推广模式，项目常用逆向思维思考，打破传统的营销模式，将营销放在最前位，先营销再根据客户需求来开发产品。营销前置的优势有4点。

(1) 把项目的风险降低到最低点。

(2) 最大化的提升客户满意度，营造客户心目中最高品质。

(3) 最大程度节省项目后期营销费用支出。

(4) 可以加速项目营运资金回笼。

传统营销模式(守株待兔式被动营销)：

开发定位－建造－推广－销售(等待客户)。

营销前置模式(量身定制式主动营销)：

销售(挖掘客户)－开发定位－建造。

**特别提示**

项目的成败在于前期的市场细分和前期调研，只有对整体高端消费市场需求做到最全面的了解，才能挖掘到最精准的高端消费群体，从而才能打造出最适合市场的高端产品。

## 小　结

本项目在阐述STP理论基础上重点介绍了STP战略中房地产市场细分与细分市场的内涵、市场细分的操作，目标市场模式和目标市场选择策略以及目标市场定位的方法，重点在于实践的应用和相关分析方法的使用。故在熟悉基本理论和方法的基础上应加强实际操作的能力。

## 习　题

### 一、填空题

1. STP战略是________________、________________和________________。

2. 房地产项目目标选择策略主要有______________、______________和______________。

3. 市场细分就是根据消费者明显不同的____________将整体市场划分成若干个消费者群的过程，每一个消费者群都是一个具有相同____________的细分____________。

4. 市场定位分为______________定位、____________定位和____________定位。

### 二、选择题

1. 在竞争激烈的市场环境或疲软的市场行情下，我们通常谈到需要激发刚性需求，以下哪些属于房地产刚性需求范畴?(　　)

A. 婚房需求　　B. 拆迁需求
C. 馈赠需求　　D. 投资性需求　E. 改善型需求

2. 市场细分和细分市场的区别是(　　)。

A. 市场细分是结果　　B. 市场细分是过程
C. 细分市场是结果　　D.无区别

3.市场细分的客观基础是(　　)。

A. 心理因素　　B. 区域因素
C. 购买动机　　D. 消费者需求差异性

4. 下列不属于房地产市场细分的原则的是(　　)。

A. 可衡量性　　B. 可进入性　　C. 可盈利性
D. 可行性　　E. 可靠性

### 三、问答题

1. 目前房地产企业比较倾向于哪一种目标市场选择策略？其特征主要是什么？
2. 解释市场定位和项目定位的区别。
3. 市场细分的细分因素主要有哪些？

### 四、实训项目

某商业街项目地理位置和周边环境示意图，如图4.11所示。

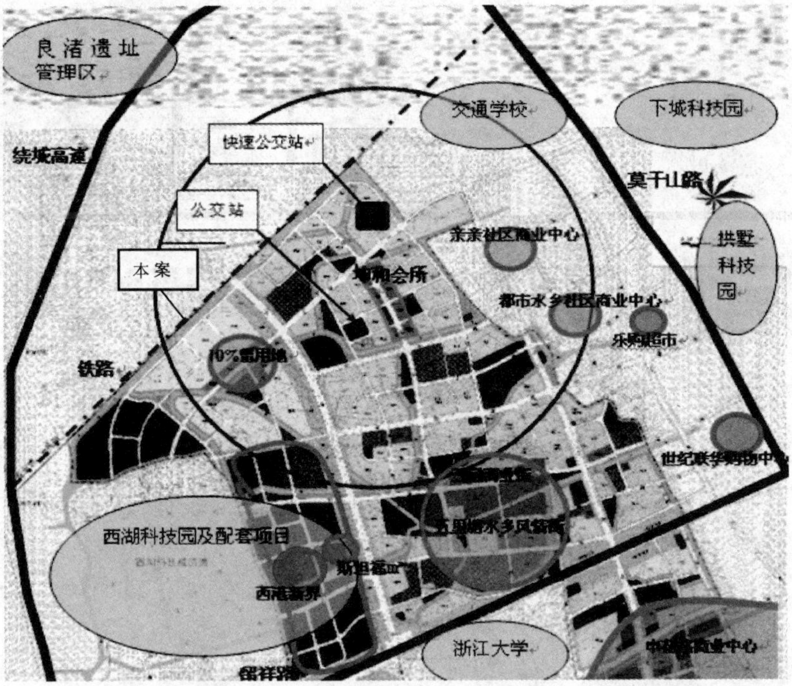


图 4.11　商业街项目区位图

项目地处市郊居住区区域中心位置，总占地面积 54398m²，其中一号地块 14215m²；二号地块 11498 m²；三号地块 15212m²；四号地块 13473m²。建成后将成为区域商业配套中心。项目经济技术指标见表 4-11。

表 4-11　项目经济技术指标

| 指标类型 | | 本规划方案指标 |
|---|---|---|
| 建设用地面积(m²) | | 55749 |
| 总建筑面积(m²) | 地上部分 | 128613.51 |
| | 地下部分 | 42337.26 |
| 建筑密度/% | | 37.16 |
| 容积率/% | | 2.31 |
| 绿地率/% | | 27.33 |
| 建筑限高(m) | | 37.8 |
| 车位 | 机动车 | 872 |
| | 非机动车 | 1753 |
| 商业建筑面积(m) | 地上部分 | 45433.57 |
| | 地下部分 | 5684.13 |
| 办公楼建筑面积(m²) | | 37673.8 |
| 酒店式公寓建筑面积(m²) | | 45506.14 |
| 地下车库建筑面积(m²) | | 36653.13 |

【实训要求】

根据项目实际情况，简要撰写项目的 STP 策略大纲。

# 项目 5

# 房地产项目产品策划

## 教学目标

通过本项目学习，掌握房地产整体产品和产品组合概念，掌握房地产产品特性，掌握房地产产品设计方案技术经济评价的基本原则与方法，掌握基本的房地产产品策略；熟悉常见的房地产产品特征及其开发建设要点，熟悉房地产产品基本评价；了解房地产产品设计、建设发展趋势。能根据市场特点和项目地块特征选择产品策略的能力。

## 教学要求

| 能力目标 | 知识要点 | 权重 |
| --- | --- | --- |
| 掌握房地产产品 | 房地产整体产品概念　房地产产品特性　房地产产品组合 | 20% |
| 具备常见的房地产产品技术方案评价能力 | 产品品质　建筑风格　户型评价　景观 | 20% |
| 房地产产品设计方案技术经济评价的基本原则与方法 | 经济评价指标　技术评价指标 | 15% |
| 熟悉房地产产品评价 | 房地产产品评价方法 | 10% |
| 熟悉房地产产品规划设计 | 规划设计原则　设计方法 | 10% |
| 熟悉房地产产品定位 | 产品定位原则　定位 | 10% |
| 具有基本产品策划能力 | 地块分析　市场分析　产品策划 | 15% |

### 导读

通常所讲的“房地产”，主要是指城市房地产，即城市房产和地产，具体包括城市建设用地和建筑在土地上的各种房屋，如住宅、厂房、仓库和商业、服务业、文化、教育、卫生、体育以及办公用房等。“房地产整体商品”则是指能够为消费者带来效用的、具有某种特定物质形状和用途的物业，是由有形产品和无形产品构成，如已经开发的建筑地块、写字楼、商品住宅以及物业管理等。

## 5.1 房地产产品概述

### 案例导入

中国复合地产三剑客：旅游华侨城、体育奥园、酒店东方银座。

地产行业发展至今已趋近成熟，一个行业愈是成熟，就愈能与其他行业产生交集，如今成熟的地产行业也出现了很多复合地产，如旅游地产、体育地产、酒店地产等，它们正在以一种创新的开发、经营模式，将房地产开发与创造消费者生活方式密切结合，将房地产业和其他相关产业进行整合，从而将某种具有号召力又具有贴近性的生活方式完整地镶嵌到房地产的规划、开发、运营和服务的整个流程之中，为消费者创造出充分体现生活感受和文化价值的复合人居生活。典型如华侨城的旅游地产、奥林匹克花园的体育地产、东方银座的酒店地产，已俨然形成了中国复合地产三剑客。

**■旅游地产：华侨城集团**

华侨城集团率先倡导“花园中建城市”、“规划就是财富”、“环境就是优势”等现代发展理念，形成了“以旅游主题地产为特色的成片综合开发和运营”模式，为深圳乃至全国的城市规划建设提供了有益的经验和经典的示范作用，成为蜚声海内外的花园城区建设的综合运营机构。不仅涵盖了传统意义上房地产开发的所有形态，包括住宅、别墅、公寓、商业、写字楼、酒店、创意产业园，而且涵盖更宽泛范畴，包括何香凝美术馆、OCT 当代艺术中心等旅游特质，发展成为“中国旅游主题地产第一品牌”。其发展模式可简单定义为先在某地区发展旅游项目，待其趋近成熟时大力开发房地产，房地产项目在利用旅游资源和完善相关配套的前提下，可在特定人群当中获得有个性化需求的、认同度较高的客户，带动区域特性物业的发展。这也许就是复合地产的魅力所在。

**■体育地产：奥林匹克花园集团**

自 1999 年以极具创造性的“体育+地产”模式进入房地产领域，奥林匹克花园率先扛起了“中国体育复合地产”的大旗。作为全国最著名的地产品牌之一，奥林匹克花园以“科学运动，健康生活”为开发理念，以“居住在于运动”为形象定位，率先以“更高、更快、更强”的奥林匹克精神构筑于房地产领域，成功将“科学运动，健康生活”的人文概念移植入房地产业之中，以“运动与居住的结合、经济与舒适的结合、实用与环保的结合、健康与休闲的结合、体育与文化的结合”5 个基本原则，积极主动承载拓展全民健身运动事业的历史使命，把“奥林匹克文化”推向大众，走进社区，大力发展社区体育，构建和谐社区。

**■酒店地产：东方银座集团**

东方银座集团成立于 1997 年，历经 10 余年发展，集团总资产超过 100 亿元人民币，多元化发展企业集团，旗下拥有 10 余家子公司，成功实现了香港、广州、深圳、东莞、沈阳、山东、吉林、江苏、河南等全国多个大中城市的品牌战略布局。作为城市高端服务业运营商，酒店地产开创者，东方酒店集团打开了另外一片房地产开发的蓝海，将酒店行业理念带入房地产进行复合开发，通过精品物业和高档酒店的开发、物业管理等与生活息息相关的多元化业务经营，实践优越生活，致力于打造“国际五星至尚品位生活”，使千千万万的人士享受高品质而愉悦的城市空间各生活环境。

作为酒店地产的领跑者，东方银座有一套成熟的理念体系和运营模式强有力地支撑其快速发展，其模式可分为3种：首席城市生活运营官，如东方银座公馆项目；首创酒店式城市综合体，如东方银座中心城项目；东方银座城市运营，如东方银座未来城项目。面向不同客户的需求，东方银座始终作为城市高端服务业运营商，提供国际酒店社区化的优质服务。

### 5.1.1 房地产产品的概念

房地产产品是由核心产品、形式产品和附加(或延伸)产品所组成的立体复合体。

#### 1. 房地产核心产品

房地产核心产品是“房地产整体商品”概念中最基本的层次，为消费者提供最基本的效用和利益。如住宅物业，它除了可以满足人们对“住”的基本需求之外，它的效用在不同经济发展时期有了极大地丰富和发展，它同时具备了表征学习、社交乃至社会地位和身份的象征的能力。

房地产产品的核心产品包括以下几方面内容。

(1) 生活居住需要。生活居住需要根据居住的环境和条件具体又可分如下。

① 追求生活环境清新幽静的居住需要。

② 追求生活便利的居住需要。

③ 追求豪华气派的居住需要。

④ 追求经济实惠的居住需要。

⑤ 追求生活个性化、别致的居住需要。

⑥ 追求安全与秘密性的居住需要。

(2) 办公及生产经营需要。办公及生产经营需要具体包括将房地产用作办公室，或从事商业、服务业经营活动，或进行工业生产和仓储等需要。

(3) 投资获益的需要。房地产作为一种财产，其所有者拥有获得收益的权利。

(4) 得到税收方面好处的需要。投资房地产可得到税收方面时好处，这对于物业投资者来说是有吸引力的。物业投资有时可起蓄水池的作用。如果物业投资的资金来自抵押贷款，那么投资者就会更加充分地享受税收上的好处。在国外投资房地产还可免征所得税。

(5) 获取资本增值的需要。房地产具有保值增值的特性，这种资本量的膨胀往往是在房地产所有者不再追加任何投资的情况下产生的。房地产自身不断增值的商业特性对物业投资者的诱惑力是极大的。

(6) 保值的需要。房地产投资是保值效果最好的投资形式，在市场经济条件下，抵御通货膨胀是房地产投资者的一个比较普遍的动机。

(7) 为后代积累财富的需要。房地产不仅是一种财富而且是一种基本生活资料，房地产也可用于经营租赁业务，给子女提供房地产便可以为他们日后的基本生活提供帮助。

(8) 炫耀心理需要。房地产是一种完全向外界暴露的财产，是业主拥有资金实力的最好证明，因而它成为人们拥有财富的标志或象征，物业投资可提高投资者的资信等级。其次，高质量的房地产还可以满足顾客或使用者的心理需要。

(9) 分散投资风险的需要。出于分散风险的目的而进行的房地产投资组织行为包括两个方面：一是在投资其他行业如购买股票、债券、古玩或实业的同时，也投资于房地产；二是房地产投资不局限某一种或某一地区的房地产，实行种类或地域上的分散投资。

### 2. 房地产形式产品

房地产形式产品是房地产核心产品的基本载体，是房地产的各种具体产品形式，一般由6个特征构成，即户型、建筑形态、品质、环境、配套、整体规划。形式产品是消费者识别房地产产品的基本依据。

(1) 户型。即建筑的室内空间间隔，需要考虑整体建筑结构、建筑承重、消费者生活习惯及水、电、气、热、光纤等管网线路布置，户型是实现消费者居家生活的基本要素，是满足“舒适性”的首要前提。

(2) 建筑形态。包括建筑风格、外观立面(开窗设计、烟囱、屋顶、塔楼、浮雕)、色彩标准色(CI设计的一部分)。“外立面充满了节奏感”。

(3) 品质。包括建筑用材、包容的户外景观，还包括从视听上对产品所感受到的如楼盘的名称、标志、标准色、标准字体以及企业、楼盘的应用系统等。

(4) 环境。

① 小区内环境。绿化草坪、“山、水、园、林”、景观设计(追求自然原生态)、路网设计、雕塑小品、力求体现出一种被文明修饰过的自然野趣。景观应该是从建筑中生长出来的，应更多体现地域文化背景。好的景观设计要有亲和力，有亲和力才有归宿感。

② 小区周边环境。自然环境：借山、借水、借园、借林。人文环境：高校、名胜、科技等。

(5) 配套。

① 小区内。供水供气、集中供暖、智能化设施、泊车位、商业街、购物场所、游泳浴场、儿童游乐区、高尔夫练习场、中心会所、游艇码头、湖边烧烤亭、私家泳池。

② 区域内。CBD、道路交通、学校、医院、托儿所、购物中心。

(6) 整体规划。占地面积、建筑面积、公共建筑面积、商业建筑面积、建筑覆盖率、容积率、绿化率、物业座数、层数、层高、车位数、生活区、商业区、休闲区、景观绿化区等的合理布局。

### 3. 房地产延伸产品

房地产延伸产品是为消费者提供更高层次的消费，能够使消费者购买或使用物业时获得更多的附加服务、利益以及心理上的满足感和信任感，获得超越物质价值以上的精神价值。

(1) 建筑理念。宣传一种全新的居住文化与生活方式，以一种全新的、整体的生活方式来引起消费者共鸣，给消费者描绘一幅美好愿景。

**特别提示**

生态理念：广州光大花园的“大榕树下，健康人家”；健康理念：奥林匹克花园“运动就在家门口”；教育理念：碧桂圆“给你一个五星级的家”的身份概念和先办学校，再建房子的教育概念；生活方式：北京现代城的SOHO概念。

(2) 服务体系。物业服务，安全私密。

(3) 文化品位。随着市场的成熟，购房者对文化个性的敏感程度越来越高，文化将逐渐成为产品重要的组成部分。一个优秀的项目不但应该使客户居住上感到舒适，更应该在精神上感到愉悦，消费者不仅仅是为了买一处住所，同时也是在追求一种生活的品位和格调。

(4) 专属人群，社会关系。具有共同爱好或者相似属性的人，有归属感。如柒零社区、炫特区。

(5) 公司组成，包括楼盘的开发、投资、代理、设计、施工、物业管理等主要事项的承担公司，他们的资质如何，决定了楼盘的资信度。好的公司组合增加了楼盘的形象价值，带给顾客精神上和心理上的满足感、信任感，使顾客的需求获得更高层次和更大限度地满足。

房地产产品整体概念，体现了现代市场营销概念。只有真正领会产品整体概念的要求，开发出全方位满足消费者需求的产品，才能提高房地产企业的声誉和效益。

### 5.1.2 房地产产品的基本类型及其主要影响因素

已竣工交付使用的房地产实物产品(通常意义的房地产产品)常称物业，物业基本可以分成四大类，即住宅物业、商业物业、工业物业和特殊物业。其中住宅物业的总量会占到60%以上，所以许多情况下对绝大多数人提到房地产也就是指住宅房地产或住宅物业。

#### 1. 住宅物业

普通住宅和小型公寓是人类生产和生活不可缺少的消费品和生活资料，是房地产业中最重要的组成部分之一。在经济处于发展中的国家和地区，住宅具有极大的市场需求。住宅的需求比较稳定，不易受市场波动影响，是房地产投资者最容易参与的一种投资项目类型。在住宅市场中，主要的经营方式是出售和出租两类。

对于普通住宅主要的影响因素如下。

(1) 销售价格。普通住宅在市场上的销售价格是影响住宅投资风险的最重要的因素。对于普通居民来说，购买住宅通常需要很大一笔资金，可能占购买者积蓄的很大一部分。

(2) 位置与环境。一般情况下，地理位置和住宅周围环境对住宅投资的风险也有重要影响。商品住宅的价格与其所处的位置有很大的相关性，住宅的价格随着住宅距城市中心的距离增加而呈递减趋势。治安状况比较好、交通方便、生活服务设施齐全、住宅周围环境质量好的地方的住宅比较受欢迎。

(3) 质量和格局。房屋的质量和格局对住宅的价格有很大影响。住宅质量和价格直接影响和决定消费者对住房需求的满足程度。住宅格局设计应能使房间内各种功能分开，方便日常生活。

(4) 住房政策。房地产商品的社会和经济属性决定了房地产市场的不完全竞争性，国家和地方政府的政策和调控对住宅投资回报具有极大的影响。

此外，住宅的物业管理和服务水平，银行抵押贷款比例、利率、期限等，都对住宅投资者能否以预期的价格，在尽快的时间内收回投资产生重要影响。

#### 2. 商业物业

商业物业是指能同时供众多零售商和其他商业服务机构租赁，用于从事各种经营服务活动的大型收益性物业。商业物业有两层含义：一是以各种零售商店(或柜台、楼面)组合为主，包括其他商业服务和金融机构在内的建筑群体；二是购物中心的楼层和摊位是专供出租给商人零售商品作为经营收入的物业。现代商场百业陈杂，不仅有多家零售商店、专业商店，还有各种服务业、娱乐场所、银行等。绝大部分商业物业使用权以多种形式在市场上进行交易，以获取利润。比如商业楼宇的所有者将全部商铺或柜台租赁出去，从中收取租金和管理费。商业楼宇的租金一般都比住宅楼和写字楼高。

商业楼宇的租金水平主要取决于客户的经营状况，而客户的经营状况又主要由商业楼宇的客流量决定。因此，商业楼宇的回报高低与它对顾客的吸引力密切相关。商业楼宇投资风险与回报的最大影响因素与写字楼相类似只是影响度更大。

(1) 地理位置(区位)。商业楼宇对顾客的吸引力在很大程度上取决于商业楼宇距市中心商业区的距离。

(2) 商业信誉。商业信誉对商业楼宇投资回报也有一定的影响。商业楼宇信誉的提高，则会吸引更多的客户前来承租，从而有利于提高租金水平，降低空置率。

(3) 物业管理。物业管理质量对商业楼宇的租金水平和市场价值有很大的影响，客户通常非常关心物业的安全状况及卫生状况。客户最关心的是物业维护水平，各种设备能否良好运转往往成为衡量物业管理水平的重要指标。另外，客户还要求商业楼宇投资者对客户的经营行为予以管理，对于破坏商业楼形象的不道德经营的行为予以严厉的制裁，维护商业楼宇的形象和信誉。严格的管理对现在的和潜在的客户都有很大的吸引力。

(4) 客户的状况。客户的状况主要指客户的信誉和经营能力，客户信誉好的，能按租赁合同或协议办事，而信誉差的客户可能会拖欠租金，或不愿付额外的租金，甚至到期不搬等，使业主收益蒙受损失。

商业楼宇的回报与住宅和写字楼相比，风险更大，回报率也更高。商业楼宇的回报方式可以是出售，也可以是出租。但是，采用出租方式时，会产生空置风险，因而在分析回报率的过程中，有可能产生较多的负现金流量。

3．工业物业

工业物业是指为人类的生活的生产活动提供入住空间，包括工业厂房、高新技术产业用房、研究与发展用房(又称工业写字楼)、仓储用房等的物业。工业厂房分专业化和标准化工业厂房。

专业化工业厂房的专业化程度是影响工业厂房投资回报最重要的因素。因此，投资兴建的工业厂房必须充分考虑到使用对象的要求，尽量满足用户的条件，考虑客户对特殊设计和特殊装置的要求。但是，随着工业厂房专业化程度的提高，它只能用于有限的特定行业，虽然其租金、售价可能很高，但是面对的市场需求比较小，成交的概率低，风险较大。而工业厂房的专业化程度越低，潜在的成交概率就越高，但投资回报往往比较低。

对于标准工业厂房其所处的地理位置对投资风险具有重要影响。通常工业厂房投资都需要先进行一定规模的土地开发，满足具有一定规模的环境保护、产品运输、工业生产规模等要求，还须在区内有相应的基础设施，至少是“三通一平”，如供电、供水、道路等能满足一般工业生产要求的必要条件。如果工业厂房所处的地区这些条件不充分或者发生改变，都会构成工业建筑投资风险。特别是城市规划和环境保护政策等的变化，可能会使投资者失去某些生产过程中污染达不到环境保护指标的客户。

影响工业厂房投资风险的因素还有很多，如国家产业政策、投资建设财务风险、融资风险等。

工业厂房的投资回报一般也具有两种形式。一种是建成后销售，投资者一次性收回投资并取得回报。另一种是投资者出租工业厂房，逐年获得现金流量。一般来说，工业厂房的专业性较强，因而一般可以获得较高水平的租金回报率。

4．特殊物业

除上述类型以外的物业称为特殊物业。这类物业包括赛马场、高尔夫球场、汽车加油站、飞机场、车站、码头、高速公路、桥梁、隧道等物业。特殊物业涉及的经营内容通常要得到政府的许可。

### 5.1.3 产品组合

#### 1. 产品组合的概念

指一个企业提供给市场的全部产品线和产品项目的组合或结构。在房地产行业，指一个项目中所有的产品类型、户型、面积等，如商铺、写字楼、酒店、住宅、工业厂房等。住宅又分为别墅、多层住宅、高层住宅、公寓等。别墅又分为单栋、双拼、联排、叠加。在别墅类别中包含多种风格，每种风格中又有多种户型，在多层或高层中又有多种户型。

产品组合包括宽度、长度、深度、相关性等4个变量要素。

(1) 宽度。指企业的产品线总数。产品线也称产品大类、产品系列，是指一组密切相关的产品项目。这里的密切相关可以是使用相同的生产技术，产品有类似的功能，同类的顾客群，或同属于一个价格幅度。如独栋别墅、联排别墅、多层、高层产品组合的宽度说明了企业的经营范围大小、跨行业经营，甚至实行多角化经营程度。增加产品组合的宽度，可以充分发挥企业的特长，使企业的资源得到充分利用，提高经营效益。此外，多角化经营还可以降低风险。

(2) 长度。指一个企业的产品项目总数。产品项目指列入企业产品线中具有不同规格、型号、式样或价格的最基本产品单位。通常，每一产品线中包括多个产品项目，企业各产品线的产品项目总数就是企业产品组合长度。

(3) 深度。指产品线中每一产品有多少品种。如独栋别墅中各个建筑风格的数目，联排、多层中各个户型的数目。

(4) 相关性。指一个企业的各产品线在最终用途、生产条件、分销渠道等方面的相关联程度。较高的产品的关联性能带来企业的规模效益和企业的范围效益，提高企业在某一地区、行业的声誉。

#### 2. 产品组合策略的类型

(1) 扩大产品组合。包括开拓产品组合的宽度，和加强产品组合的深度。

① 加大宽度，在项目中建设多种物业形态，分散企业风险。如大连万达开发的长沙开福“万达广场”的城市综合体，其业态包括大型商业中心、商业步行街、高级酒店、商务酒店、写字楼、精装豪宅等。

② 加强深度，在同类产品中细分更多的市场，满足更广泛的需求。如上海紫园的别墅项目中，每栋别墅都有不同的建筑风格。

(2) 缩减产品组合，在市场不景气或原料能源供应紧张时期，剔除那些获利小甚至亏损的产品项目。集中力量发展获利多的产品项目。如万科集团从上世纪末开始就缩减产品组合，从最初涉足10多个行业到2002年时缩减到专注做房地产，而其开发的项目也主要以住宅为主。

(3) 产品线延伸策略。指全部或部分地改变原有产品的市场定位。

① 向下延伸。在高档项目中增加低档大众的物业形态。一期开发别墅等高档产品；二期推出多层等大众低端的产品。

② 向上延伸。在原有产品中增加高端产品项目。一期推出多层、高层，二期、三期推出别墅，或者景观好、位置佳的高端物业。

### 3. 住宅房地产产品的面积配比与类形配比

住宅房地产产品的面积、类型配比是住宅房地产开发项目产品组合主要策略。住宅房地产产品的面积、类型配比的拟订是在对市场深入研究的基础上结合项目的定位而做出的。

(1) 面积配比：是指各种面积范围内分布的单元数，在整个项目或某个销售单位的单元总数中各自所占的比例是多少。面积配比所对应的是一个总价市场。因为在单价一定的基础上，略去层次差价、朝向差价等价格微调因素，面积小的势必总价低，面积大的势必总价高。而房屋总价则是消费者购买力水平的集中体现，是区分目标市场最基本的标准参数，因此，理想中的面积配比是应该与目标客源的总价市场相吻合一致的。

(2) 类型配比：这里是指独栋别墅、联排别墅、叠加别墅、二室二厅、三室二厅等各种形式格局的单元数，在整个项目或某个销售单元的单元总数中各自所占的比例的多少。

**案例链接**

## 房地产产品创新的必要性

最近10多年来，我国房地产行业得到了很大的发展，其中各种房地产产品的创新也伴随其中，使广大民众得到了实惠；但发展到当前这个阶段，过多依靠外来经验推动的创新已经越来越显示出其局限性，大家开始抱怨房地产产品的千篇一律，缺乏新意；消费者对房地产产品创新有了更高的要求。综观各行各业企业，也是唯有不断创新才能在竞争中占据主导。

1) 人民生活水平提高需要高层次的创新

除了房产本身建筑创新，住宅房地产还有一个居住环境品质问题，合理规划、科学建设、适度消费，发展节能省地环保型建筑将是我国房地产产品发展新的方向；它们具体包括房型和功能、质量与品质、配套设施、环境与服务、消费支出等，目标是彻底解决建筑质量通病，居住区规划布局合理、文化特色突出，配套设施齐全、现代，居住条件舒适、方便、安全，居住区内外环境清洁、优美、安静，住区服务质量优异，社区公共服务便利，实现以人为本、充分满足发展需要的小康居住目标。

2) 人口老龄化趋势与房地产产品创新

在人口的构成中，年龄结构是一个极其重要的度量指标。人们寿命的延长，人口出生率的下降，以及这两种现象持续发展的趋势，最终导致中国人口的老龄化。由此而来将增加对养老院和老年公寓项目的需求，但相关开发商在普通住宅房地产开发的经验之上还要特别注意以下几个方面工作：收费定位、谨慎选址、专业知识、手续齐全和用足政策等。其中政府的导向也起关键作用，譬如上海浦东新区现在就要求大型的房地产项目要配置养老院。在创新的时候，我们也可以开阔思路，每个国家甚至与每个城市的情况不同，譬如美国和澳大利亚等国家的部分老年公寓是在市中心的高层建筑，这样对部分觉得住在市中心生活和就医等方便的老人很有吸引力。

3) 国家庭平均人数减少与房地产产品创新

随着我国人口的增加，我国平均每户家庭人口数反而从1953年的4.33下降到目前的3.0，从1990年开始平均每年下降 0.028%，同时造成家庭数量大大增加，包括新家庭数量的增加、家庭组成比例减少和总人口增长率。这就预示着一种向小家庭发展的趋势，在我国总人口每年增加的情况下，住房套数需求一定会增加。

4) 产品设计创新是房地产产品创新的重要部分

随着消费者日趋理性化，开发商也相应地调整了开发营销模式，将更多的力量花在产品设计创新上。我国幅员辽阔，各地房地产市场发展和风俗习惯不一样，房地产开发商应该在包括住宅套型变化和内部功能布局方面等方面，尽可能出现一些新的尝试。

一个成功的案例是"建外 SOHU"，此项目的主要的特色是"混合"，把居住和办公混合在一起，它满足了部分自由人士新型的工作和生活方式的需求。

5) 高科技低碳节能将是房地产产品创新的亮点

现在各方面都对高科技低碳节能非常重视，其中消费者也越来越关注住宅节能问题。很多开发商采用了某几项节能设备和技术，能满足高层次的消费者的需求。譬如江苏的朗诗地产多年来建设有高科技含量的低碳节能住宅，其在建筑外墙设置了特别增厚的保温层，制冷采暖能耗大大低于传统住宅，人们在无需空调也能享受冬暖夏凉，并由此产生了一系列社会效益、环境效益和经济效益。

6) 向发达国家学习产品设计

根据芬兰环境部有关资料，芬兰住房总体上都是新的或近来造的(以西方发达国家的标准，使用了 30 年的房产常常也作为近来造的，与我们的次新房概念完全不同，统计数据说明我国建筑平均寿命不到 30 年，而按照国家强制标准规定的合理使用年限，普通建筑的使用年限是 50 年，欧洲建筑的平均生命周期则超过 80 年)，建筑质量好周边生活配套是一般的要求。所有的住宅有管道水系统，96%住宅有热水系统，96%住宅有厕所卫生设备，绝大多数住宅使用污水排放系统，93%的住宅有热暖供应设施(由于建筑设计有隔热效果，所以住宅对能源的消耗量还是要小于许多南方国家)。在芬兰的人均住房建筑面积 36m$^2$ 左右(或 1.7 个房间)，大约 44%的住宅是一房或二房单元，大约 42%的住宅是三房或四房单元。芬兰的使用少于人均可支配收入的 17%用于住房开支，但年轻人或单亲家庭会使用人均可支配收入的 25%-27%用于住房开支。

## 5.2 房地产产品设计方案技术经济评价

### 5.2.1 房地产项目规划设计

#### 1. 房地产开发中规划设计应遵循的原则

1) 依据城市总体规划和分区规划，体现社会、经济和环境效益相结合的原则

房地产开发与城市规划是微观与宏观、局部与整体的关系。因此，无论是新区开发还是旧城改造，无论是单项开发还是综合开发，都必须根据城市总体规划或分区规划的要求，编制开发项目的详细规划，处理好局部和整体的关系，以使城市总体规划得以深化和实施。房地产开发项目应通过综合规划设计，集约合理利用城市土地，处理好单体建筑与城市设计、使用功能和室内室外环境、建筑空间组合和建筑艺术等方面的关系，在实现较好的经济效益的同时，充分兼顾社会效益和环境效益，使综合效益达到最佳。

2) 依据国家和地方政府有关法规、规范、规定、条例，严格履行规划管理手续

房地产开发项目必须严格遵循国家和地方政府制定的有关规划、建筑设计、交通管理、消防以及卫生防疫、防空、人防、文物和古建筑保护等法律、法规，特别是《中华人民共和国城市规划法》。开发商必须对各阶段的规划设计方案，征询规划主管部门的意见，严格履行规划管理手续，在规划设计得到主管部门的批准后方可实施。

3) 房地产开发要做到统一规划、合理布局、因地制宜、综合开发、配套建设

房地产开发是一项复杂的系统工程。开发区域内的建筑物、构筑物、市政工程、公用事业、绿化、卫生防疫、人防、抗震、防洪、教育、文体、消防、交通，乃至建筑艺术、建筑色彩的构思以及建筑小品的布置，甚至包括小区的安全防范、物业管理等，都要在统一规划设计的前提下，统筹兼顾，合理布局，综合实施，配套建设，实行先地下后地上的原则。

4) 遵循价值规律和市场供求法则，充分了解和掌握市场行情，对开发项目作出正确的定位

在市场经济条件下，一切社会经济活动都必须依据价值规律和市场供求关系的发展变化，利用经济杠杆和竞争机制，促使资源或产品的合理配置。房地产开发项目也不例外。就房地产产品而言，尽管是一种特殊的商品，但它对社会的价值和贡献，同其他商品一样，就是商品住宅、写字楼、综合楼、商场、标准厂房等建筑物及其空间环境整体投入使用后所产生的经济、社会和环境效益的统一。因此，房地产开发商必须要着眼于市场，根据市场上消费者的需求和偏好，对所开发项目的使用性质、标准进行科学的论证和分析，合理进行规划设计定位。只有这样，才能为实现良好的经济效益期望打下扎实的基础，同时实现对社会的价值和贡献。如果开发的商品建筑的使用性质与标准不符合市场需要，或与所在地段的等级不匹配，则其经济效益和社会效益无从谈起。

5) 节约用地、合理集约利用每一寸土地

我国人多地少，耕地面积仅占全世界总耕地面积的7%，但要养活占世界22%的人口，土地资源十分宝贵。城市周围人均耕地更少，而且大部分均为高产良田，农村居民点又很密集，征地费、拆迁费昂贵，因此节约用地、合理集约利用每一寸土地不仅是我国的基本国策，也是房地产开发企业降低成本、提高经济效益的基本途径。

6) 体现以人为本，可持续发展的思想

房地产开发商通过房地产项目的开发，不仅仅是为自身获得可观的经济利益，更重要的是还要直接为人们提供优美、清洁、安全、舒适的生活和工作空间环境。因此，对其所开发的房地产产品的建筑使用功能、内部空间与总体环境的设计、市政和公建配套等，包括老龄住宅和残疾人的无障碍建筑的设计等，都要提高到生活品质和环境质量的高度来对待，必须从“人——建筑——环境”有机结合出发，坚持以人为本的原则，走可持续发展的道路。在规划设计中充分体现生态环境、生活环境、社会文化环境、生理环境和心理环境5个方面的要求。

### 2．居住区的规划设计应遵循的基本原则

(1) 居住区是城市的重要组成部分，因而必须根据城市总体规划要求，从全局出发考虑居住区具体的规划设计。

(2) 居住区规划设计应坚持《城市规划法》提出的“统一规划、合理布局、因地制宜、综合开发、配套建设的原则”。

(3) 居住区规划设计是在一定的规划用地范围内进行，对其各种规划要素的考虑和确定，如日照标准、房屋间距、密度、建筑布局、道路、绿化和空间环境设计及其组成有机整体等，均与所在城市的特点、所处建筑气候分区、规划用地范围内的现状条件及社会经济发展水平密切相关。在规划设计中应充分考虑、利用和强化已有特点和条件，为整体提高居住区规划设计水平创造条件。

(4) 城市居民的一生中，约有2/3以上的时间是在居住区内度过，因而居住区的规划设计必须研究居民的行为轨迹与活动要求，综合考虑居民对物质与文化、生理和心理的需求及确保居民安全的防灾、避灾措施等，以便为居民创造良好的居住生活环境。

(5) 人口老龄化、人口年龄结构中老年人口比例逐年增长和残疾人占有一定比重，是我国在相当时期内的现实状况。老年人的活动范围随年龄增大逐年缩小，是人生的自然规

律；残疾人的活动范围不如健康的人，是生理缺陷所致。因而，为残疾人就近提供工作条件，为老年人和残疾人提供活动、社交的场所，相应的服务设施和方便、安全的居住生活条件，使老人能欢度晚年，使残疾人能与正常人一样享受国家、社会给予的生活保障，应是居住区规划设计中不容忽略的重要问题。

(6) 住宅建筑标准化，是建筑工业化、施工机械化和促进住宅产业化发展的重要条件，也是加快居住区建设的重要措施之一。但也易因此而造成住宅形体整齐划一、平淡单调。因而，在规划设计中，应充分考虑建筑标准化与施工机械化的要求，同时也要结合规划用地特点，对建筑单体的选型、体量、色调等提出要求，并通过不同的布局手法、群体空间设计等，为建筑群体多样化创造条件。

(7) 社会、经济、环境 3 个方面综合效益的高低，应是衡量和评价居住区规划设计优劣的综合标准，也是居住区规划能否付诸实施、居住区基本的居住生活环境能否得到保障的关键所在。而提高 3 个方面综合效益的基础环节，就是经济、合理、有效地使用规划范围内的土地和空间。统一规划、综合开发、配套建设也是提高 3 个效益的重要环节。同时，还应考虑适应分期建设的要求，并为商品化经营和社会化管理创造条件。

3. 房地产开发项目规划设计方案的评价

房地产开发项目规划设计方案的评价，是房地产开发企业对开发项目在规划与设计阶段所进行的重要管理工作，是择优选择设计方案的前提。本节以居住小区开发为例，介绍住宅规划设计方案的评价指标体系及评价选择的方法。

1) 居住小区开发项目规划设计方案的评价指标体系

居住小区开发项目规划设计方案的评价指标体系可分为用地面积指标和主要技术经济指标。

(1) 用地面积指标。居住小区用地面积是指小试内住宅建筑、公共建筑、道路和绿化等所占的土地面积。通过小区用地平衡表，分析各类用地所占的比例，从而评价土地利用的合理性和经济性。

(2) 主要技术经济指标如下。

① 住宅平均层数是指各种住宅层数的平均位，按各种层数住宅的建筑面积与占地面积之比计算。

② 住宅建筑净密度是指住宅建筑 M 底总面积与住宅用地面积之比。

③ 住宅建筑面积净密度是指住宅总面积与住宅用地面积之比。

④ 住宅建筑面积毛密度是指住宅总建筑面积与居住用地面积之比。

⑤ 人口净密度是指每公顷居住用地上所容纳的居住人数。

⑥ 平均每人、每户居住用地面积是指居住建筑川地面积与居住总人数(或总户数)之比。

⑦ 建筑密度是指项目用地范围内所有革底面积之和与规划建设用地面积之比。

⑧ 容积率(又称建筑面积密度)是指每公顷开发小区用地上建造的建筑面积。

⑨ 绿化覆盖率是指在建设用地范围内全部绿化种植物水平投影面积之和与建设用地面积的比率(%)。

⑩ 人均公共绿地面积是指住宅区内平均每人占有的公共绿地面积。

⑪ 工程造价包括工程总造价以及每户、每平方米建筑面积的综合造价。

2) 房地产开发项目规划设计方案评价方法

对房地产开发项目规划设计方案的评价，首先要明确评价目标；其次将目标分解为相应的准则以及可以明确表述的评价内容或指标，从而构成结构明确、层次清楚的目标体系；再次，选定合适的评价方法，对方案进行分析和评价；最后，通过比较分析，判断和选择方案。

在规划设计方案评价过程中，所涉及的评价标准有两类：相对标准和绝对标准。前者是在不同方案之间进行相互比较，后者是以国家规定的定额指标和规划管理部门提出的规划设计要点作为评价依据。

开发项目规划设计方案评价是一种综合评价，即追求多目标综合效果的评价。这与在可行性研究阶段对开发项目进行评价是有区别的，虽然在可行性研究阶段对开发项目也考虑多目标因素，但其评价的重点是开发项目在经济上是否可行，财务上是否盈利，并通过一系列指标确定开发方案，从而作为开发项目规划设计的依据。因此，在规划设计阶段对开发项目的评价：一方面根据可行性研究的结果，审查开发项目规划设施的技术经济指标；另一方面，对开发项目的社会和环境效益也要进行评价，而后者往往是定性判别。

### 5.2.2 居住区环境景观设计

居住环境景观，从属性上大致可分为自然景观与人文景观两大部分，人文景观的精神内涵通过物质要素展现出来，使物质要素具有了文化性。一个优秀的住宅小区设计必然是物质与精神要素之间内在的、必然的、有机的结合。

#### 1. 居住区环境景观设计应坚持的原则

1) 整体性原则

从整体上确立居住景观的特色是设计的基础。这种特色来自于对当地的气候、环境、自然条件、历史、文化、艺术的尊重与发掘。所谓特色，就是指住宅区总体景观的内在和外在特征。它不是靠人随意断想与臆造的，而是通过对居住生活功能、规律的综合分析，对地理、自然条件的系统研究，对现代生产技术的科学把握，进而提炼、升华创造出来的一种与居住活动紧密交融的景观特征。如今，各地普遍出现的“北美风情”、“威尼斯花园”等房地产公司吹捧的商业广告词汇，不分地域背景而主宰了住宅区的环境特征与景观定位，将居住景观导入误区，营造出一大堆不伦不类的“洋景观”。另一方面，也有一些能够尊重地域与气候、尊重民风乡俗、关心居民于细微之处，精心建造的住宅小区，特别是居住区的总体景观获得了令居民耳目一新的效果，真正做到了以人为本。作为现代化的居住区，景观设计的主题和总体景观定位是一体化的，正是其确立的整体性原则决定了居住景观的特色，并有效地保证了景观的自然属性和真实性，从而满足了居民的心理寄托与感情归宿。

2) 生态性原则

回归自然、亲近自然是人的本性，也是居住区景观设计的基本原则。居住区景观设计，一是考虑到当地的生态环境特点，对原有山水地形、植被、建筑等要素进行保护和利用；二是进行自然的再创造，即在充分尊重自然生态系统的前提下，发挥主观能动性，合理规划人工景观，不论是在住宅本体上或是居住环境中，每一种景观创造的背后都应与生态原则相吻合，都应体现出形式与内容内在的理性与逻辑性。特别要重视现代科学技术，尽量利用自然能源，研制高效率的新材料、设备，寻求适应自然生态环境的居住形式，提高居住环境的物质条件，创造出一种整体有序、协调共生的良性生态系统，为居民的生存和发展提供适宜的环境。美国著名的景观建筑师西蒙兹认为：“应把山、峡谷、阳光、水、植物和空气带进集中计划领域，细心而又系统地把建筑置于群山之间、河谷之畔，风景之中。”具有生态性的居住景观能够唤起居民美好的情趣和感情的寄托，从而达到诗意的栖居。“天人合一”的哲学思想是美的最高境界。

3) 舒适性原则

居住区景观设计的舒适性着重体现在视觉的感受上，让居民体验轻松、安逸的居住生活。优美的居住景观不仅是停留在表面的视觉形式中，而是从人与建筑协调的关系中孕育出精神与情感，以优美的景致深入人心。

4) 人文原则

研究居住环境，离不开住宅所在地区的文化脉络。居住景观是其所在城市环境的一个组成部分，对创造城市的景观形象有着重要的作用。同时，居住景观本身又反映了一定的地方文化和审美趋向，离开文化与美学去谈景观，也就降低了景观的品位和格调。优美的景观应与地域文化、地方美学有机统一，和谐共生。在人们的居住生活中。一部分人的审美是基于日常生活的体验，大多数人的审美是建立在传统的文化体验基础上。居住文化的核心就是“传统”，居住景观设计的人文特色就是在解析了传统因素之后，上升到又一个新的层次去阐释和建构的。

重视居住景观设计的人文原则，正是从精神文化的角度去把握景观的内涵特征的。居住景观提纯和演绎了自然环境、建筑风格、社会风尚、生活方式、文化心理、审美情趣、民俗传统、宗教信仰等要素，通过具象的方式表达出来，能够给人以直观的视觉感受。因此，在居住景观设计时除了选景、造景、移景、借景之外，还应将人文景观吸收进来，从空间形态、尺度、界面的色彩、细部表达来寻找传统与现代的契合点。这种人文景观是地道的本土文化、中国特色。

5) 经济性原则

顺应市场发展需求及地方经济状况，注重节能、节材，注重合理使用土地资源。提倡朴实简约，反对浮华铺张，并尽可能采用新技术、新材料、新设备，达到优良的性价比。

6) 历史性原则

要尊重历史，保护和利用历史性景观，对于历史保护地区的住区景观设计，更要注重整体的协调统一，做到保留在先，改造在后。

### 2. 住区环境综合营造的基本要求

1) 总体环境

(1) 环境景观规划必须符合城市总体规划、分区规划及详细规划的要求。要从场地的基本条件、地形地貌、土质水文、气候条件、动植物生长状况和市政配套设施等方面分析设计的可行性和经济性。

(2) 依据住区的规模和建筑形态，从平面和空间两个方面入手，通过合理的用地配置，适宜的景观层次安排，必备的设施配套，达到公共空间与私密空间的优化，达到住区整体意境及风格塑造的和谐。

(3) 通过借景、组景、分景、添景多种手法，使住区内外环境协调。濒临城市河道的住区宜充分利用自然水资源，设置亲水景观；临近公园或其他类型景观资源的住区，应有意识地留设景观视线通廊，促成内外景观的交融；毗邻历史古迹保护区的住区应尊重历史景观，让珍贵的历史文脉溶于当今的景观设计元素中，使其具有鲜明的个性，并为保护区的开发建设创造更高的经济价值。

2) 光环境

(1) 住区休闲空间应争取良好的采光环境，有助于居民的户外活动；在气候炎热地区，需考虑足够的荫庇构筑物，以方便居民交往活动。

(2) 选择硬质、软质材料时需考虑对光的不同反射程度，并用以调节室外居住空间受光面与背光面的不同光线要求；住区小品设施设计时宜避免采用大面积的金属、玻璃等高反射性材料，减少住区光污染；户外活动场地布置时，其朝向需考虑减少眩光。

(3) 在满足基本照度要求的前提下，住区室外灯光设计应营造舒适、温和、安静、优雅的生活气氛，不宜盲目强调灯光亮度；光线充足的住区宜利用日光产生的光影变化来形成外部空间的独特景观。

3) 通风环境

(1) 住区住宅建筑的排列应有利于自然通风，不宜形成过于封闭的围合空间，应做到疏密有致，通透开敞。

(2) 为调节住区内部通风排浊效果，应尽可能扩大绿化种植面积，适当增加水面面积，从而有利于调节通风量的强弱。

(3) 户外活动场的设置应根据当地不同季节的主导风向，并有意识地通过建筑、植物、景观设计来疏导自然气流。

(4) 住区内的大气环境质量标准宜达到二级。

4) 声环境

(1) 城市住区的白天噪声允许值宜≤45dB，夜间噪声允许值宜≤40dB。靠近噪声污染源的住区应通过设置隔音墙、人工筑坡、植物种植、水景造型、建筑屏障等进行防噪。

(2) 住区环境设计中宜考虑用优美轻快的背景音乐来增强居住生活的情趣。

5) 温、湿度环境

(1) 温度环境。环境景观配置对住区温度会产生较大影响。北方地区冬季要从保暖的角度考虑硬质景观设计；南方地区夏季要从降温的角度考虑软质景观设计。

(2) 湿度环境。通过景观水量调节和植物呼吸作用，使住区的相对湿度保持在30%～60%。

6) 嗅觉环境

(1) 住区内部应引进芳香类植物，排斥散发异味、臭味和引起过敏、感冒的植物。

(2) 必须避免废异物对环境造成的不良影响，应在住区内设置垃圾收集装置，推广垃圾无毒处理方式，防止垃圾及卫生设备气味的排放。

7) 视觉环境

(1) 以视觉控制环境景观是一个重要而有效的设计方法，如对景、衬景、框景等设置景观视廊都会产生特殊的视觉效果，由此而提升环境的景观价值。

(2) 要综合研究视觉景观的多种元素组合，达到色彩适人、质感亲切、比例恰当、尺度适宜、韵律优美的动态观赏和静态观赏效果。

8) 人文环境

(1) 应十分重视保护当地的文物古迹，并对保留建筑物妥善修缮，发挥其文化价值和景观价值。

(2) 要重视对古树名树的保护，提倡就地保护，避免异地移植，不提倡从居住区外大量移入名贵树种，造成树木存活率降低。

(3) 保持地域原有的人文环境特征，发扬优秀的民间习俗，从中提炼代表性设计元素，创造出新的景观场景，引导新的居住模式。

9) 建筑环境

(1) 建筑设计应考虑建筑空间组合、建筑造型等与整体景观环境的整合，并通过建筑自身形体的高低组合变化和与住区内、外山水环境的结合，塑造具有个性特征和可识别性的住区整体景观。

(2) 建筑外立面处理如下。

① 形体。住区建筑的立面设计提倡简洁的线条和现代风格，并反映出个性特点。

② 材质。鼓励建筑设计中选用美观经济的新材料，通过材质变化及对比来丰富外立面。建筑底层部分外墙处理宜细。外墙材料选择时需注重防水处理。

③ 色彩。居住建筑宜以淡雅、明快为主。在景观单调处，可通过建筑外墙面的色彩变化或适宜的壁画来丰富外部环境。

④ 住宅建筑外立面设计应考虑室外设施的位置，保持住区景观的整体效果。

### 5.2.3 房地产项目的建筑设计

#### 1. 住宅设计的基本要求

(1) 为保障城市居民基本的住房条件，提高城市住宅功能质量，住宅设计应符合适用、安全、卫生、经济等要求。

(2) 应本着“低碳经济、持续发展”的原则，根据当地的经济社会发展水平、地形地貌和水文地质情况，酌情确定住宅的合理建筑形态、结构形式和总层数。

(3) 住宅设计必须执行国家的方针政策和法规，遵守安全卫生、环境保护、节约用地、节约能源、节约用材、节约用水等有关规定。

(4) 住宅设计应符合城市规划和居住区规划的要求，使建筑与周围环境相协调，创造方便、舒适、优美的生活空间。

(5) 住宅设计应推行标准化、多样化，积极采用新技术、新材料、新产品，促进住宅产业现代化。

(6) 住宅设计应在满足近期使用要求的同时，兼顾今后改造的可能。

(7) 住宅设计应以人为核心，除满足一般居住使用要求外，根据需要尚应满足老年人、残疾人的特殊使用要求。

(8) 住宅设计除应符合本规范外，尚应符合国家现行的有关强制性标准的规定。

#### 2. 建筑设计方案的评价

建筑设计是完成建(构)筑物、建筑群及建成区的环境与设施各类最终建筑产品的首要环节。

建筑设计的任务是：本着“适用、安全、经济、美观”的方针进行创作，满足人们不断发展的精神生活和物质生活需要；贯彻可持续发展战略和以人为本的设计原则，为人们创造良好的生存环境。

设计是工程建设计划的具体化，是工程建设前期工程的重要环节。设计质量的优劣，不仅决定建设费用的大小和建设时间的长短，而且决定着项目建成以后长期的使用价值和经济效益。由于建筑产品一次性投资大，建成后可变性小，所以做好设计方案的技术经济评价，选用最佳设计方案，排除方案确定中的盲目性，可以为社会节约大量的人力、物力和财力。技术经济合理的工程设计，可以降低工程造价5%～10%，甚至10%～20%。

(1) 适用、安全和经济的统一。适用、安全、经济、美观的方针，是指导建筑设计的基本方针，也是评价一个建筑物的根本尺度。适用、安全在评价建筑物诸要素中是首要的，占主导地位。评价一个建筑物是否经济，首先要看它是否适用、安全。一个不适用、不安全的建筑，将产生不经济的后果。因此，适用、安全和经济是统一的，离开了适用的前提，就很难达到经济的目的。

(2) 美观和经济的统一。任何一座提供有效空间的建筑物，都必须付出经济上的代价，在评价任何一个建筑产品时，既要有使用功能和技术性能的指标，也要有消耗指标，还要有建筑美观效果的评价。建筑艺术的创造与经济之间不应是对立的，一个好的建筑产品，应当是适用的、安全的、经济的、建筑艺术效果好的，应当是美观和经济的统一。表现崇高民族精神的建筑艺术，不应当是金钱堆砌起来的，而应是才华创造的。

(3) 要有可比性。不同的设计方案之间进行比较，是技术经济评价的重要环节，没有比较就没有鉴别，就不知优劣，也无法选优。对不同的设计方案进行适用性、安全性、经济性和美观方面的比较时，要注意可比性。如果使用功能不同，建筑标准不同，它们之间就不存在相互替代的可能，不具备对比的条件，就没有可比性。

(4) 突出主要指标。对不同的设计方案进行技术经济评价时，要突出主要指标。评价设计方案的指标很多，其中有些指标是主要的，有些则属于辅助指标，评价时不能等同视之，应权衡其主次。实际中，有些指标不分工程对象、建设地点和时间，始终是主要指标，如工程造价、工期、质量等。这类指标可以集中地反映工程设计和施工的经济性。

(5) 经济效益与社会、环境效益相一致。建筑设计方案的评价，不仅要考虑经济效益，还要考虑社会效益和环境效益，使经济效益与社会效益、环境效益相一致，为人民造福。

## 5.3 房地产项目产品定位

**引例**

通过前面几个项目的论述，房地产开发企业可以选定自己的目标市场。如果该目标市场没有其他竞争对手，那么企业就可以制定自己的价格，以获取合理的利润(甚至超额利润)。但是由于房地产产品的进入壁垒较低，投资周期长，当该细分市场有利可图时，竞争对手也就会蜂拥而至，而在竞争对手降价销售的压力下，企业不得不也随之降价。

为了在竞争中使企业立于不败之地，除了寻找自己的细分市场外，还要使自己的产品与竞争对手的产品存在差别。这种差别化能够有效地提高产品的价格。产品差别化可以通过提供质量好、价格低、产权安全、物业管理完善、设计新、功能齐全的产品来创造价值。要达到这一点，就要进行产品定位。

### 5.3.1 房地产产品定位的概念

房地产产品定位是站在发展商或土地使用人的立场，针对特定目标市场的潜在客户，决定其所持有的土地，应在何时，以何种方式，提供何种产品及用途，以满足潜在客户的需求，并符合投资开发商或土地所有人的利益。简单地说，房地产产品定位就是：①以开发商或土地使用人的立场为出发点，满足其利益的目的；②以目标市场潜在客户需求为导向，满足其产品期望；③以土地特性及环境条件为基础，创造产品附加价值：④以同时满足规划—市场—财务三者的可行性为原则，设计供需有效的产品。

**知识链接**

根据菲利普·科特勒的定义：“差别化是指设计以系列产品差别，来区分公司与竞争对手之间的产品的差别。而定位是指公司设计出自己的产品和形象，从而在目标顾客心中确定，与众不同的有价值的地位”。定位要求公司能确定目标顾客推销的类别数目及具体差别。也就是说：产品定位是将无差别的产品转变为有差别的产品，使产品在潜在客户中占有合适位置。而要达到这一点，要满足以下条件：

① 对客户具有主要价值。

② 对企业能带来利润。

③ 产品与众不同，不易被竞争对手模仿。

④ 这种差别能被客户接受并愿意为此而多花一定的钱。

### 5.3.2 房地产项目定位的方法

房地产项目定位方法是先确定产品定位和客户定位，再根据产品定们和客户定位确定形象定位。

产品定位方法是指运用市场调查的方法，对房地产项目市场环境进行数据收集、归纳和整理，形成项目可能的产品定位方向，然后对数据进行竞争分析，利用变通逻辑的排除、类比、补缺等方法形成项目的产品定位。

产品定位方法主要有市场分析方法、项目 SWOT 方法和建筑策划方法。

#### 1. 市场分析方法

市场分析方法中的调查方法包括实地调查法、问卷访问法、开座谈会等。

1) 市场分析的流程

(1) 房地产市场环境研究，研究外部市场环境和竞争市场环境。

(2) 数据整理，归纳整理数据，提炼定位要点，确定可能方向。

(3) 竞争描述，对每种可能竞争方向进行分析和描述。

(4) 逻辑推理，运用逻辑方法和限定条件对可能方向进行选择。

(5) 产品定位，选定项目的产品定位。

2) 房地产项目市场环境研究的内容

(1) 外部市场环境。是指经济环境和政策环境。经济环境主要指购买力，而购买力取决于现在收入、价格、储蓄及借贷情况。政策对产业的偏向和优惠措施也是房地产产品定位的重大依据。

(2) 竞争市场环境。指同类项目的开发结构、市场供给量、潜在需求量、开发规模、城市及区域价格分布规律、产品级别指数、客户来源和客户资源情况。竞争市场环境分析的主要目的是明确项目的直接竞争市场，确定产品定位的策略。

#### 2. 项目 SWOT 分析法

项目 SWOT 分析是将房地产项目内外部条件各方面内容进行综合和概括，进而分析项目的优势和劣势、机会和威胁的一种方法。其中，优势和劣势分析主要着眼于项目自身的实力及与竞争对手的比较；而机会和威胁分析是指外部环境的变化及对项目的可能影响，两者之间有着紧密的联系。

### 3．建筑策划法

建筑策划就是通过运用各种信息收集方法与工具，揭示出业主、用户、建筑师和社会大众等的价值体系，调查出场地、气候等对建筑的影响，将这些信息综合起来并且就总结由设计来解决的问题进行陈述，从而为设计提供科学的依据。

根据项目建议书及设计基础资料，提出项目构成及总体设想。包括空间要求、空间尺度、空间组合、使用方式、环境保护、结构造型、设备系统、建筑面积、工程投资、建筑周期的一个完整的实施工程计划，为进一步发展实现设计提供依据。

**知识链接**

建筑策划是以城市规划为指导，以建筑设计为目标，整合多学科知识于一身的一门综合性新兴学科，它涉及城市规划学、建筑学、市场营销学和工程管理学等领域，综合考虑城市发展的要求和建设项目的特点，通过对信息资料的理性分析和对实践经验的科学总结，兼顾文化因素、技术因素和市场因素，为下一步具体的建筑设计提供科学的依据。

## 5.4 房地产项目产品策划

**案例导入**

### 湖南某项目产品策划报告(节选)

1) 项目产品定位——户型面积建议(表5-1)

表5-1 项目产品定位

| 户型 | 面积($m^2$) | 比例 | 厅($m^2$) | 主卧($m^2$) | 次卧($m^2$) | 卫($m^2$) | 厨($m^2$) |
|---|---|---|---|---|---|---|---|
| 经典一房 | 30～60 | 10% | 15～18 | 13～18 | | 4.8 | 5 |
| 经典二房 | 75～89 | 35% | 25～35 | 15～20 | 10 | 7 | 7 |
| 精致三房 | 95～105 | 30% | 18～24 | 15～20 | 13+10 | 主卫7<br>次卫5 | 7 |
| 舒适三房半 | 105～120 | 18% | 18～27 | 16～25 | 16+13+8 | 主卫7<br>次卫5 | 7 |
| 豪华四房及以上 | 120～180 | 7% | 25～40 | 16～25 | 16+13+10+8 | 主卫7<br>次卫5 | 10 |

2) 本项目户型设计的具体要求

(1) 户型要求实用，减少室内不必要的交通面积，室内布局科学，不显局促。

(2) 按 3 个空间理念设计户型。

① 第一空间。建筑面积×层高。

② 第二空间。景观空间。

③ 第三空间。智慧、信息空间，注入高科技。

(3) 功能配置合理完善。带卫生间的主卧室、玄关、工作阳台、书房、儿童房、衣帽间等空间配置需要同户型面积和目标客户的需要紧密联系起来。

(4)户型设计更贴近人性化。充分考虑湘潭的气候特点，确保主卧室和客厅(起居室)在南向。“三房”以上户型应尽可能将“儿童房”设计朝南。

(5) 可考虑一步观景阳台(打破单纯以长径深阳台作为居室外延空间的局面)和飘窗设计(可坐可卧，即增强使用空间，又开阔视野)，充分体现人性化设计。

3) 本项目主要户型建议

(1) 两代居户型设计可分可合。套型设计的灵活性，楼层间、分户间预留隔板式隔墙，根据家庭人口的变化，上下、左右两套可并为一套；套内墙体可根据需要灵活拆除。两代居户型能充分体现消费和投资的双重功效如图 5.1 所示。

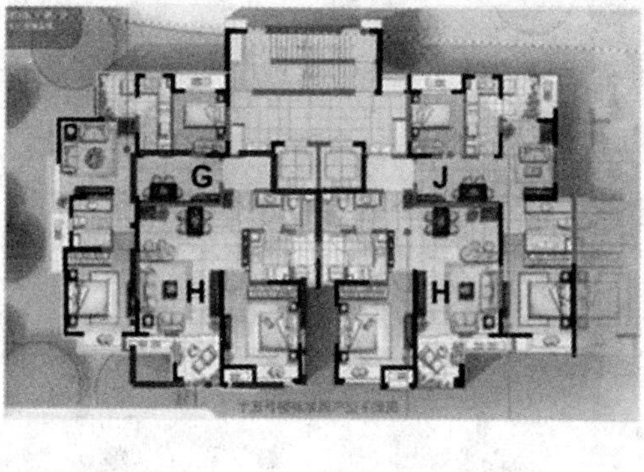


图 5.1　“两代居”户型

(2) 90m$^2$ 以下高层精品住宅户型如图 5.2 所示。

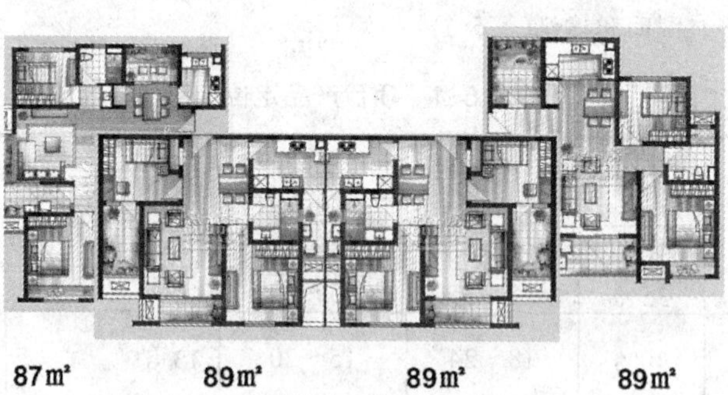


图 5.2　90m$^2$ 以下高层精品住宅户型

### 1. 房地产产品策划的内容和流程

产品策划是房地产策划中最重要的一个环节。人们经常说一个项目的成功 70%取决于规划设计即产品策划，30%取决于后期的营销推广。可见产品策划在房地产策划中的重要性。

房地产产品策划就是对房地产及住宅产品进行谋划和运筹，以满足人们对房地产产品的特定要求。产品策划的重点是“顾客就是上帝”，一切围绕客户的需求来策划产品，注重产品的舒适性和艺术性，使人们对产品的喜爱和喜悦而促进人们的心身健康。产品策划的另一个重点是产品定位和产品设计，产品定位先于产品设计。

1) 产品调研

产品的前期策划中最重要的是调研，对区域竞争产品的调研，对购房者消费倾向的调查，目的是了解需求和供应状况，为产品定位做好准备。

2) 项目定位

在产品调研的前提下，对产品进行恰如其分地确定具体位置。包括目标客户定位，这最重要，因为产品竣工后是卖给他们的。还有产品品质定位、产品功能定位、产品地段定位、产品规模定位、产品形象定位等。

3) 产品规划设计

这是策划的重心，根据目标客户的特性分析，产品就为它量身而做。包括规划设计、建筑设计、环境设计、户型设计、配套设计、物业服务等。

4) 产品细节设计

采用新技术、新材料、新设备、先进的生产工艺，保证产品质量。

5) 产品营销

针对量身定做的目标客户推出产品的半成品或成品，包括产品的包装、产品的推广等。

6) 产品服务

这里主要是售后服务，目的是把产品的价值提升和延长。

### 2. 房地产产品策划的原则

1) 因地制宜原则

每个地区的发展状况不同，市场也不同，产品需求和产品特色也不尽相同。因此只能根据当地的实际情况，充分利用当地的各种优势资源，因地制宜地进行房地产产品策划，不能只进行简单的复制。因地制宜就是要因势利导，趋长避短，与时俱进。用发展的、变化的眼光进行研究，进行策划。

2) 充分挖掘地段价值的原则

房地产策划的终极目标是取得良好的经济效益和社会效益。房地产的价值无论如何都不能忽视地段的作用。地段的价值是动态的、相对的。不同的地段有不同的地产基因，即使同样的地段，随着时间的变迁，其价值也在动态的变化当中。挖掘地段的价值不光要考虑到地段的现状价值，更要考虑到地段未来的价值，以便很好地协调发展与生存的关系。地段价值没有被充分挖掘，就不能使土地的利用价值最大化，也不能取得最好的经济效益。当然经济效益有当前的，也有远期的，不能只重视当前的而忽视远期的经济效益。地段价值的利用要结合企业的发展目标，找出一个利润与风险的平衡点。

3) 先总后分的原则

坚持先总后分的原则就是产品策划的整体与局部的正确把握。这需要根据市场的深入研究，首先明确产品的市场总体形象，包括产品的档次形象和主题形象，是高档还是中档，或者是低档；是国际青年特区还是养老社区，是旅游休闲地产还是世界风情城等。只有明确了这个大的方向，我们才可以以此原则进行细部的组合与配置，包括交通组织、环境规划、建筑布局、配套安排、建筑风格、户型设计等。

除了以上所谈的情况外，产品策划的先总后分还体现在其他 4 个方面：一是先整体布局，是兵营式排列、围合式布局还是点状或组团，再建筑单体安排；二是先建筑类型、建筑风格定位，是商用、住宅还是写字楼，是新古典主义、现代简约、欧陆风情还是中式建筑，接着才是户型设计、外立面和天际线处理；三是先整体交通规划，明确人车交通组织，再考虑各楼或各单元空间的联系；四是先整体环境景观规划，包括景观风格与景观布局，再中心庭院、各组团景观和宅间景观的设计。

4) 先外后内的原则

建筑的整体外观怎么样，在一定程度上左右着人们的购买欲望，甚至决定着一个项目的成功与失败。而这里所谈到的外，包括建筑的外立面风格、颜色、材质以及天际线处理。在一定意义上它代表着一个产品的品质，决定着一个产品的性质，具有很强的识别性。

5) 先弱后强的原则

从产品营销的角度而言，特别是当前房地产市场的残酷竞争格局，做一个项目，首先要考虑到客户的人气聚集，要先适当的从弱小客群的产品做起，再做强势客群的产品，以此形成一个增长的态势，营造不断升值的价值空间和市场印象。这种原则特别适合一些大型项目的开发。

**特别提示**

在城市土地成本越来越高的情况下，适当提高建筑容积率可以摊薄楼面地价，降低开发成本，但现在有一种倾向，很多开发商为追求开发利润，盲目追求容积率，结果，在市场竞争越来越激烈的情况下，过高的容积率造成了板楼成塔楼，大进深窄面宽，户型内部设计不合理，走道过多等现象，从而降低了居住品质，影响了销售价格，增大了销售风险，带来大量产品积压和资金困难。

## 小　结

本项目主要讲述房地产整体产品组成——核心产品、形式品和延伸产品的概念和特征，房地产产品类型，产品组合概念和组合策略，房地产产品设计方案技术经济评价指标，房地产产品特征及其开发建设要点，房地产产品户型、景观、建筑等部分的基本评价以及房地产产品策划原则和策划技能。

## 习　题

### 一、填空题

1. 房地产项目前期产品研发定位主要包括市场调研、市场细分、________、________、产品定位(概念性设计)、________、价格定位、附加值提升等工作流程。

2. 传统户型四大分区是指：__________、__________、__________和__________。

3. SWOT 分析是用__________和__________评价现在和未来的市场环境，探索项目开发的可行性与市场前景展望。用__________和__________评价项目现状，扬长避短，规避市场风险，进而选择和确定开发的总体目标和长远目标，制定和选择实现目标的行动方案。

## 二、选择题

1. 在进行产产品概念性设计时，我们经常会讨论到空间概念。一般说来，房地产住宅小区的四大空间是(　　)。

A. 公共空间　　B. 平面空间　　C. 半公共空间
D. 错层空间　　E. 密空间
F. 景观空间　　G. 私密空间

2. 长三角某城市具体个案定位于高档住宅，容积率为 0.8，位于郊区，临近天然湖泊，空气环境良好，你认为适宜的主力户型规划面积应为(　　)。

A. $90m^2$ 以下　　B. $90\sim110m^2$
C. $110\sim130m^2$　　D. $130\sim140m^2$
E. $140\sim150m^2$ F. $180\sim250m^2$ 左右　　G. $350m^2$ 以上

3. 新城市主义理念一直被很多郊区大盘开发借鉴并应用，以下(　　)属于新城市主义概念范畴。

A. 倡导步行　　B. 城市复兴　　C. TOD 交通主导开发
D. 不破坏原有生态系统　　E. 解决城市就业

## 三、问答题

1. 房地产产品整体概念是什么？
2. 房地产产品规划设计原则是什么？
3. 简答居住小区开发项目规划设计方案的评价指标体系。

## 四、实训项目

某房地产项目地块特征如下。

1. 地块东、南面低，西、北面高，如图 5.3 所示。

(a) 从东往西看基地地形地貌

(b) 从南往北看基地地形

图 5.3　地块实景图

2. 东南面局部形成湿地。
3. 基地中有 6 条 220kV 或 110kV 的高压电线从中心区域穿过。
4. 地块中有一些紧临高压线建设的民居。
5. 地块东侧紧临货运专用铁路线如图 5.4 所示。

图 5.4　项目地块周边环境实景图

请分析地块对项目定位和产品策划的影响并提出产品规划初步建议。

# 项目 6

# 房地产项目投融资策划

## 教学目标

掌握房地产项目定价目标、定价方法、定价策略的概念及相应类型；掌握房地产企业权益融资的合作开发相应概念、方式及操作；掌握房地产开发贷款、担保概念、流程；掌握房地产债券定义；熟悉上市融资的IPO、增资发行、借壳上市的概念、条件、流程；熟悉房地产开发贷款分类、房地产贷款合同、担保合同；熟悉债券的分类、债券与股票的异同；熟悉信托原理、房地产信托与REITS，熟悉房地产信托的运作模式、信托贷款模式、股权投资型信托模式、收益权类信托模式；熟悉投资基金概念及分类、房地产投资基金分类与现状，熟悉房地产投资基金运作流程、组织体系。

## 教学要求

| 能力目标 | 知识要点 | 权重 |
| --- | --- | --- |
| 掌握房地产项目定价 | 房地产项目定价目标、定价方法、定价策略 | 25% |
| 掌握房地产合作开发建议书 | 合作开发相应概念、方式及操作 | 25% |
| 领会房地产开发贷款分析 | 房地产开发贷款方式、流程 | 15% |
| 了解房地产企业债券发行分析 | 房地产债券概念、分类、流程 | 10% |
| 领会房地产信托融资分析 | 房地产信托原理、运作模式 | 15% |
| 了解房地产基金融资分析 | 房地产投资基金原理、运作模式 | 10% |

**导读**

如图 6.1 所示某实业企业因房地产行业市场火爆、利润较高，遂下决心投资房地产业。通过竞拍获取房地产开发用地需要高额的资金投入，在该企业资金流能满足土地出让金所需时，该如何运作这一房地产项目将是个关键的议题。而且，房地产项目在推进过程中会产生名目繁多的费用，这些费用通常需要现金流入来支撑，但距房地产销售获得现金流入尚为遥远，在这种情况下，房地产项目的投融资策划就显得尤为重要。无论以何种方式融资，融入的资金必须涵盖本金及资金成本。所有的成本费用最终需要通过项目营收来支出，然而销售并不意味着利润的同步最大化，营收和盈利会涉及定价目标、定价方法、定价策略等，本项目将就其相关环节的策划逐一进行讲解。

图 6.1　火爆的房地产市场

**知识点滴**

### 首次公开募股 IPO

首次公开募股(Initial Public Offering，IPO)，也称首次公开发行股票。首次公开募股是指企业透过证券交易所首次公开向投资者增发股票，以期募集用于企业发展资金的过程。通常，上市公司的股份是根据向相应证券会出具的招股书或登记声明中约定的条款通过经纪商或做市商进行销售。一般来说，一旦首次公开上市完成后，这家公司就可以申请到证券交易所或报价系统挂牌交易。

## 6.1　项目定价策划

**案例导入**

杭州市某房地产开发企业于 2009 年在城西某路竞得土地 150 亩，项目经过一年多的规划设计、定位策划、开工建设等系列工作，已经获得土地使用权证、建设用地规划许可证、建设工程规划许可证、施工许可证等，并且即将获取预售许可证，进行开盘销售。

项目开发的两年来，杭州市房地产市场快速变化，区域房地产市场的存量、销售价格起伏明显，并且房地产宏观调控政策严厉，包括“限购、限贷”政策等。区域今年预计看盘量较大，且国内一线大牌开发商不少。企业在楼盘进行定价的时候必然要决定其目标，是树立利润最大化目标、市场占有率目标、树立企业形象目标，还是应付和防止竞争目标。

项目在定价时，需要同时考虑区位因素、成本因素、竞争因素、产品差异、购房者心理因素等，然后根据情况选择房地产企业的定价方法，房地产企业的定价方法主要有成本导向定价、需求导向定价、竞争导向定价等。

### 6.1.1 项目定价目标

房地产定价目标通常可以定义为房地产开发或销售代理企业在对其生产或经营的房地产制定价格时，有意识地要求达到的目的和标准。定价目标是指导企业进行价格决策的主要因素。定价目标取决于企业的总体目标，不同行业的企业、同一行业的不同企业，以及同一企业在不同的时期，不同的市场条件下，都可能有不同的定价目标。定价目标是整个价格策略的灵魂。定价目标要服务于房地产项目营销目标和企业经营战略，是定价方法和定价策略的依据。房地产项目定价目标一般有利润最大化目标、市场占有率目标、应付和防止竞争目标、树立企业形象目标等几种不同的形式。

#### 1. 利润最大化目标

获取利润是企业从事生产经营活动的最终目标，房地产开发企业也不例外，房地产企业通过销售物业获取利润，具体可通过项目产品定价来实现，其获取利润目标一般可以分为以下两种。

(1) 以获取投资收益为定价目标。投资收益定价目标是指使房地产企业在开发运营过程中经过一定时期能够回收各项投资并能取得预期的投资报酬的一种定价目标。采用这种定价目标的房地产企业，一般是根据项目投资总额预估的收益率，计算出单位物业的利润额，再加上物业各项成本作为销售价格。但必须注意三个问题：第一，要确定合适的投资收益率。一般来说，投资收益率高于同期的银行贷款利息率，可以参考行业的平均投资收益率再结合市场状况、消费者实际情况进行修正。第二，企业提供的物业质量合格，达到国家各项规定要求，并且在市场上具有良好的竞争力。第三，物业的产品定位以开发建设标准为常规标准，如大幅度提升建设标准，打造豪华物业的则要根据市场情况进行修正。

(2) 以获取最大利润为定价目标。最大利润定价目标是指房地产企业在一定时期内在销售上追求获得最高利润额的一种定价目标。利润额最大化取决于合理价格所推动的销售规模，因而追求最大利润的定价目标并不意味着企业要制定最高单价。最大利润既有长期和短期之分，又有项目全部物业产品和某类物业产品之别。有远见的企业经营者着眼于追求长期利润的最大化。当然并不排除在某种特定时期及情况下，对其物业产品制定高价以获取短期最大利润。房地产企业达到一定的规模后往往会按照物业类型，如别墅、排屋、多层、高层等类型，开发不同类型的产品，以形成系列化产品体系，这时通常采用组合定价策略，即有些物业产品的价格定得比较低，借以提升知名度带动其他产品的销售，从而使企业利润最大化。

### 2．市场占有率目标

市场占有率目标也称市场份额目标，即把保持和提高房地产企业在特定城市区域的市场占有率(或市场份额)作为一定时期的定价目标。无论大、中房地产企业，都希望用较长时间的定价组合策略来扩充目标市场，尽量提高企业的市场占有率。

**知识点滴**

市场占有率是一个企业经营状况和企业产品在市场上竞争能力的直接反映，关系到企业的兴衰存亡，房地产企业也是如此，如果在特定城市或对某种物业类型在特定区域具有较高的市场占有率，可以保证房地产企业物业产品的销路，巩固企业的市场地位，从而使企业的利润稳步增长。在许多情形下市场占有率的高低，比单个项目的投资收益率更能说明房地产企业的营销状况。随着房地产行业的发展，特定城市或区域的开发可供给量日渐增大，由于市场的不断扩大，一个企业可能获得可观的利润，但相对于整个市场来看，所占比例可能很小，或本企业占有率正在下降。

以提高市场占有率为目标定价，房地产企业通常做法有：按照物业类型的不同，普通物业在保证物业产品质量和降低成本的前提下，按照房地产企业入市物业产品的定价低于市场上主要竞争者的价格，以低价争取消费者，打开产品销路，挤占市场，从而提高企业产品的市场占有率。待占领市场、树立市场形象后，房地产企业在后续开发过程中再通过增加物业的品质和功能，或提高产品的定位等措施来逐步提高产品的价格，旨在维持一定市场占有率的同时获取更多的利润。高端物业按照消费者的心理进行准确的产品定位，提供高品质的物业、高服务附加值以及合适价格。

以提高市场占有率为目标定价，房地产项目的销售通常采取分期销售，按照物业幢数在项目地块的不同位置、景观、朝向、户型、周边环境等，结合开发节奏、房地产市场波动等先后销售物业，通常销售价格先低后高，整个项目的销售价格树立涨价的形象，有利于项目的整体销售，取得良好的市场占有率。

### 3．应付和防止竞争目标

房地产企业对竞争者的行为都十分敏感，尤其是价格的变动状况更甚。在市场竞争日趋激烈的形势下，企业在对房地产项目实际定价前，都要广泛收集资料，仔细研究竞争对手物业产品价格情况，通过自己的定价目标应对竞争对手。根据企业的不同条件，一般有以下决策目标可供选择。

(1) 稳定价格目标，以保持价格相对稳定，避免正面价格竞争为目标的定价。当房地产企业准备在特定目标市场中长期经营时，或某特定目标市场某类物业类型发生市场供求变化与价格波动需要有一个稳定的价格来稳定市场时，该行业中的大企业或占主导地位的房地产企业率先制定一个较长期的稳定价格，其他企业的价格与之保持一定的比例。这样，对大企业是稳妥的，中小企业也避免遭受由于大企业的随时随意提价而带来的打击。

(2) 追随定价目标，房地产企业有意识地通过给物业产品定价主动应付和避免市场竞争。房地产企业价格的制定，主要以对同类区域同类市场同类物业市场价格有影响的竞争者的价格为依据，根据具体物业的情况稍高或稍低于竞争者。竞争者的价格不变，实行此目标的企业也维持原价，竞争者的价格或涨或落，此类企业也相应地参照调整价格。一般情况下，中小企业的产品价格定得略低于行业中占主导地位的企业的价格。

(3) 挑战定价目标，如果房地产企业项目具备强大的实力和特殊优越的条件，可以主动出击，挑战竞争对手，获取更大的市场份额。一般常用的策略目标有：①打击定价。实力较强的企业主动挑战竞争对手，扩大市场占有率，可采用低于竞争者的价格出售物业。

②特色定价。实力雄厚并拥有特殊竞争力或物业品质优良或能为消费者提供更多高质量服务的房地产企业，可采用高于竞争者的价格出售产品。③阻截定价。为了防止其他竞争者加入同类产品的竞争行列，在一定条件下，往往采用低价入市，迫使弱小企业无利可图而转让项目退出市场或阻止竞争对手进入市场。

4. 树立企业形象目标

以稳定的价格、高性价比物业赢得企业形象，有利于在特定区域市场的行业中树立长期优势。房地产市场需求价格弹性根据物业类型不同体现不同的特征，但房地产市场需求量影响因素众多，并受宏观调控政策和经济波动影响，其市场需求量波动很大。稳定的价格是指房地产企业追求合适的利润，并不完全追求利润最大化，向消费者让渡价值。稳定的价格给人以产品信誉高、公司经营稳健的印象。良好的形象是企业无形的资产，只有精心维护，才能源源不断地创造产品附加值。

**案例说明**

新鸿基地产在香港市场上采取的就是稳定高价策略，其优质高档物业的定位也逐渐为市场所认同。杭州的滨江房产在杭州区域市场上物业销售价格稳定，其万家系列楼盘被消费者广为认同，屡创销售纪录。

品牌竞争是高层次的竞争，增强企业形象的定价目标应该与企业的长期战略相一致。拥有较高市场占有率的行业领导型企业适宜选用稳定的产品定位和稳定的价格策略。

## 6.1.2 项目定价策略

定价策略，市场营销组合中一个十分关键的组成部分，是房地产开发企业为实现一定的营销目标而协调处理各种价格关系的活动。价格通常是影响交易成败的重要因素，同时又是市场营销组合中最难以确定的因素，价格还是市场营销组合中最灵活的因素，它可以对市场作出灵敏的反映。

1. 房地产价格的影响因素

房地产价格确定是在一定的内外环境的背景下进行的，将受各种因素的影响，因此价格必须在对各种影响因素进行深入细致分析的基础上制定。

(1) 区位因素。房地产的区位是该宗房地产与其他房地产或事物在空间方位和距离上的关系。区位对房地产价格的影响：一方面表现在房地产所处的地段的地质、地形、地势、周边自然环境；另一方面表现在房地产所处区域的交通状况、公共设施、配套设施、学校、医院、商业网点、周边社会环境状况等。因此，区位对房地产的价格起着非常重要的作用，交通便利配套完善的房地产价格较高，而反之郊区则价格偏低。对于商业房地产，区域因素尤其重要，繁荣的商圈内的房地产价格高昂，因其带来的租金收入丰厚。

(2) 成本因素。在房地产的价值构成中，成本占有重要地位。房地产开发企业在建造、销售楼盘等过程中投入的各种费用，包括土地费用(土地出让金、房屋拆迁费、安置补偿费等)、建安成本、管理费、营销费、财务费用、相关税费等，目前许多楼盘推行精装修，则其成本还包括在装修过程中投入的成本。成本是进行房地产定价的下限，是影响和制约房地产定价的重要因素。

(3) 竞争因素。竞争因素主要指房地产企业在房地产市场中为着自身利益的考虑，以增强自己的经济实力，与同行业房地产开发企业排斥、合作又竞争的行为表现。市场竞争的内在动因在于各个经济行为主体自身的物质利益驱动，以及为丧失自己的物质利益被市场中同类经济行为主体所排挤的担心。项目所在区域市场供求关系的变动、竞争者价格策略的改变对房地产开发企业的项目定价有着极大的制约作用。

(4) 产品差异。随着行业发展，市场细分不断细化，相应房地产产品日渐多样化。市场竞争在一定程度上表现为差异竞争，而差异竞争主要集中在产品的差异上，即项目本身的各项定位和卖点不同。物业的差异化程度越高，则面临的市场竞争越小，其产品本身的唯一性也越大，能给物业价格的制定带来更多的主动性，可以相应提高物业的销售价格。物业差异主要表现在项目区位、物业类型、建筑风格、户型、外立面、小区景观环境设计等。

(5) 购房者心理因素。房地产区域市场的不同类型消费者呈现不同心理需求特点，高端购房者在购房时注重产品的档次与品质、环境优雅、设施高档、绿化率高，而相对应中低端购房者更为关心的是价格、性价比。不同购房人群对是否精装修、是否现房、赠送面积等方面都呈现不同心理状态。同样房地产企业的品牌影响力越来越起作用，如果购房者对房地产企业的产品有良好的印象和偏好，地产商对楼盘定价时就有较大的自由度。消费者在购买物业之前会考虑产品能为自己提供效用的大小，看产品是否有适合自己要求的特征，从而确定自己的期望价格。

(6) 项目开发企业营销目标。房地产企业在不同的发展阶段、不同的区域市场、不同的市场竞争环境下，会采取不同的营销目标。如果房地产企业的目标是提高市场占有率，提升市场知名度，则定价往往采取平价入市的策略，给消费者让渡效用，进而占领巩固市场份额。如果房地产企业的阶段性目标为回笼现金流，现金为王，则定价往往采取低价入市的策略，提升销售量，取得良好的现金回笼。

### 2．项目定价的方法

项目定价方法是房地产企业为了在目标市场上实现定价目标，而给房地产物业制定的一个基本价格或浮动范围的方法。房地产企业的定价方法通常有成本导向定价、需求导向定价、竞争导向定价等。

**知识点滴**

成本导向定价是以房地产开发成本为基础，按照房地产企业的意图进行定价的方法。其基本思路为：在定价时，考虑收回企业在购买土地、生产经营中投入的全部成本，然后加上一定的利润。成本导向定价主要由成本加成定价法、目标利润率定价法和售价加成定价法 3 种方法构成。

(1) 成本加成定价法。成本加成定价法较为简单，就是在单位产品成本的基础上，加上一定比例的预期利润作为产品的售价。

其计算公式为：物业价格=单位物业成本×(1+加成率)。

其中加成率为预期利润占产品成本的百分比。

(2) 目标利润率定价法。目标收益定价法又称目标利润定价法，在成本的基础上按照目标收益率的高低计算售价的方法。

按照本方法计算，需要先计算目标利润，由于目标收益率的表现形式的多样化，目标利润计算公式也不同。

**特别提示**

目标利润计算公式有：

目标利润=总投资额×目标投资利润率

目标利润=总成本×目标成本利润率

目标利润=销售收入×目标销售利润率

目标利润=资金平均占用额×目标资金利润率

获得目标利润后，可计算房地产物业的销售价格，其计算公式如下：

物业销售价格=(总成本+目标利润)/预计销售量

目标收益率定价法的优点是保证企业即有目标利润的实现。这种方法适用于在区域市场上具有一定影响力的房地产企业、市场占有率较高或具有垄断特征的企业，这种方法也有利于集团化管控的房地产企业实现对项目公司的利润考核。

(3) 需求导向定价。需求导向定价是指以需求为中心，依据买方对产品价值的理解和需求强度来定价，而非依据卖方的成本定价，其主要方法为理解值定价法。理解值也称认识价值，是消费者对商品的一种价值观念，这种价值观念实际上是消费者对商品的质量、用途、款式以及服务质量的评估。理解值定价法的基本指导思想是认为决定商品价格的关键因素是消费者对商品价值的认识水平，而非卖方的成本。

房地产企业在运用理解值定价法定价时，企业首先要估计和测量在营销组合中的非价格因素变量在消费者心目中建立起来的认识价值，然后按消费者的可接受程度来确定楼盘的销售价格，由于理解值定价法可以与现代产品定位思路较好地结合起来，成为市场基金条件下的一种定价方法，因此为越来越多的企业所接受。

**特别提示**

其主要步骤是：确定顾客的认识价值；根据确定的认识价值，决定商品的初始价格；预测商品的销售量；预测目标成本；决策。

理解值定价法的关键是准确地掌握消费者对商品价值的认识程度。对自身产品价值估计过高的卖主，会令他们的产品定价过高，而对自身产品的消费者认识价值估计过低的企业，定的价格就可能低于他们能够达到的价值。因此，市场调查的准确开展和把握，是本方法开展的必须和基础条件。

(4) 竞争导向定价。竞争导向定价是房地产企业为了应付区域市场竞争的需要而采取的特殊定价方法，它以竞争者的价格为基础，根据竞争双方的力量等情况，制定较竞争者价格为低、高或相同的价格，以达到增加利润，扩大销售量或提高市场占有率等目标的定价方法。竞争导向定价有随行就市定价法、追随领导企业定价法两种。

① 随行就市定价法。随行就市定价法就是企业使自己的商品价格跟上同行业的平均水平，一般来说，在基于产品成本预测比较困难、竞争对手不确定以及企业希望得到一种公平的报酬和不愿意打乱市场现有正常秩序的情况下，这种定价方法较为有效。

② 追随领导企业定价法。使用这种定价方法的房地产企业一般拥有较为丰富的后备资源，为未来应付或避免竞争，或为了稳定市场以利其长期经营，往往以同行中对市场影响最大的房地产企业为标准来制定本企业的商品房价格。

### 3．项目定价的策略

项目定价策略是指企业为了在目标市场上实现自己的定价目标所规定的定价指导思想和定价原则。定价策略应根据物业本身的情况、市场情况、成本状况、消费构成、消费心理等多方面的因素来制定。其策略思路主要有总体定价策略、全营销过程定价策略、稳定价格策略。

(1) 总体定价策略。从房地产企业定价的主要目的来看，房地产企业总体的定价策略一般可分为低价策略、高价策略、中价策略 3 种。

① 低价策略。采用低价策略一般以提高市场占有率为其主要目标，而营销利润往往为次要目标，其定价依据主要是：扩大市场容量，转换有效需求，让无法支付高价的新消费者成为实际购买者；企业的物业产品多为较低档次的商品房，其价格弹性较大，低价会促进销售，从而提高利润总额；企业的开发成本较低，期望的利润值也低；市场上同类楼盘相对过剩，市场竞争激烈；作为先发制人的竞争策略，有助于企业夺取市场占有率。

② 高价策略。采用高价策略主要目的是在短期内获得较高的利润，而市场营销量与市场占有率可能无法相对提高。定价的主要依据为：具有别的楼盘所没有的明显特点，如区位优势明显；产品的开发质量品质优越，高单价大多对应高品质，只要区位、规划、户型、服务等产品的性能为客户所接受，它所提供的产品品质与客户所能接受的心理价位相符，甚至略高，也便于高价开盘；开发量较大、开发企业口碑信誉好；在一定时期内，这类型的楼盘供应稀缺，企业希望通过高价策略获得更多利润。

③ 中价策略。中价策略一般适用于房地产市场状况较为稳定的区域内的楼盘销售，房地产企业希望在现有的市场状况下保持其市场占有率。其依据有：市场消费容量较为稳定，成交量大；楼盘投入市场后比较成熟，消费者认同度好；区域或楼盘区域房地产市场发展进入成熟阶段；价位对于房地产企业和消费者都比较容易接受；市场供需较为平稳。

(2) 全营销过程定价策略。房地产全营销过程是指开发的楼盘或小区从预售开始到销售完为止的全过程。在实际销售过程中，楼盘的整体销售环境复杂多变，房地产开发企业需要在总体定价策略确定后，根据实际情况确定项目的全销售过程的营销定价策略。

① 低开高走定价策略。低开高走定价策略就是随项目的施工进度安排，根据销售进展情况，每到一个调价时点，按预先确定的幅度调高一次售价的策略。本策略非常适合期房销售，所以被广为采用。低开的目的是吸引市场视线，其路线是提升价格。低价开盘的有利点有：便于快速成交及日后的价格控制；便于加速资金周转，资金回笼；每次调价能造成房地产增值的假象，给前期购房者以信心，从而能进一步带动人气，刺激有购房动机者的购买欲，促使成交。低价策略的运用关键是掌握好调价频率和调价幅度。

② 高开低走定价策略。其做法为以高价开盘销售，迅速从市场上获取丰厚的利润，然后降价销售尽快将投资全部收回。这种策略适合以下情况：楼盘销售处于房地产市场的波动衰退阶段，房地产企业不得不调低售价，以推动市场吸纳物业，尽快回收投资；楼盘以高价开盘取得成功后，基本完成预期的营销目标后，希望通过降价将剩余部分迅速售出，以回笼资金。

(3) 时点定价策略。时点定价策略即以销售价格为基准，根据不同的销售情况给予适当调整各出手单位价格的策略。

① 折扣和折让定价。在定价过程中先根据市场情况定出一个基本价格，然后再以各种折扣和折让来刺激中间商或客户，以促进销售。现金折扣，在总价确定基础上给予一定现

金折扣；数量折扣，视购房者购买数量不同而给予不同价格优惠；职能折扣，视管理层或中间商在房地产营销中所担负的职能不同而给予不同的折扣。

② 差别定价。差别定价指企业在销售物业时，根据物业的不同用途、不同交易对象采用不同的价格。

③ 购房心理定价。尾数定价，定价时考虑购房者求廉的心理，尽量取低一位数；对一些高档别墅或高档公寓，其消费对象多为高收入者和上流社会人士，可以直接采用套定价；首尾定价，将楼盘最早推出面市和尾盘，采取较低的价格出售，从而形成开盘价格和收盘价格首尾呼应。

## 6.2 项目权益融资策划

### 案例导入

如图 6.2 所示，2012 年 1 月 5 日融创中国与绿城集团发布联合公告宣布，绿城将无锡绿城湖滨置业有限公司 51%的股权转让给融创置业，现金转让价为人民币 5100 万元。湖滨置业为绿城中国的全资附属公司。股权转让事项完成后，湖滨置业将分别由融创置地与绿城地产持有 51%及 49%的股本权益，湖滨置业将不再为绿城中国的附属公司而成为融创中国的附属公司。湖滨置业于 2009 年 12 月 15 日成立，主要从事无锡项目地块的发展。该项目地块位于无锡市滨湖区太湖大道以南、鸿桥路以东、隐秀路以西；总占地面积 222616.8m$^2$，总建筑面积约 525000m$^2$；该地块中 2-5 和 2-6 号被规划为商务办公、居住用地；2-7 和 2-8 号划为商业、居住用地；绿地率不得低于总面积的 40%；土地使用年限分别为商业 40 年、居住 70 年及其他 50 年。

图 6.2　融创中国与绿城集团携手

### 6.2.1 合作开发

房地产合作开发是指拥有土地使用权、开发资质、建设资金等要素的不同当事人之间共同出资、共担风险、共享利益的合作建房行为，是一种房地产开发联合经营行为。

1. 房地产合作开发特点

(1) 合作方式灵活多样。房地产合作开发不限于一方出地，另一方出资，也可以是双方共同出地出资；合作开发不限于开发后进入市场，即进行商品房销售，也可以是建设完毕后归自身使用；合建的主体不局限于企事业单位，也可以是单位和自然人之间合作开发；合作开发的利益分配，可以在合作开发协议中约定利润分成，也可以约定房屋分配，也可以约定以其他方式分配。

(2) 合作开发需要具备的条件。房地产开发具有综合性、长期性，在开发全程上需要符合国家地方相关法律法规的要求，这使得房地产合作开发必须具备以下条件：在合作主体资格上，合作其中一方必须具备房地产开发资质，且资质高于或等于合作开发的项目要求的资质；在合作的土地使用权标的上，土地应为合法取得的国有建设用地土地使用权，开发进度符合国有土地出让合同的约定；合作内容、合作方式应为合作方真实的意思表示。

(3) 合作方对房地产合作开发方共同出资、共享利润、共担风险，但不需要所有合作方共同参与建设、经营管理，其中一方或几方可以是纯粹的财务性投资。

2. 房地产合作开发的几种方式

(1) 合伙合作开发。拥有土地使用权的当事人提供土地使用权，另一方是具有房地产开发资质的房地产开发企业提供资金和技术，以双方名义共同开发，然后按照双方约定比例进行分配并对自己名下的房屋进行使用或销售。此为典型的合伙经营形式，双方按照合同约定的投资比例共同经营、共担风险、共享收益。

(2) 吸收财务投资者合作开发。已拥有土地使用权的当事人提供土地使用权，另一方当事人投入资金或技术，以土地使用权人的名义进行开发，待房屋建成后，依约定将房屋及其占用范围内的土地使用权以转让方式转让给投资方。享有土地使用权的开发方负责开发经营的运作并承担经营风险，合作方只投入资金或技术，但不加名合作，也不参与具体经营和承担风险，只享受固定的利润分成或获取固定的房屋作为投资回报。

(3) 转移土地使用权合作开发。已拥有土地使用权的当事人提供土地使用权，合作方具有房地产开发资质，合作方投入资金和技术并以合作方的名义进行开发建设，项目完成后，依合同约定的分配比例将房屋所有权和土地使用权转移给合作方。

(4) 共同组建公司合作开发。已拥有土地使用权的当事人提供土地使用权，合作方提供资金。双方共同组建房地产开发项目公司，以项目公司的名义进行房地产开发建设，并按双方约定比例分配建成后的房屋或者将建成房屋出售后，按比例分配所得收益。新成立的房地产开发项目公司为独立法人，拥有土地使用权的当事人必须办理相应土地出让过户手续。

## 6.2.2 上市融资

房地产企业发展到一定规模之后，可以通过上市进入资本市场，为企业的持续发展建立稳定的长期融资渠道。并且在上市过程中可以规范公司运作和管理，完善治理结构，为企业长远健康发展奠定基础。

上市融资是指通过公开发行股票并在证券交易所上市从而筹集资金的融资方式。

按照发行的对象不同，即是否向特定对象发行，可分为公开发行与非公开发行。公开发行是指发行人通过证券经营机构向发行人以外的社会公众(不特定对象或累计超过200人的特定对象)销售股票的行为。非公开发行是指发行人只向特定的投资者销售股票的行为，特定的投资者包括特定的个人投资者和机构投资者。

按是否首次公开发行，可分为 IPO 与借壳上市。IPO 即首次公开发行股票，指企业透过证券交易所首次公开向投资者发行股票，以期募集用于企业发展资金的过程。借壳上市或买壳上市就是指定向增发的发行对象通过用其资产认购行股份向目标公司注入资产并获得控股权，实现收购方的借壳上市。

按在上市地点是否在国内，可分为境内上市与境外上市。境内上市主要指在上海证券交易所或深圳证券交易所发行股票上市。境外上市指中国内地的企业法人通过在香港首次发行股票(H 股)，或者在纽约首次发行股票(N 股)，或者在新加坡首次发行股票(S 股)的方式直接在境外获得上市资格。各上市地对拟上市企业的净资产、过去 3 年的利润、筹集额度等方面都有不同的要求。

### 1. 首次公开发行股票(IPO)

IPO 全称为 Initial Public Offering(首次公开募股)，指某公司(股份有限公司或有限责任公司)首次向社会公众公开招股的发行方式，有限责任公司 IPO 后成为股份有限公司。

(1) IPO 的主体资格条件。发行人应当是依法设立且合法存续的股份有限公司，有限责任公司可以通过改制整体变更设立为股份有限公司；发行人自股份有限公司成立后，持续经营时间应该在 3 年以上，有限责任公司按原账面净资产值折股整体变更为股份有限公司的，持续经营时间可以从有限责任公司成立之日起计算；发行人的生产经营符合法律、法规和公司章程的规定，符合国家产业政策；发行人最近 3 年内主营业务和董事、高级管理人员没有发生重大变化，实际控制人没有发生变更；发行人的股权清晰，控股股东和受控股股东、实际控制人支配的股东持有的发行人股份不存在重大权属纠纷。

(2) IPO 的独立性条件。发行人应能独立运作，做到资产完整、人员独立、财务独立、机构独立和业务独立，具有完整的业务体系和直接面向市场独立经营的能力，在独立性方面不存在缺陷。

(3) IPO 的规范运作条件。发行人已经依法建立健全股东大会、董事会、监事会、独立董事、董事会秘书制度，相关机构和人员能够依法履行职责；发行人不得有“最近 36 个月内违反工商、税收、土地、环保、海关以及其他法律、行政法规，受到行政处罚且情节严重”等情形；发行人有严格的资金管理制度，不得有资金被控股股东、实际控制人及其控制的其他企业以借款、代偿债务、代垫款项或者其他方式占用的情形。

(4) IPO的发行人财务指标条件。发行人最近3个会计年度净利润均为正数且累计超过人民币3000万元，净利润以扣除非经常性损益前后较低者为计算依据；最近3个会计年度经营活动产生的现金流量净额累计超过人民币5000万元或最近3个会计年度营业收入累计超过人民币3亿元；发行前股本总额不少于人民币3000万元；最近一期末无形资产占净资产的比例不高于20%；最近一期末不存在未弥补亏损。

(5) IPO的募集资金运用条件。发行人募集资金应当有明确的使用方向，原则上应当用于主营业务；募集资金投资项目应当符合国家产业政策、投资管理、环境保护、土地管理以及其他法律、法规和规章的规定；募集资金数额和投资项目应当与发行人现有生产经营规模、财务状况、技术水平和管理能力等相适应；募集资金投资项目实施后，不会产生同业竞争或者对发行人的独立性产生不利影响；发行人应当建立募集资金专项存储制度，募集资金应当存放于董事会决定的专项账户。

**案例链接**

2008年5月，杭州市滨江集团(002244)首次公开发行股票。2008年5月29日，在深圳证券交易所上市。滨江集团首次公开发行股票增加的股份为6000万股，本次上市流通股本4800万股，公司发行价格为20.31元/股。

**知识点滴**

**IPO流程**依次为股份制改造、上市辅导、申报材料的制作并申报、证监会核准、股票发行、股票上市。

(1) 发行企业在相关专业机构的协助下将已经成立的有限责任公司改造成股份有限公司。包括：设计股份制改造方案；确定发起人，准备并签订发起人协议；制定公司章程；办理资产、债权、债务变更手续；召开创立大会，办理工商登记手续；工商行政管理机关批准成立并颁发营业执照。

(2) 根据相关规定，拟公开发行股票的股份有限公司在向证监会提出股票发行申请前，须由具有主承销资格的证券机构进行辅导，辅导期一年。

(3) 申报材料由主承销商与各中介机构(律师、会计师、评估师等)分工制作，由主承销商汇总并出具推荐函，由主承销商完成内核后将申报材料报送证监会审核。

(4) 依据证监会发行审核委员会的审核意见，证监会对发行申请作出核准或不予核准的决定。予以核准的，出具核准公开发行的文件；不予核准的，出具不予核准的书面理由。

(5) 招股说明书；股票定价；巡回路演；股票承销；网上申购；冻结资金；验资、配号；摇号、抽签；解冻资金；募集资金划转；办理股权登记。

(6) 向证券交易所提出上市申请；缴纳上市费；上市委员会审查批准；刊登上市公告书；在交易所安排下完成挂牌上市交易。

### 2．增资发行

增资发行是上市公司为扩大规模，通过配股、增发和发行可转换债券等在证券市场上进行的融资方式。

(1) 配股是上市公司根据公司发展需要，依照有关法律规定和相应的程序，向原股东进一步发行新股、筹集资金的行为。投资者在配股的股权登记日那天收市清算后仍持有该股票，则自动享有配股权利，无需办理登记手续。上市公司原股东享有配股优先权，可自由选择是否参与配股。若选择参与，则必须在上市公司发布配股公告中配股缴款期内参加配股，若过期不操作，即为放弃配股权利，不能补缴配股款参与配股。

(2) 股票增发配售是已上市的公司通过指定投资者(如大股东或机构投资者)或全部投资者额外发行股份募集资金的融资方式，发行价格一般为发行前某一阶段的平均价的某一比例。

(3) 可转债是一种可以在特定时间、按特定条件转换为普通股票的特殊企业债券，兼具债券和股票的特征，具有债权性、股权性、可转换性。从本质上讲，可转换债券是在发行公司债券的基础上，附加了一份期权，并允许购买人在规定的时间范围内将其购买的债券转换成指定公司的股票。

**知识点滴**

### 增资发行条件与流程

企业申请配股需要具备如下条件。

(1) 前次募集的资金使用效果良好。

(2) 最近 3 年连续盈利。

(3) 最近 3 年内财务会计文件无虚假记载、重大遗漏或不存在重大违法行为。

(4) 本次配股募集资金后，净资产收益率应达到或超过同期银行存款利率的水平。

(5) 募集股份的数量和资金使用符合规定。

企业申请股票增发需要具备如下条件。

(1) 最近 3 个会计年度平均净资产收益率不低于 6%。

(2) 最近一期末不存在金额较大的交易性金融资产、借款以及其他财务性投资。

(3) 增发的股票发行价格不低于公告招股意向书前 20 个交易日公司股票的均价。

企业申请增资发行的操作流程如下。

(1) 董事会作出决定并制定配股方案。

(2) 配股方案提请股东大会批准(2/3 以上通过)。

(3) 保荐人保荐并向证监会申报。

(4) 证监会审核并作出核准或不核准的决定。

(5) 上市公司发行股票并由证券公司承销。

(6) 股票在证券市场上市交易。

### 3. 借壳上市或买壳上市

借壳上市或买壳上市是非上市公司作为收购方通过协议方式或二级市场收购方式，获得壳公司的控股权，然后对壳公司的人员、资产、债务实行重组，向壳公司注入自己的优质资产与业务，实现自身资产与业务的间接上市。借壳上市是指上市公司的母公司通过将主要资产注入上市的子公司中，从而实现母公司的上市。母公司可以通过加强对子公司的经营管理，改善经营业绩，推动子公司的业绩与股价上升，使子公司获取配股权或发行新股募集资金的资格，然后通过配股或发行新股募集资金，扩大经营，最终实现母公司的长期发展目标和企业资源的优化配置。

**案例链接**

2007 年 7 月，莱茵置业公告，公司拟向莱茵达控股集团定向增发 1.3 亿股，每股价格 4.41 元，莱茵达控股以净资产 5.733 亿元的资产认购。此举标志着莱茵置业酝酿一年的定向增发基本敲定，从而将使莱茵达控股实现房地产业务的整体上市。

**知识点滴**

买壳上市流程为：选择壳资源、购买壳资源和资产置换。

(1) 买壳企业要结合自身的资产状况、财务状况、经营情况、企业长远发展战略、融资能力及发展计划等情况，对所选上市公司的注册地、所属行业、经营范围、股权结构、资产规模、财务状况等进行综合分析，选择规模适宜的壳公司。好的壳资源通常具备如下条件：壳公司所处的行业不景气、业绩较差；壳公司的股本规模合适；壳公司的股权相对集中；壳公司最好具有配股资格；壳公司债券、遗留问题少，即比较干净。

(2) 购买壳资源可以通过股权转让、间接控股、场内收购等方式。股权转让，即原控股股东以一定的价格将其所持有的未上市流通的国有股或法人股转让给房地产企业，从而实现控股上市公司的目的。间接控股，即原控股股东以持有该上市公司的全部股份，加入拟上市企业的母公司或子公司，从而使房地产企业间接控股上市公司。场内收购，即在二级市场上直接购买上市公司的股票，由于中国的特殊国情，该方式只适合于流通股占总股本比例较高的公司或"三无公司"。

(3) 将壳公司原有的不良资产剥离出来，卖给关联公司，再将房地产企业的优质资产和业务注入到壳公司，提高壳公司的业绩。

## 6.3 项目债务融资策划

**案例导入**

2011 年 9 月 5 日，莱茵达置业股份有限公司召开第六届董事会第三十九次会议。本次会议审议并通过了《关于向子公司提供委托贷款的议案》。同意公司通过中国农业银行杭州科技城支行向杭州莱德房地产开发有限公司 (下称"杭州莱德公司")提供贷款人民币 8000 万元，委托贷款具体情况如下。

为保障杭州莱德公司房产开发项目的顺利进行，公司第六届董事会第三十九次会议审议并通过了《关于向子公司提供委托贷款的议案》，同意公司通过中国农业银行杭州科技城支行向杭州莱德公司提供贷款人民币 8000 万元，使用期限为一年，贷款年利率为 12%。同时，杭州莱德公司另一持股 49%的股东浙江省二轻房地产开发有限公司(下称"二轻房地产公司")，按出资比例以同等条件提供委托贷款 7686 万元。

### 6.3.1 房地产开发贷款

房地产开发贷款是指对房地产开发企业发放的用于住房、商业用房和其他房地产开发及其配套设施建设的贷款。贷款原则上应采取抵押担保或借款人有处分权的国债、存单及备付信用证质押担保方式，担保能力不足部分可采取保证担保方式。

按照贷款对象划分，房地产开发贷款分为房地产项目开发贷款和房地产企业贷款两种。房地产项目开发贷款是一种以房地产项目为贷款对象，主要考察具体项目的盈利能力，以项目土地使用权或在建工程等固定资产为抵押的贷款。房地产企业贷款是一种以房地产企业为对象，注重房地产企业整体还债能力，贷款方式以综合授信和纯信用贷款为主，主要发放流动资金的贷款。综合授信业务是指商业银行根据客户的书面申请，综合评价客户的全面情况及提供的担保状况，确定该客户在一定期限内可使用的信用额度，其范围包括对客户的贷款、贴现、承兑、担保及信用证等。

按照有无担保划分，房地产开发贷款可以分为信用贷款和担保贷款两类。信用贷款是指以借款人的信誉发放的贷款，借款人不需要提供担保。其特征就是债务人无需提供抵押品或第三方担保仅凭自己的信誉就能取得贷款，并以借款人信用程度作为还款保证。担保贷款，是指由借款人或第三方依法提供担保而发放的贷款。由于房地产开发贷款的高风险性，商业银行以担保贷款(保证、抵押、质押)为主要形式，信用贷款的发放较少。

按贷款用途划分，房地产开发贷款可以分为住宅项目储备贷款、住宅房地产开发贷款、商业房地产开发贷款、土地储备贷款及流动资金贷款等。

**特别提示**

房地产贷款的借款人是注册的有房地产开发、经营权的国有、集体、外资和股份制企业、土地储备开发机构。房地产贷款的贷款人是国有银行、商业银行、外资银行等。

申请房地产开发贷款的借款人应具备以下条件。

(1) 企业法人资格。

(2) 已取得贷款项目的土地使用权，且土地使用权终止时间长于贷款终止时间。

(3) 已取得贷款项目建设用地规划许可证、建设工程规划许可证、施工许可证，完成各项立项手续。

(4) 贷款项目申报用途与其实际功能相符，能满足当地城市规划和房地产市场需求。

(5) 贷款项目工程预算、施工计划符合国家和当地政府的有关规定等。

贷款申请材料如下。

(1) 法人营业执照；法人代码证书；法定代表人证明、签字样本；贷款(卡)；财政部门或会计(审计)事务所核准的前 3 个年度财务报表和审计报告。

(2) 新建企业免提交；成立不足 3 年的企业，提交自成立以来的年度和近期报表；税务部门年检合格的税务登记证明；利税清算表；公司合同；公司章程；企业董事会成员和主要负责人、财务负责人名单和签字样本等。

(3) 若客户为有限责任公司、股份有限公司、合资合作企业或承包经营企业，要求提供董事会或发包人同意的决议或文件；贷款由被委托人办理的需提供企业法定代表人授权委托书；开发项目可行性研究报告及批准文件；有权部门批准的项目、实施和开发的文件和计划；按保证、抵押或质押的不同要求提供材料。

贷款实行贷前调查、评估与审批程序如下。

(1) 贷前调查是指贷款发放前银行对贷款申请人基本情况的调查，并对其是否符合贷款条件和可发放的贷款额度做出初步判断。调查的重点主要包括申请人资信状况、经营情况、申请贷款用途的合规性和合法性、贷款担保情况等。贷款项目是否符合贷款条件，核实内容包括立项及审批文件是否齐全；项目是否可行；审查项目投资分析报告或可行性研究报告以及项目预算、施工计划、销售方案是否具备；项目资本金是否到位。抵押物的清单、权属证书、价值评估报告、鉴定书，抵押人同意抵押的承诺书是否齐全；担保人的资信情况及贷款担保承诺书的真实有效性。

(2) 信用评估是防范信用风险的有效措施，对于房地产企业，是以企业未来盈利能力和现金流分析为核心，对房地产开发项目财务效益等进行评价。资信评估等级通常可分为 4 等 10 级：AAA、AA、A、BBB、BB、B、CCC、CC、C、D。

(3) 贷款审批即银行根据贷款审批权限对贷与不贷、贷款额度、贷款期限、贷款利率、担保方式等提出意见。

房地产项目贷款亦应按照《贷款通则》、《合同法》和《担保法》的规定签订贷款合同、保证合同或抵押质押合同，并办理抵押登记及保险手续，然后银行按照贷款合同约定发放贷款并将贷款资金划入贷款人账户。有关贷后管理主要涉及：检查贷款是否按照合同规定的用途使用；检查贷款项目的开发经营情况；检查贷款抵押物有无变化；检查借款企业的财务状况和第三方保证人的偿债能力变化情况。贷款回收则是，借款人按照合同规定的期限和数额还清贷款后，解除担保合同，收回相关担保证明材料。

**知识链接**

### 房地产开发贷款与担保合同

(1) 贷款合同。借款合同是指当事人约定一方将一定种类和数额的货币所有权移转给他方，他方于一定期限内返还同种类同数额货币的合同。其中，提供货币的一方称贷款人，受领货币的一方称借款人。

(2) 贷款人权利。可以要求借款人提供担保；可以检查、监督借款使用情况；借款人未按约定用途使用借款的，可停止发放、提前收回或解除合同等。贷款人义务：贷款人应按合同约定的日期、数额向借款人提供借款，造成借款人损失的应当赔偿损失；借款的利息不得预先在本金中扣除，利息预先在本金中扣除的，按照实际借款数额返还借款并计算利息。

(3) 借款人权利。请求贷款人按合同约定的期限、数额交付贷款；依合同约定的用途使用借款；可以向贷款人申请贷款延期；借款人可提前还款。借款人义务：按合同约定的时间和数额收取贷款；接受贷款人的用款检查监督；按照合同约定的用途使用借款；按照合同约定的还款期限和方式还本付息。

(4) 担保合同是指为促使债务人履行其债务，保障债权人的债权得以实现，而在债权人(同时也是担保权人)和债务人之间，或在债权人、债务人和第三人(即担保人)之间协商形成的，当债务人不履行或无法履行债务时，以一定方式保证债权人债权得以实现的协议。担保合同具有附属性、选择性、保障性。

法律规定担保有保证、抵押、质押、留置、定金等几种形式。保证是债务人以外的第三人为债务人履行债务而向债权人所提供的一种担保，当债务人不履行债务时，保证人按照约定履行债务或者承担连带责任。抵押是指债务人或第三人不转移财产占有，而将该财产抵押作为债权的担保，当债务人不履行债务时，债权人有权依法以抵押财产折价或以拍卖、变卖抵押财产的价款优先受偿。质押是债务人或第三人将其动产或权力移交债权人占有，将该动产作为债权的担保，当债务人不履行债务时，债权人有权依法就该动产卖得价款优先受偿。留置是指债权人按照合同约定占有债务人的动产，债务人不按照合同约定的期限履行债务的，债权人有权依照法律规定留置该财产，以留置财产折价或者以拍卖、变卖该财产的价款优先受偿。定金是在合同订立或在履行之前支付的一定数额的金钱作为担保的担保方式。给付定金的一方不履行约定的债务的，无权要求返还定金；收受定金的一方不履行约定的债务的，应当双倍返还定金。

## 6.3.2 房地产债券

如图 6.3 所示债券是政府、金融机构、工商企业等直接向社会借债筹措资金时，向投资者发行，承诺按一定利率支付利息并按约定条件偿还本金的债权债务凭证。债券的发行人(政府、金融机构、企业等机构)是资金的借入者；购买债券的投资者是资金的借出者；发行人需要在一定时期还本付息；债券是债的证明书，具有法律效力。债券购买者与发行者之间是一种债权债务关系，债券发行人即债务人，投资者即债权人。

图 6.3 巴菲特谈经济、房产、债权、QE2 和黄金

债券按发行主体，可分为政府债券、金融债券和企业债券；按是否提供担保，可分为信用债券和担保债券；按是否可以转换为公司股票，可分为可转换债券和不可转换债券；按付息的方式，可分为零息债券、定息债券、浮息债券；按是否能够提前赎回，可分为可赎回债券和不可赎回债券；按偿还方式，可分为一次到期债券和分期到期债券；按发行方式，可分为私募债券和公募债券；按债券是否记名，可分为记名债券和无记名债券。相应地，房地产债券可分为企业债券、可转换债券、短期融资券。

**案例链接**

万科企业股份有限公司发行公司债券已获得中国证券监督管理委员会证监许可[2008]1056 号文核准。本期债券的发行规模为 450000 万元，每张面值为 100 元，计 4500 万张，发行价格为 100 元/张。根据市场情况可超额增发不超过 140000 万元，最终发行规模不超过 590000 万元，计不超过 5900 万张。

本期债券分为有担保和无担保两个品种。有担保品种为 5 年期固定利率债券，发行规模为 300000 万元；无担保品种为 5 年期固定利率债券，附发行人上调票面利率选择权及投资者回售选择权，发行规模为 150000 万元，根据市场情况可超额增发不超过 140000 万元，最终发行规模不超过 290000 万元。

本期债券有担保品种票面利率询价区间为 5.50%～6.00%，无担保品种票面利率询价区间为 7.00%～7.50%。

(1) 企业债券。是企业依照法定程序发行，约定在一定期限内还本付息的债券。公司债券的发行主体是股份公司，但也可以是非股份公司的企业发行债券，所以，一般归类时，公司债券和企业发行的债券合在一起，可直接成为公司(企业)债券。企业债券的优点主要是筹集的资金使用期限较长；对企业原有股东的股权没有影响；发行债券的成本要低于普通股；发债融资具有财务杠杆作用。企业债券的缺点主要有：对投资人来说，无权干涉企业的经营决策；对发行人来说，发行程序比银行贷款复杂，财务成本比发行股票大。

(2) 可转换债券。是指债权人可以在特定的时期，按规定的条件将其债券转换为公司普通股的企业债券。可转换债券的优点主要有：利率低于普通债券，发行公司融资成本较低；对投资者而言，转股后的收益高于普通债券，投资风险小于投资股票。可转换债券的缺点主要有：投资人若不转股，则其收益低于普通债券；若投资人转股，则公司股本会被稀释，而且面临着股价下跌的可能；证券市场上的债券价格随利率的波动而波动；若公司倒闭，其清偿顺序位于其他债务之后。

(3) 短期融资券。指企业在银行间债券市场发行(即由国内各家银行购但不向社会发行)和交易，并约定在一年期限内还本付息的有价证券。短期融资券筹资的优点主要有：短期融资券的筹资成本较低；短期融资券筹资数额比较大；发行短期融资券可以提高企业信誉和知名度。 短期融资券筹资的缺点主要有：发行短期融资券的风险比较大；发行短期融资券的弹性比较小；发行短期融资券的条件比较严格。

债券融资固然有其优势，如债券融资融资规模较大，债券利息可计入成本从而冲减所得税，具有财务杠杆效益，对企业原有的治理结构无影响，但股市游资及巨额保险资金需要投资渠道，整个资本市场发展极不平衡。

**知识链接**

### 房地产债券发行条件与程序

(1) 企业债券发行条件。股份有限公司不低于人民币 3000 万元，有限责任公司和其他企业不低于人民币 6000 万元；累计债券余额不超过企业净资产的 40%；净利润最近 3 年平均可分配净利润足以支付企业债券一年的利息；募集资金的投向符合国家产业政策和行业发展方向；债券的利率由企业根据市场情况确定，但不得超过同期居民储蓄存款利率的 40%；已发行的企业债券未处于违约或延迟支付本息的状态；最近 3 年没有重大违法违规行为。

(2) 企业债券的发行程序。董事会制定发行方案；股东大会批准；选择保荐人；向中国证监会申报；中国证监会核准；发行债券及承销。

向证券交易所申请上市交易的企业债券除了符合发行时的条件外还必须符合以下条件：债券的期限为一年以上；实际发行额不少于人民币 5000 万元；债券的信用等级不低于 A 级；债券须有担保人担保，担保条件符合法律、法规规定，资信为 AAA 且债券发行时主管机关同意豁免担保的企业债券除外。

(3) 企业债券申请上市交易的程序。

① 董事会作出上市决议。

② 股东大会批准。

③ 财务审计及验资。

④ 聘请推荐人并出具上市推荐书。

⑤ 向证监交易所提出申请。

⑥ 证券交易所核准。

⑦ 债券登记托管。

⑧ 刊登上市公告书。

⑨ 上市交易。

⑩ 信息披露。

可转换债券发行条件除应符合企业债券的条件外，还应当符合公开发行股票的条件，具体见本项目股权融资部分。

# 6.4 房地产信托

知识点滴

房地产信托 REITS

房地产信托英文是“Real Estate Investment Trust”，简称 REITS。

房地产信托通常是指房地产法律上或契约上的拥有者将该房地产委托给信托公司，由信托公司按照委托者的要求进行管理、处分和收益，信托公司再对该信托房地产进行租售或委托专业物业公司进行物业经营，使投资者获取溢价或管理收益。房地产的这种信托方式，能够照顾到房地产委托人、信托公司和投资受益人等各方的利益。

而我们国内目前房地产信托主要指房地产资金信托，即委托人基于对信托投资公司的信任，将自己合法拥有的资金委托给信托投资公司，由信托投资公司按委托人的意愿以自己的名义，为受益人的利益或特定目的，将资金投向房地产业并进行管理和处分。

## 6.4.1 信托与房地产信托

信托在我国开始较早，但信托业作为一个行业真正快速发展却是在近 10 年，而信托与房地产结合的高速增长时期也就是近 3 年的事情。根据《中华人民共和国信托法》，信托是指委托人基于对受托人的信任，将其财产权委托给受托人，由受托人按委托人的意愿以自己的名义，为受益人的利益或者特定目的进行管理或者处分。

信托主体包括委托人、受托人以及受益人。信托客体主要是指信托财产。信托行为是指以设立信托为目的而发生的一种法律行为。

房地产信托，就是信托投资公司发挥专业理财优势，通过实施信托计划筹集资金，用于房地产开发项目，为委托人获取一定的收益。不动产信托就是不动产所有权人(委托人)，为受益人的利益或特定目的，将所有权转移给受托人，使其依照信托合同来管理运用的一种法律关系。房地产资金信托就是指委托人基于对信托投资公司的信任，将自己合法拥有的资金委托给信托投资公司，由信托投资公司按委托人的意愿以自己的名义，为受益人的利益或特定目的，将资金投向房地产业并对其进行管理和处分。

根据资金投向的不同，房地产信托大致可以分为 3 类。

(1) 权益型房地产信托直接投资并拥有房地产，其收入主要来源于属下房地产的经营收入。

(2) 收益型房地产信托的投资组合视其经营战略的差异有很大不同，但通常主要持有购物中心、公寓、办公楼、仓库等收益型房地产。投资者的收益不仅来源于租金收入，还来源于房地产的增值收益。

(3) 抵押型房地产信托，主要以金融中介的角色将所募集资金用于发放各种抵押贷款，收入主要来源于发放抵押贷款所收取的手续费和抵押贷款利息，以及通过发放参与型抵押贷款所获抵押房地产的部分租金和增值收益；混合型房地产信托，不仅进行房地产权益投资，还可从事房地产抵押贷款。

知识链接

## 房地产信托投资基金(REITS)

房地产信托投资基金(REITS)是房地产证券化的重要手段。房地产证券化就是把流动性较低的、非证券形态的房地产投资，直接转化为资本市场上的证券资产的金融交易过程。房地产证券化包括房地产项目融资证券化和房地产抵押贷款证券化两种基本形式。

国内的房地产信托概念较为宽泛，可以是 REITS 模式，也可以是贷款信托、优先购买权信托、财产权信托、受益权转让信托等。而 REITS 较为纯粹，其通常就是将投资大众的资金由专业投资机构投资在商务办公大楼、购物中心、饭店、公共建设等商用建筑物，投资人取得受益凭证，报酬以配息方式进行，可以挂牌公开交易。

特别提示

房地产信托与 REITS 的主要区别为：标准化程度差异、回报率上的差异、运作方式差异、周期时间差异。

### 6.4.2 房地产信托的运作模式

随着我国房地产行业和信托业的发展，房地产信托业务不断创新，房地产信托的运作模式也日益多元化，目前房地产信托较为常见的几种为信托贷款模式、股权类信托模式、收益权类信托模式。

#### 1. 信托贷款模式

信托贷款模式即债权类信托，含以下两种操作模式：传统的信托贷款模式，即由信托公司通过设计推出信托品种募集到资金，以房地产企业开发项目为载体，向房地产企业提供信托贷款的融资模式；信托集合理财融资模式，即由商业银行向广大投资者发行理财产品筹集资金，然后以理财产品募集的资金购买信托公司发行的单一资金信托，通过信托公司向房地产企业发放信托贷款的融资模式，信托贷款模式如图 6.4 所示。

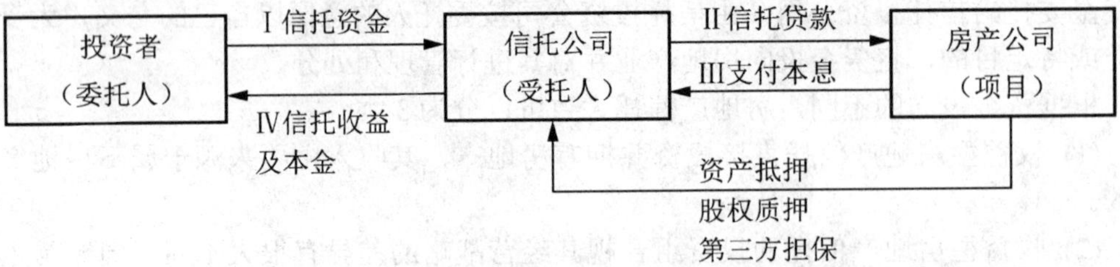


图 6.4 信托贷款模式

在信托贷款模式下，对房地产项目要求“四证”齐全，自由资本金达到 30%以上，房地产开发企业开发资质达到二级以上开发资质，项目预计具有较强的盈利能力。资产抵押要求不动产的抵押率小于或等于 50%，如果抵押物抵押率超过 50%则不接受作为资产抵押物。股权质押、第三方担保作为补充，提高风险控制能力。

信托贷款模式下，投资者的收益主要来源于信托贷款利息收益及相关贷款咨询费用，风险控制主要采取抵押、保证等担保措施。其优点在于操作简单、运行成本较低。其缺点在于申请信托贷款受到国家相关规定的限制，对房地产企业信用等级要求较高，信托贷款资金要求专款专用。

### 2．股权类信托模式

股权投资型信托模式，即信托公司将募集的信托资金通过收购或增资直接投资于房地产企业，形成实质性股权投资，并以一定方式直接或间接参与该房地产企业的经营与管理。该信托模式又分为普通股方式和优先股方式。股权回购型信托模式，即信托公司在将募集的信托资金投资于房地产企业的同时，该房地产企业的关联公司或其指定的第三方承诺在规定期(通常为信托计划存续期)满前，按照一定的溢价比例，将信托公司以信托资金投资后而持有的该房地产企业的股权全部回购，以保证投资者信托财产的归还及信托利益的实现，股权类信托贷款模式如图6.5所示。

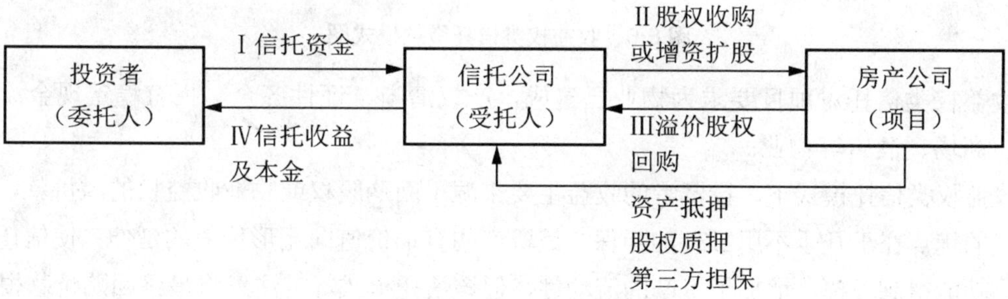


图6.5　股权类信托贷款模式图

股权型信托，对公司要求股权结构相对简单清晰、项目盈利能力强，对进入方式要求股权收购或增资扩股，在对风险控制措施上要求向项目公司委派董事和财务总监并要求股权质押、第三方担保。

股权类信托模式下，股权投资型信托模式主要以持有该房地产企业股权而获得的红利作为投资者的收益来源，股权回购型信托模式投资者收益的主要来源则在于股权回购的溢价款。该模式主要针对那些自有资金比例不足、存在一定资金缺口、不符合商业银行贷款要求的房地产企业，具有提高房地产企业融资能力、优化资本结构、降低高负债风险的优点；但是该模式的退出机制存在一定障碍，项目开发的长期性与投资者的短期获利需求存在矛盾，股权回购型信托模式下，到期不能回购的风险较大，融资成本较高。

### 3．收益权类信托模式

收益权类信托模式指以股权收益权或资产收益权作为信托资金的投资对象，使房地产企业获得融资的信托模式。股权收益权信托模式，即信托公司将募集的信托资金用于购买房地产企业某股东因持有该房地产企业股权而享有的股权收益权或房地产企业持有的其他公司的股权收益权，使房地产企业获得融资，并约定在规定期(通常为信托计划存续期)满前，由原出让方或其指定第三方按照一定的溢价比例，将信托公司以信托资金投资后而持有的股权收益权全部回购。物业收益权信托模式，即信托公司将募集的信托资金用于购买房地产企业所拥有的物业收益权，使房地产企业获得融资，并约定在规定期(通常为信托计划存续期)满前，由原出让方或其指定第三方按照一定的溢价比例，将信托公司以信托资金投资后而享有的物业收益权全部回购，收益权类信托贷款模式如图 6.6 所示。

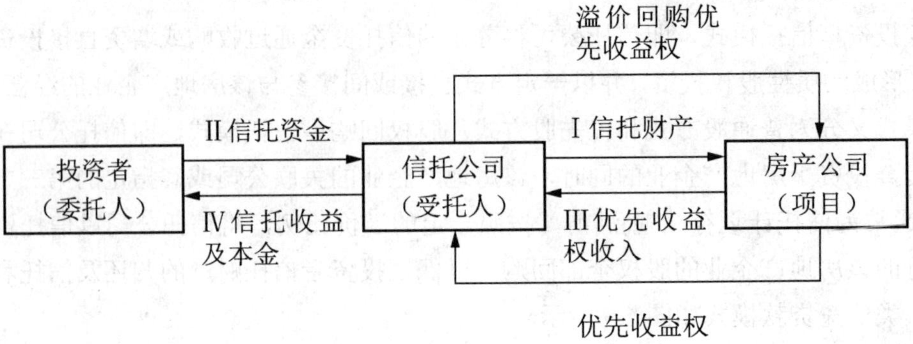


**图 6.6　收益权类信托贷款模式图**

收益权类信托对项目要求为物业已建成，产权清晰、证件齐全、拥有稳定现金流的写字楼、商场、酒店等物业。

收益权类信托模式下，投资者的收益主要来源于回购股权或物业收益权的溢价款，该信托模式的优点在于几乎不用额外的担保，是资产的有形价值向无形价值的延伸，使信托的风险隔离功能得到发挥，增加了资产的流动性，但该信托模式，需注意将最终回购价款根据信托计划存续期间因信托公司享有股权收益权或物业收益权而获得的收益进行调整。

**案例链接**

## ××项目股权投资集合资金信托计划(节选)

(1)风险提示(略)。

(2) 信托计划概况。

① 信托计划规模。26000 万元(其中优先受益权项下信托计划规模 22000 万元，劣后受益权项下信托计划规模 4000 万元)。

② 信托计划期限。分为 12/18 个月两档。

其中 12 个月档信托计划规模不高于 15000 万元，18 个月期不低于 11000 万元(满一年后可根据信托计划文件的约定提前终止)。

③ 受益人。本信托计划项下受益人包含两类，一类为优先受益人，一类为劣后受益人即 XX 有限公司。

④ 优先受益人。本信托计划优先受益人根据其持有信托单位份额分为 A 类和 B 类。其中 A 类受益人是指享有信托单位份额在 300 万份以下的受益人；B 类受益人是指享有信托单位份额在 300 万份以上(含)的受益人。

⑤ 预期收益率。本信托计划预期收益率分布情况详见表 6-1。

表 6-1 信托计划预期收益率分布表

| 信托期限 / 预期年化收益率 / 认购份额 | 12个月 | 18个月 |
|---|---|---|
| A(100～290 万份) | 8.5% | 9% |
| B(300 万份及以上) | 9% | 9.5% |

⑥ 单笔认购金额。不低于人民币 100 万元(并以 10 万元的整数倍增加)。

⑦ 资金运用。信托计划资金以每股 1 元的价格认购标的公司-××公司的新增股份(约占增资后公司总股本的 83.87%)。信托计划届满一年和信托计划终止前，劣后受益人分两次受让优先受益人持有的优先受益权，受让的价格：优先受益权项下的信托资金×信托计划成立日至优先受益权转让日的实际存续天数/360×(1+11%)。

⑧ 优先受益人利益的分配。优先受益人溢价转让优先受益权给劣后受益人取得的转让收入，在扣除信托转让登记费后为优先受益人利益。优先受益人利益于信托计划成立满一年后的 10 个工作日和信托计划终止日后的 10 个工作日内进行分配。

⑨ 法律顾问。××律师事务所××分所。

⑩ 评估机构。××投资咨询公司。

⑪ 推介期。2009 年××月××日-2009 年××月××日。

⑫ 本信托计划发行将遵循“金额优先、时间优先、额满即止”的原则。其中单笔委托金额低于 300 万的自然人委托人签署的资金信托合同份数不超过 50 份。

⑬ 信托经理。×××、×××、×××。

(3) 风险控制与信用增强措施(略)。

(4) 标的公司-××建设有限公司(略)。

(5) 劣后受益人/优先受益权受让人-××有限公司(略)。

(6) 保证人-××控股集团有限公司(略)。

(7) 房地产项目简介(略)。

(8) 受托人(信托公司)介绍(略)。

## 6.5 房地产投资基金

### 案例导入

2011 年 8 月，杭州滨江房产集团股份有限公司(下称“滨江房产”)旗下杭州普特股权投资管理有限公司成立，其为浙江省的第一及房地产股权投资基金。4 个月后，首期种子基金募集达 6 亿元，而这及被命名为“普特 1 号”的房地产股权投资基金也正式成立。主投市场上优质的房地产项目，可以考虑参股、控股甚至全资参与，也可以对在建项目进行收购或者购买房产，预期年化收益超 20%。

房地产投资基金是指以房地产项目或公司为投资对象，在房地产的开发、经营、销售等价值链的不同环节，及在不同的房地产公司与项目中进行投资的集合投资制度。

### 6.5.1 基金与房地产投资基金

从广义上说，基金是指为了某种目的而设立的具有一定数量的资金。从狭义上来说，基金意指具有特定目的和用途的资金。基金是一种间接的投资方式，基金管理公司通过发行基金单位，集中投资者的资金，由基金托管人(即具有资格的银行)托管，由基金管理人管理和运用资金，从事股票、债券等金融工具投资，然后共担投资风险、分享收益。

房地产投资基金是指以房地产项目或公司为投资对象，在房地产的开发、经营、销售等价值链的不同环节，及在不同的房地产公司与项目中进行投资的集合投资制度。在大多数国家房地产基金以房地产投资信托基金的名义存在。目前我国房地产投资基金为私募性质，实际上是投资公司的形式，由专业人员或专业公司运作管理资金，有明确期限、用途，退出方式为销售回款或回购。房地产投资基金除了解决融资问题，更大意义上是房地产企业在战略上转向轻资产运营的商业模式，通过基金的方式获得持续资金来源，对房地产企业的品牌升华和溢价也能发挥重要作用。

**知识链接**

基金管理公司

基金管理公司是指依据有关法律法规设立的对基金的募集、基金份额的申购和赎回、基金财产的投资、收益分配等基金运作活动进行管理的公司。证券投资基金的依法募集由基金管理人承担，基金管理人由依法设立的基金管理公司担任，担任基金管理人应当经国务院证券监督管理机构核准。

根据《证券投资基金法》的规定，设立基金管理公司，应当具备下列条件。

(1) 有符合《证券投资基金法》和《公司法》规定的章程。

(2) 注册资本不低于1亿元人民币，且必须为实缴货币资本。

(3) 主要股东具有从事证券经营、证券投资咨询、信托资产管理或者其他金融资产管理的较好的经营业绩和良好的社会信誉，最近3年没有违法记录，注册资本不低于3亿元人民币。

(4) 取得基金从业资格的人员达到法定人数。

(5) 有符合要求的营业场所、安全防范设施和基金管理业务有关的其他设施。

(6) 有完善的内部稽核监控制度和风险控制制度。

(7) 法律、行政法规规定的和经国务院批准的国务院证券监督管理机构规定的其他条件。

房地产投资基金属于产业投资基金，国家目前还没有出台统一的产业投资基金管理办法。目前房地产投资基金主要依据《公司法》、《合伙企业法》，2006年修改的《合伙企业法》首次提出了有限合伙的组织形式，而这一形式被房地产投资基金所广泛采用，正基于此私募基金通过一系列制度安排使其筹资、投资行为区别于非法集资和发放贷款。投资管理公司设立的私募基金通常采用有限合伙的组织形式，在有限合伙企业中必须至少有一人是承担无限责任的普通合伙人，其余合伙人均可以是有限合伙人。普通合伙人是基金的管理人，是合伙基金的事务执行人，其他的有限合伙人不参与基金事务的管理，在私募基金中普通合伙人的角色由投资管理公司担当。当前在我国产业基金只能向确定的投资者发行基金份额，即产业投资基金只能采用私募基金的模式，通过非公开方式向少数投资者募集资金而设立的基金。由于私募基金的销售和赎回都是通过基金管理人与投资者私下协商来进行的，因此又称为向特定对象募集的资金。

根据清科集团清科研究中心资料，2010 年私募房地产投资基金表现活跃，业内将 2010 年称为中国私募房地产投资基金元年，2010 年全年共新募集房地产基金 28 支，环比上涨 180%，达到历史最高峰，其中披露金额的 26 支房地产基金募集资金总量达到 29.65 亿美元。2011 年上半年中国私募股权市场房地产投资基金新募基金 11 支，募资金额达 11.21 亿美元，具体见表 6-2。

表 6-2 可投资中国大陆地区私募房地产投资基金各年募资对比(2007—2011 年 H1)

| 年份 | 募资金额(美元) | 变化率 | 新募基金数(总) | 变化率 |
|---|---|---|---|---|
| 2007 年 | 9844.91 | | 14 | |
| 2008 年 | 6187.96 | -37.10% | 8 | -42.90% |
| 2009 年 | 5857.06 | -5.30% | 10 | 25% |
| 2010 年 | 2964.84 | -49.40% | 28 | 180% |
| 2011 年上半年 | 1121.35 | | 11 | |

## 6.5.2 房地产投资基金管理运作模式

房地产投资基金分类，一般来说，房地产基金可以分为以下几种形式。

(1) 开发型基金，投资于房地产开发公司或项目以实现高额回报。

(2) 投资型基金，基金汇集投资者的资金投资于房地产的基金，这种基金一般不直接从事具体房地产项目的开发，主要投资于房地产投资信托基金及已上市或即将上市的房地产开发企业等来实现间接的房地产投资。

(3) 资产运营型基金，以房地产投资信托基金为代表，即不进行项目投资活动，而是直接运作房地产资产，由此而产生基金效益作为基金回报。

房地产投资基金在房地产业务领域投资范围较广，既可以直接投资于好的房地产项目，又可以对房地产企业进行股权投资；可以对房地产项目进行全程投资，也可以对房地产项目进行阶段性投资；可以对房地产项目进行整体收购，也可以对房地产项目进行杠杠收购。可以对房地产购买持有获得物业租赁经营收益，又可以介入二手房交易市场。在资金空闲时期还可以投资于短期资金市场或进行证券投资，兼顾资金的安全性和流动性。

房地产投资基金的管理模式有两种，即投资基金自行管理模式和委托基金管理公司管理模式。

**特别提示**

自行管理模式是在有限责任公司制地产投资基金框架下普遍采用的管理模式，通常既设董事会又聘请职业经理人组织专业管理团队。

委托管理模式下，房地产投资基金不设经营管理团队，而是委托具有成熟投资理念和投资经验的专业投资管理机构负责投资经营管理，双方签订具有法律效力的委托管理协议，从而实现管理团队的机构化和专业化，并通过量化业绩报酬和管理费等标准建立激励机制和约束机制。

房地产投资基金的一般运作过程可分为筹资过程、投资过程和退出过程，而投资过程有交易发起和筛选、评估、交易设计、投资后管理4个阶段。

(1) 房地产基金筹集过程就是指基金发起设立的过程。由普通合伙人GP和有限合伙人LP构成，其中普通合伙人对合伙企业债务承担无限连带责任，有限合伙人以其认缴的出资额为限对合伙企业债务承担责任。GP负责企业的投资运作及日常管理，LP负责企业资金的监控。

(2) 寻找和筛选项目。“选择正确的投资项目远比经营管理投资项目重要”。

(3) 详细评估。一旦某一项目通过了初选，基金管理公司就对该项目进行更详细的评估。它涉及项目的市场潜力、资金状况、管理队伍、政策法规等多方面因素。

(4) 投资后的监管。

(5) 撤资退出。

### 6.5.3 房地产投资基金与房地产信托

房地产投资基金与房地产信托都是房地产企业的重要融资渠道，但两者却有所不同。房地产投资基金是指以房地产项目或公司为投资对象，在房地产的开发、经营、销售等价值链的不同环节，及在不同的房地产公司与项目中进行投资的集合投资制度。而房地产信托是指信托投资公司发挥专业理财优势，通过实施信托计划筹集资金，用于房地产开发项目，为委托人获取一定的收益。房地产投资基金与房地产信托对比见表6-3。

表6-3 房地产投资基金与房地产信托对比

| | 房地产投资基金 | 房地产信托 |
|---|---|---|
| 设立目的 | 满足投资人的投资需求 | 满足房地产企业的融资需求 |
| 信托实质 | 金融信托 | 实物信托 |
| 信托财产 | 资金 | 房地产 |
| 融资规模 | 投资门槛低，融资总额较大 | 有最低额度限制；信托合同不超过200份，每份不低于5万元人民币 |
| 资金投向 | 组合投资于多个项目 | 针对单个项目 |
| 投资风险 | 经营风险和证券市场风险 | 兑付风险，开发商以土地作抵押担保 |
| 投资期限 | 适合中长期房地产组合投资 | 适合短期优质房地产开发投资 |
| 收入来源 | 投资业绩 | 借款利息、股权收益权回购 |
| 收入分配 | 将绝大部分分配给投资者 | 预期收益率 |
| 投资者结构 | 机构投资者和中小投资者 | 俱乐部 |
| 流动性 | 可分割转让，上市流通 | 不可分割转让，借助于金融资产交易平台 |

**案例链接**

## ××××股权投资基金募集说明书

基金发起人：××集团

基金托管人：××银行××分行

基金全程律师：××律师事务所

基金管理人：××投资管理有限公司、××投资管理有限公司基金基本要素(表 6-4)。

**表 6-4 基金基本要素**

| | |
|---|---|
| 基金规模 | 3 亿元人民币 |
| 基金存续期 | 2.5+0.5 年 |
| 基金申购 | 起点金额：500 万元，超出部分以 50 万元的整数倍增加<br>承诺制(二次 CALL 投)；出资优先、时间优先，募集人数≤48 |
| 预计收益 | 预期总收益 40%～48%以上，预计年收益率 16%/年以上<br>预计每年分配 8%以上，期末还本并补足年收益 16%以上<br>有限合伙人的投资收益为基金的优先等级，普通合伙人为劣后，并承担无限风险 |
| 发起人认缴出资额 | ××控股集团作为本基金发起人，认缴 20%以上，作为基金的劣后收益人并为有限合伙人的本金收益提供补偿 |
| 投资项目 | ××集团控股××项目——在建优质项目、四证齐全、一期已预售、项目收益保证、抵押率高 |
| 管理费 | 年管理费率 2%(确保有限合伙人年收益 16%的前提下) |
| 基金发起人 | ××集团 |
| 基金管理人 | ××投资管理有限公司 |
| 托管银行 | ××银行××分行 |
| 律师行 | ××律师事务所 |
| 风险收益特征 | 本基金为中低风险、中高收益的房地产投资基金 |
| 规范安全的法律构架 | 严格监管制度<br>××市工商管理局严格审批<br>商业银行基金托管，确保资金的安全和收益的分配<br>引进专业第三方机构律师全程服务、专业会计事务所、评估机构 |
| 项目成熟、风险锁定 | 在建优质项目、四证齐全、一期已预售、项目收益保证、抵押率高<br>目标项目公司股权 100%质押担保(目标公司评估价值对应的投资本金的抵押率约 30%左右)，为基金投资本金和收益提供质押担保<br>××控股集团股权溢价回购担保保证，以保障优先受益人收益按时、足额的实现 |
| 预期收益补偿安排 | 预期总收益 40%～48%以上，预计年收益率 16%/年以上<br>××控股集团作为本基金发起人，认缴 20%以上，作为基金的劣后收益人并为有限合伙人的本金收益提供补偿<br>××控股集团为基金投资项目的收益承担股权溢价回购和担保，使得基金投资收益达到预期收益水平 |
| 发起人和融控股集团实力雄厚、风格稳健 | 房地产金融为核心业务的控股集团公司，具有超过 20 年的房地产开发经验，经营风格稳重、谨慎<br>国家一级开发资质等 |
| 卓越的管理团队 | 国家级房地产专家<br>曾担任国际投资机构、国内大型国有集团投资管理骨干的投资丰富的专业执行团队 |

### 1. 发起房地产基金背景

国内房地产投资额和销售额保持稳定高速增长。刚性需求推动下，房地产投资额、开工面积和销售面积均保持在20%的增长率；投资需求短暂地受到影响后，在刚性需求的推动下，销售增长率很快恢复；2010年，全国房地产销售面积达10.43亿$m^2$，产值5.25万亿元。

货币供应和居民储蓄的高增长和高存量是中国住房增量价值和住房存量价值快速攀升的主要动因。目前住房市场已经阶段性透支了未来需求，需要适度调整；但从发展角度看，国际比较显示中国住房价值存量仍然合理。低杠杆意味着对房价下跌的承受力强，而巨量存量资金也使行业调整或低于预期，我们认为经过1～2年小幅度调整，住宅行业将进入以改善性需求和中低价保障房同时发展的下一个10年。

货币供应量增加是过去7年房价上涨的主要因素，中国房地产市场自2003年开始经历了快速发展，2010年底较2003年房价涨幅为2.1倍，而同期货币供应量3.3倍，GDP涨幅2.9倍，居民储蓄存款2.9倍，可支配收入涨幅2.3倍。

房价是一种货币现象——货币供应增速近似等于房价增速与CPI之和，具体见表6-5。

表6-5　货币供应量与住宅价格年涨幅

| (2001—2010年) | 货币供应量年均涨幅 | 住房价格年均涨幅 | 年均CPI |
|---|---|---|---|
| 中国 | 18% | 9% | 2% |
| 美国 | 6% | 4% | 2% |
| 香港 | 7% | 7% | 1% |
| 韩国 | 9% | 5% | 3% |
| 英国 | 10% | 7% | 2% |
| 德国 | 4% | 1% | 2% |

注：上述增速为2000—2010年间的平均数。

### 2. 拟投资项目概况及投资计划

项目处于××市南门户核心区域，未来发展及升值空间巨大。项目紧临高铁城铁站前商务区，其高起点的规划及特殊的功能定位无疑拓展了本项目的想象空间。项目处于客流量高度集中的高铁站，高密度的人流量决定了项目具有极高的商业价值，项目基本情况见表6-6。

表6-6　项目基本情况

| | | |
|---|---|---|
| 占地面积 | | 9.7万$m^2$ |
| 总建筑面积 | | 29.24万$m^2$ |
| 地上建筑面积 | | 24.36万$m^2$ |
| 10幢6～11层住宅，4幢18～29曾给酒店公寓 | 多层、小高层 | 7.32万$m^2$ |
| | 酒店式公寓 | 12.76万$m^2$ |
| | 商业 | 3.7万$m^2$ |
| 地下建筑面积(车位580) | | 4.88万$m^2$ |
| 容积率 | | 2.5 |
| 建筑密度 | | 27% |

××项目属于“五证齐全”的在建项目，于2011年××月开盘，该项目土地出让金共计45508万元，楼板价约1556元/平方米，项目分二期开发。项目总投资约16亿元，实现销售收入约26亿元，投资回报率约63%。其中一期总投资额约8亿元，预计实现销售收入14亿元，总投资额8亿元，投资回报率约75%。

## 小　结

本项目主要包括房地产项目定价策划、项目权益融资策划、项目债务融资策划、房地产信托与投资基金等内容。其中，根据不同的定价目标，房地产定价策划可采取不同的定价方法与定价策略；在房地产企业权益融资部分，探讨了合作开发、上市融资的IPO、增资发行、借壳上市的概念、条件及流程；在房地产债务融资中，剖析了房地产债券的定义与分类、项目贷款与担保的流程；最后简略介绍了房地产信托与房地产投资基金的种类与运作现状等。

## 习　题

### 一、填空题

1. 房地产项目定价目标一般有利润最大化目标、______________、应付和防止竞争目标、______________等几种不同的形式。

2. 项目在定价时，需要同时考虑区位因素、____________、竞争因素、____________、购房者心理因素等，然后根据情况选择房地产企业的定价方法，房地产企业的定价方法主要有____________、需求导向定价、____________等。

3. 房地产合作开发的几种方式有合伙合作开发、______________、转移土地使用权合作开发、共同组建公司合作开发。

4. 债券按是否可以转换为公司股票划分，可分为______________和______________。

5. 房地产信托大致可以分为3类。____________直接投资并拥有房地产，其收入主要来源于属下房地产的经营收入。收益型房地产信托的投资组合视其经营战略的差异有很大不同，但通常主要持有购物中心、公寓、办公楼、仓库等收益型房地产。投资者的收益不仅来源于租金收入，还来源于房地产的增值收益；____________，主要以金融中介的角色将所募集资金用于发放各种抵押贷款，收入主要来源于发放抵押贷款所收取的手续费和抵押贷款利息，以及通过发放参与型抵押贷款所获抵押房地产的部分租金和增值收益；____________，不仅进行房地产权益投资，还可从事房地产抵押贷款。

### 二、选择题

1. 项目定价策略是指企业为了在目标市场上实现自己的定价目标所规定的定价指导思想和定价原则。以下定价思想和定价原则属于时点定价的有(　　)。

A. 折扣和折让定价　　B. 低开高走定价策略

C. 高价策略　　D. 差别定价　　E. 购房心理定价

2. 上市融资是指通过公开发行股票并在证券交易所上市从而筹集资金的融资方式。按是否首次公开发行，可分为(　　)。

A. 公开发行　　B. 首次公开发行股票IPO
C. 境内上市　　D. 借壳上市　　E. 境外上市

3. 借款合同是指当事人约定一方将一定种类和数额的货币所有权移转给他方，他方于一定期限内返还同种类同数额货币的合同。其中，提供货币的一方称贷款人，受领货币的一方称借款人。借款人权利主要有(　　)。

A. 未按约定用途使用借款的，可停止发放、提前收回或解除合同
B. 检查、监督借款使用情况
C. 请求按合同约定的期限、数额交付贷款
D. 可提前还款
E. 依合同约定的用途使用借款

4. 目前我国国内的房地产信托与REITS主要区别的有(　　)。

A. 标准化程度差异　　B. 回报率上的差异
C. 运作方式差异　　D. 周期时间差异　　E. 风险差异

5. 按法律地位划分，投资基金可分为(　　)。

A. 公募基金　　B. 契约型基金
C. 公司型基金　　D. 私募基金　　E. 封闭式基金

## 三、问答题

1. 查找资料并获得一个房地产全程营销案例，指出其定价目标、定价方法、定价策略。

2. 查找资料各指出IPO、境外上市、借壳上市的房地产各一家，根据所学概念、原理进行分析。

## 四、实训项目

杭州市某核心区域项目地块，其基本规划指标见表6-7。

表6-7　某核心区域项目

| 土地面积 | | 主要规划指标 | | | | |
|---|---|---|---|---|---|---|
| $m^2$ | 亩 | 用地性质 | 容积率 | 建筑密度 | 绿地率 | 其他 |
| 13333 | 20 | 商业用地 | 5 | 45% | 15% | 限高100m |

某房地产开发企业甲以楼面价1万元/$m^2$获取该块土地，即土地总价66665万元。综合考虑各项因素，写字楼预期销售均价3万/$m^2$(目前市场比准价格在2.6～2.8万/$m^2$，考虑未来增长预期及楼盘整体品质的打造，项目写字楼销售均价到3万/$m^2$)。

现该房地产开发企业欲与另一家房地产开发企业乙进行合作，拟合作方式为共同组建新的项目公司进行本项目的开发，假设甲企业已经成立项目公司丙，并且通过丙已经支付60%的土地款。

(1) 对该项目的合作进行分析。

(2) 若本项目经过初步规划设计，拟规划物业为写字楼54165$m^2$，商业9000$m^2$，大堂及物业配套3500$m^2$。经市场调查，预计写字楼预期销售单价3万元/$m^2$，商业3.375万元/$m^2$。项目开发建设成本合计5832.4元/$m^2$，营销费用、管理费用分别为项目总销售额的1%。对本项目进行开发贷款分析。

# 项目 7

# 房地产项目推广策划

## 教学目标

通过本项目学习，掌握房地产项目常用推广媒介种类和特点，掌握房地产项目广告策划的分类，掌握房地产项目定价方法；熟悉项目广告创作和文案写作的要素，熟悉房地产项目定价策略；了解项目广告策划和房地产项目案场管理要求。能运用推广策划理论与方法，针对具体项目选择合适的推广媒介，撰写项目推广方案，分析评价具体项目的广告策划和定价策略。

## 教学要求

| 能力目标 | 知识要点 | 权重 |
|---|---|---|
| 掌握房地产项目常用推广媒介 | 推广媒介种类和特点 | 15% |
| 掌握房地产项目广告策划 | 广告种类、策划要点 | 15% |
| 掌握房地产价格推广 | 定价方法　价格策略 | 10% |
| 熟悉房地产广告文案 | 广告细分　文案要点 | 15% |
| 熟悉项目公关策划 | 公关策划内涵　成功要素 | 10% |
| 掌握项目 SP 策划 | SP 活动　SP 策划要点 | 10% |
| 掌握房地产项目推广费用测算 | 推广费用构成　费用测算 | 10% |
| 了解房地产项目案场管理 | 项目案场管理内涵　要点 | 5% |
| 掌握推广策划实施效果评价 | 评价方法　评价内容 | 5% |
| 了解推广内涵 | 推广概念　本质　方式 | 5% |

## 导读

推广是指卖方向消费者或用户传递产品信息的一系列宣传，说服活动。通过这些活动，帮助人们认识产品的特点和性能，引起他们的注意和兴趣，激发他们的购买欲望和购买行为，从而达到扩大销售的目的。推广的实质在于沟通，如图 7.1 所示。

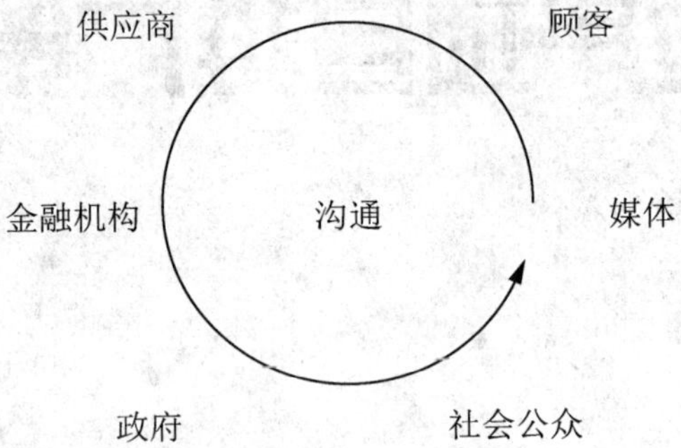


**图 7.1　沟通示意图**

广告、销售促进、人员销售、公共关系是推广的 4 种方式。

市场推广在整个房地产项目的经营活动中有着重要的作用，是房地产的物化产品转换为资金的关键环节，市场推广的效果直接影响到开发项目的销售进度和效益，并且由于其影响的广泛性和延续性还会对项目品牌甚至企业品牌产生重大影响。市场推广的目的是通过一定的推广渠道将开发项目的信息有效地传递给目标消费者并促使其理解和接受，最终产生购买行为。

房地产宣传推广是房地产营销环节中直接面对客户的第一战，是企业向外界传播产品信息的重要环节，更是房地产企业执行战略的关键战术手段。卖点、广告、渠道和现场体现是房地产项目推广策划的主要内容。

# 7.1　房地产项目推广渠道

### 案例导入

中海地产的中海·兰庭位于成都市高新南区大源居住组团，毗邻新会展中心，如图 7.2 和图 7.3 所示分别为项目区位图和开盘推广图。

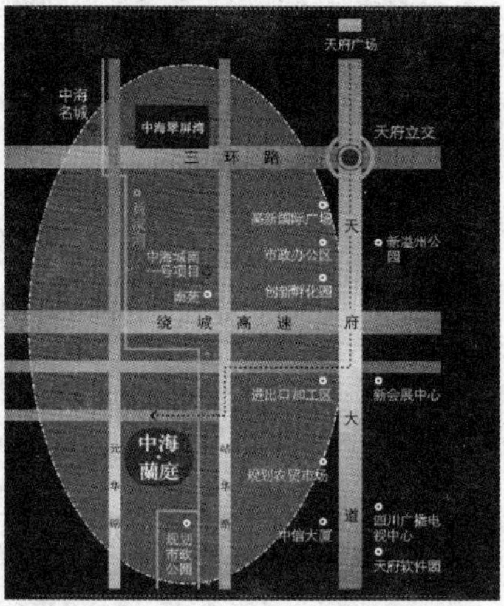


图 7.2 项目区位图

图 7.3 开盘广告

请问：本案营销策划中开盘推广策划的目的和推广媒介？

## 7.1.1 房地产项目推广渠道概述

一个项目想要成功地完成销售，就要寻找愿意购买项目的客户，我们不知道客户在哪里，而客户也不知道哪个楼盘是符合自己需要的，于是渠道就产生了，而我们的任务也随之出现，如何把渠道一条条地摸清楚，如何去创造我们需要的渠道，如何去打通渠道，这些就组成了房地产项目的推广渠道。

**知识链接**

推广渠道主要指报纸、平面广告、宣传资料等信息传递的通道。推广渠道是信息的物质载体，也是辅助活动的作用中心。市场推广活动中，推广渠道是信息传递的途径，它的组合是否合理直接影响到信息传递效果，因而对推广渠道的管理也成为市场推广的工作重心。

### 1. 项目推广媒介分类

如今的房地产推广渠道市场已经非常地成熟，各种各样的媒介对应着各类不同的推广渠道，种类非常繁多，运用起来的效果也不尽相同。这些媒介就像武器一样，每种武器有着各自的特长和效用，如何合理地组合运用，最快最精准地找到适合项目的推广渠道，成功寻找到项目的目标客户群，从而圆满地完成销售任务，这是所有房产策划者所要深入研究的重要任务。

在开始作战之前，首先要了解各类武器，全面掌握其特性和效果，知己知彼，方能百战不殆。纵观市面上的各种媒介，按照传播的面来分，可以将其分为大众媒介和小众媒介。按照传播的效果来分，可以将其分为短效媒介和长效媒介。

所谓的大众媒介，即是指传播途径广泛，传播面广的媒介，而小众媒介则相对应的宣传面较小，但是针对性强的媒介，具体细分如图 7.4 所示。

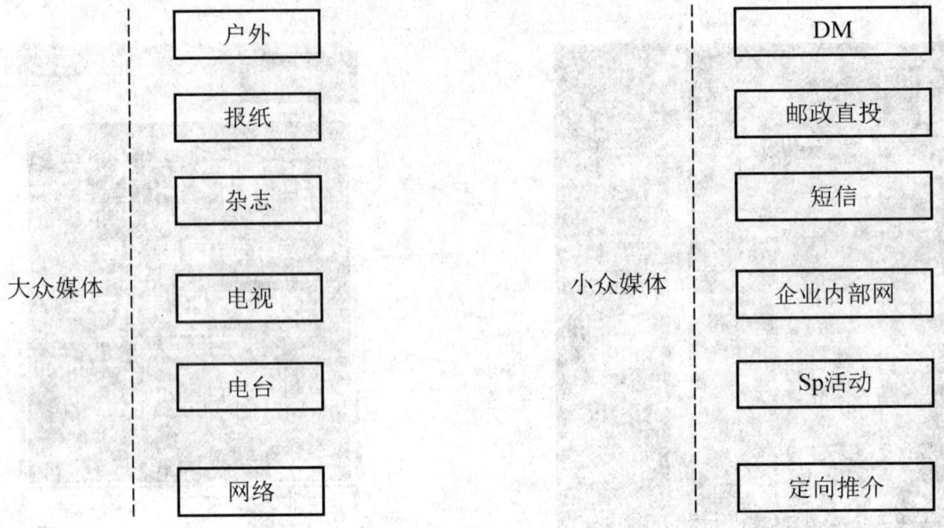


图 7.4　按传播面分类的媒介

短效媒介就是指效果持续期短，以短期内爆发效果为主。而长效媒介则效果持续期较长，效果比较平均，以逐渐积累为主，如图 7.5 所示。

图 7.5　按传播效果分类的媒介

**特别提示**

案例导入中问题解答：开盘推广策划的目的是积累客户，强调开盘信息和加深产品卖点及优惠截止信息；选择的媒介是平面媒体，即报纸和杂志。

2. 项目推广常见媒体

1) 户外

户外广告是指长期定点存在于户外的宣传广告，目前市面上常见的户外广告的表现形式有户外广告牌(又称高炮广告牌)、围墙、道旗、横幅、LED 点子广告屏幕等。户外广告牌有着存放时间长，宣传面广，表现面积大的优势，是房产项目推广最常见的手段之一。户外广告牌多用于项目营销的最初阶段，一般从项目施工开始就可以投入推广，户外广告主要以宣传项目的形象为主，多以广告画面创意为主传播点，其效果以培养项目知名度，吸引社会大众眼球为主要目的，是项目最初的亮相推广。当然随着项目营销阶段的推进，户外广告也会逐渐进行更换变化，以便配合其他各种媒介宣传，如图 7.6 所示。

图 7.6　户外媒介

**特别提示**

户外广告是房地产项目常见推广手段，其优点是醒目，受众面广，尤其是闹市区的户外广告。但费用较高，杭州市区户外广告牌一般 60 万元/块。

2）报纸

报纸是传统的主流媒介，一般房地产推广在报纸方面分为硬广和软文两类，硬广就是以画面类的形式出现进行宣传，而软文则以文章的形式，通过文字来进行宣传表达。一般在大城市中，报纸推广是项目推广中最常用手段之一。报纸作为传统媒体，具有覆盖面广，公信力强，传播度深的优势，相比户外广告，报纸面积虽小，但是可以通过文字的叙述宣传，将项目各种卖点深入浅出地传播给阅读者，让其较深入地了解项目的具体卖点和优势，使其产生购买欲望。当然报纸媒体与户外广告有着非常巨大的差别，那就是报纸是一个短效性的媒介，它的效果往往在1～3天内全部释放完毕，不像户外有着长期宣传的稳定性，如图7.7所示。

地产报道 东南商报 B02

奥运年

谁将成为大宁波商务市场的弄潮儿？

——鄞州新城核心商务圈崭露头角！

【项目优势】

图7.7　报纸媒介

3）杂志

杂志与报纸一样，都是平面类媒体，杂志没有报纸那么广的覆盖面，但是杂志比报纸分类更加精准，画面更加的精美，针对的读者群体也更加明晰。所以杂志这类媒介兼顾了大众和小众媒介双重优势，如果运用得好，会有意想不到的效果，但是由于杂志兼顾大众小众，相对来说效果也叫平均，并且市场上各类杂志良莠不齐，无法准确地评测其效果，所以往往被作为报纸的辅助配合媒体。房产项目在杂志推广上更多选择的是一些以楼市为主的专业类杂志作为辅助。如图 7.8 所示为浙江省房产《楼市》杂志封面。

图 7.8　杂志媒介

**知识链接**

报纸、杂志等传统媒体通过单一的视觉、单一的维度传递信息，相对于电视、互联网等媒体通过视觉、听觉等多维度的传递信息，而称作平面媒体。电视、网络等称作立体媒体。

4）电视

电视媒体作为动态媒介，可以通过画面、声音形象直观地对客户进行宣传，然而电视媒介在以往的房地产项目推广中却并不常见，原因是相对应的广告创意，以及动态表现水平无法全面地去表现房产项目，同时电视对应的客户群体较杂乱。而随着科技和思维的不断拓展，三维高宣传动画、创意广告，以及电视媒体本身专业性的栏目创新，让电视媒介的宣传效果不断地加强。同时，随着生活水平的提高，房地产成为人们主要的投资领域，电视在房产推广中越来越普遍，很多电视台成立有专门的房产栏目直至专门的房产频道，全天候播报房产相关信息，内容涵盖房产新闻、楼盘信息、装修、验房、家居等，如图 7.9 所示为杭州电视台房产电视频道。

图 7.9 电视媒介

5）电台

电台媒介在大城市中运用非常广泛，而且非常受开发商的青睐，其最主要的优势在于电台媒介针对人群强，且覆盖面广。众所周知，现在会收听电台的人大部分都是私家车主或的士司机，而上下班高峰期间，路上车堵，私家车主选择收听电台的机率非常的高，而私家车主基本都具有一定的收入水平，属于中产阶层，正是购买主力人群，所以进行电台媒介推广能够迅速准确地对购房主力人群进行宣传，如杭州交通广播 FM93 交通之声的“丁建刚房产时间”。

**特别提示**

随着私家车的普及，集交通时讯、新闻、房产等与民生紧密相连的电台综合栏目将越来越受欢迎，成为传播房产信息的主要渠道。

6）网络

网络是继传统主流媒体之后的一个新兴媒介，并且随着时代的进步，其影响力越来越巨大，房地产项目推广应该说在网络媒介中发展得非常成熟，其广告形式也非常的多样化，常见的有动态条幅广告、软文新闻类广告、专题性广告、网上展示中心宣传、业主论坛等，网络媒体结合了报纸平面类媒介和电视动态类媒介等多种媒介的特征，可以全面地进行组合运用，可以将项目信息全方位地展现给浏览者，并且还能与之形成互动，收集客户信息。并且随着各种专业性网站的出现，例如搜房网，新浪楼市等，网络媒体已经不仅仅是单纯的宣传性媒介，它更多的承载了楼市的观察分析者角色，如图7.10所示。

图7.10 网络媒介

7）DM

DM是宣传单页的统称，DM推广方式其实是由专人派发宣传资料的。这种推广方式普遍运用于各个行业，有时候我们经常可以在大街上收到派发员递过来的宣传资料。然而在房地产项目推广中它更多运用于一些特定展会或者特定场所，这是由房地产项目的高价值和高目标性所决定。较为常见的DM发送场所例如房交会、项目展示中心等，DM单页不仅是一种宣传媒介方式，它更多的是一种销售资料道具，如图7.11所示。

图 7.11　DM 媒介

8）邮政直投

邮政直投是邮政系统开发出来的一种商业信函推荐媒介，邮政系统利用自身庞大的数据库，将房地产项目的 DM 装入信封内，然后进行大规模的投递。这种媒介有着非常精准的到达率，并且能够对数据库进行细分，可以根据特性进行筛选挑选投递人群，是较为常见的小众推广媒介，如图 7.12 所示。

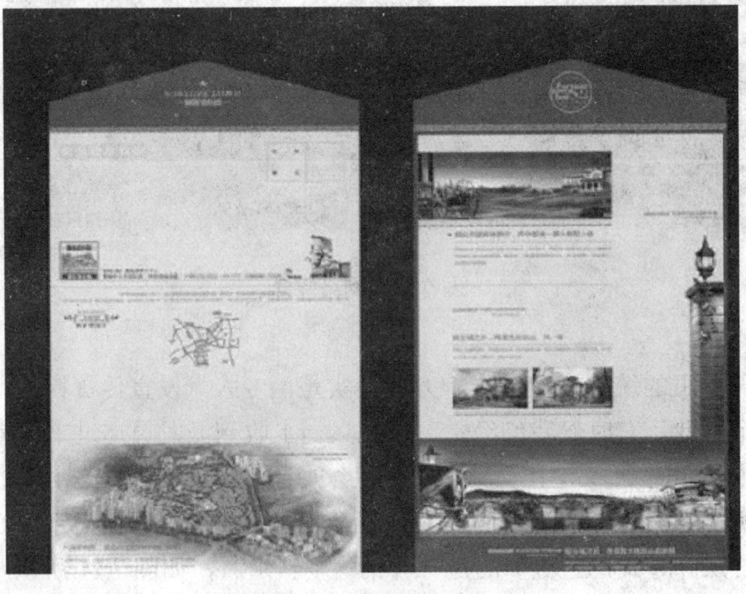

图 7.12　邮政直投媒介

**知识链接**

## 硬文、软文与夹报

顾名思义，硬文是相对于软文而言的，软文是把广告很含蓄地表达在一些新闻里或者一些其他类型的文章里；而硬文是指通过文章的形式，在文章中进行直接性的产品表达，基本没有加以掩饰和隐藏等，是直接性地针对产品进行全方位的或者是特定的目标进行描述、展示和表达，从而达到宣传等的目的。而“硬性广告”指那些视觉上非常直接的广告，例如一些横幅广告、户外广告、招牌等广告形式，硬性广告部是一篇纯粹的文章，它即使出现在文章里也是通过其他方式体现出文章内容，而不是直接以文章的形式进行宣传、推广、展示。

夹报广告是一种价格合理、信息丰富、印刷精美、受众广泛的新型广告媒体。即把客户的广告宣传页，以 1+1 投递的方式，夹在报纸里面，随着报纸送到客户指定范围内广告对象手中。如图 7.13 软文、硬文和夹报广告。

(a) 软文

(b) 硬文

(c) 夹报图

**图 7.13 软文、硬文和夹报广告**

9) 短信

短信群发是小众媒介中运用最多、效果最好的媒介，短信数据库目前已经非常的成熟，其可以按照不同的特征进行细分筛选，例如话费、号码段等。短信有着比邮政直投更高的到达率和更精准的客户细分，是房产项目迅速准确地寻找到目标客户群的主力利器，并且由于其投入成本较低，具有非常高的性价比，适合运用于房产项目推广各个营销节点。

10）企业内部网络

该渠道一般是指开发商自身所积累的资源，开发商在开发项目过程中牵涉到非常多的行业，慢慢就会形成一个庞大的关系网络，包括企业内部员工往往也是目标客户群体，而一些大型开发商经过长期的项目开发积累，往往都会组建自身的客户俱乐部，积累大量信任度极高的客户群体。所以，利用好该渠道，在项目营销之初进行内部销化，往往能够为项目的销售开好头。如图 7.14 所示德信控股集团企业网络图。

图 7.14　德信控股集团网络图

11）Sp 活动

SP 活动是项目推广中不可或缺的一个重要推广手段，且具有非常多样的形式表现，可以运用于项目营销的各个环节，例如促销活动、主题活动、客户回馈活动、业主联谊活动等，并且 sp 活动还可以与社会媒体进行合作联合举行，是开发商培养企业品牌知名度和项目知名度的最有效推广手段，并且 sp 活动也是最能与客户拉近距离的推广媒介。但是 sp 活动，也是众多推广手段中最为复杂和最难掌控的，成功地运用好 sp 活动，能够事倍功半，但是有的时候，一些不恰当的 sp 活动，也会起到反效果。如图 7.15 所示为常见 sp 活动方式。

图 7.15　业主联谊会

12) 定向推介

定向推介与企业内部网络刚好相反，它是一个外部渠道的挖掘，它是指开发商主动与一些商会、团队，或者其他行业的俱乐部进行联系，然后进行产品展示或者举办许产品推介会，例如与一些高端汽车品牌的车主会员团体联系，开展会员活动进行推介，与一些高尔夫球俱乐部进行联系合作，开展一些商业活动等，定向推介的优势就在于直接与目标客户接触，是一种主动出击，寻找客户的营销手段。

其实每种媒介的选择和运用都逃不出两个前提，是否适合项目的定位；是否能够吸引的到项目需要的目标客户群体。只有清楚项目自身的特性和客户的需要，才能选择好对应的媒介，从而挖掘出推广渠道。而随着时代的发展，更多新兴的媒介将会不断地涌现，而常用的媒介也会因日益泛滥，失去效果。所以也只有不断地了解研究新事物，才能在日趋激烈的竞争中，抢占市场，获取成功。

**特别提示**

在房地产项目推广策划中，要注意以下几点，以提高推广渠道的有效性。

(1) 结合渠道特点进行媒介投放。

(2) 关注项目本身与渠道运用的契合度，如高端物业与普通物业对渠道运用的差异；

(3) 关注项目进展程度与渠道运用的契合度，如开盘期、预售期、交付期等对渠道运用的差异。

(4) 关注渠道的性价比，即渠道投放汇报与费用之比。

## 7.1.2 房地产项目营销渠道策略

简单地说，营销渠道就是销售通道，连接开发商和消费者之间的通道，即通过何种途径销售房地产商品。

### 1. 营销渠道分类

按照有无中间商的介入，可以分为直接销售渠道和间接销售渠道，如图 7.16 所示。

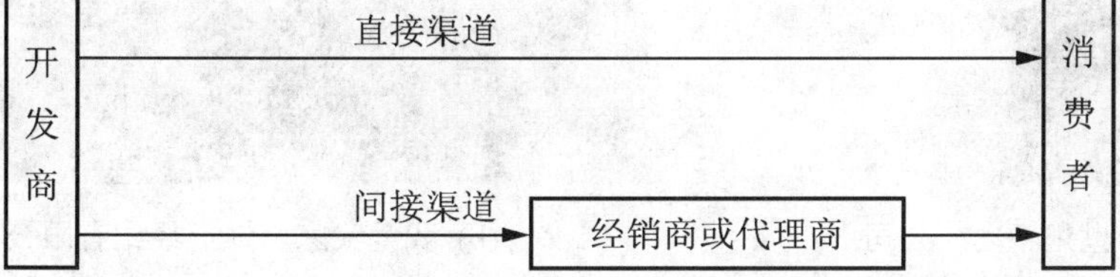


图 7.16 房地产项目营销渠道

(1) 直接渠道。直接渠道是指房地产企业利用自己的销售部门对房地产商品进行直接销售，而不通过任何中间环节的销售方式。直接渠道销售策略关系到企业能否将产品及时、顺畅地销售出去，也关系到企业的销售成本和盈利水平，而选择直接销售策略对于房地产开发商收集房地产市场信息，树立企业信誉等有着特殊的作用。直接渠道销售最常见的媒介是售楼处和房展会，如图 7.17 所示。

图 7.17　房地产项目直接营销

**特别提示**

直接渠道优势:

① 直接销售能够直接面对客户，掌握客户需求。

② 直接销售能够维护开发商的品牌。

③ 直接销售能够对销售节奏和价格走向进行有效控制。

④ 直接销售可以节省销售佣金，克服消费者的心理障碍，降低消费者购房成本。

(2) 间接渠道。间接渠道是指房地产开发经营企业将其拥有的房地产委托给房地产中介机构，如房地产代理商，而由他进行租售活动的一种营销方式，如图 7.18 所示。

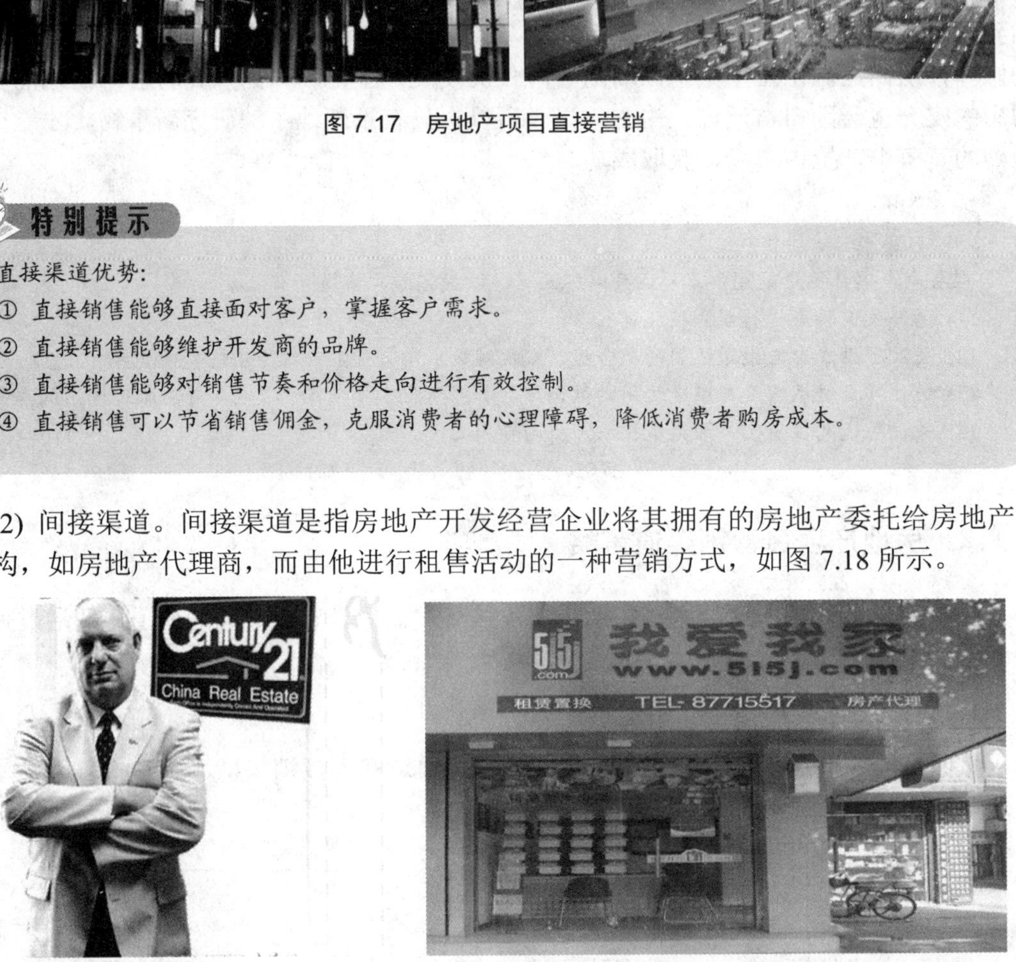


(a) 21 世纪不动产公司　　(b) 我爱我家房地产经纪有限公司

图 7.18　房地产营销中介机构

**特别提示**

间接渠道优势:

① 间接销售可以整合社会资源。

② 间接销售有利于发挥营销专业特长。

③ 间接销售有利于开发商集中精力，缓解人力、物力、财力的不足，重点进行开发、工程方面的工作。

(3) 混合渠道。房地产项目直接渠道和间接渠道销售各有优势和缺点，鉴于此，近年来在直接渠道和间接渠道基础上建立了混合渠道，即联合一体营销渠道。混合渠道的建立旨在集中发展商和代理商的优势，避免单纯直接营销和间接营销的不足，其成功的操作关键在于开发商和中间商真诚相待，利益共享，同时依赖于中间商高超的专业素养和优良的职业道德。

**特别提示**

随着房地产市场的成熟化，间接营销渠道和混合营销渠道越来越被开发商所重视并积极尝试。

## 7.2 项目广告策划

**引例**

我们在上一节中讲述了各种项目的推广渠道，如果说各种推广媒介是武器的话，那么房地产广告策划，就是装入各种武器内的子弹，一个项目的广告策划究竟需要哪些子弹呢？

项目广告策划可以分为两大类。

(1) 项目文案广告创作。

(2) 项目形象广告设计(VI 视觉系统)。

它是企业按照一定的预算方式，支付一定的费用，通过一定的媒体把商品信息传送给广告目标顾客的一种推广方式。

**知识链接**

广告促销是房地产开发企业为了实现企业的整体目标，以付费的形式，通过一定的媒体把房地产产品以及服务广泛告知顾客的方式。

房地产广告具有广泛性、区域性、针对性的特点，在房地产开发周期需配合项目建设进展周期，连续不断传递相关信息。房地产广告综合体现了开发商、设计单位、建筑商和代理商的实力和素质。

### 7.2.1 项目文案广告创作

文案是属于房地产营销的范畴，包含推广、策划、营销等方面的文案，包括楼书上的文字撰写、户外/媒体/其他途径的广告上的文字撰写，是一项综合性的工作。

一个文案是一系列的工作，包含主题，主广告语，次广告语等。它通过最少最好的语言，来概括整个楼盘的特征。

一个项目的广告策划，首先开始于文案创作，如果把广告策划比做一部电影的话，那么文案就应该是一个导演，一个编剧。

那么项目文案广告创作又包括哪些部分呢？具体可以分为以下几点。

### 1．项目案名创作

在拿到一个新生项目后，我们要做的第一步就是给它想个名字，就如刚出生的婴儿一样，赋予它一个名字，就如给予一个项目生命一样。当然项目的案名不可以随便乱取，它有以下几点要素原则。

(1) 好记，便于上口。

(2) 能够凸显项目的最佳优势。

(3) 与项目建筑风格相符。

(4) 不可过于夸大。

一个优秀的案名，能够让一个项目出彩不少，市场上出色的案名众多，例如万象城、星河湾、城市芯宇、碧桂园等。

### 2．项目主题定位

在案名确定之后，接下来就是确定项目的主题定位，这就如孩子有了名字，父母开始为孩子的未来进行策划，该把孩子培养成一个怎么样的人呢？项目主题定位就是确定项目的整体形象包装的基调、主推的优势卖点、未来主要针对的哪些目标客户群体，进而给项目明确一个方向。

**案例说明**

某楼盘以“龙城”命名，龙图腾是项目推广主题之一，如图 7.19 所示为龙形水系：作为一种龙图腾的抽象应用方式，可在小区内部使用，可对整体景观起到一个连续性的作用。

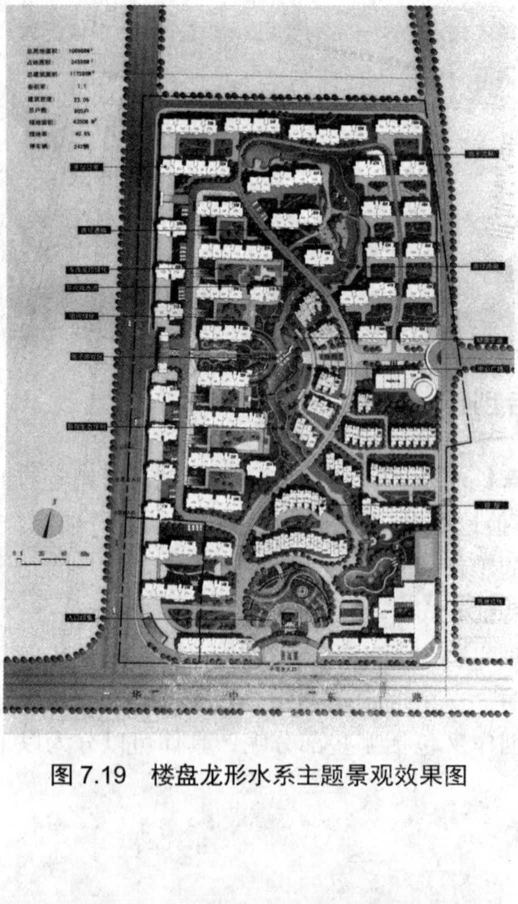

图 7.19　楼盘龙形水系主题景观效果图

### 3. 项目卖点提炼

有了主题定位，有了目标方向后，接下来就是将项目的各个卖点进行细化提炼，深入的去挖掘项目的每一个可以利用的卖点，然后将其放大整理。例如项目的地段优势、自然环境优势、建筑风格优势、建筑品质优势、内部景观优势、户型设计优势、价格优势等。这一阶段是丰满羽翼的过程，也是深入了解项目各个方面的过程，必须要做到与项目亲密接触。

**特别提示**

考虑卖点的角度主要有品牌、概念、性能和服务。

**知识链接**

房地产项目卖点提炼技术路线如图 7.20 所示。

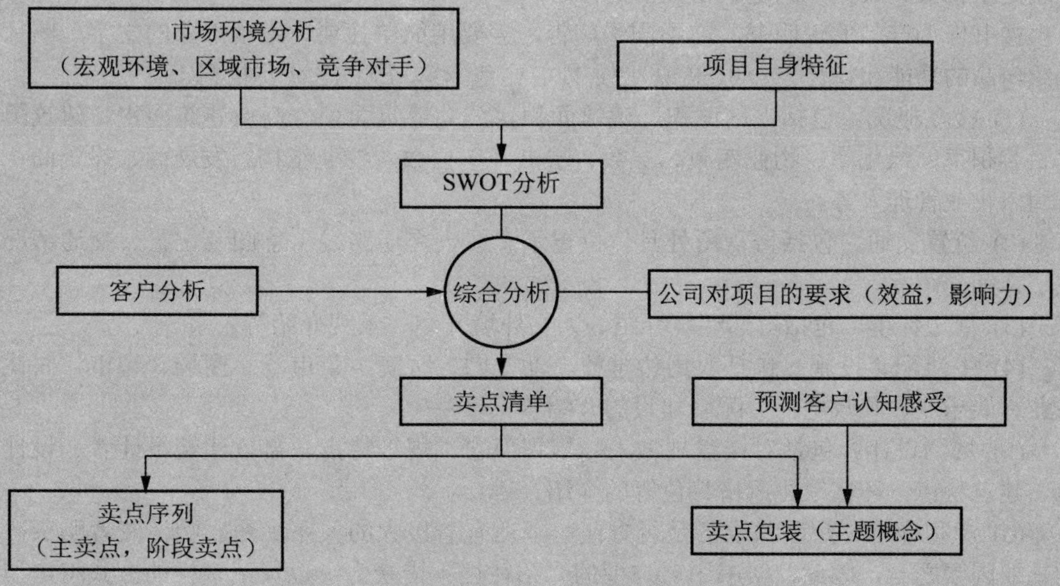


图 7.20 项目卖点提炼路线图

### 4. 项目楼书创作

**引例**

如图 7.21 所示为房地产项目楼书，随着房地产市场的成熟与发展，楼书设计与制作越来越精致，其中不乏优秀独特的创作，那么，楼书创作必需的要素有哪些呢？

图 7.21　房地产项目楼书

楼书是房地产开发商或销售代理商宣传楼盘、吸引购房者的重要资料，是房地产广告的一种重要形式，它较大众媒体上的房地产广告和销售宣传资料更为详实和丰富。因此，楼书可以说是项目广告策划中的一本大纲指引，是将项目的案名、主题、卖点全部凝聚成一体的表现，在楼书中可以完全地了解项目所有的信息和优势，了解项目的格调性格，以及项目的主题广告语。所以楼书是一本纲领，它是项目所有的文字主题和画面表现的集合体，是一个系统的中枢。如果说前面可以比作婴儿的成长期，那么楼书的创作就是项目长大成人，确定人格性情的标志。

楼书作为产品的说明书，它不同于广告，需要用简单扼要、生动形象的文字、图片来介绍产品的功能和特征。一般来说，楼书主要包含以下一些重要信息。

(1) 楼盘概况。包括占地面积、建筑面积、公共建筑面积、商业建筑面积、建筑覆盖率、容积率、绿化率、物业座数、层数、层高、车位数、物业结构、发展商、投资商、建筑商、物业管理人等。

(2) 位置交通。包括楼盘所处具体位置示意图、交通路线示意图及位置、交通情况的文字详细介绍等。

(3) 周边环境。包括自然环境介绍、人文环境介绍、景观介绍等。

(4) 生活配套设施。包括对周边学校、幼儿园、医院、菜市场、商场、超市、餐饮服务业、娱乐业、邮政电信等配套建设的介绍等。

(5) 规划设计。包括对楼盘规划人、规划理念、规划特点、楼盘建筑设计者、设计理念、建筑特色、环艺绿化风格特色等的介绍。

(6) 户型介绍。户型与生活是否方便、舒适有着极大的关系，是影响消费者购买决定的重要因素之一，因此，楼书中对户型的介绍往往不惜余力，以灵活多样的方式将户型特色、户型优点“悉数”展示。

(7) 会所介绍。作为全新生活方式下的产物，以及能提升楼盘整体品位的重要组成部分，会所在近年的房产市场中受到越来越高的重视，会所功能、会所设计概念、会所服务细则也因此在楼书中有所介绍。

(8) 物业管理介绍。物业管理即楼盘的售后服务，随着市场的发展，人们对物业管理日益重视，对物业管理的要求也越来越高。物业管理人背景、物业管理内容、物业管理特色也作为吸引购房者的重要内容在楼书中详细介绍。

**特别提示**

引例中问题解答：房地产项目楼书必备要素有案名、开发商(或发展商)、楼盘简介(含户型和景观图)、联系电话和必要的法律条文。

同时，它应具有以下特点。

(1) 与楼盘和整个宣传风格相一致。

(2) 印刷精美，图文并茂，品位和品质感强。

(3) 充分展现楼盘和套型的优点。

(4) 详实介绍产品位置、配置配套、周边情况，信息丰富、准确。

(5) 售楼地址、电话、发展商、设计单位等内容齐全。

(6) 电子楼书的制作与发布要与纸质楼书风格、内容等相统一，同时便于浏览及进行意见反馈。

**知识点滴**

电子楼书是将各种不同媒体、不同格式的信息有序合理地组织在一起，通过互动参与的方式，将信息最有效地传达给用户，最大化用户的购房欲望。电子楼书与纸质楼书最大的区别在于：用户了解信息的过程中，是被动还是主动地参与进行信息交换。鉴于楼书对于销售的促进作用，我们会越来越关注楼书的策划与制作。

**特别提示**

随着电脑制图技术和彩印技术的飞速发展，如今的楼书制作得相当精美，尤其是对于预售商品房来说，电脑制图技术可以说是发挥到了极致。然而，楼书越精美，可能距离楼盘的实际状况也就越远。购房者一定要冷静分析其中所包含的大量的楼盘信息，客观评价，审慎抉择。

### 5. 项目各类细分广告创作

有了楼书后，后面的工作就变得很有逻辑性，你只需要配合营销节点，放大楼书中的某一个部分，进行细化的广告创作即可。例如，前期的形象广告，你只需要将主打广告语进行衍生细化；开盘的销售广告，你只需要根据市场情况，将项目某一个优势单独进行细化阐述，进行宣传。所以说创作楼书是一个纲领，那么后续的各类广告创作就是细化纲领，让其逐一展现丰富的内容的工作。如图 7.22 所示预定广告和夹报广告两种项目细分广告。

(a) 预定广告

(b) 夹报广告

图 7.22　项目细分广告

### 7.2.2　项目形象广告设计

项目广告策划，光有文字还不能称作广告，广告是文字与画面的结合，所以在文案的配合下，设计师进行具体的形象画面表现，一个项目的形象广告设计也有这么几点：

(1) 项目 logo。

(2) 项目的标准字，标准色，整体基调。

(3) 各种应用道具的设计(名片、纸袋、信笺等)。

(4) 楼书、户型册、单页的设计。

(5) 各类广告画面设计。

其实前几点的广告设计，在设计上可以统称为 VI 系统，VI 系统是企业的视觉识别系统，包括基本要素(企业名称、企业标志、标准字、标准色、企业造型等)和应用要素(产品造型、办公用品、服装、招牌、交通工具等)，通过具体符号的视觉传达设计，直接进入人脑，留下对企业的视觉影像。

各种广告设计，基本上是与文案创作相一致的，在文字创做的基础上，进行画面创作，最终组合成一体，完成项目的广告策划，然后按照营销节点进行逐一的运用展现，经过运作后，我们可以充分发现项目的广告策划会形成一个系统的宣传表现，这样才会让效果产生组合效益，让客户形成深刻印象，达到购买欲望。所以一个成功的项目广告策划，经过一段时间运作后，回过头来看应该是条理清晰的、步步为营的、逐层推进的。反之，如果一个项目表现出来的广告条理混乱，又或者每个阶段都有一个主题，看不懂的重点究竟在哪里，像没头的苍蝇到处乱撞，那么这个项目的销售也会表现得扑朔迷离，缺乏基础。

# 7.3 项目销售策划

**案例导入**

金成房产集团在闲林湿地的精致小户型项目——金成·闲林山水-金装小舍全国首创开放式“智囊定价体系”，设立“金成·闲林山水-金装小舍”首期开盘价格评估委员会。其委员会成员将通过社会公开方式推举专家学者、行业主管、兄弟房产企业以及市民代表共计 30 人。其中，专家学者代表 5 名，由行业协会推举；行业主管代表 5 名，由专家学者代表推举；兄弟房产企业代表 8 名，由行业主管代表推举；市民购房者代表 12 名，由搜狐焦点杭州房地产网公开甄选、推举。

项目销售策划顾名思义就是如果去完成项目的销售，如果前两项工作任务是开战前的战略研究的话，那么销售策划就是实打实战斗中战术运用了。销售策划是销售经理以及营销总监的工作范畴，主要体验在销售方面，并且直接反映销售成绩，它主要包含定价策略、销售控制策略、销售推盘策略、营销手段策略、销售培训和案场管理。

## 7.3.1 项目定价策略

项目的定价是一个复杂的计算工作，它要考虑到非常多的因素，如开发过程中各个层面的成本、预期的利润收益、区域市场的均价比、竞争对手的价格体系、项目自身的优劣价差等。项目的定价一定要符合目标客户群的需求，过低会导致利润的流失，过高会导致客户的流失，影响整体销售，所以项目定价是销售环节中非常重要的工作，那么如何能够合理的完成销售定价呢，我们需要了解定价的几大原则。

### 1．预估好开发成本

开发成本非常复杂，这里牵涉了预决算的知识范畴，作为销售策划，我们其实并不需要非常精确的数字，我们只需要对开发成本有一个预估，开发成本大致可以分为土地成本(一般换算成楼面价)、建造成本、财务成本、营销成本、人员成本等。一般做预估都是以楼面价为基础，然后将各个成本费用换算成每平方米单价，进行累计，这样可以粗略地预估出开发成本单价。

### 2．了解目标利润

对于目标利润，每个开发商都有自身的预期和计划，作为一个销售经理或营销总监，你必须要了解公司对于项目操作的预期利润，然后以此作为基础进行定价研究，进行适当的调整修正。

### 3．摸清区域市场价格

房地产项目受地段的影响大，所以其价格也充分反映地段，了解清楚项目所处区域的市场价格，是对于项目定价首要的修正要素之一，当然这并不是要求项目的价格需要和区域均价一致，你可以高于区域均价，也可以低于区域均价，关键是要找准项目在区域内的定位，并在价格中得以体现出来。

4．了解竞争对手价格

假如项目周边有非常明显的竞争对手，那么它的价格体系对于项目的定价是非常好的参考，并且可以深入地分析其价格所带来的销售情况，多方面地了解，便于项目进行定价和制定销售策略。

知识链接

房地产项目的价格确定，常见方法之一是选取周边竞争楼盘作为可比实例，用市场比较法计算得出项目的均价，然后结合市场形势制定价格策略。如上海某写字楼项目和可比实例的各项指标如图 7.23 所示。

| 可比项目 | 销售均价 | 地段 | 品质 | 交通 | 配套 | 物业 | 品牌 | 综合得分 |
|---|---|---|---|---|---|---|---|---|
| 金豪大厦 | 16000元 | 7 | 4 | 6 | 5 | 3 | 3 | 28 |
| 海银国际 | 31500元 | 9 | 8 | 8 | 9 | 7 | 6 | 47 |
| 宝华大厦 | 17000元 | 6 | 4 | 6 | 4 | 4 | 5 | 29 |
| 虹桥银都 | 19500元 | 8 | 8 | 6 | 6 | 5 | 5 | 38 |
| 中关村科技 | 15000元 | 5 | 4 | 5 | 4 | 3 | 4 | 25 |
| 大众金融大厦 | 17500元 | 6 | 3 | 5 | 4 | 4 | 4 | 26 |
| 财富时代大厦 | 16000元 | 6 | 5 | 6 | 4 | 3 | 5 | 29 |
| 汇智大厦 | 27000元 | 8 | 6 | 7 | 7 | 7 | 6 | 41 |
| 本项目 | | 5 | 7 | 6 | 5 | 5 | 5 | 33 |

图 7.23　市场比较法各项因素图

图 7.23 用市场比较法通过对影响写字楼价值因素的比较，得出本项目销售均价应在 19817 元/m$^2$ 左右。以市场比较法计算，以目前市场在售或近期售罄的写字楼价格作为可比案例，通过对影响写字楼价值因素的比较，得出本项目销售均价应在 19817 元/m$^2$ 左右。但项目初期因区域形象差、项目知名度不高等原因，为快速聚集人气，建议入市均价在 18000 元/m$^2$，根据去化率逐步调整均价。按照市场比较法价格定位方法所得结果，结合本项目目前所处区域未来空间以及市场同类产品稀缺性，建议本项目销售均价定于 20000 元/m$^2$ 比较合适。

特别提示

随着房地产由卖方市场逐渐向买方市场转变，房地产项目的价格制定必须依据市场现状和未来发展，开发商不是定价的唯一。

5．确定均价，价格系数

经常多方面的定价修正后，我们可以大致确定一个项目均价，有了均价后，我们还需要将价格细分到每幢楼、每层楼、每套房，这就需要我们有一个价格系数数，便于计算。

价格系数是定价过程中的一个辅助计算的系数，它并不是固定不变的，也没有任何的公式定义，决定它的数值因素非常多，具体有这几个因素。

(1) 项目中每幢楼的位置优劣。着重反映是否沿街，是否有景观、楼间距、楼高等。

(2) 每层的价差。楼层价差计算往往取中间楼层，然后按照一定的系数往上递加，往下递减。

(3) 每户的价差。每户的价格差，是以一层楼层均价为基础，按照每户的朝向、景观、户型作为依据进行修正，一般最明显的是朝向差别和边套中间套差别。

**特别提示**

土地的不可移动性决定了房地产商品的唯一性，即没有相同的物业，所以房地产商品不存在统一的价格，常常表现为一房一价。

### 6. 制定价格走势策略

有了整套价格系统后，还需要考虑价格的走势再进行一定的修正，价格走势策略往往有以下几大操作思路。

1) 低开高走

低开高走就是项目的最终定价基本符合区域市场、主要竞争对手、客户心理价位的价格，甚至还会略低一点，待开盘后根据销售情况逐渐上调。这种定价走势策略是目前市场上比较常见的，这样做的好处在于比较具有调整的余地，而且能够增加项目的性价比，保证开盘的销量，是一种比较稳健的定价策略。

2) 平开

平开的意思就是与区域价格一致开盘，即不低于、也不高于市场均价。平开多用于充分了解清楚目标客户群的心理价位，以及市场情况，讲究速战速决，一般多用于项目需要快速回笼资金时候采用。

3) 高开

高开就是指定价高于市场均价，高于客户心理价位，这是种追求利润最大化的定价策略，具有高风险性，但如果成功，将会一举拉伸市场均价，刺激市场，成为区域市场内的领头羊，一般多用于市场上扬期，且项目品质较为高端，有硬件、软件支持。

**特别提示**

案例导入中应用了以消费者的认知价值、需求强度及对价格的承受能力为依据，以市场占有率、品牌形象和最终利润为目标，真正按照有效需求来策划房地产价格的定价方法。

此种方法可以说是定价的发展趋势，重点体现了房产的营销学价格，体现了买方市场的定价策略。

## 7.3.2 销售控制策略

销售控制就是指对于出售房源的控制，一般推盘都以位置价差、户型价差的房源先推，越好的房源越留在最后推。这种控制往往是和定价策略以及工程进度相对应的，这样做的好处能够最大化地完成销售率，因为项目前提是广告投入力度最大，客户的意向性也最强的，同时价格相应是较低的，所以前期先消化相对较差的房源，然后逐渐推出更好的房源，一可以调整价格，二可以吸引客户购买欲望。反之，就会遇到前期卖得很好，后期就无人购买的困境。另外销售控制还体现在楼层的控制，比如保留一些好的楼层、好的户型，这种一般都运用在商业项目，从而满足一些大客户的需要。当然销售控制并不是完全按照这些规律进行，销售控制是随着市场变化以及相关情况不断调整的策略。它的核心目的就是追求利润最大化。

### 7.3.3 销售推盘策略

销售推盘是指项目的开盘节点计划制定以及后续的推盘节奏控制，当然项目开盘还与工程进度和预售许可证申领进度有关，作为销售策划，我们需要做的是根据工程进度和预售证申领的进度，制定出合理的全局推盘节奏计划，将整个销售周期进行重点的节点划分和工作安排。

**1. 项目蓄势期**

即在开盘前进行客户积累，通过一些广告的宣传，吸引客户关注，进行市场调查，了解客户需求，为开盘进行相关的信息数据积累，便于及时进行调整。蓄势期一般为3～6个月左右，该时期一方面是为开盘前做准备，另一方面是对市场客户的摸底，蓄势期必须要打好坚实的基础，这样项目开盘才会非常顺利，可以说大部分的营销工作都在这个时期进行。一个项目能否开好头是非常关键的。

**2. 开盘期**

即开始进行销售，一般来说现在项目开盘就是把前期积累的客户进行统一消化的过程，这个过程是客户意向最为明确，购物欲望最为强烈的时期，这个过程往往需要销售到项目一半以上的房源，否则，项目就会拖入被动。

**3. 持续销售期**

持续销售期是开盘期的一个效果延续，一般到了这个周期，项目各方面的运作已经进入轨道，以日常接待客户为主，逐渐消化房源。

**4. 尾盘销售期**

尾盘销售即为项目的收尾期，一般当一个项目完成90%以上的房源销售，即算进入尾盘销售，这个周期一般多以口碑化营销为主。营销工作也从销售转入客户后续服务和项目交付工作中来。

### 7.3.4 营销手段策略

项目营销手段其实非常的广泛，它包括广告策略、销售策略等。销售策略可以分为销售方式和销售手段。

### 1. 常见的销售方式

1) 坐销

坐销是目的房地产项目最为常见的销售方式，即以展示中心为基础，通过广告宣传，等待客户上门的方式。

2) 直销

直销即直接销售，主要形式为开发商成立销售部门，通过沙盘、楼书、广告、样板房、房展会和网络等宣传方式销售开发的增量房地产商品。

售楼处是直接销售最重要的场所，主要功能是展示楼盘形象、客户洽谈，以最大可能促成交易成功。常见的还有电话营销，专员营销，展会营销等。

3) 分销

分销也称间接销售，它是指开发商和消费者之间通过中间商进行房产品的销售。即房地产开发经营企业在自己销售的同时，将其拥有的房地产委托给房地产中介机构，而由其进行租售活动的一种营销方式，分销代理多为中介机构所操作，如我爱我家、裕兴不动产有限公司等知名房地产中介机构。

**特别提示**

目前我国房地产行业增量房产主要采用直销方式，存量房产主要采用分销方式。知名中介机构趋向于增量房产的代理销售。

### 2. 销售手段

促销是销售中最直接的手段。促销存在于各个行业，而且非常的常见，它是很多商家惯用的手段之一。但是在房地产项目的营销中，促销则变得非常的特殊。因为房地产是一种特殊的商品，具有一定的保值升值特性，并在目前高房价的市场环境下，促销变得非常的敏感，一旦进行促销，会给项目带来价值下降的严重影响，那么，在房地产销售中就真的没有促销了吗？聪明的房地产销售精英们早就破解了这一困惑。

**知识点滴**

促销即促进销售，其实质是沟通，和消费者的沟通，以提高消费者对产品的兴趣和认同。促销策略是指房地产开发企业，以人员或者非人员的方法，把有关房地产商品的信息传递给消费者，帮助或说服消费者购买房地产商品，从而实现企业整体营销目标的一种手段。

促销目的：知晓、喜欢、确信和购买本产品，其主要促销方式为广告、人员推销、公共关系和销售促进。

**特别提示**

房地产的促销往往会穿着美丽的外衣，吸引着你的眼球。我们可以把这种促销叫做变相促销。目前市场上就存在着非常常见的几种变相促销形式，例如存多少钱可以抵用多少钱，购房送车，购房送旅游等，实际上变相促销就是在不改变价格的前提上，转换其他的方式来给购房者优惠，促销在市场低迷期是最好的拉动销售的手段，但是它也是把双刃剑，如何能够隐蔽地进行促销，是当前市场行情下房产销售中的重点课题。

### 7.3.5 销售培训

销售培训是销售策划最基础的一项工作，它看起来非常普通，但是有的时候它会决定项目的成败，销售培训主要包括以下几个方面。

(1) 房产专业知识培训。

(2) 区域市场情况培训。

(3) 项目基本情况培训。

(4) 房产政策法规培训。

(5) 销售流程培训。

(6) 销售技巧培训。

(7) 接待礼仪培训。

销售培训的关键在于让销售员充分地理解项目的情况，以及项目所处区域的情况，并且了解销售的定位和策略。然后能够运用相关的销售技巧去进行销售，一个成功的销售必然有一支高效的销售团队，而经过细致完善的销售培训后的团队，必然会与项目的性格品质相一致，从而形成合力。

**知识链接**

销售技巧培训主要包括

1) 销售人员的基本素质(穿插案例)

(1) 销售人员的定位与职责。

(2) 销售代表的成功因素。

(3) 销售人员的3种心理素质。

(4) 销售人员成功要点分析。

2) 销售人员的销售技巧(穿插案例)

(1) 电话销售技巧。

(2) 现场销售技巧。

① 客户进门、了解客户需求、介绍产品。

② 谈判技巧。

③ 话术技巧。

④ 销售应变的八大技巧。

⑤ 销售跟进技巧。

⑥ 销售说服技巧。

售楼只是一种活动，需要有人去实现它。这个人，就是售楼员。可见，售楼员所从事的工作，就是作为开发商与客户沟通的桥梁，既要帮助开发商将他们生产出的商品—房子推介给客户，又要帮助客户将他们的需求信息反馈给开发商，让开发商开发出最适合他们需求的房子来。具体而言，售楼员处于这样的角色之中。

1. 企业的销售人员

销售员首先是一名销售人员，你销售的产品就是房屋以及附于房屋上的其他利益，包括社会地位、生活文化等。

2. 客户的置业顾问

购房涉及很多专业知识，如地段的考察、区位价值的判断、同类楼盘的比较、户型格局的评价、建筑结构的识别、住宅品质的检测、价值的推算、面积的丈量、付款按揭的计算及合同的签署、产权办理等。凡此种种，对于一个缺乏经验的消费者来说，想从一个门外汉变成一个专业的购买者并非易事。所以，销售员不但是一名销售人员，还必须是一位资深的置业顾问。即使销售员是刚入行的，也起码要接受过公司的系统培训或通过自我学习而比客户具备了更多的置业方面的专业知识，销售员必须能为客户提供一些参考性的置业建议，从而引导客户购房。

3. 企业的形象代言人

作为销售人员，销售员是企业对客户的最前线，直接与客户进行接触，而且更多是面对面的接触，你所呈现给客户的工作作风、专业技能和服务意识，无不充分体现出企业的经营理念、价值取向及企业文化。因此，你的一举一动、一言一行，在客户的眼中就代表着企业(品牌)的形象。

4. 企业和客户信息沟通互动的桥梁

在售楼过程中，销售员通过与客户面对面的沟通，一方面把企业的品牌信息传递给消费者，另一方面又将消费者的意见、建议等信息传达给企业，以便企业改进产品和服务。

5. 企业决策信息的提供者

提供市场和消费者的反馈意见，是企业经营决策的参与者。

### 7.3.6 案场管理

案场是指进行场次销售的工作场所，一般指项目展示中心，案场管理是一门管理学，它包括对人的管理和对场所的管理，案场管理也体现着销售策划各个细节。

案场管理主要内容如下：

(1) 排班管理。

(2) 考勤管理。

(3) 现场销售流程管理。

(4) 销控管理。

(5) 销售人员职责、任务分配。

(6) 销售人员工作规范。

(7) 销售人员业绩考核。

案场，是地产企业营销人员的现场工作场所，也是企业与客户直接面对面的场所。案场人员的一举一动、一言一行，既事关公司形象，又直接关乎成交能否达成。案场管理的水平与效果将直接影响项目销售的成败。而成功的销售策划的项目，它的案场一定是非常井井有条的，而且摆放着各种销售道具，营造出最佳的案场氛围，让客户进入后就会产生浓厚的购买欲望，这些都是案场管理的效果。

**典型案例情景分析**

某开发公司有两个在售的项目，且相距不远，但是销售成绩却截然相反，一个热销，一个却滞销，表 7-1 是某策划公司对项目进行调研的案场情况调查表，我们可以从中进行相关的分析。

**表 7-1　案场情况调查表**

| | 楼盘 A | 楼盘 B |
|---|---|---|
| 案场硬件 | 案场装修非常精致，样板房也非常的诱人 | 案场装修较亲切，样板房装修较一般 |
| 案场气氛 | 比较沉闷，让人想睡觉 | 购房气氛浓厚，感觉比较轻松 |
| 服务态度 | 服务较到位，细节方面很贴心 | 服务到位专业 |
| 接待礼仪 | 比较散漫，不够大方 | 积极性强，较亲切 |
| 销售过程 | 专业水平不强，销售措词没有感染力，模式化销售 | 专业水平还可以，比较亲和 |
| 客户跟进 | 反映很慢，很难与其沟通交流 | 较能和客户交流 |

**特别提示**

从上表我们可以对比看出两个组团在案场实际的销售过程中的区别，我们认为销售员的个人感染力和团队的整体销售气氛，是导致销售情况不一致的一个很重要的内因。

**【分析】**

从上述案场调查情况来看，这两个案场明显存在着区别，根据该策划公司的小结，归纳出销售团队的感染力和销售气氛不强是影响销售的内因，从这点我们可以看出，这就是在进行我们上述讲到的工作任务三中的销售策划，案场管理的好坏，往往会在细节上决定项目销售的成败。

## 7.4　项目公关策划

**案例导入**

万科地产客户俱乐部，简称万客会，1998 年成立于深圳，是万科集团于国内首创的房地产企业客户俱乐部。多年来，万客会致力于在“让万科理解客户，让客户理解万科”的基础上建立理性、对等、双赢的与客户间的供求交流方式。

万客会会员目前遍布全国 25 个城市，已经有逾 14 万名会员。作为万客会会员，以获邀参与万客会组织的各项精彩会员活动，优先参观万科新项目，参与万客会不定期组织的各种团购及消费优惠，获得购房优惠，了解最新时尚资讯等。在提供服务的同时，更为万科积累了大量潜在客户，营销作用明显。

可以说万科的万客会成为了宣传企业文化和理念，充分利用公共关系策略的平台。

**特别提示**

项目的公关策划实际上就是与客户之间的交流和沟通的策划，它存在于每个营销周期。

### 7.4.1 房地产公关策划概述

#### 1. 房地产公关策划内涵

房地产公关策划，即房地产公共关系策划。“公共关系”一词源于英文 Public Relations，简称 PR，也可以译作“公众关系”。公共关系主要要素是社会组织(主体)、传播(手段)和公众(客体)。公关或公共关系策划一般涵义是社会组织(政府、企业等)通过信息传播，以一定的方式和活动协调、发展、完善与公众的关系。房地产公共关系是指房地产企业通过各种公开活动，使社会广大公众理解企业的经营方针和宗旨，加强企业与公众之间的联系，在社会上树立企业的信誉。公关主要目标有的是树立良好的企业形象，有的是化解危机，总的来说就是为了企业获得和谐的内外部环境。

房地产公关策划和广告策划相比，公关策划具有双向沟通的特征。房地产广告发布信息明确，传播广泛，但广告发布者与接受者信息的反馈有一定的限制，双向沟通有相当的阻碍。公共关系活动信息传播反馈性强，便于企业与公众的双向沟通，容易达成双方的信任、谅解、默契。房地产营销公共关系中顾客是基本公众，但还包括其他方方面面的公众。它涉及方方面面的关系，牵连到方方面面的利益，需要方方面面的相助。房地产营销在多维复杂的营销环境中应该运用良好的公共关系，与方方面面保持沟通，促使企业与社会公众相互之间的理解和合作，从而使营销业绩更上一层楼。

#### 2. 房地产公关策划的基本特征

1) 以长远为方针

房地产营销中，企业与公众建立良好的关系，楼盘的信息有效地在公众中传播反馈，楼盘最终得到顾客认可并决定购买，所有这一切，都不是一日之功所能达到的。房地产营销公关策划是一种持续不断的过程，它是一种战略性的长期工作。成功的获得并非一朝一夕的努力，也不是一曝十寒的推广。

2) 以真诚为信条

房地产营销公关策划需要奉行真诚的信条。企业传播楼盘的信息必须以真实为前提，企业与公众的沟通必须以诚恳为基础，任何虚假的信息传播、任何夸大的沟通方式都会损害企业和楼盘的形象。唯有真诚，才能取信于公众，赢得合作和认可。

3) 以互惠为原则

房地产营销公关策划，力求形成良好的公众关系，它不是靠血缘、地缘或空洞说教来维持，而是以一定的利益关系为纽带。企业在公关活动中既要实现自身的目标，又要让公众得益，包括精神和物质的利益。只有企业和公众互惠互利，与公众各方面的合作才能长久圆满。

4) 以美誉为目标

房地产营销所有的工作最终目标指向都是为了卖楼，但就某一部分的工作来说又有自身特定的目标。公关策划信息传播和双向沟通的主要目标是树立企业所推出的楼盘的美誉度，不是直接卖楼。所谓楼盘美誉度指楼盘具有良好营销形象，普遍受到公众的赞誉。楼盘美誉度的建立和楼盘的知名度、印象度是紧密联系的。所谓楼盘的知名度，指楼盘在公众中的知晓程度。楼盘的印象度指楼盘在公众中的印象，包括大致上的认识和感受。在楼盘知名度、印象度的基础上才有可能产生楼盘的美誉度。房地产营销公关策划在提高扩大楼盘知名度、印象度，特别是提升楼盘美誉度方面有特殊的功效，有利于促销。

3. 房地产公关策划的作用

公共关系对房地产推广具有强烈支撑作用。公共关系是房地产推广过程中的重要资源。公共关系也是房地产推广活动中重要的社会实践。公共关系是房地产企业与相关公众的互动。这种互动不仅会给双方带来良好的效益，还会在社会的各个方面发挥重要作用。房地产企业的公关活动可以建立和保持企业与各类公众的双向沟通，及时向社会公众传播企业相关信息，争取公众的理解与支持，强化与公众的联系，塑造良好的企业形象，扩大企业和品牌的认知度，提高企业和品牌的美誉度。此外，由于公共关系活动常常是以新闻形式出现的，所以对社会公众的影响显得真实而可信，从这点上来说，公共关系活动可以奠定房地产企业的信誉度。

**特别提示**

Kotler 将市场营销的 4P 理论拓展为 6P，其中就有 Public Relations(公共关系)，可见公共关系策略在现代营销中的重要性。

### 7.4.2 SP 活动策划

**知识链接**

SP 是英文 Sales Promotion 的简称，译为销售促进，也有将其译为营业推广或销售推广。SP 是西方商界最常用的缩略词之一，有以下不同的定义。

(1) SP 是人员推销、广告和公共关系以外的，用以增进消费者购买和交易效益的那些促销活动，如陈列、抽奖、展示会等非周期性发生的销售努力。美国市场营销学会(AMA)

(2) SP 是刺激消费者或中间商迅速或大量购买某一特定产品的促销手段，包含了各种短期的促销工具，是构成促销组合的一个重要的要素。国际营销大师菲利浦·科特勒

(3) SP 是对消费者提供短程激励的一种活动，以诱使其购买或消费某一特定产品。美国时代广告代理公司 CEO。

狭义的 SP 定义可确切为：“在给定的时间和预算内，在某一目标市场中所采用的能够迅速产生激励作用，刺激需求，达成交易目的促销手段和措施。”

SP 活动是房地产项目的一种非常有效的推广渠道，它的操作核心其实就是一种公关策划，活动只是表现形式而已。那么 SP 活动应该有哪些与客户之间的公关呢？

1. 主题是否恰当

活动的主题是否能够吸引到客户，这决定着活动是否能够成功的关键，也是与客户公关的前提，这就需要去了解客户的心理，从而制定出符合客户心理需要的活动主题。

2. 是否可以操作

这点是公关策划中经常会犯错的地方，有很多活动主题都很好，方案做得非常的漂亮，而且评测效果也非常的好，但是仔细一算就发现根本不能操作，一个可行的 SP 活动需要考虑到成本投入，操作难度。所以在 SP 活动的策划中最忌异想天开，不切实际的空想。这就需要我们要深刻的记住，要以客户为准，要贴近生活。

3. 是否能产生效果

这点也是很多活动容易遗忘的要点，也是公关策划经常犯的错误，很多活动举办得很成功，通过公关策划后与客户建立了良好的关系，但是结果，销售却没有任何的起色，这就是犯了只顾场面好看，不顾效果的错误。要知道，任何的活动的目标，就是最终能够促进销售，所以成功的活动，不仅仅是表面好看，更重要的是产生效果，这是商业活动的核心。

**特别提示**

SP 策划的误区如下。

(1) 认为 SP 就是促销活动的全部。其实 SP 只是与人员推销、广告及公共关系并列的四大基本促销手段之一，只是构成促销组合的一个重要方面，而非全部。

(2) 对 SP 活动和广告活动不加区别。国内众多企业将 SP 促销的费用混同在广告之中，而没有像外企那样在营销管理中将广告与 SP 区别开来，分开管理，这是一种营销意识和观念上的差异。SP 与广告是两种不同的促销工具。两者的特征、出发点、财务和政策都有所区别。广告与公共关系用于建立和巩固品牌形象，SP 则用于短线促销，效果要求立竿见影。

### 7.4.3 客户服务策划

**案例导入**

绿城园区生活服务体系，是一套以满足人的身体、精神需求为出发点，通过提供包括健康、文化教育、生活三大服务系统，进而不断持续影响和提升园区业主生活品质的综合全面的服务体系，是园区物业管理的升级换代，更是房产品价值的延展和提升。

园区生活服务体系建设，结合精品工程的营造，是绿城对房产品价值标准及其创造的全新认识。目前，绿城已将该体系作为产品价值营造中一项创造新的价值举措，已完全融入于项目开发的全过程。其主要包括 5 个阶段：①服务硬件规划(项目规划阶段)；②服务硬件建设(项目营造阶段)；③服务体验推广(项目营销推广阶段)；④服务运营筹备(项目交付阶段)；⑤服务持续提供(项目交付后实施阶段)。

园区生活服务体系业已在全国 100 多个不同品类绿城项目中得以全面推广和实施。各项目已将健康服务中心、颐乐学堂、“四点半”学校、园区食堂等特色服务设施作为体系标准服务硬件得以配套，初步实现了各项目园区服务对业主服务需求的全覆盖。

绿城园区生活服务体系自创建以来，得到了政府及社会各界的关注和支持，尤其是广大客户的高度认同。2007 年，“绿城园区生活服务体系”作为唯一的企业案例，与其他全国优秀的城市管理案例一并获得“中国城市管理进步奖”；2010 年 5 月，作为国家住建部重大研究课题顺利通过国家级验收，成为国内首创、领先的房产开发及服务模式。

如图 7.24 所示绿城园区服务体系全方位体现了现代客户服务理念，不是简单的“作秀”，是对每一位绿城客户的关怀，是服务公关的真实展现。

图 7.24　绿城园区服务体系

客户服务是一项非常细致的公关，这种公关已经不是像 sp 活动那样的前期公关了，而是一种后续服务的公关，过去的开发商销售完项目后往往就不管了，而现在越来越多的开发商意识到了后续客户服务的重要性，现在很多的俱乐部的出现，正是体现了客户服务，客户服务公关最主要的目的是维护好客户与开发商之间的感情，增加项目的附加值。从而使得开发商的品牌效益增加。

在竞争激烈的房地产市场中，企业是客户生存的基础，根据客户需求提供房地产产品，通过改善产品和服务质量增强客户满意度，成为房地产企业取得竞争优势的重要手段。房地产企业实现客户关系管理的最终目标是：挖掘潜在客户价值、提高服务质量、提高利润、降低成本、扩大市场份额。

知识链接

### 客户关系管理

客户关系管理的概念由全球最著名的IT分析公司Gartner Group首先提出，并于1993年形成了比较完善的体系，它是在“客户满意”的基础上进一步发展起来的。

客户关系管理的理论基础来源于西方的市场营销理论，市场营销的理论方法深刻地影响着企业的经营观念以及人们的生活方式，而客户关系管理的目的表现在最大限度地提高客户满意度和保证客户忠诚度。工业经济时代是以“产品”生产为导向的卖方市场经济时代，产品生产的标准化及企业生产的规模大小决定其市场竞争地位，企业管理最重要的指标就是成本控制和利润最大化。生产力的发展，导致商品的极大丰富并出现过剩，使客户选择空间明显增大，客户的需求也开始呈现出个性化特征。为了提高客户满意度，企业必须准确把握客户需求，迎合客户个性化需求，为客户提供便捷的购买渠道、良好的售后服务和经常性的客户关怀等。当前一些先进企业正在经历着从以“产品为中心”向“客户为中心”的重点转移，不但注重服务中的客户满意，更注重与客户建立长期的业务关系。客户关系管理实质上是经营理念的升华，也是企业在市场竞争加剧的条件下，遵循市场发展规律的必然选择。

特别提示

众多房地产开发企业成立了客户(包括现实客户和潜在客户)俱乐部，继万科“万客会”后，绿城的“绿城会”、德信的“德客会”等也相继成立，表明了房地产企业对客户关系管理的日益重视。

## 7.4.4 危机公关

危机公关存在于各个行业，而目前的房地产行业中对于危机公关并没有太多的重视，这就是为什么房地产是投诉率最高的一个行业的原因，因为很多开发商没有重视危机公关，只有少数大型企业才有危机公关的策划。危机公关是指与客户产生矛盾，发生纠纷时，进行的应急公关处理，这种公关重点反映在处理方式、责任承担、重新建立信赖关系等。危机公关也是一种公关关系学，但是它并不是一种突出产生的公关，而是一种长期进行培育的公关策划。也就是说危机公关是建立在长期的公关效果之上的一套处理系统。危机公关应对原则主要有以下5种。

(1) 预测的原则。对楼盘潜在问题、客户反映的意见等进行认真分析，预测可能发生的各种危机，小心防范，争取将它们消灭在萌芽状态。

(2) 及时处理的原则。分析危机的背景和症结，根据情况，快速成立危机处理小组。调查客户和公众卷入危机的现状和发展趋势以及传播途径，制定相关预案分析总结解决危机的条件、方法，与当事人沟通的形式、途径。

(3) 真实真诚原则。

(4) 缓和矛盾的原则。避免冲撞，努力缓和对立，特别是不要和新闻媒介对立。

(5) 形象修复的原则。利用危机公关，争取平息风波，挽回影响，并将坏事变为好事。

## 7.5 房地产项目推广费用

案例导入

某项目 4 月份媒体投放与投放分析见表 7-2，若 5 月份销售目标是成交 50 套，预算费用为 55 万元，请问 5 月份广告费用如何进行合理预算？

表 7-2 某项目 4 月份媒体投放费用和成效一览表

| 媒体 | 来人 | 来电 | 成交 | 4 月份广告实际发生费用 |
|---|---|---|---|---|
| 报纸 | 100 | 150 | 25 | 30 万元 |
| 电视 | 25 | 20 | 4 | 10 万元 |
| 户外 | 70 | 80 | 15 | 25 万元 |
| 已来人或已购客户转介绍 | 20 | 28 | 10 | — |
| 工地现场 | 40 | 12 | 5 | — |

注：4 月没有发生实际费用。

### 7.5.1 房地产项目推广成本构成

就房地产销售推广来说，推广的费用通常遵循着一定的分配规律。一般来说推广预算应该在楼盘销售总金额的 3%～5%范围内。房地产项目推广成本一般包含以下部分。

1. 资料费

资料费是指房地产项目制作所需的费用。主要包括：设计制作楼书(或宣传册，含纸质楼书和电子楼书)；设计制作录像带或光盘；设计制作展示板，通常有户型图、小区规划图、区位图、环境和生活配套实景图文、项目各种效果图、项目简介、装修标准说明以及设计制作手提资料袋、宣传品、礼品等。

2. 模型费

模型费是指开发商为项目设计制作模型所需的费用。主要有小区总体规划布局模型、建筑物单体模型、分户平面模型等，如图 7.25 所示。

(a) 小区总体布局模型　　　　(b) 单体模型

图 7.25　模型图

### 3. 样板房和售楼处费用

样板房费用包括样板房的设计、建造和装修装饰费用等。这里的建造费用是指在房地产项目施工现场外搭建的样板房所发生的费用，而在产品施工现场内的毛坯房用于样板房建设时，则仅计算设计和装修装饰费用。售楼处费用包括售楼处设计、建造和装修装饰费用，这里的售楼处是指长期用于项目展示和销售的售楼处，不包括在房展会、房博会等搭建的短期销售场所。

**知识链接**

## 售楼处

售楼处是营销工具的组成部分，是项目信息的展示场所、传递项目价值的载体和促进销售成交的工具。售楼处的设计建造需满足接待、展示和售楼的营销活动功能。其设计主要分为以下 3 个功能区域。

(1) 核心功能区，满足接待、展示、洽谈和签约功能。

(2) 提升功能区，体现放映、休闲和儿童游戏功能。

(3) 辅助功能区，满足办公、财务、卫生间和储物功能。

如图 7.26 所示某项目售楼处设计实景图。

图 7.26　售楼处设计实景图

4．广告费

广告费是指市场推广时用于产品形象宣传所需的设计、制作与发布费用。主要包括：新闻媒体(报刊、广播、电台、电视等)广告费用；户外广告、路牌广告、项目现场围墙广告、公交车体车载广告等广告费用；展销会参展费用；邮寄广告费用和公众信息网络广告费用等。

5．销售管理费

销售管理费包括：销售人员工资、福利和奖励费用；现场专用销售车辆费用；租用场地费用；工作人员差旅费和业务招待费用等。

6．中介服务费

中介服务费是指委托中介服务机构进行的市场调研、价格评估、营销策划、销售代理等所支付的费用。

**特别提示**

随着消费者购房行为的渐趋理性，开发商要吸引消费者，其营销推广手段与以往相比要更丰富多样，投入的规模和资源更多。如报纸广告版面增大，电视广告时段、密度增加，延长销售时间，客户服务规模化、多样化，传播渠道广度和深度的扩展等。

### 7.5.2 房地产项目推广费用安排

房地产项目推广费用投入是随着房地产开发进程展开的，如项目开盘期、预售期等。现在的房地产项目全程策划中推广费用更是从土地交易就开始了。合理安排推广费用，增加投放效果，一般要注意以下几个节点计划。

1．销售的筹备阶段

在销售的筹备阶段，包括接待中心和样板间在内的大量的媒体，设计制作工作量都是非常大，再加上其他准备工作，所以有比较大的推广费用，一般占总的预算的30%～50%。

2．项目的公开期

在项目的公开期，报刊媒体费用上升，其他的销售道具因为已全部制作完成，很少产生费用了。当进入广告的强销期，报纸杂志、广播电视的广告密度增加，广告费用又上升了；另一方面，为了推动销售进程，贯穿整个推广阶段的各项促销活动是避免不了的，大量的广告预算也是不可少的。这个阶段的广告预算占总量的 40%以上。

3．项目销售持续期

在项目销售持续期，广告预算会慢慢趋近于零，同时销售也开始慢慢结束。按照惯例，市区内各项目总体推广费用一般在总销售额的3%～4%左右。而考虑到本项目自身的特点和所处的市场竞争态势，需快速建立较高的知名度和市场形象，因此，本项目第一部分的推广费用为：总体销售金额的4%左右。第二部分推广以及后期的推广由于是在第一部分成功推出的基础上，推广费用可以控制在2%左右。

### 7.5.3 项目推广策划实施效果评估

市场推广效果评估与控制的目的是在充分了解推广意图的基础上，通过汇总、分析每一推广策略所产生的客户效应、成交情况，迅速地得出该策略的经济效益、客户反应。从而科学地综合评估本次市场推广活动的得与失、成与败，并不断总结和更进。使之能根据个案的特性评估出一个高效的推广途径、推广手法及时段性推广重点，以便于迅速调整推广步骤，并为下一步市场推广方案的制订提供参考。从根本上说是协调市场与销售，有效地控制推广成本，争取利润最大化。

**特别提示**

导入案例参考答案如下。

(1) 报纸广告是本案来人、来电、成交的首选媒体，且成交客户接近一半，30/25=1.2，也就是说每成交客户一人，单位成本为 1.2 万元，报纸广告来人/成交=4，其他媒体来人/来电比例皆大于 4，说明报纸广告来人成交比例比较高。

(2) 从表 7-2 可以看出，报纸广告的效果最好，户外其次。故报纸广告预算在 25 万元左右，户外广告其次，预算 15 万元左右。

(3) 已来人或已购客户介绍成功率很高，说明楼盘的口碑传播效果好，故我们需要加大对老客户的回访与推介力度。这部分费用上月没有投入，5 月份需要加强 SP，故可以追加 SP 费用，考虑到活动的效果与影响，SP 预算不低于 10 万元；

(4) 电视广告对成交影响甚微，故 5 月份需要减少电视广告的投入，仅考虑在电视上维持一定的曝光度，可以减少一半以上，即 3 万～5 万元左右；

(5) 工地现场对来人客户的效果不错。可以在工地楼体悬挂招示布幅，发布销售信息、工程信息或楼盘动态新闻热点题材，以吸引客户眼球，促进来人。此部分费用成本不高，估计在 1 万～2 万元左右。

广告费用预算的原则是在实际推广过程中，既节省开支，又能取得实效。为降低广告成本，应该对广告效果进行评判，对投入和产出进行认真计算，以判断广告预算编排的合理性和成效性，并且在执行过程当中，根据实际成效进行反馈和调整。

推广策划实施效果评估，一般从来人、来电和成交情况等方面用量化的数据客观评估推广效果。评估分析主要有以下几部分。

1) 客户效应评估

客户效应评估一般结合《来访客户登记表》、《来电登记表》及其他销售原始表单进行评估。评估内容包括：客户接待量及来访客户性质、认知途径、客户来源地、客户需求变化、本次诉求重点及本阶段客户评价点的变化。通过对客户的认知途径的分析，可以了解各个推广渠道的传播效应。从而加大对相应推广途径的投资力度，以便取得更好的推广效果。就该评估指标而言，现场推广策略和平面广告策略具有直接而明显的优势。

2) 经济效益评估

从成交情况及广告投入上综合评估一个广告的广告效益。通过对不同时期成交情况的分析，可以从经济效益的角度来分析推广策略的优缺。

3) 评估时间周期

客户效应评估及广告效益评估一般以一个广告到下一个广告之前为一个自然评估期。如期间间隔太长，可以在广告发布后 10 天内给出。

4) 评估方式

客户效应评估及广告效益评估通常以图表及数据方式给出。营销建议一般实施效果。

市场推广效果评估与控制的目的是在充分了解推广意图的基础上，通过汇总、分析每一推广策略所产生的客户效应、成交情况，迅速地得出该策略的经济效益、客户反应。从而科学地综合评估本次市场推广活动的得与失、成与败，并不断总结和更进。使之能根据个案的特性评估出一个高效的推广途径、推广手法及时段性推广重点，以便于迅速调整推广步骤，并为下一步市场推广方案的制订提供参考。从根本上说是协调市场与销售，有效地控制推广成本，争取利润最大化。

**特别提示**

项目市场推广实施过程中，及时对各项推广策略进行分析和评估，从而保证其实施效果，也可以不断完善和强化推广进程，从而使项目的营销活动有效进行。

**案例说明**

## 某别墅项目推广策略报告(节选)

我们在对项目进行推广策划时，会根据项目工程进度或销售进度制定营销推广节点计划表，以便根据任务选择适合的媒介，提高项目推广的有效性，营销推广节点计划见表 7-3。

**表 7-3　营销推广节点计划**

| | 时间 | 任务 | 推广 |
|---|---|---|---|
| 第一波<br>强势推广 | 4 月<br>5 月<br>6 月 | 6 月二期交付节点，营销剩余房源。<br>三期形象亮相 | sp 活动 1<br>sp 活动 2<br>户外<br>DM/报广 |
| 蓄势预热 | 7 月<br>8 月 | 该阶段向来是营销淡季，在第一波推广积累基础上，进行跟踪预热。<br>利用暑假假期，开展业主亲情联谊活动 | sp 活动 3<br>短信 |
| 第二波<br>高密度推广 | 9 月<br>10 月<br>11 月 | 9～10 月高密度推广为 11 月房交会开盘做铺垫<br>11 月房交会，项目三期开盘，多元化效果集中爆发 | sp 活动 4<br>定向推介<br>DM/报广<br>短信<br>电视媒体 |
| 持续营销 | 12 月 | 主要消化客户为主，根据营销情况调整策略 | 短信/DM |

根据表 7-3 节点计划，我们的推广策略如下。

以第一波强势推广为例。

1) SP 活动 1：5 月

主题：×××楼盘“传世古玩展”私赏酒会。

构思：针对 7 套豪宅客户，开展古玩展，并且以红酒会配合。古玩向来都是有钱人喜爱之物，所以古玩展较能迎合客户的喜好，另外也符合豪宅的格调定位。该活动因以定向宣传为主，以小众化的推广为主要渠道，设置参观条件门槛，以此彰显参观客户之尊贵。从而凸显套豪宅的与众不同。

场所：项目会所或者样板房内。

人数：20～30 人(当地及周边最有钱的人)。

目的：让客户在欣赏和品味古玩美酒的同时，充分体会到项目的高端，让其认可项目的品质和价值。这些从环境、服务、格调等细节来体现。

策略：利用宣传积累客户，然后进行筛选，最后派发邀请函，我们的目的只有一个，找到有能力购买这 7 套房源的客户，而不在乎人多。所以该活动目的不在于影响力，而在于精准度，要区别于普通的常规活动。

推广手段如下。

(1) 报纸、电视媒体进行首轮社会层面的告知信息传播。

(2) 在面的基础上，采用短信、电话营销、上门拜访、联系各个商会组织等点对点的推广方式进行。(如果古玩中有国宝级藏品，必定会引起社会关注，产生热点效应。)

物料准备如下：

① 邀请卡。

② 品鉴手册(融入 7 套豪宅资料)。

③ 精品礼品。

2) Sp 活动 2：6 月交付

主题：播种您心中的香格里拉。

构思：该活动主要针对 6 月二期交付，在 4 月初，通知业主可与亲朋好友一起前来现场领取花的种子，并且可以在自己家门口(专门设立种植花篮)或指定区域种下属于自己的花，待 6 月交付之时，整个香格里拉将成为业主亲手种植的花的海洋！

效果：让业主在自己家门口亲自种花，能增进与业主的感情交流，在交付之时，看到自己亲手种植的花开了，那种成就感和满足感能够深深地打动客户的心。让其对开发商产生感激之情。

目的：该活动的主要目的是形成良好的口碑，让老客户带动新客户，通过这个活动，让业主的亲朋好友都能充分地感受到项目的魅力，如图 7.27 和图 7.28 所示。

图 7.27　楼盘实景图

图 7.28　项目推广视觉表现图

2009年项目推广费用预算表见表7-4。

表7-4 2009年项目推广费用预算表 (单位：万元)

| 时间 | 2009年总计 | 2009年 | | | | | | | | | | | |
|---|---|---|---|---|---|---|---|---|---|---|---|---|---|
| | | 1月 | 2月 | 3月 | 4月 | 5月 | 6月 | 7月 | 8月 | 9月 | 10月 | 11月 | 12月 |
| (1) 活动营销费用(含受牌获奖费用) | | | | | | | | | | | | | |
| 其中：大型客户活动 | | | | | | | | | | | | | |
| 其中：首发仪式/产品品鉴会 | | | | | | | | | | | | | |
| 其中：小型客户活动 | | | | | | | | | | | | | |
| 其中：高端客户体验之旅 | | | | | | | | | | | | | |
| (2) 媒体广告费用(含报纸、杂志、网络、电台费用) | | | | | | | | | | | | | |
| 其中：报纸广告、软文 | | | | | | | | | | | | | |
| (3) 户外广告费用(含工地围墙费用) | | | | | | | | | | | | | |
| (4) 销售物料制作费(含楼书、海报、单张、模型、电视片、三维动画片等) | | | | | | | | | | | | | |
| (5) 售楼处装修费(含内部装饰及广告包装费) | | | | | | | | | | | | | |
| (6) 样板房装修费(含内部装饰及广告包装费) | | | | | | | | | | | | | |
| (7) 房展会费用(含展位费、制作安装费、礼仪费) | | | | | | | | | | | | | |
| (8) 广告策划服务费 | | | | | | | | | | | | | |
| (9) 营销杂费 | | | | | | | | | | | | | |
| 合计 | | | | | | | | | | | | | |

## 小 结

本项目从长效媒体、短效媒体、大众媒体和小众媒体的区别和特点出发，图文并茂地分析了房地产推广过程中常见推广媒体。阐述了广告、销售促进、人员销售、公共关系4种推广方式，详细介绍了不同推广阶段的推广策略、广告文案撰写要点、销售促进方式、案场管理要点、人员销售培训、公共关系策划和危机公关策划原则。最后，介绍了推广策划费用构成、费用安排计划和推广实施效果评估。

# 习　题

## 一、填空题

1. 房地产推广策划费用包含________、________、________、________和________。

2. 房地产广告的类型主要有________、________、________和________。

3. 房地产销售渠道的类型有________和________，增量房产销售主要采用________(前者/后者)方式。

## 二、选择题

1. 一个好的房地产项目案名，应该具备以下(　　)要素。

A. 对产品定位的暗示　B. 社区规模的传达　C. 对物业功能属性的传达

D. 需要体现高档　E. 通俗上口，音节搭配和谐

2. 房地产广告企划媒体主要分为大众媒体与小众媒体，以下(　　)媒体属于小众媒体。

A. SP 活动　B.电视　C. DM　D. 网络

3. 房地产宣传的功能有(　　)。

A.(1)　B.(1)(2)

C.(1)(2)(3)　D.(1)(2)(3)(4)

(1) 扩大影响，提高房地产企业知名度　(2) 树立房地产企业良好形象

(3) 处理突发事件，维护房地产企业形象　(4) 提高销售楼盘的形象

4. 房地产促销手段中不属于人员沟通渠道的是(　　)。

A．有意购买房产的消费者在电视上看到××楼盘的广告

B. 销售人员向来看楼的顾客介绍楼盘基本状况

C. 有意购房者从合富的工作人员那知道了碧海湾正在开盘热买

D. 开发商向他的好友推荐他的楼盘

## 三、问答题

1. 房地产项目销售接待中心功能区域如何划分？
2. 房地产商品价格有哪几种表示方式？
3. 如何评价推广实施成效？
4. 危机公关策划的原则是什么？
5. 房地产项目推广成本主要有哪几项？

## 四、实训项目

某项目处于北方一个地级市中心地段，临河而建，并且周边拥有医院、公园、超市、学校等多种配套设施，该项目为一个纯住宅高层项目，共 10 幢，层高为 18 层，整体建造

品质高以当地同类项目，如图 7.29 所示项目鸟瞰图。目前该区域市场均价为 4000 元/$m^2$，项目已经达到整体开盘条件，但是从未对外进行过推广宣传，开发商也未对项目进行定价，请根据项目情况对该项目进行销售定价，并提出定价策略，制定相应的推广策划方案。

图 7.29 项目鸟瞰图

# 项目8

# 房地产项目营销概述

## 教学目标

通过对营销、销售或推销的概念、营销组合、精确营销的内涵、营销规划的理论工具等学习，了解营销与销售之间的概念及应用差异，结合实际适时采纳营销和推销的手段，灵活把握各种能促进精确营销的方法，掌握房地产项目营销组合的特性，了解房地产项目营销的发展与误区，掌握品牌营销、关系营销、绿色营销等在房地产营销中的特殊价值，学会如何分析房地产项目的营销环境，并能就此提出有关房地产项目营销的战略和策略建议，并最终形成书面方案。

## 教学要求

| 能力目标 | 知识要点 | 权重 |
|---|---|---|
| 了解营销与推销的差异 | 营销、销售或推销的概念 | 5% |
| 理解精确营销的内涵 | 精确营销及各种相关手段 | 10% |
| 掌握房地产项目营销组合 | 一般营销组合 4Ps、服务营销组合及房地产项目营销组合 7Ps | 15% |
| 了解房地产项目营销发展及误区 | 房地产项目营销的发展史 | 5% |
| 领会房地产营销规划的过程 | 房地产项目营销规划阶段、流程 | 10% |
| 掌握房地产项目营销的特性 | 品牌营销、关系营销、绿色营销 | 15% |
| 了解专业营销规划与传统营销规划的不同 | 专业营销规划的内涵与框架 | 5% |
| 掌握房地产营销规划的环境分析 | PEST 分析、SWOT 分析、甘特图 | 15% |
| 领会房地产营销规划的战略策略 | 在一般营销基础上的房地产项目营销的战略与策略措施建议 | 10% |
| 领会房地产营销方案书写格式 | 房地产营销呈案攻略 | 10% |

### 导读

源于工业的发展，市场营销的理论最早在美国创立。它的发展经历了初创阶段(19 世纪末到 20 世纪 20 年代)、应用阶段(20 世纪 20 年代至二战结束)、发展阶段(50 年代至 80 年代)、成熟阶段(80 年代至今)。在初创阶段，市场营销的理论研究着重推销术和广告术；从应用阶段开始，市场营销的理论研究开始逐步成形，并得到企业界的广泛重视；80 年代是现代市场营销学的开端，市场营销学的研究开始与其他学科关联。在中国房产改革市场化的背景下，趋于成熟的市场营销理论跨入了国内房地产领域，房地产营销的概念因此而得到了应用融合，并逐渐在学术舞台上立足。为便于理解，如图 8.1 所示，本项目重点介绍营销与销售的区别、房地产项目营销的艺术境界之差异、房地产项目营销内涵和房地产营销规划的应用。

图 8.1 房地产营销和销售的艺术境界

### 知识点滴

## 营销与销售

营销是一项系统工程，销售是营销体系中的一种促销方法。营销侧重于战略性规划，销售偏向于策略性行动。营销的对象为品牌，销售的对象是产品。营销以长期的利润导向为目标，可以用销售、利润、品牌、形象等多重指标来衡量；销售基本围绕短期的交易，是以顾客购买为标准衡量的。销售影响着营销，检验着营销。

# 8.1 营销与销售

### 案例导入

如图 8.2 所示，G 饭店是北京一家四星级的商务型饭店，原有 280 间标准客房和各式套房，并拥有较为完备的商务和其他服务设施。饭店开业 7 年来，客房出租率一直稳定在 80%以上，且平均房价一直居于同星级酒店前茅。为此，饭店对原有的另一幢非出租的内部公寓进行更新发行改造，另外增加了 250 间客房。

图 8.2　G 饭店一瞥

与此同时，北京其他四星级饭店也纷纷进入市场，行业竞争的急剧加强，加上市场外部环境的变化，直接影响 G 饭店客房的出租率，曾一度下滑到不足 40%。因此，该饭店管理团队开始调整营销策略，让销售部采取各种方式以提升房间出租率。经过一个季度的努力，该饭店的房间出租率上升了 30%。但是，由于该饭店销售新增的客源主要来自旅行社的团队客户，致使客房的单间平均房价由原来的 95 美元下降至不到 60 美元。

除此之外，原饭店老客户开始对混杂的客源现象表示强烈不满，不断的投诉和抱怨无效后，有些长期租客决定搬出饭店，老客户及忠诚客户开始逐渐丢失。习惯接待散客的饭店员工也并不适应接待旅游团队客户，因而当团队宾客到达时，在客人登记和离店结账时，饭店大堂接待处经常一片混乱；客房服务也跟不上接待节奏，无法及时清扫整理出空房、不能按时将宾客行李送达房间、无法达到规范与品质服务等现象时有发生。

诸如此类现象的频频出现，对 G 饭店的服务和管理来说是项严峻的考验，也给 G 饭店提出了销售策略调整和服务流程跟进的衔接性挑战。因而，G 饭店所做的销售决策是否合理、是否符合饭店本身的经营战略和运营模式，是个重点值得思索的问题。再说，鉴于销售和营销的差异，G 饭店管理层应进一步考虑：饭店应如何进行体系性营销修正，且再次改变营销思路时应注意哪些问题？

**案例说明**

上述案例讲述的是有关一四星商务饭店在面对高客房空置率的情况下做出的销售策略调整及调整后的客户、酒店之间的连锁反应。实际上，这涉及营销和销售的概念不同以及 G 饭店的销售策略调整误区。

显然，从营销策略调整后反映出来的客源结构变化看来，G 饭店新采纳了针对低端市场的旅游团队客户销售策略，这与原在同行中领先的相对高端商务客户群不相吻合。而且，销售策略调整后，饭店的经营战略、服务模式、资源配套，均未及时跟上调整的步伐。所以，单从销售本身为了吸引客流增加销售额的角度来看，G 饭店的局部销售调整是可取的；但从营销策略应服务于饭店盈收、满足客户需求的视角来说，G 饭店的管理体现了实践中典型的将销售的概念误读成营销的应用，且在一定程度上缺乏系统的营销规划。

### 8.1.1 营销

根据市场需要组织生产或加工，并通过销售手段把产品或服务提供给需要的客户，称作营销。根据美国市场营销协会的定义，营销(Marketing)是“能够引导产品和服务流程从生产者到客户或用户的商业活动行为”。可见，营销的核心宗旨是创造并满足市场的需求。

**知识点滴**

1960 年，杰罗姆·麦卡锡博士(E.Jerome McCarthy)在其《基础营销》中提出了 4Ps(Four Ps)的营销理论。

4Ps 的营销组合包括了产品(Product)、价格(Price)、渠道或分销(Place)和促销(Promotion)。其中，促销(Promotion)组合中包含了销售。

在 4Ps 基础之上，服务营销又增加了人员(People)，有形展示(Physical Evidence)和过程(Process)，综合称为 7 Ps。由于服务的特殊性质，7 Ps 更加重视营销活动中顾客的参与和配合，这实际上已是关系营销的思想雏形。

1991 年，瑞吉斯·麦金纳(Regis McKenna)在《关系营销》一书中提到，营销的真正目标是拥有市场，而非仅仅制造产品、销售产品。瑞吉斯·麦金纳认为企业给顾客提供多种产品选择的同时，也应提供优秀的服务。客户对产品的无形需求往往是很难量化的，将服务融于产品中的组合概念，就是为用户量身定制的数学营销公式，也是与客户打好交道的独特方式。周到的服务不仅给了客户信息和信心，还创建了舒适惬意的消费环境和品质响应的客户氛围，是建立客户忠诚度的良好基石。

**案例分析**

接本项目中的导入案例，G 饭店调整后的销售策略，吸引了旅游团队，但低端的团队客户与高端的商务散客之间存在较大的需求差异，G 饭店的接待服务，无法同步满足两种不同类型顾客的需求。在一定程度上，G 饭店忽略了产品和服务的有机结合。再通俗点说，G 饭店在调整后走了“薄利多销”的销售路线，忽略了客户转型连带着运营成本和赢收能力的变化。商务散客虽不像旅行团队那样能快速提升饭店销售，但就单房的盈利能力，两者很难相提并论。

G 饭店仅将提高客房出租率作为销售目标，明显缺乏价格策略的体系性思考。在分销渠道上，很明显的是 G 饭店启用了旅行社作为合作伙伴，但 G 饭店很有必要深层次探索销售渠道的拓展、中介代理机构的筛选，如何以此来吸引更多的同类高端商务客户。就促销而言，除了加强销售力量之外，如何改善宣传策略、如何开展季节性促销也是两大重点。

将服务延伸开来，如何在客户转型时培训饭店人员、改善有形展示和服务过程，都会导致不同的客户满意度结果。

G饭店在再次调整营销策略时，如能使用7Ps的系统营销理论，就会促进自身在考虑增进客流的同时，反问自身能满足客户什么，能给饭店带来什么。有了这些思考，就会进一步考虑如何优化客源结构的问题，从而给出全面的有效的营销提案。

所以，市场营销是以市场为导向，以满足顾客需求为宗旨，通过提供相应的产品或者服务来实现最终的盈利目的。营销讲究的是如何有效地预测和满足消费者需求；营销不仅包括了销售，还可引申到行政、客服、财务、后勤、物流等环节；营销不单单追求利润，更要创造价值。如瑞吉斯·麦金纳(Regis McKenna ，1991)所言，营销的趋势如下。

(1) 产品、技术、成本、时间、服务、人员成为产品整体的营销引力。

(2) 营销是创造市场，而不是单纯地分享市场。

(3) 营销是过程，而非促销策略。

(4) 营销是择市场导向的路径而行之，而非偏颇的营销导向之路。

(5) 营销是定性的，而非定量的。

(6) 营销是每个人的事，而不仅仅是销售人员的事。

营销导向的路径，是用营销的招数和促销的手段去抢占消费者，常见于传统的消费市场，而市场导向的路径，是为客户的需要，在企业和顾客、企业和市场之间建立良好的沟通对话机制。在营销体系中，销售是引进客户资源的艺术手段。

### 8.1.2 销售或推销

销售包含在营销之内，是用销售人员作为交易的途径，是营销的一个环节。销售经营着顾客关系，给顾客传送产品、价值、服务等信息。在良性互动感状态下，销售让某一经济单位和其关联群体或个人互为受益。所以说，销售是一种人际交流的基础性影响艺术，即通过特定的销售力量，影响并帮助中间客户或终端客户决定购买行为，促进买卖两方或多方达成最终交易。

销售的艺术承载在3个要素之间：一是销售代表；二是具体消费者、购买决策者或消费影响者；三是特定时间段的销售环境。在销售实践中，人和环境是可塑的柔性载体，常与刚性的法律法规、商业伦理、职业道德相互制约和补充，在互为影响的过程中，为消费者提供专业咨询或解决问题并产生一定的销售结果。

**案例链接**

以G饭店为例，G饭店的销售部和销售经理就是销售代表，饭店的商务散客和旅游团队是消费者，饭店的协议单位或旅行社则是消费影响者。某日，G饭店的销售经理前往某旅行社拜访，介绍G饭店的整体情况和销售政策，就创建了一种特定的销售环境。而不同销售代表的形象技巧不一，客户的熟悉程度不尽相同，客户的决策程序往往各有差异，客户对饭店的偏好也差之万里，这些因素一起组成了影响销售交易的柔性组合。

因此，只有在特定的时间和特定的场合，当特定的销售人员遇到特定的客户，沟通交流后才能产生相应的销售行为。但不管怎样，销售最终售出的不光是产品，更是信誉、品质和服务。由此可见，房地产销售顾问和客户之间的互动是一个双向的过程，他们应试图了解客户的需求和嗜好、希望和担心、快乐感和幸福感，能给客户充分介绍楼盘知识、物业信息(建造、维修、维护、管理)、金融法律等基本常识，能理性地为买卖双方评估，给予双方合理建议，协调解决歧义性问题，让双方都能从中受益。

**知识链接**

管理学家彼得·德鲁克(Peter F.Drucker)曾说："……某些推销工作总是需要的，然而营销的目的就是要使推销成为多余，营销的目的在于深刻地认识和了解顾客，从而使产品或服务完全地适合它的需要而形成产品自我销售，理想的营销会产生于一个已经准备来购买的顾客，剩下的事就是如何便于顾客得到产品或服务……"

营销学代表菲利普·考恃勒(Philip Kotler)则认为，营销最重要的内容并非是推销，推销只不过是营销冰山上的顶点，如果营销者把认识消费者的各种需求、开发适合的产品以及合理的定价、分销和促销等工作做得很好，这些产品就会很容易地销售出去。推销是一种促销方式，旨在将产品或者服务卖出去。

推销，通过推销人员深入中间商或消费者进行直接宣传介绍，促使中间商或消费者购买。推销以上门推销、柜台推销、会议推销多种形式展开。其中，上门推销最为常见、直接和有效，通常由推销人员携带说明书、样品和订单走访顾客。柜台推销，是指企业设置固定门市，由营业员(作为推销员)接待上门的顾客。柜台推销与上门推销正好相反，前者等客上门，后者上门求客。而会议推销则以接触面广、集中推销见长，借会议场合(订货会、交易会、展览会、交流会)向与会人员宣传介绍产品。

总之，营销包括了销售或推销，两者的区别可从以下几个方面来解释。

(1) 营销的起点是市场，销售或推销的起点是工厂。

(2) 营销以顾客的需求为中心，而销售或推销则以产品为中心。

(3) 营销的促销渠道多样化，如广告宣传、公共关系、营业推广、人员推销；而销售或推销仅依靠单一的人员。

(4) 营销追求长远的利益，销售或推销则看重短期的获利。

随着社会的进步与文明的发展，现代人越来越关注自我，消费者的需要也愈来愈强调个性，企业也越来越难以满足顾客分散多端的需求。随着消费者行为和心理的改变，一方面传统营销的方法和手段之作用正在弱化，另一方面营销成本和费用却在继续攀升。因而，营销或许并不难，难的是精准营销，企业需要对直接销售沟通多加投资，寻找精准的、可衡量的、高回报的营销路径。此时，以网络和信息技术为核心的精准营销，已逐步成为现代营销发展的新趋势。

### 8.1.3 精确营销

所谓精准营销，是指根据不同消费者的消费心理和行为特征，结合定量和定性的方法对目标市场进行分析。在得出相关分析结果的基础上，企业要有针对性地采用现代技术、方法及营销策略，对市场上的不同消费群体进行有效的沟通，以赢得客户的满意度和忠诚度，从中获得预期的利润。

知识点滴

## 精准营销

(1) 沟通受众的选择性，即尽可能准确地选择目标消费群体，进行指向性强的沟通。

(2) 沟通策略的有效性，即尽可能使用有效的沟通策略，从而很好地触动受众。

(3) 沟通行为的有效性，即尽可能减少沟通浪费，提高目标受众沟通的投资回报率。

(4) 沟通结果的可衡量性，即沟通的结果和成本尽可能被测度。

精准营销的核心是精确、精密、可衡量，使营销达到可度量、可调控的精准要求。通过量化的精确的市场定位技术，精准营销突破了传统营销只能定性定位的局限；借助先进的数据技术、网络通讯技术及现代高效分散的物流手段，精准营销保证了和消费者之间的长期个性化密切互动，避免了传统广告的高额费用，摆脱了繁杂的中间渠道，脱离了传统营销的模块式组织机构；凭着个性化的沟通技术与系统，精准营销实现了与顾客的个性沟通、服务与关怀，准确地了解和掌握顾客的个性需求和欲望，以此保证客户的个性需要，建立稳定的忠诚客户群体，达成客户链式反应增值，使企业在低成本基础上的快速发展成为可能。

要迅速而准确地掌握市场需求，精准营销贯彻了以消费者个性需求和欲望为导向的基本原则。精准营销强调的是比竞争对手更及时、更有效地了解并传递目标市场上的需求期待与满足。因为有选择性的知觉意识、理解、记忆、反馈和接受，经过多环节的传播和过滤，信息将很自然地失真；同时，各环节出于主体利益的不同需要，往往将信息夸大或缩小，信息进而人为失真。精准营销绕过了复杂多变的中间环节，用现代化信息传播载体，直接面对消费者，直接与消费者沟通，避免了信息的失真，保证了市场、产品和品牌定位的有效性。

特别提示

在现代营销活动中，精准的市场区分和定位是非常关键的。只有对市场进行准确区分，建立相应的数据体系，通过数据分析优选客户，并用市场测试来验证所做定位的准确性和有效性。G饭店营销策略的调整失误，可部分归因于饭店对其目标客户群的消费需求缺乏层次性的细化分析，产品和市场定位不够清晰，结果造成饭店在追加客房开发客户时盲目乐观，引进客流提高销售，却造成服务混乱、成本见涨、利润渐低。

为了解答客户疑问，处理客户订单，并达到个性化的精准传播和销售效果，精准营销主要使用网络技术和电话等现代沟通渠道，采用非大众传播媒介如邮件、直返式广告、电话、短信、网络推广等办法，对相应受众策划组织个性化活动，且依靠可靠的物流配送及结算系统，实现一对一的沟通和一对一的分销。

与精准的市场定位和沟通相匹配，精确营销要设计、制造、提供个性化的产品和服务，从而精准地满足市场需求。然而，对于标准化程度不高、客户需求更加复杂的产品，既要生产规模化、成本最优化，又要客户需求差异化，则应采纳规模和差异兼顾的策略。

知识链接

有了个性化的客户关怀，客户关系就能得到较好的维护，关系营销也能被推动发展。关系营销注重做好产品、市场和企业的三维定位，同时运用知识营销和经验营销。为了更好地适应“个人置业时代”，我们应重新开拓思路，结合关系营销和精确营销等先进营销理念，开启审视房地产项目营销的全新视角。

# 8.2 房地产项目营销内涵

## 案例导入

极度宣扬贵族生活品位的珠江·壹千栋，就引入了“英式管家服务”。这种英国专业管家专门负责别墅的物业管理，不仅对尊贵的壹千栋业主提供高档、周全和舒适的生活服务，而且还策划安排一系列内容丰富的日常社交、奢侈品展览会、艺术品鉴赏及投资理财服务等活动。壹千栋为业主量身定制的尊贵个性服务包括洗衣、送报、送孩子、打理私家花园、预约掌勺烹饪名菜佳肴、举办私人家庭聚会，这对打造壹千栋业主的尊贵生活具有极其重大的意义。作为首都的纯独栋奥运核心豪宅，在已经很完善的物业体系上引进“英式管家”服务，不仅仅是奥运期间对于入住顶级豪宅的贵宾接待服务的要求，更重要的是，“英式管家服务”成了壹千栋项目的营销特色，是壹千栋项目系统筹划的一个营销策略。

## 知识链接

### 英式管家

如图 8.3 所示，管家的起源最早在法国，但是老派的英国宫廷更加注重礼仪和细节，对管家的理念和职责按宫廷礼仪进行了严格的规范，从而英式管家备受推崇，并成为行业标准。

图 8.3　英式管家及私人管家在中国房地产业的应用

在中世纪时，英式管家只有英法的王室或世袭的贵族和有爵位的名门有资格正式雇佣，即便是再有钱的普通人也不允许聘用。在欧洲，英式管家的历史比贵族还要悠久，英式管家虽不是贵族的后裔，却是贵族的老师。

在中国，北京美好世家国际管理顾问有限公司，自编培训教材和考核指标，树立了中国式私人管家行业的标杆：60 万元/年的服务费换来的是一名专业管家加 4～5 名管家助理的 24h 驻家服务。

**特别提示**

如图 8.4 所示，荷兰国际管家学院(The International Butler Academy)于 1997 年创立，是一所非营利性的国际管家服务培训机构。校址设在荷兰 Huis De Voorst 的古堡里，古堡建于 1695 年，曾是荷兰皇室出猎暂住的行宫中的一座，也是当今荷兰女皇的祖母一直居住的行宫

图 8.4　荷兰国际管家学院

学院的创办人 Wennekes 先生，曾受聘于多位美国亿万富翁，并为 5 位美国总统服务过(尼克松、卡特、里根、布什、克林顿)，1996 年，被国际管家协会推选为主席。

管家学院的课程包括基本的礼仪、高尚的生活品质等课程，如学习银器、玻璃器皿的鉴定、收藏和养护；参观索斯拍卖行；参观名牌鞋子的生产过程，以此确保懂得如何为尊贵的客人服务。

### 8.2.1　房地产项目营销组合

与一般行业相比，房地产业资金投入大，工艺复杂，能半品销售，但固有品质难以提升。房地产项目营销的特殊内涵，主要有以下 5 点。

(1) 固定的区位状态。即每宗房地产独有的自然地理位置和社会经济位置，使房地产项目营销有区位优劣之分。

(2) 因固定区位所派生的房产多样性。即所有房地产由于坐落位置的不同，使房地产项目营销不能实现完全替代和完全竞争。

(3) 产品的单价高总价大。高价值的房地产商品使房地产项目营销蕴含着一般商品无法比拟的价值和升贬值功能。

(4) 外部关联性。房地产商品的外部关联性使房地产项目营销不仅取决于其内部状况，还取决于其周围环境。

(5) 专业复杂性。即房地产产品研发从可行性研究、勘察设计、工程施工、竣工销售到物业管理，要求房地产项目营销的规划更全面更长期。

综合这些特性，房地产项目的营销组合更繁杂，营销创新更独到，也更容易走入特有的营销误区。

## 知识点滴

房地产项目营销是指房地产项目以商品形式进入流通领域，为了销售而进行的产品策划、价格定位、渠道设立、促销整合、人员培育、有形展示、过程创新的一系列活动。

房地产的产品具有昂贵性、复杂性和异质性的特点，这些典型的产品特征意味着，除了用楼盘形象来支撑项目产品核心竞争力之外，房地产项目营销还需突出高水平的专业和物业服务优势。所以，对未来房地产产品的策划，应更重视产品和服务的综合设计。在房地产市场竞争愈演愈烈的新形势下，从产品的核心概念出发，应力求用社会文化、人文历史、休闲娱乐等多元理念深化项目的设计革新；从产品的外延附加着手，可追加交通、物业、生活、社交等配备，拉近与社区、商务、学校的距离，追求与绿化、空气、光线、生态的天然互动，创建松散安谧、宁静平和、和谐自然的居住氛围。而且，房地产开发商要全面提升项目和企业的整体品牌，要努力关注房产设计、建造、配套、设施的所有细节需求。

与其他商品类同，房地产的销售渠道可走合作营销之路。第一，良性的供应商合作关系，可以降低开发商的成本，推荐业主使用其合作供应商的装饰材料，不仅为客户提供了优惠，也给供应商带来了良好的收益。第二，积极的金融纽带，可以在开发期帮助获得项目贷款或融资，在销售期给顾客提供按揭贷款的支付便利。第三，与房产中介机构结成战略合作，为销售打造双赢的局面。

## 知识链接

1990 年，美国的两位经济学家普拉哈拉德( C.K. Prahalad )和哈默尔( Gary Hamel ) 在《为未来竞争》一书中提出了“核心竞争力”(Core Competency)的概念，这对管理界的影响意义深远。

根据“房地产全程策划营销方案”的概念，最初期的策划酝酿了产品和渠道策略，楼盘开售前后则会将价格策略、促销策略、服务策略推到空前高涨的位置。在开盘期，为客户提供真诚的服务将会产生良好的客户消化效果。

例如，建立客户数据库，按客户职业类型、收入状况、家庭情况，相应推荐购房户型、付款方式、装修建议、贷款服务，让客户感到放心、称心、舒心，就是一种行之有效的消化目标客户的办法。

在房地产项目营销中，如何合理地拟定开盘时间、划分销售阶段是制定价格策略、吸引客源的关键。例如，价格策略可实行“低开高走”，即以优惠价甚至以震撼价入市，用优质优价的形象打入市场，获得市场关注度，及时抢占市场份额。采用“低价开盘”策略，最为保险且容易促成楼盘热销，能够迅速占领房地产投资市场，且有利于将来的价格浮动，还能提升项目形象，给购房者增加消费信心。其次，对商业楼盘可采纳“特价单位”的价格策略，即用部分位置极差且面积较大的铺面以超低价起售，以造成楼盘热销抢购的场面。或者，楼盘也可实行不公开售价，规定客户交纳诚意金，开盘时以低于市场价的策略造成轰动效应，迅速为楼盘聚集市场人气。

诚然，实惠是刺激购房的第一动力，但应视实际情况保持价格的弹性，分析售价调整与销售比及工程进度的关系，监控销售费用、销售资金回笼与工程进度的关系，及时反馈销售控制建议等，也至关重要。比如，酌情考虑推出特价房的时机及数量，实行楼层、朝向、景观、付款方式等差价策略；如楼盘紧缩，出现供不应求，则提高价位，以缓解供求关系，使楼盘得到升值，并双重提升项目和企业的品牌。伴随着房地产营销走向成熟，当前比较流行的购房价格优惠策略有：抽奖送礼、返还现金、赠若干年分期付款免息、赠金卡购物卡、赠购车优惠、赠车位、赠物业管理费、赠装修优惠、赠教育培训、介绍客户奖励等。不管如何，楼盘开发的终极目标为优化业主的投资回报和生活环境，整合楼盘形象、重估楼盘价值、控制楼盘价位是房地产后期营销工作的重点。

强化房地产产品的概念应充分利用一切可利用的传播和促销资源。在开盘前，根据目标消费群的特性和所开发项目的特点，房地产广告促销投入时须强而直接：一方面，可以组合软文、公关和不同形式的广告，在设计和投放过程中不断创新；另一方面，把准目标客户的消费心态和行为，有针对性地开展促销活动。其中，试住购房、生活场都是效果良好的有形展示。

**特别提示**

有创意地营造“生活场”，是指从空间场地的设计布局到生活小区的环境打造再到居室内部的装修布置，让目标客户以个性化的方式参与房产体验，感受项目的美好与价值。“生活场”不仅不局限于试住，而且从多方面溶入客户，让客户在感受居家生活的舒适、惬意和关怀中刺激购买欲望，营造楼盘人气，创建购买氛围。

就不同的行业来说，销售人员在营销中发挥的角色也不尽相同。房地产营销将大量的责任交付到销售人员或房地产经济人的肩上。

**知识链接**

很多西方的学者认为，房地产销售人员为自我雇佣，既不是买方的雇员也不是卖方的雇员。比如第一太平戴维斯(Savills)在英国代理多家开发商的楼盘，该公司在布里斯托尔的销售顾问，一天要同时为几家开发商提供现场服务。

在买卖双方决策过程中，销售人员应能根据外部环境和政策条件的变化，适时给出合理的建议，供买卖双方参考。

从感性上来说，销售策略必须能引起消费者购买房产的欲望。而在销售过程中，感性的氛围来自销售人员对销售环境和语境的设计、布置和烘托。这也就是为什么有的物业能在有的经纪人或销售人员手上成交，感性起到了很重要的诱导作用。然而，房地产销售人员很少参与房产开发及房产建造的过程，仅参与推荐、诠释品牌、楼盘与物业，在买卖两者之间缓冲销售气氛。为了能让买卖双方受益最大化，销售人员必须得到充足的业务和技巧培训，包括以下几点。

(1) 房地产发展商简介、房地产项目特性与价值、房地产项目环境、房地产项目规划介绍、房地产项目公共设施介绍、房地产项目整体理念介绍。

(2) 房地产项目市场客源定位、房地产项目广告定位和广告表现、房地产项目业务计划介绍、房地产项目营销理念和营销技巧。

(3) 房地产项目潜在客户资料收集及分类方法、客户电话拜访技巧、项目资料直邮寄发及促销活动组织技能、自我促销及组合促销知识。

(4) 房地产项目销售仪态、仪表与礼仪、房地产相关法务及税务介绍、房地产项目现场接待流程及技巧、房地产项目客户咨询与答疑技巧。

(5) 房地产项目案名表达、房地产买方心理分析与障碍排除策略、房地产项目销售守价技巧和谈判技巧。

(6) 房地产项目现场买卖气氛营造技巧、房地产项目买卖认购书、房地产项目售价与付款办法、房产验收知识。

**特别提示**

在营销交易中，房地产的买卖成交手续需要很多环节的配合，例如借贷手续、房产证件办理等。如果这些环节出现不妥，或遭遇政策性因素和个人因素的变化，也会导致交易耽搁，造成一些不必要的买卖纠纷。例如，利率的提高会制约买方获得贷款，购房政策的紧缩会让客源快速缩水，买方由于自己的职业调动会取消原购买计划，低水平的物业服务易引来客户的投诉。

**知识点滴**

所以说，基于 4Ps 的基础营销组合，房地产项目营销还需融合服务营销的其他元素，复合为 7 Ps 的营销概念。

而且，这种复合性的房地产营销组合穿插在产品(Product)、价格(Price)、分销渠道(Place)、促销(Promotion)、人员(People)、有形展示(Physical Evidence)、过程(Process)之间，不仅环环相扣，而且环环相克，有其特定的独到之处。

然而，房地产项目又因其产品昂贵性、政策敏感性、需求移动性、风险不确定性、服务断层性等，难以主动驾驭营销而容易走入一些不必要的误区。

### 8.2.2 房地产项目营销阶段和误区

中国房地产项目营销经历了地段、概念包装、产品素质、泛地产复合、立体营销 5 个阶段。在原始朴素的开发阶段，房地产项目营销勿需考虑购房者的需要和喜好，只强调除了地段和地段还是地段的三段论。随着市中心的开发减少，郊区的土地热化，楼盘的堆积，“概念地产”和“包装地产”应运而生。给楼盘取个好名字、策划有特色的推广主题，用好媒介做好广告、着重煽情宣传，美化楼盘现场、管好销售现场，成了“包装地产”的推销写照。

概念和包装推动了楼盘的销售，但虚幻缥缈的概念改变不了楼盘本身的缺陷，华而不实的包装也迎合不了消费者理性实惠的需求。这些终迫使房地产迈入了好楼盘好畅销的“产品素质”阶段，即一个好楼盘并非一定要靠概念或包装，而是要根据客户的需求达到位置地段好、户型外立面好、布局环境好、配套设施好、物业管理好。但当精品楼盘遇到了成本压力，通过两元或多元复合成多种新型楼盘，“泛地产营销”适时登场。如住宅与写字楼复合形成 SOHO，住宅、写字楼、酒店复合形成商务型社区，住宅与体育复合形成运动型社区，住宅与学校复合形成学习型社区，住宅与文化艺术复合形成文化艺术社区等。

继“泛地产营销”之后，“五位一体”的立体营销——一个好的楼盘产品；一支好的销售队伍；一个好的市场环境；一个好的推广策略；一个好的物业管理，成了引领房地产营销潮流的模板。客观地说，房地产项目营销的发展历程反衬了房地产市场的演变过程。当卖方市场向买方市场倾斜时，房地产企业要在激烈的竞争中立于不败之地，势必要追求持续不断的营销创新。

在以往的房地产经营中，由于房地产准入门槛低，广告欺诈、销售欺诈、楼盘品质等问题，可谓屡见不鲜。随着房地产法律法规、宏观调控政策的不断跟进，以及消费者的日益成熟和理智，房地产企业还是走在亚健康的营销轨道上，为应对市场竞争而展开的营销活动仍存在诸多问题，相关误区集中表现为以下 3 方面。

(1) 卖点把握不当、盲目炒作概念。每当宣传绞尽脑汁地诉求品牌概念或形象，营销却忽略了产品本身诉求的卖点，如楼盘格局、面积、楼层、景观等。概念本应是项目的灵魂，带着独特的高度鉴别项目的个性。但从实践炒作“概念”来看，区位、生态、人文、智能、欧陆、北美各种用语，往往成了盲目跟风的套话，除了在传播中带来点视觉冲击，并不一定能真正引发消费者内心的心理震撼和共鸣。

(2) 客户定位模糊、孤立市场创新。房地产对目标客户群体的定位被千篇一律地描述为："中高收入人群"、"有身份、注重生活品质的成功人士"、"商务和白领"；营销实战中各要素相互孤立，营销创意、策划和执行彼此断层，营销策略和促销手段毫无关联，销售照抄照搬前人经验，观念陈旧，缺乏主开发市场。

(3) 过分迷信广告、品牌不能落地。为达到快速卖房的效果，多数开发商借助广告轰炸，采用强势宣传。即便广告能增进对产品的认知和意识，但并不能直接促成购买决策。若广告创意只凭噱头，没有明确的宣传目的和先进的宣传手段，"一流的品牌"、"一流的规划"、"一流的品质"、"一流的设计"、"一流的配套"、"一流的服务"，都只能是时髦的品牌宣传口号；若"品牌时代"、"打造品牌"、"提升品牌"不能落实在一流的行动中，品牌只能是纸上谈兵的神话。事实上，房地产品牌运作的常见问题是项目品牌和企业品牌所传递的信息欠一致，品牌的运营和经济效益欠挂钩，广告与公关的媒介利用欠合理，委托受理的广告或公关中介之间欠衔接。

近年来，中国的房地产业虽历经市场沉浮，但还正经历着最为严峻的考验。一方面，国内经济增速放缓，居民预期收入并不理想，国家对房地产市场的调控频频出拳，商业地产市场进一步细化，消费市场日趋理性，竞争日趋白热化、多元化；另一方面，经过长期的广告侵蚀，消费者偶然或冲动的感性购买行为已慢慢减退，对房地产的理性购买行为急转而上。各种类型的房地产消费者在切身考虑自己的心里感觉时，纷纷设立各自的标准喜好，选择楼盘时更加注重迎合自身的个性需求，从中寻找适合自己、与自己兴趣偏好更接近的楼盘产品。

因而，对房地产企业来说，如何创建独特的品质和个性的品牌，冲破残酷的竞争新浪；如何根据目标客户的理性购买需求，进一步深化自身楼盘的优势，让消费者感受到真正的项目价值；如何在行业中审时度势，用特色的营销去满足不同类型的消费需求，是需要深度思考的营销问题。

### 8.2.3 房地产项目营销特色

解决问题的营销良方还是要从市场出发，以消费者为中心，提高产品的价值，让品质兑现承诺，让服务真正到家。房地产发展商应针对不同的消费群体提出应对措施，通过有效的营销传播整合，用贴切的信息、适合的渠道叩开相应受众的心门，让分门别类的营销策略共传销售佳话。

时下房地产项目营销的特色基本体现在品牌价值、人文关怀、知识经验、绿色环保、社会责任、伦理服务等方面。

(1) 品牌营销是房地产项目营销的首要特色。品牌不仅直指有形的企业字号、产品名称、品牌标志，更代表无形的资产和产品品质，有着宝贵的应用价值。随着房地产市场竞争的日趋激烈，良好的品牌对营销的作用也日益凸现。品牌代表了产品和企业在市场和行业中的地位，可以帮助吸引合作、筹措资金、促进销售。品牌的管理需要优良的品质和匹配的价格，需要完善的售后服务，需要恰到好处地树立品牌形象。这些是品牌美誉度的良好信号，能确保品牌忠诚度的建设，从而提高品牌影响力。要做到妥善的品牌定位，应根据消费形态和楼盘实际寻找相应的目标客户，培育楼盘的子品牌；要加强房地产品牌的推广，可实行统一品牌之下的分品牌战略，用超前的意识策划广告，整合品牌与产品的推广手段。例如，“万科地产”在品牌定位时，先对同类竞争楼盘进行调研走访，再着手进行项目的特性分析，从而确立“万科地产”在业界的品牌定位。

(2) 关系营销是房地产项目营销的第二大特色。房地产营销应表达人际关怀，体现文化内涵，反映知识技术。用深厚的文化底蕴烘托楼盘，与顾客展开良好的互动，为买主提供最大的便利，是关系营销的基础；技术的革新、市场的发展共同推动了以知识和经验为基础的营销范例演变。当知识营销强调房地产企业要学会花时间与客户相处，持续监控竞争对手的动态，掌握有关技术与市场信息，评估自身的规划能力和业务能力，建立反馈系统，促进项目产品的改良时，经验营销则提倡互动、关联和创新。在包含知识和经验的关系营销实践中，房地产企业经常通过宣讲会等途径来培育消费者对房地产产品的理解，解答消费者在房地产领域的困惑，不仅增进了客户体验，改善了客户关系，也促进房地产开发商引入新技术、新工艺，从而推动房产市场的健康发展。例如，英国的 Linden Homes 曾为首次购房者推出首付新办法，减轻他们首付的现金周转压力，并专门就此组织宣讲活动，在介绍新楼盘的同时，让专业金融顾问在现场咨询、答疑。

(3) 绿色环保、企业责任感、商业伦理服务是房地产营销的第三张特色牌。现代人对居住环境的日益重视，已促使房地产企业启用环境保护的绿色营销理念，如用增加绿地规划和讲究绿色节能来增加客户效应。至于突出企业责任感和商业伦理的房地产项目营销，更主张所开发的房地产产品和服务，要在满足消费者的短期欲望同时，符合消费者的长期利益和社会效益，在经营过程中要加强营销人员的职业道德建设，遵循公平诚信的基本道德规范，用正当的营销手段和活动来谋求正当的企业利润。商业伦理服务贯穿在售前、售中、售后 3 个阶段。在售前阶段，应向目标消费群提供真实的产品信息，让客户对所感兴趣的楼盘有实在的认知；在售中阶段，必须提供与协议一致的品质楼房；在售后阶段，要加强物业管理，及时反馈投诉，维修维护物业。将绿色的概念同时落实到自然环境和社会伦理中去，是房地产项目营销特有的亮点。

由此可见，房地产项目的营销策划，主要围绕消费者的消费行为、生活方式和价值观念，在产品设计、品牌经营、营销传播、服务延伸等方面进行创新。诸如此类的种种创新可以表现为创造一种新产品(如规划设计方面的独特性)；提供一种服务模式(如管家式的物业服务)；倡导一种生活方式(如运动、健康、休闲、品位等)；营造一种文化氛围(如文人墨客的生活)。

不论出于何种定位的楼盘项目，要想达到成功的销售目的，均离不开系统的营销规划。营销规划注重的是产品与市场的关系，是指导和协调市场营销的主要工具。在投入高昂的房地产业，定期的营销规划对项目的发展和推动有着不可低估的作用。要想提高项目运营效率与市场营销效能，房地产企业必须学会如何制订和执行专业、系统、有效的营销规划。

# 8.3 房地产营销规划

## 案例导入

××公寓位于首都国宾大道的十字路口，出门往东南西北均驶入重要干道，入城出城方便，住户可享受繁华中的安静，但并不能避开城区要道交通的纷乱。××公寓略图如图8.5所示。

图8.5 ××公寓略图

××公寓全部为现房，有中心花园，园艺成型，景观较好，配套设施有游泳池、桑拿、健身房、球室、餐厅、超市、洗衣房等。而且，其物业推出了24h小管家和个性化服务，如家居日常基础清洁、做饭及餐具清理、病人老人婴幼儿看护及陪购、宠物看护喂养、订餐送餐、订购报纸杂志、代购机票、代交杂费等。

××公寓周围有较齐全的商务配套，东有汉威大厦、嘉里中心、国贸中心，数码大厦和正在建设中的财富中心；西有昆泰大厦、丰联大厦、人寿大厦、远洋大厦等；北有京广中心等；南有建设中的怡和国际中心、建外SOHO等。

××公寓还拥有较成熟的生活配套，周遍银行、购物、学校、剧场、餐饮应有尽有。如银行有建行、工行、招行、农行、民生银行等；购物中心有贵友大厦、嘉里商场、蓝岛大厦、秀水街、百脑汇、友谊商场、赛特商场等；教育有陈经纶中学、芳草地小学、光华路小学等；剧场有工人体育场、长安大戏院等；餐饮有麦当劳、肯德基、星巴克等；附件还有邮局、海关、加油站。

××公寓有美、英、韩、新、意、加等国使馆坐落周边，各国大使、各国精英在此生活、办公，形成了国际交融的跨文化高素质生活区。

××公寓户型相对偏大，户型种类也偏少。客户的选择余地小，客户群自然就偏窄。而且，周边新推出的精装修公寓仅相当于××公寓的粗装修价格，已建、在建项目虽然多，但投入使用的仅占一半，其中的一半几乎满租。同时，尽管××公寓投资业主反应租务情况良好，但原内销房租售价格相对较低，抢占了多数中小客户。

**特别提示**

房地产营销规划应能及时地引导售房者如何满足消费者的感性与理性需求，引起消费者购买房产的感性与理性欲望。在营销规划过程中，感性的因素多来源于策划、宣传和卖点（USP）设计；理性的因素多来自通过所开发项目的产品和价格传送给客户的实际价值。一份专业的营销规划要以实际应用价值为导向，不仅指导企业常年的营销活动，而且对于制订与营销活动密切相关的生产、财务、研发、人力资源等计划也有不可估量的参考价值。

## 8.3.1 专业的营销规划

传统的营销规划往往根据经验来确定销售额，缺乏科学的、合理的数据支持。在事实营销过程中，有时产品销量会急剧下滑，销售价格也会大幅跳水，营销预算可能被突然削减，营销费用经常偏投到广告、品牌等很难用确切销售来度量的宣传推广媒介，而与实际销量挂钩的促销活动却得不到相应的费用支持。当年度财务核算开始，每每市场预算花尽，销售和利润目标却仍然遥不可及。可见，这种不能有效地将营销活动与利润指标结合的老式营销规划，很难对营销的投入产出进行合理的考评和监控。

蒂姆·卡尔金斯(Tim Calkins，2008)对专业的营销规划做了详尽的描述。他认为，营销规划是一份有战略、有策略、有实施方案的行销地图，是描绘做什么、怎么做的市场行为纲要。每当市场变得越来越复杂，营销规划也就显得越来越重要。如图 8.6 所示，营销规划一手提供的是有关市场的数据、见解、构思与财务分析；另一手提供的是有关营销的方案、策略、措施和费用预算。然而，营销规划最常见的问题也是冗长的数据呈报、过多的模糊战略及无力的依据支持。虽本着良好的规划愿望，但太多的数据、策略，会让营销变得复杂难行，营销规划也往往会脱离实际，变成财务预算的计划工具。

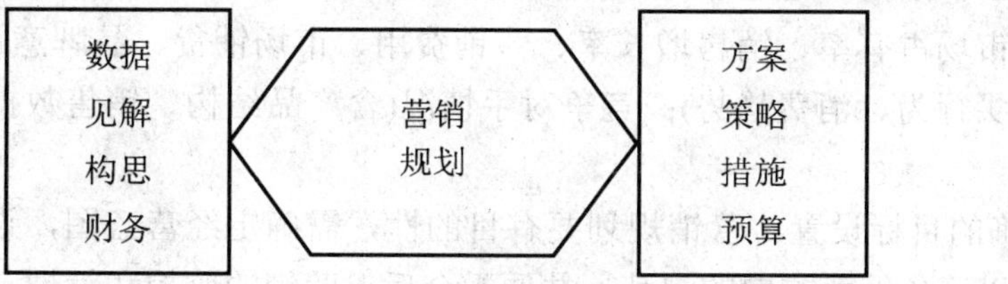


**图 8.6 营销规划的作用**

资料来源：蒂姆·卡尔金斯(Tim Calkins), 2008,p.4

如图 8.7 所示，蒂姆·卡尔金斯(Tim Calkins，2008)进一步提出了 GOST 营销规划框架。他认为切实有效的营销规划牵涉到 3 个层面。第一个层面要为业务运营设置合理的目标(Goals and Objectives)。目标不宜繁杂，写出主要目标和次要目标即可，涉及营业收入的时候，目标必须是利润导向的。第二个层面是拟出能让商务持续增长的最佳三项战略措施(Strategic Initiatives)。战略措施是宏观层面的比较了不起的想法或点子，能为业务运营指明方向，能转换为战略行动。第三个层面是能驱动业务增长、支持战略实现的策略(Tactics)建议、方案或活动，通常出现在营销组合中。

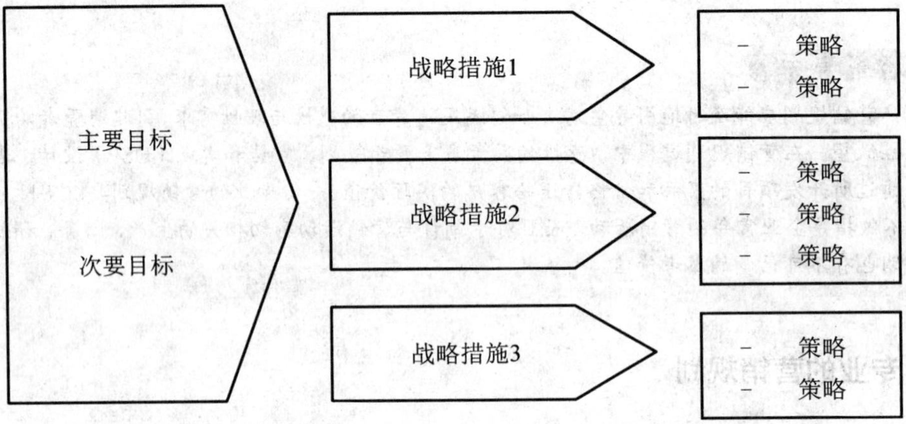


图 8.7 GOST 营销规划框架

GOST 框架是营销规划的强有力工具。它可以让管理人员聚焦一两个目标、三四项战略和支持每一战略措施的两三种策略，它给检测营销规划是否全面、是否一致提供了简捷的模板，它也是一份完美的规划总结和摘要。但必须注意的是，GOST 框架呈现的不是完整的计划，而是简单的总结。

为避免老式营销规划的通病，结合蒂姆·卡尔金斯(Tim Calkins，2008)的观点，专业的营销规划应具备以下要素。

(1) 系统的市场分析。营销规划应客观地分析市场环境，包括宏观经营环境、行业发展趋势、产品发展态势、竞争对手情况、企业自身状况，及时反馈总结有关市场和营销的问题。

(2) 客观的数据支持。营销规划要本着实事求是、以数据说话的原则和态度，切忌用经验主义判断和预测。充足客观的数据应包括：企业自身的情况(含总体销售、区域销售、产品销售、市场占有率、销售增长率、营销费用、市场铺货、品牌意识)；客户情况(含消费心理、购买行为、消费趋势)；竞争对手情况(含产品结构、销售数据、费用投入、营销政策)。

(3) 明确的目标设置。营销规划要有目的性，需确定经营蓝图，设置营销总目标，细化分目标，以避免经营方向的混乱，并便于今后对营销的监控和管理。

(4) 清晰的战略思路。营销规划要有清晰的战略思路，要明确能满足给企业利益最大化的目标客户群的需求。有了明确的战略措施，才有可能拟订出具体的细分的营销策略。

(5) 整合的策略系统。战略措施需要有效的策略支持和充沛的资源保障。在清晰的战略思路指导之下，营销规划要覆盖产品、价格、渠道、促销进行策略和资源的整合。

(6) 有效的战术转换。营销策略为企业的成功奠定了方向性基石。要使策略显效，还须将其转化为看得见、摸得着的具体的可操作的有创意的手段和方法。

(7) 有序的执行步骤。有效的计划实施需要有序的步骤来执行。为顺利地完成计划目标，应有效地利用资源，科学地预测危机，有序地应对风险，密切地关注市场反馈，在落实中根据需要适时调整计划。

创建一份有突破性的营销规划需要投入时间、精力和努力。良好的规划需要基于对行业、对客户、对竞争对手、对市场的深刻理解，进而集结宏观的战略思考、可行的策略措施和缜密的规划流程。

## 8.3.2 营销规划的阶段流程

专业的营销规划需要历经 5 个阶段、8 重流程。规划营销时要有序地完成一个阶段接一个阶段、一个流程接一个流程的工作，但在各阶段、各流程之间保持紧密的逻辑联系，互为基础地回顾、反馈和调整。

如图 8.8 所示浅显地勾勒出了营销规划的 5 个阶段，着重突出了营销规划在每一个阶段应思考的关键问题，体现了营销规划所涉及的主要事项。第一阶段的内外环境检测(Where are we now？)就是通常所说的形势分析，即通过分析市场因素，了解营销的运作环境，理解客户的确切期望，掌握行业的竞争动态。第二阶段，使命目标陈述(Where do we want to go？)的意思是合理地设置业务发展目标，为营销指明清晰的方向。为达成既定的营销目标。第三阶段需要提出具体的、可行的战略措施和策略方法(How might we get there?)，但要与企业现有资源结合，进入第四阶段待落实的工作，进行资源策略评估(Which way is the best?)，预计、判断各种所荐战略和策略的市场效果和可行性，并从中选择最可行最优化的方案路径。最后一个问题(How could we ensure we get there?)，主要是为了保障计划能得到真正的落实，形成保证计划切实执行的第五阶段包含实际操作办法的保障落实措施。

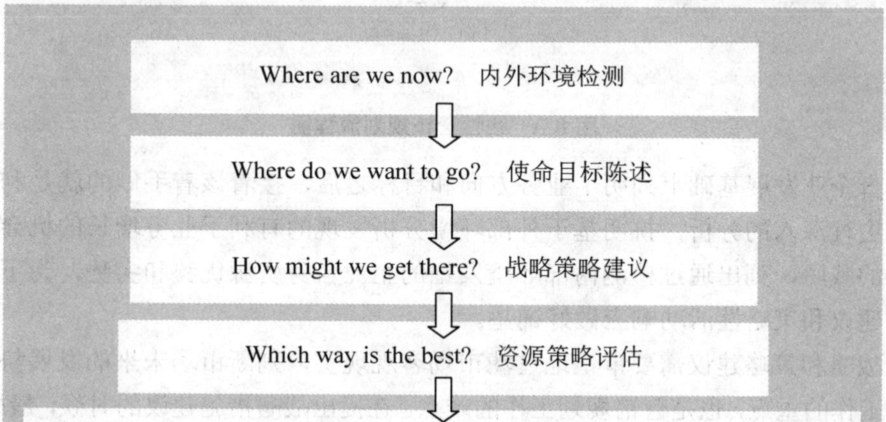


图 8.8 营销规划五阶段

营销规划并不是单项孤立的工作，而是一件跨领域多功能的系统工程，需要有卓越的团队来承担相关使命、履行相应职责。如图 8.9 所示线性营销规划流程图描绘的那样，着手营销规划的首要任务，就是抽调各部门各领域的专业人才，组建优秀的规划团队。当团队组建完毕后，大家要分工合作，系统回顾公司的产品和品牌定位、客户定位、使命愿景、发展蓝图和长远方向，并在此基础上确立近期、中期、远期的发展方向和目标，细化计划期间的年度、季度、月度、单项业务开拓目标。在目标设置过程中，应注意采纳一线业务人员的意见，避免高层管理人员一竿子到底的指令式任务。设定目标时，应明确预估每一业务的销售和利润是预测公司总销售和总利润收入的最基本基数，但应灵活保持销售和利润的可增长空间，而非必须圈定缓步增长的模式。

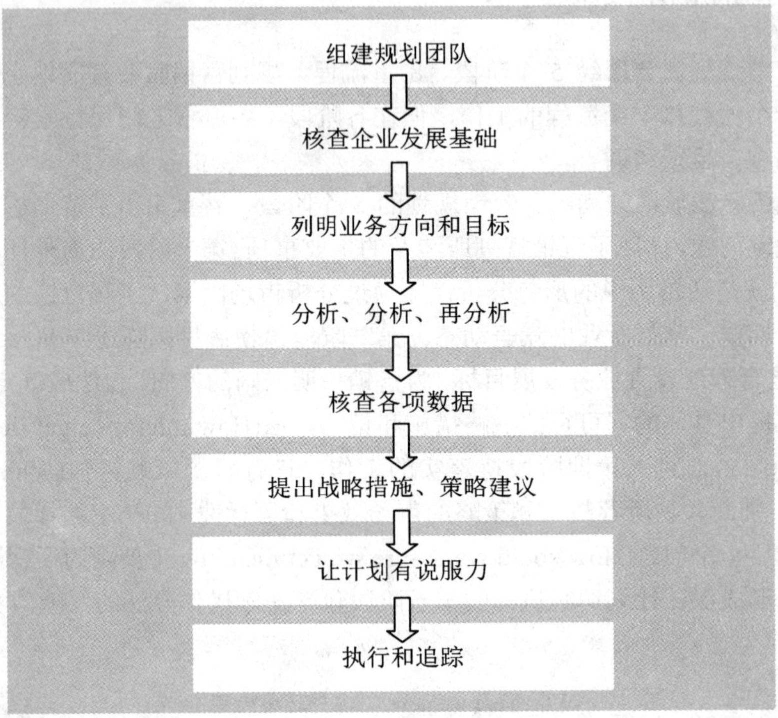


**图 8.9　线性营销规划流程图**

在核查企业发展基础上列明了业务方向和目标之后，接着该着手做的就是利用专业工具对市场进行深入的分析，挑明基于外部环境分析发现的有利于业务增长的机会或不利于业务增长的威胁，列出通过检测内部环境发掘的企业自身资源优势和劣势，为下一步的战略性措施建议和策略性活动响应做好铺垫。

拟定战略和策略建议需要审慎地过滤市场客观现实，判断市场未来的发展势态。这是营销规划工作的重点，也是营销规划工作的难点。在提出战略措施建议的时候，最好能考虑：①是增长市场份额还是增长单品销售；②是渗透市场还是增加购买率；③是唤起产品的市场意识、激发试用新品，还是促进重复购买。等这 3 个问题有明确的答案后，再确立三四项能与企业资源优势匹配的战略。而在出具策略方案时，应谨慎估析投资回报率的问题。

到上述这个步骤完成，营销规划的大多数任务也已宣告结束。不过，还是有必要结合有关财务数据，对销售、营收、花销和利润做份粗略的预估项目损益表，让计划变得更有说服力，赢得公司管理层的支持。为了不让良好的计划落空，将营销规划以书面方案的形式，呈交给有关人员审阅，获得相关部门的支持，也是营销规划后续重要的工作之一。最后，有了明确的营销目标，有了必要的资源保障，一流的规划仍离不开一流的执行。

有始有终的营销规划，要以组建高效的规划团队开始，也要有有效的执行团队和执行方案来确保计划的执行和追踪。尽管创建营销规划的流程呈现出线型的态势，但必须牢记规划的过程应是环形的。即从设置目标到完成规划的每一过程中，应时不时地审视上下流程间的逻辑性联系。总之，营销规划不是一次性的计划事件，即便在计划执行后，依旧需要根据实际进展情况不断地修订和调整。

前述有关营销规划的 GOST 框架、五阶段和八流程适用于各行各业。只是在实际应用中，房地产营销规划要根据房地产行业的特殊属性、房地产产品的特殊属性、房地产项目营销的特殊属性，着眼于如何进行房地产营销现状分析、如何为房地产企业进行 SWOT 分析、如何确立房地产项目营销目标、如何规划房地产营销战略和策略、如何制订房地产营销规划的实施方案、如何计划房地产营销的费用预算及如何确保房地产营销方案的执行。

### 8.3.3 房地产市场营销现状的分析

房地产市场营销现状是指与房地产市场、产品、竞争、配销和宏观环境有关的背景资料。房地产市场营销现状的分析包括了对房地产的宏观环境、市场环境、产品开发、竞争情况的检测、跟踪和剖析。

#### 1. 房地产的宏观环境

房地产的宏观环境是指通常会对房地产发展趋势产生重要影响的宏观条件，如法律法规因素、金融经济因素、社会人口文化因素、现代科技因素，可用 PEST(Political Factors, Economic Factors, Social Factors, and Technological Factors)工具来分析。

#### 2. 房地产市场环境的分析

房地产市场环境的分析可基于过往几年的房地产行业销售数据和动态，按目标市场细分(地区细分与客户细分)，分析房地产市场的规模与增长情况，探讨房地产顾客的需求、购买观念和购买行为的演变情况。

#### 3. 房地产产品的开发分析

房地产产品的开发分析则用过去几年中房地产产品链上各主要房产品的销售数量、销售价格、销售差益额和销售纯利润等有关市场及财务数据进行客观分析。

#### 4. 房地产竞争情况的分析

房地产竞争情况的分析重在剖析房地产企业的主要竞争对手情况，包括他们的开发规模、经营目标、市场占有率、产品质量、市场营销策略、开发动机和意图等。

例如，表 8-1 描述了 Z 公寓的目标客户群体、每一细分目标客户群的共性特征和需求；表 8-2 则陈述了当地公寓租售市场可供应的公寓产品情况。

表 8-1 Z 公寓客户构成及需求分析

| 目标客户群体 | 目标客户特征 | 目标客户需求 |
|---|---|---|
| 国内有经济实力的高级管理人员 | 私营企业主<br>三资企业中方高级管理人员<br>各类所有制单位负责人<br>(含外地企业家的置业者)<br>经济实力雄厚，<br>二次、三次置业群体 | 地段好、位置佳<br>大户型高档公寓<br>住宅的综合品质<br>改善居住条件<br>100 万～200 万元 |
| 海归人士或<br>有国外经历的人群 | 崇尚自然休闲的居家生活<br>注重生活品位<br>既不奢侈也不放弃自己的追求 | 注重环境和氛围<br>社区环境(含自然环境、交通环境、社人文环境)<br>100 万元左右 |
| 港、澳、台、东南亚外商 | 追求身份地位(自住)<br>追求物业增值(投资) | 黄金位置、高档豪华公寓<br>具有外资背景的开发商<br>200 万元以上 |
| 年轻高级白领和中产阶级 | 金融、保险、证券、通信等行业<br>律师、会计师等中产阶级<br>高学历、低积累、高稳定收入<br>工作忙、效率高、压力大<br>生活观念新、消费能力较强 | 小户型<br>中高档次的服务式公寓配套服务<br>功能要求高<br>50 万～100 万 |
| 小型文化、服务、商贸咨询公司和自由职业者 | 创业初期缺乏资金<br>脑力劳动<br>不需要大面积工作间 | 商住公寓<br>临近商贸区、交通便利 100 万以上 |
| 外地来的短期或长期工作的年轻白领 | 以租用公寓为主<br>租用临近工作地点 | 承受月租金 2000～5000 元<br>小户型中档公寓<br>繁华商业区、配套完善 |
| 外资公司的外籍雇员 | 公司给予住房补贴 | 承受租金：5000 元/月<br>租用服务式公寓 |

表 8-2 有关公寓租售市场的产品形式

总体描述：如图 8.10 所示，目前公寓市场供应、需求都表现出增加势头，租售价格缓步回升。但有效供给、需求依然不足，市场竞争仍很激烈。

图 8.10 某市公寓缩图

续表

| |
|---|
| 公寓形式多样化：客户对住宅提出的要求更高，需求更多样化，使得公寓产品的功能增多，产品形式也跟着多样化。当前房地产市场新推出的公寓有老年公寓、青年公寓、商住公寓、服务式公寓、酒店式公寓等多种形式。一般地区以商住公寓为主，突出宜商宜住的特点 |
| 小户型项目增多：以往市场上纯粹小户型项目较少，现如今小户型公寓颇受购房者和发展商的关注，小户型新项目也层出不穷。小户型的特点是面积小、总价低，一般受到自住客户和投资客户的青睐，且销售速度快，利于发展商快速回收，降低项目开发风险。因此，市场上在售的小户型项目均取得较佳的销售业绩 |
| 豪宅供应的绝对量增加，相对量减少：与往年相比，虽然豪宅(大户型高档公寓)的市场供应量有一定增长，但在公寓市场总供应量中所占比例趋于下降。随着近两年供应量的增加以及公寓产品的多样化，公寓市场的主流不再是豪宅，而转变为中档公寓，豪宅在公寓市场所占的比例逐渐降低 |
| 租赁市场的主流仍然是中高档的服务式公寓 |
| 性价比高的项目增多：在房地产市场，产品(楼盘)特色是最能诉求的卖点，客户对产品的要求也越来越多，越来越细。所以优良的配套、智能化的设施和服务已不再是卖点，而是公寓必备的要素。作为特殊的商品，楼盘的性价比趋于与市场真实情况接轨，性价比高的项目频频出现，取得较好的销售业绩 |

### 8.3.4 房地产营销 SWOT 分析

SWOT 矩阵是由美国旧金山大学国际管理和行为科学教授海因茨·韦里克(Heinz Weihrich)创立的态势分析法，通常称为 SWOT 分析法(SWOT Analysis)或 TOWS 分析法(道斯矩阵)。

SWOT 广为战略制定领域所应用，是一个众所周知的分析工具。它用来分析企业的优势(Strengths)、劣势(Weaknesses)、机会(Opportunities)和威胁(Threats)。SWOT 分析的实质是将企业内外各方面的条件进行综合概括，潜心提炼组织自身的优势和劣势资源，敏锐搜寻组织面临的行业机会和威胁。通过 SWOT 分析，组织可以把有限的资源和精力集中到优势最明显、机会最多的地方。

在“分析、分析、再分析”的营销规划流程中，SWOT 就是对外部环境和内部环境的再深入分析。用 SWOT 来分析组织的优劣势是对组织自身的实力和竞争对手的实力进行比较，并概况比较厚的实力差异；用 SWOT 进行行业机会和威胁的分析则是竭尽可能评估环境的变化，并判断这些变化对组织的发展可能产生的影响。就房地产企业来说，与竞争对手的实力对比，可以是项目设计的新颖优势、建筑工艺的独到优势、营销渠道的畅通优势以及营销价格的竞争性优势等。

在做 SWOT 分析时，可以把房地产价值链上所有的内部因素(即优劣势)集中在一起，然后用外部的力量来对这些因素进行评估；同理，机会与问题分析旨在找出外部环境中可能左右房地产企业未来发展的因素，使其与企业本身的优势资源结合，在市场缝隙中充分利用机遇而寻求发展。

**知识点滴**

在确定内外部各种变量的基础上，见表 8-3，房地产企业可深入应用 SWOT 矩阵中的四象限，即杠杆效应(SO)、抑制性(WO)、脆弱性(ST)和问题性(WT)，来进行资源匹配、改进、转换或克服。

表 8-3 SWOT 分析矩阵表

| 内部能力 | 优势(Strengths) | 劣势(Weaknesses) |
|---|---|---|
| 外部因素 | | |
| 机会(Opportunities) | SO | WO |
| | 匹配、利用 | 改进、利用 |
| 威胁(Threats) | ST | WT |
| | 监视、转换 | 克服、消除 |

当企业内部优势与外部机会相互匹配时，优势加机会(SO)就产生了杠杆效应。在杠杆效应 SO 象限内，企业可以用内部优势去撬动外部机会，充分利用优势把握良机。

当外部环境呈现机会时，如果企业内部的资源缺乏支持这种机会或无法与机会叠加的优势，这就意味着妨碍、阻止、影响了机会的利用，从而产生了劣势加机会(WO)的抑制性。在抑制性的 WO 象限，企业需要追加某些必需的投资，争取将内部劣势资源转化为优势资源，来适应、迎合、利用外部环境造就的机会。

另外，当外部环境对公司的优势构成威胁时(ST)，此时企业的优势无法得到发挥，企业出现优势弱化的局面，就叫脆弱性。在脆弱性的 ST 象限内，企业必须克服外部环境对优势强度造成的威胁，让其优势资源依然生效。

此外，当企业内部的劣势与外部环境带来的威胁相撞时(WT)，企业就面临着严峻的挑战，就导致了问题性。在问题性的 WT 象限内，倘若问题严重且得不到妥善的处理，就很有可能威胁企业的存亡。

在房地产实践分析中，我们可将表 8-3 作为模板，先将从企业内部环境、行业外部环境中识别出来的优势和劣势、机会与威胁分别列入 SWOT 分析表，再把识别后的优势和劣势按机会和威胁分别填入相应位置。也就是说，按优势和劣势与行业机会或威胁的相关性，将它们分成两组，就形成了一组与机会有关的优势和劣势，还有一组与威胁有关的优势和劣势。与机会相关的优势得到匹配后，企业要利用资源善用机会；如与机会相关的优势不能吻合，企业则要改进自身资源的缺陷，创造机会、利用机会；当企业内部的优势资源受到行业的威胁，则应对行业挑战性因素加强监控，适时转危为机；而当企业面对劣势威胁内忧外患时，企业则应想办法克服自身的劣势，消除行业的威胁，力求突破劣势威胁而继续生存。

为帮助理解应用，表 8-4 用 SWOT 对本节导入案例××公寓进行了分析阐释。

表 8-4 ××公寓背景介绍

| 内部能力<br>外部因素 | 优势(Strengths)<br>(1) 黄金地段<br>(2) 区内配套全新<br>(3) 现房、免噪音干扰<br>(4) 精装修、景观好<br>(5) 周边生活配套齐全<br>(6) 管家个性化服务<br>(7) 现业主租务情况良好 | 劣势(Weaknesses)<br>(1) 不临主干道<br>(2) 楼盘新、价格偏高<br>(3) 教育配套偏少<br>(4) 非服务式公寓<br>(5) 户型相对偏大<br>(6) 户型种类偏少<br>(7) 缺乏大面积绿化景观 |
|---|---|---|
| **机会(Opportunities)** | SO | **WO** |
| (1) 高档公寓出现真空<br>(2) 同类项目推出尚需等待时日 | **匹配、利用**<br>利用现房项目微乎其微的机会，与<br>(1) 其精装修优势匹配，把握租赁市场空当<br>(2) 用自身现房优势匹配，实现快速销售 | **改进、利用**<br>(1)用闹中取静的概念改进不临主干道的事实，满足高端客户的需求<br>(2) 变价格高、楼盘新为高品质优势吸引高端客户<br>(3) 加强延伸个性化服务，弥补非服务性公寓的不足，满足高端市场的需要 |
| **威胁(Threats)** | ST | WT |
| (1) 周边推出高档公寓，精装修，价格相对低，有新卖点<br>(2) 原内销房的相对低租价会对外销房的租售构成威胁 | **监视、转换**<br>已建在建的竞争项目投入使用少、出租率高，所剩竞争并不激烈，可将现房人气、地段和服务转换成优势，创造租售收益 | **克服、消除**<br>××公寓会出现销售不利，但可用租赁手段克服<br>××公寓将丢失中小客户，但可用高端定位消除价高劣势和竞争对手低价出租的威胁 |

**特别提示**

阐明房地产经营在外部环境中可能面临的轻重急缓不等的机会和挑战因素，旨在为今后的市场拓展提供更贴切的建议；辨明房地产企业内部存在的优势和劣势因素，为今后继续沿用其优势成功策略、修正其劣势市场行为做好铺垫；探明房地产企业应如何充分利用行业机会、避开行业挑战及如何取企业所长、避企业所短的问题，将给出营销规划的决策性条件，帮助在营销规划时确立切实可行的营销目标、策略和战术。

## 8.3.5 房地产营销目标、战略和策略的拟定

营销规划时需要确立两类目标：一类是财务目标，还有一类是市场营销目标。财务目标是每个企业必须追求和强调的，而房地产企业所有者在追求稳定的长期投资回报率时，也想要确保当年可取得的利润值。在规划市场营销时，要将财务目标适时转化为营销目标。例如，如果某房地产公司期望获得1600万元的利润，且目标利润率为销售额的10%，那就要确定一个销售收益为1.6亿元的目标，如果该公司确定每单元售价200万元，则其必须售出80套房源。这个例子也同时说明，营销目标的确立必须符合SMART的原则

(1) 每个目标都应是具体的(Specific)、可衡量的(Measurable)、进取的(Aggressive)、可实现的(Realistic)、有一定时限的(Time-specific)。

(2) 良好的目标应以明确、清晰且可测度的形式来陈述，并设置一定的完成期限。

(3) 各个目标之间应保持内在的一致性，每个目标应在进取和现实之间保持平衡。

(4) 合理的目标指明了市场努力的方向，但要实现预设的营销目标，必须要有强有力的营销战略和策略支持。根据蒂姆·卡尔金斯(Tim Calkins，2008)提出的 20 种战略措施，反观国内房地产的营销实际，表 8-5 中列举了 16 种可供房地产营销借鉴的战略措施和策略建议以及可能的衡量办法。

**表 8-5　常用战略措施和策略列举**

| 序号 | 战略措施 | 策略 | 衡量办法 |
|---|---|---|---|
| 1 | 加速新品开发 | 招募人才<br>资源供给<br>策划概念 | 追踪不同开发阶段的点子数量 |
| 2 | 唤起新品意识 | 广告、活动 | 问卷调研 |
| 3 | 导入新品牌 | 唤起品牌意识<br>新品体验<br>加强分销渠道建设 | 销售数值 |
| 4 | 品牌重新定位 | 加强广告<br>加强合作<br>调整价格 | |
| 5 | 建立客户忠诚度 | 刺激消费<br>促销活动<br>聚焦广告<br>客户关系管理 | 客户消费某一产品在同类产品中的比例 |
| 6 | 强化品牌 | 加强广告<br>加强促销<br>加强服务<br>强化标记、标语<br>加强公关活动 | 调研 |
| 7 | 促进购买 | 散发宣传单页<br>重复广告<br>客户忠诚度活动 | 客户数据库 |
| 8 | 进入新市场 | 加强分销渠道<br>加强广告<br>加强体验 | 实际和计划销售数值和市场份额 |
| 9 | 进行市场渗透 | 大众广告<br>免费样品<br>新客户奖励 | 拥有客户的数值或百分比 |
| 10 | 拓展品质渠道 | 奖励刺激<br>扩充销售力量 | 核查数据 |
| 11 | 增加店铺购买 | 样板标记<br>样板展示<br>奖励手段 | 核查店铺数据 |

续表

| 序号 | 战略措施 | 策略 | 衡量办法 |
|---|---|---|---|
| 12 | 启用新渠道 | 增加销售人员<br>增加促销活动 | 销售数值 |
| 13 | 提升产品品质 | 改善楼盘可靠性<br>增加楼盘性能<br>加强客户和物业服务 | 追踪损耗率<br>追踪维修率<br>客户投诉率 |
| 14 | 提价 | 预测销售反应<br>预测渠道反应<br>预测竞争反应 | |
| 15 | 降低产品成本 | 降低原材料成本<br>提高效率<br>剔除不必要的产品功能 | 财务数值 |
| 16 | 吸引竞争对手的客户 | 刺激性政策<br>传播信息 | 追踪转向客户数 |

此时，围绕房地产的 7Ps 是打开策略渠道的通路，体系性地就产品、价格、渠道、促销、有形展示、人员、过程逐一或复合解释被引用的策略、缘由和措施，并评估其实践操作意义和价值。例如，房地产营销渠道可采用第一营销渠道(销售现场及业务代表推荐)，以销售现场作为沙盘以及单体模型的展示地，给客户以直观的认知，催化客户产生购房的欲望；考虑到购房者的消费心理及消费习惯，也可规划业务推广的方式来扩大楼盘的目标客户群体，并由此来推动项目的广泛传播；通过规划业务代表直销推广，则可以在最短的时间内快速抢占市场，并将项目推销到一定的高度。有时，由于房地产项目的特性，使用人际传播能比硬性广告起到更积极的作用，所以以倡导“口碑效应”为主的第二营销渠道，能迅速地让楼盘信息在购房者之间进行传递，且“口碑效应”能带动集体客户，刺激团购。在确定媒体策略时，要集中考虑媒体组合的选择、新闻主题的柔性、媒体的投放频率、媒体的费用预算。牵涉到推广活动的，现场用品(VI 设计、营销中心、示范单位、围板等)和印刷品(销售文件、售楼书等)都需重点设计。此外，人员销售是房地产项目营销的重要弹性载体，必须抓紧营销实务与营销管理的知识、技能与服务的岗前和岗中培训。

有了整合的策略建议，房地产营销的后续规划工作应以提出可操作的实施方案、拟定项目损益预测表及建议营销执行和监控办法为主。

### 8.3.6 房地产营销实施方案

在规划实施方案时，要重点问些实际的问题：要做什么(What)、为什么要做(Why)、谁去做(Who)、什么时候做(When)、会涉及多少费用(How Many and How Much)等，围绕这些问题来确定每一阶段的市场拓展目标、拓展要求、拓展重点、拓展内容与拓展进度，再按阶段制订出实施的计划时间、事项主题、事项重点、完成进度、计划评估、相关政策、执行部门和人员。

由于房地产项目牵涉面广，项目运营系统先相对庞大，营销规划也较为复杂，所以甘特图(Gantt Chart)(见表 8-6)将是在房地产营销规划中制订实施方案时颇为受用的工具。甘特图，也称为条状图 (Bar Chart)，是在 1917 年由亨利·甘特开发的。甘特图的线条图形式简单醒目，易于编制，可用横轴表示时间，用纵轴表示活动，线条表示在整个营销期间计划和实际的事项完成情况。它直观地表明任务计划在什么时候进行，及实际进展与计划要求的对比。不像繁琐冗长的文稿，甘特图既可对实施方案的内容包罗万象，又可让读者对将来若干阶段的市场营销安排一目了然。有了甘特计划图表，项目管理者可迅速了解楼盘营销的任务进度，及时评估营销工作的时效性和合理性。

**表 8-6　年度营销实施方案甘特图示例**

| 项目 | 一季度 | | | 二季度 | | | 三季度 | | | 四季度 | | |
|---|---|---|---|---|---|---|---|---|---|---|---|---|
| | 一月 | 二月 | 三月 | 四月 | 五月 | 六月 | 七月 | 八月 | 九月 | 十月 | 十一月 | 十二月 |
| 目标 | | | | | | | | | | | | |
| 做什么 | | | | | | | | | | | | |
| 谁负责 | | | | | | | | | | | | |
| 费用预算 | | | | | | | | | | | | |
| 落实情况 | | | | | | | | | | | | |
| 反馈建议 | | | | | | | | | | | | |

基于切实可行的房地产营销实施方案，房地产营销规划人员还需据此制定预期的项目损益表。这主要涉及项目费用的开支计划，让开发商明确项目的市场费用和营销成本，为项目整体运营的成本预测、现金流保证提供依据。最后，完整的房地产营销规划要考虑营销监控和执行的手段，要对相关人员的责权利做出详细规定，报送各部门审阅执行。此时甘特图也可以作为一种理想的控制工具。在执行过程中，要根据规划的考核依据，对计划执行情况定期回顾，与各相关部门及时沟通协调有关问题，保障营销计划的顺利进行。而最终，完善的房地产营销规划需要形成报告，其规划过程也将在报告中得到淋漓尽致的展现。

## 小 结

分析、计划、呈案是营销规划不可或缺的环节。房地产营销规划时需明确目的、受众与建议，为便于管理人员短时间内掌握最关键的市场信息、营销思路及规划内容，撰稿时应尽量避免机械地呈报数据，并在文稿仪式进行摘要总结。

当计划、方案、报告需要口头陈述或汇报时，要有针对性地选择场所，做好充分的准备，呈报事实，自信地将受众引入到动态的行业与市场实践中去。

## 习 题

### 一、填空题

1. 营销组合4Ps为________、________、________和________。

2. 服务营销组合7Ps为________、________、________和________、________、________和________。

3. 国内房地产项目营销的几大特色为________、________、________、________、________和________。

### 二、选择题

1. 下述选项中，(　　)直接包含了销售这一子目录。

   A. 营销组合　　B. 促销组合
   C. 服务营销组合　　D. 房地产营销组合

2. 据本项目介绍，PEST可用于分析房地产营销的宏观环境，E是指(　　)。

   A. 政治环境　　B. 社会文化环境
   C. 经济环境　　D. 技术环境

3. 营销、销售和促销的范畴大小秩序恰当的应为(　　)。

   A. 营销>销售>促销　　B. 营销>促销>销售
   C. 促销>销售>营销　　D. 销售>营销>促销

4. 在房地产项目营销规划中，可适用于制定营销目标、战略和策略建议的框架是(　　)。

   A. GOST　　B. Gantt Chart　　C. PEST　　D. SWOT

### 三、问答题

1. 什么是营销？什么是销售？什么是推销？请结合三者的概念范畴和实践应用，思考三者之间有何重叠之处，又有何分歧之处？

2. 营销无行界(行业差异)，你赞同这个观点吗？为什么？

3. 什么是房地产项目营销？房地产项目和房地产项目营销有何特殊性？房地产项目营销和一般的产品营销有何区别？

4. 房地产营销规划应遵循哪些步骤？

5. 自选国内你最熟悉的楼盘，用GOST框架做一份营销目标、战略和策略建议，并用甘特图(Gantt Chart)做一份实施方案。

## 四、实训项目

### ××楼营销规划简案

1. 项目概况

××楼占地面积 10745m$^2$，地处繁华的闹市路段交界口，地理优势明显，由公寓和临街商铺围合而成。

2. 项目优劣势

经项目组剖析，××楼盘的优势和劣势分别如下。

(1) 区位优势：本项目位于商业区(海鲜城)，有着无可比拟的商业资源优势；本项目环境优雅，闹中取静。

(2) 配套优势：本项目附近有农贸商城、海鲜城，居住便利；本项目周边有良好的教育、医疗等生活配套，环抱于众多学校之中，文化教育氛围浓郁。

(3) 交通优势：交通便利，车流、人流较大。

(4) 消费群劣势：商业与住宅融为一体的物业在目标客户群中的认可度较低，如何转变消费观念将是避开劣势的关键。

同时，根据外部环境，××楼盘面临的机会和威胁分别如下。

(1) 市场机会。商业与住宅相融的建筑将是房地产未来发展的趋势之一，在一定程度上××楼有潜在的商机，而且既不失小区特色又具有新时代的气息。

(2) 潜在竞争威胁。××楼附近一些地块，有开发商拟修建楼房，但对市场持观望态度；一旦××楼项目成功推出，其他开发商可能就会一哄而上，构成强有力的竞争威胁。

(3) 消费者对商业住宅认知度不高，虽可以通过媒介宣传推广，但效果难测。

3.营销策略

经再三推敲，××楼盘的营销策略建议如下。

(1) 目标市场。中高收入家庭，特别是个体商户、私营小企业主。

(2) 产品定位。商用、住家两种。

(3) 配套服务。提供全面的物业管理。

(4) 价格定位。为保证楼盘销售，与竞争对手持平或略低；宜将好铺位留存，结合价格低开高走的策略，先以较有吸引力的价格推出位置相对较差的铺位，再随着市场的响应推出相对较好的铺位，价格也做相应提升；低价单位控制在6%上下。

(5) 配销渠道。如自主行销，专业性较差，难度较大。建议主要由房地产代理公司代理销售，有较强的专业性与针对性，能确保更快更好地完成销售任务。将客户来访登记交由代理销售商，具体由代理商制定营销沟通流程，实行电话追踪或与客户展开其他沟通方式。

(6) 广告。针对目标市场定位，策划新的广告活动；商铺推广策略可采取广告张贴或宣传资料分发等形式，以扩大市场影响力，加快商铺出售；同时，以商铺的旺销来带动住宅的销售，而通过住宅的出售来促进商铺的价值最大化。

(7) 费用预算。广告预算增加30%的费用；根据顾客预购情况，追加研究开发10%的费用，进行客户追踪，及时调整策略，提高顾客满意度；增加10%的市场营销研究费用，用于增进对消费者选择房产产品过程的了解，并密切注意竞争对手的一举一动(市场投入行为等)。

**思考问题**

(1) 通过上述分析，××楼盘项目优势和劣势共存，机会和威胁同在，请用SWOT矩阵，解析如何化劣势为优势？如何用自身的优势最大限度地规避市场威胁及风险，并挖掘项目所具有的良机？如何全面整合项目的优势资源，从而为本项目的成功铺路？

(2) 根据上述××楼盘项目的营销策略建议方案，请结合本项目中的营销规划关键知识点，综合评估××楼盘的营销策略，有哪些策略你认为是比较独到的？哪些策略还存在缺陷？还有哪些环节有待完善？

(3) 请以小组为单位(每组4～6人)，给××楼盘项目重新出具一份体系性的营销规划书。

# 项目 9

# 房地产项目营销操作实务

## 教学目标

通过本项目的学习和实践，使学生了解销售不同类型房地产项目的基本知识，和操作技能包括其种类，各组成环节；熟悉房地产项目销售术语，熟悉销售全过程中各环节的含义及其对实现销售目标所起的作用。学习存量房营销策划的内容，掌握存量房的概念、存量房营销的基本流程，以及如何运用存量房营销策划中的技巧问题。

## 教学要求

| 能力目标 | 知识要点 | 权重 |
|---|---|---|
| 具备编制销售方案的能力 | 营销模式的种类及其确定方式、定价策略及销售控制策略 | 20% |
| 具备组织销售活动的能力 | 营销团队的构建方式及其组织结构构成、销售活动所需资源的筹备方式 | 15% |
| 具备根据项目特点寻找客户的能力 | 客户种类及其特点分析 | 25% |
| 具备使用销售说辞介绍项目的能力 | 销售策略及定价、付款方式 | 15% |
| 掌握存量房营销策划的内容 | 存量房概念、存量房产营销业务策划流程 | 10% |
| 熟悉存量房营销策划的技巧 | 客户接待、客户配对与约看、实地看房、交易撮合、合同签订及款项支付、存量房买卖产权过户和租赁合同登记、物业交验及后续服务技巧 | 15% |

## 导读

房地产企业的营销能力经常是其盈利的保证。如果没有充足的对于产品和服务的市场需求来为公司创造利润，那么企业的财务、运营、会计等其他方面的努力都不过是水中月镜中花。

要做出正确的营销决策并非易事。营销经理面临着一系列重大问题的决策，例如：楼盘设计中的楼盘特征是什么，雇佣多少销售人员，在广告中投入多少资金；也面临着一些次要的决策，例如：楼盘宣传手册中用什么颜色以及确切的字眼等。房地产企业面临的最大风险是在想尽办法提升产品价值的同时却没有关注它们的客户及竞争对手，而只是注重短期的利益，以短期的销售额作为发展导向，从而最终影响到企业的利益。

# 9.1 住宅类房产营销策划操作实务

### 案例导入

某住宅项目(如图 9.1 所示为项目鸟瞰图)的分期销售策划方案如下。

图 9.1 某住宅项目鸟瞰图

某市某项目总用地面积为 60 万 $m^2$，容积率 2.0，其中规划住宅面积约 75 万 $m^2$，公建部分面积约 45 万 $m^2$，是个名副其实的大盘。根据项目规模、产品组合及竞争情况，开发商将销售执行划分为 3 个阶段，并确定了每个阶段的销售目标、产品类型以及启动时间。

第一阶段，分期及各阶段目标的确定。根据项目的规模、区域分布特点，本项目开发和销售的时间跨度为 5 年，分 4 期开发。每一期均设定开发实施的目标。

第二阶段，确定各期房地产产品类型、数量及价格。在确定项目分几期、每个阶段所要完成的目标后，开发商制定了每一阶段所要开发的房地产产品类型、开发的面积以及每一期产品的均价。

第三阶段，确定分期销售计划。按照工程施工的进度，确定本项目销售的起始时间为自项目开工后21个月开始，一共持续40个月完成项目的整体销售。其中，住宅产品计划于2012年11月启动销售，预计至2016年3月结束销售，主销期达40个月，分4个阶段完成。

**案例思考**

(1) 为何该开发商考虑分三期开发该住宅项目？

(2) 采用分期开发时，开发商可能面临哪些风险？

### 9.1.1 住宅项目经营模式的确立

根据住宅项目的客户特点，在经营模式上绝大多数开发商采用的是全部出售的策略。而在全部出售策略下，开发商还会根据其住宅项目自身的规模、特点以及市场的需要，人为地将其划分出不同阶段来分阶段销售。

**特别提示**

案例导入中问题1解答：对住宅项目分阶段逐步推出销售，既有利于从整体上把握销售过程、控制销售进度，也有利于在各个销售阶段有针对性地实施销售策略，提高销售效率，优化销售资源的分配和利用。

大型住宅项目往往会采用分期开发的方式。分期开发有利于开发商控制开发进程的进行，增强资金周转的能力，制定出合理的市场营销计划，推进项目的整体成功。开发商确定是否分期以及如何分期的依据主要有以下几点。

(1) 项目规模的大小。所开发项目规模的大小，是开发商考虑项目是否分期的硬指标。住宅项目的分期开发主要针对大型楼盘而言，一般规模会在10万$m^2$以上。当然，分期开发的策略同样还会与开发商企业的开发能力、统筹安排乃至宏观大势有很大关系。

**知识点滴**

一个大型的住宅项目往往需要投入大量的资金，如在我国一线城市的市场上开发一个30万$m^2$左右的中等规模的项目，其全过程的运作资金有可能会达到几十亿元，一个开发商很难有实力一下在两三年内将如此大数目的资金注入到一个项目上。而通过分期开发，房地产开发商可以运用“滚动开发”的策略，首先注入部分启动资金，开发一部分地块，等通过首期的销售，资金回笼后再继续下一步开发。该项目所需资金的多少以及开发商可以投入的资金两相比较，可以大致确定项目需要分几期开发。

(2) 开发产品的种类。这也是开发商考虑项目是否分期的硬指标之一。住宅产品通常会存在公寓、普通住宅、别墅等类型，将不同产品放在一起开发和销售，可以达到搭配和互相促进的作用。但是，若同时销售，可能会由于产品的不同、客户群的不同，造成客户的认知渠道也不相同，因此，为了销售主题明确，精力集中，多数情况下开发商还是会将不同的产品进行分期，以达到最好的销售效果。

(3) 销售回款及价格目标的要求。这是开发商考虑项目是否分期的软指标。销售回款取决于销售速度。销售速度能够说明开发商资金回笼的速度和回收资金的多少，并可据此初步确定房地产项目需要分几期开发。

## 9.1.2 住宅项目营销团队的组建

营销团队的任务是有效地制定和实施营销战略、营销计划，实现企业的营销目标。

### 1. 销售部门的组织结构

目前常见的 5 种组织结构。

(1) 职能型组织结构，如图 9.2 所示。

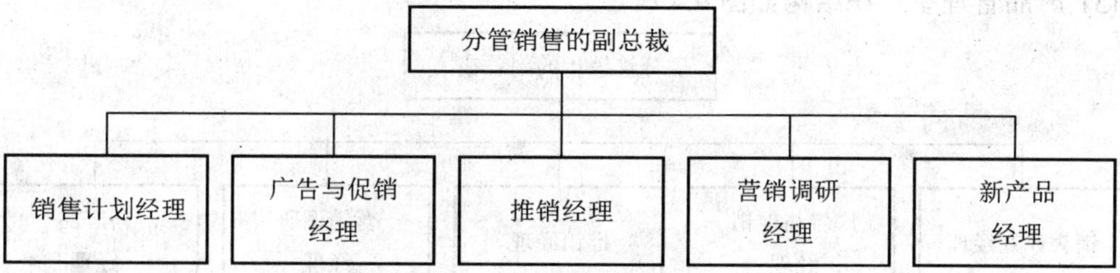


图 9.2 职能型组织结构

这是最常见的营销组织结构形式，即按不同的营销活动功能建立各职能部门，由分管销售的副总裁统一领导，协调各职能部门的活动，除了图 9.2 中所示的 5 个职能部门外，开发商企业还可以根据具体情况增加其他营销职能部门的设置，如顾客服务经理等。

职能型组织主要优点是简便易行。然而，随着企业产品品种的增多和市场的扩大，这种组织形式便会失去其有效性。因为在这种组织形式中，没有一个职能部门能为具体的产品和市场负责，有些产品或市场很容易被忽略，而且由于每个部门都强调自己功能的重要性，为了获取更多的预算和较其他部门更高的地位而进行竞争，从而不利于企业内部的协调。

(2) 地区型组织结构，如图 9.3 所示。

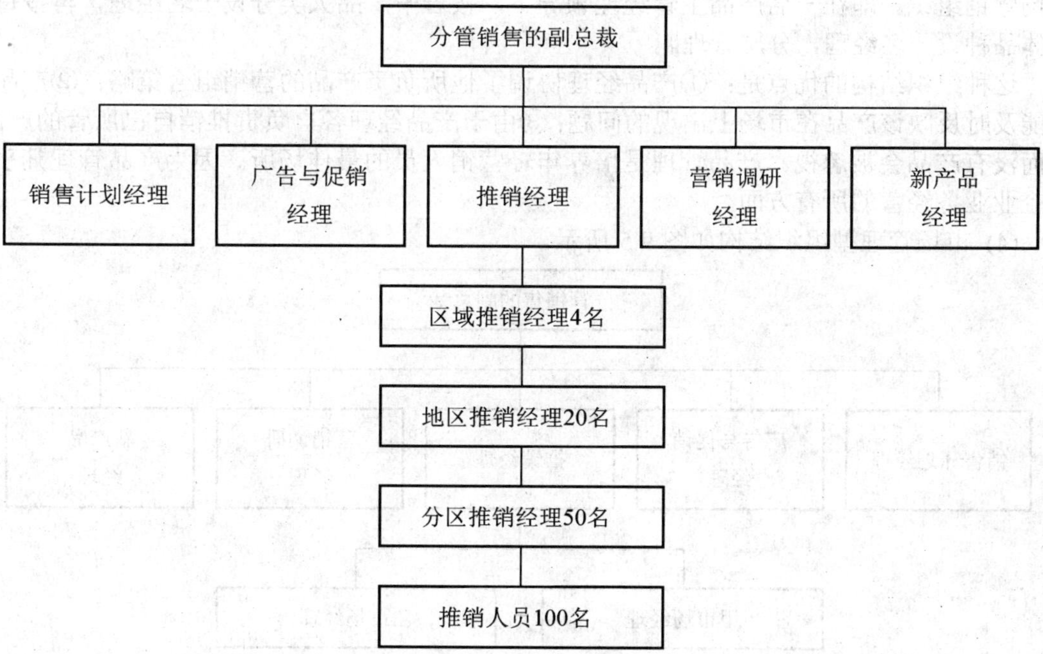


图 9.3 地区型组织结构

目前很多开发商企业在开发住宅项目时已不再局限于企业所在地区域，而是将目标瞄准其他价格上升空间更大的二三线城市，那么诸如此类项目分布较广且销售范围是跨地区性的开发商企业来说，通常可以按照地理区域安排自己的市场营销组织。这种组织形式由分管销售的副总裁统一领导，协调各职能部门活动，其中包括一名负责全部销售业务的推销主管经理、若干个区域推销经理、若干个地区推销经理、若干个分区推销经理，其所管辖的下属人员的数目即“管理幅度”逐级增加，构成一个销售网络。

但应注意，地区层次的划分必须既有利于产品的销售，又有利于企业的统一管理。

(3) 产品管理型组织结构如图 9.4 所示。

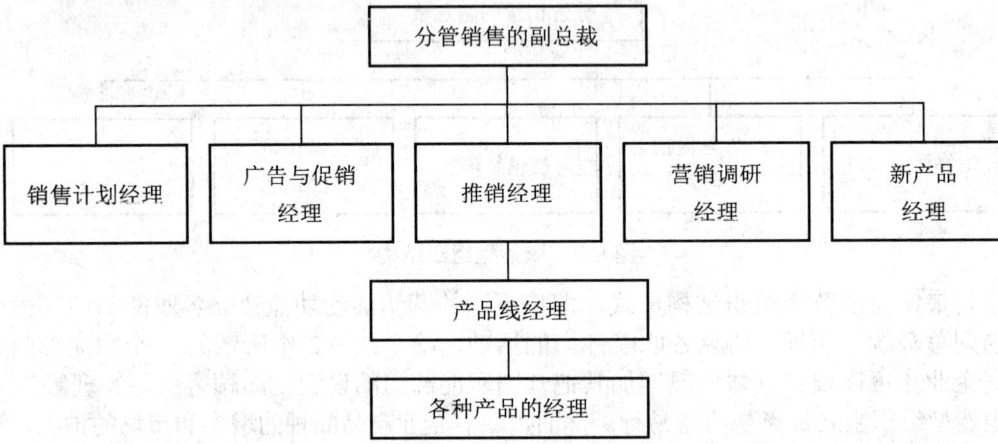


**图 9.4　产品管理型组织结构**

有时，房地产企业会推出以住宅产品为主，辅以商业用房、办公用房等的综合性楼盘项目。对于这类同时实行多种楼盘销售的开发商企业来说，通常要按楼盘的产品种类建立市场营销组织。即在一名产品主管经理领导下，按若干产品大类分设一名经理，再按每种具体品种设一名经理，分层管理。

这种组织结构的优点是：①产品经理协调了他所负责产品的营销组合策略；②产品经理能及时反映该产品在市场上出现的问题；③由于产品经理各自负责推销自己所管的产品，因而没有产品会被忽视。产品管理是培养年轻营销人员的最佳场所。因为产品管理几乎涉及企业业务经营的所有方面。

(4) 市场管理型组织结构如图 9.5 所示。

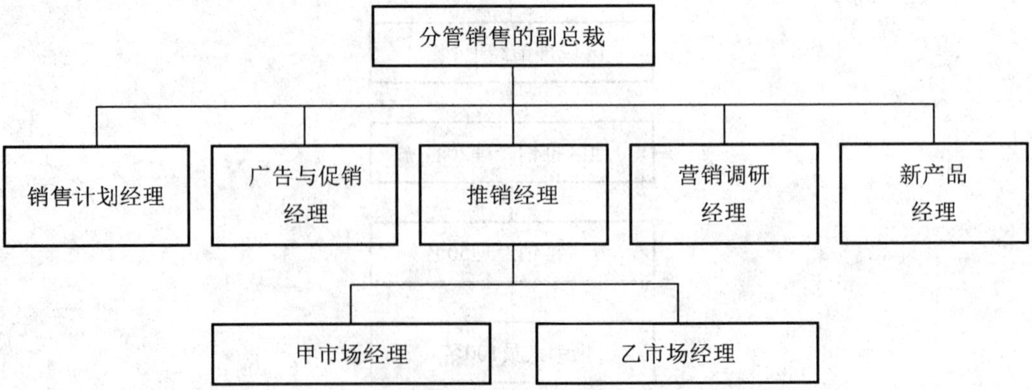


**图 9.5　市场管理型组织结构**

针对住宅项目的市场，按照客户对不同面积、不同风格、不同装修等的要求不同，会细分出多种产品需求。当客户按其特有的产品偏好以及购买习惯去细分区别对待时，就需要开发商建立起市场管理型组织。其结构与产品管理型组织结构基本相同，只是由面对不同类型的产品改为面对不同类型的市场。市场经理要为自己负责的市场制订长期的和年度的计划，分析市场趋势及所需要的新产品。这种结构的主要优点是：企业可以围绕特定客户的需要开展一体化的营销活动，而不是重点放在彼此隔裂开的产品或地区上。在以市场经济为主的国家中，越来越多的企业组织都是按照市场结构建立的。以各主要目标市场为中心来建立相应的营销部门和分支机构，是确保企业实现“以顾客为中心”的现代营销观念的唯一办法。

(5) 产品-市场管理型组织结构如图 9.6 所示。

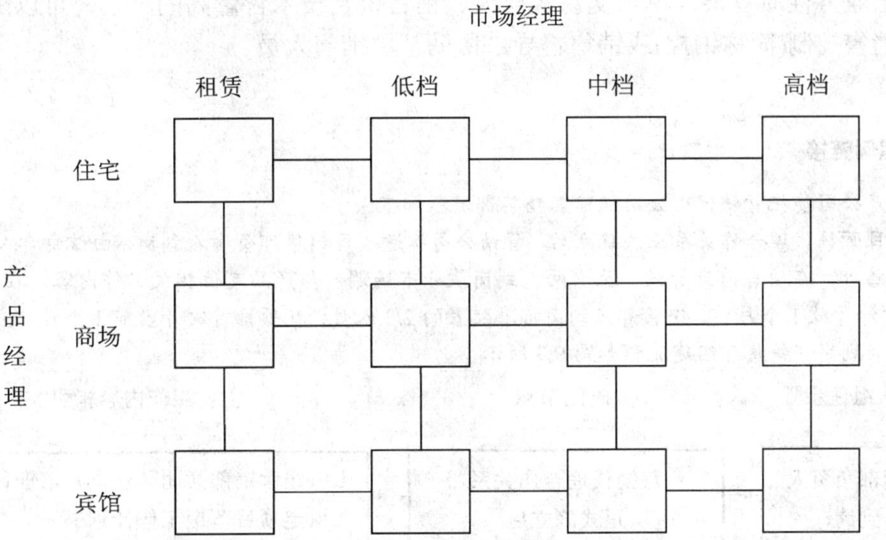


图 9.6　产品-市场管理型组织结构

对于包含住宅在内，同时又具有商业、写字楼等多种类型综合开发的项目来说，由于其开发商面向不同市场、开发多种不同产品，其在确定营销组织结构时面临着两难选择：是采用产品管理型，还是采用市场管理型？为了解决这个问题，开发商可建立一种既有产品经理，又有市场经理的产品—市场管理型组织结构即矩阵式组织。其中产品经理负责产品的销售利润和计划，为产品推销而努力；市场经理则负责开发现实和潜在市场。这种组织形式适用于多角化经营的企业。不足之处是成本费用较大，而且由于权力和责任界限比较模糊，容易产生矛盾。

**特别提示**

在构建营销团队时，时时处处需要体现以客户为中心的营销指导思想。

### 2. 销售部组建及岗位设置

销售部是开发商企业营销活动赖以顺利进行的组织基础，是执行营销活动的中心。一般销售机构应本着精简、适用、高效、合理管理幅度、权责一致、命令指挥统一等原则，合理构建销售组织。

销售部应属于房地产开发商营销组织架构下的一个分支机构，接受企业营销负责人的领导和管理。有些房地产开发企业，将销售部的工作一并委托给营销代理机构，并由营销代理机构负责设立售楼处，此种情况下，应接受双重的领导和管理。

销售部一般采用直线制的组织形式，由销售部经理垂直领导指挥下属人员。

一般情况下，销售部经理的下属就是售楼人员。如果项目规模较大，售楼人员超过 7 人以上，可以设销售部经理助理，协助销售部经理进行销售管理。

对于业务性质复杂、单项交易额巨大、销售谈判技术含量高的项目，可以配置一至两位现场销售控制(简称销控)或销售督导，协助基层销售人员。

**案例链接**

某房产公司委托营销代理公司组建其销售部流程如下。

在项目营销代理合作关系正式确立后，营销公司派遣项目销售部负责人到岗，由该负责人根据项目进程组建销售部。在项目前期阶段，至少两人到岗展开市场调研与产品定位相关工作内容；在销售服务(展示)中心对外开放 1 个月前，销售部应到岗标准配置的 2/3 人员；在项目首次开盘前 1 个月，销售部标准配置人员全部到岗。销售部组建流程如图 9.7 所示。

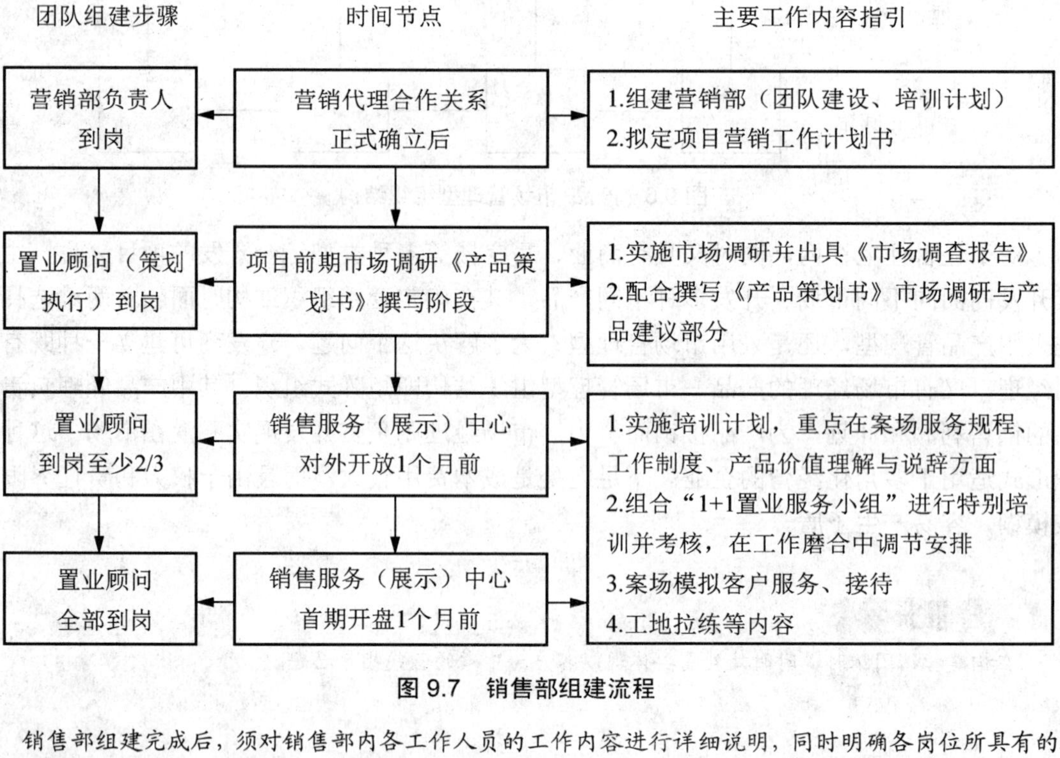


图 9.7　销售部组建流程

销售部组建完成后，须对销售部内各工作人员的工作内容进行详细说明，同时明确各岗位所具有的权力以及需承担的责任。某开发商销售部的岗位设置和责任设置如下。

(1) 销售部经理(含主持工作副经理)。负责主持部门整体运作，带领团队成员共同完成公司下达的各项工作计划及任务。

(2) 销售助理经理(主管)。

(3) 置业顾问(销售员)兼客户俱乐部专员。

(4) 置业顾问(销售员)兼业务行政。

(5) 置业顾问(销售员)兼策划执行。

(6) 置业(销售员)助理。

**案例思考**

(1) 此案例采用的是哪一种销售组织结构？

(2) 此案例采用该种销售组织结构的依据是什么？

#### 3．销售人员的培训内容

(1) 企业资料。要使每一位销售人员非常熟悉本公司的历史情况、经营目标、组织结构、企业精神、财务情况等，以提高销售人员的工作信心，增加对企业的感情；同时便于今后在销售工作中对消费者宣传介绍，建立良好的公共关系，树立良好的公众形象。

(2) 楼盘知识。销售人员能胜任销售工作的一个最基本的前提是要掌握待销楼盘的知识，所以公司的销售员一定要熟悉本公司建造的各类楼盘的设计方案、装修材料、设施性能、周边环境等，便于向消费者提供咨询服务。

(3) 市场知识使销售人员了解消费者情况，消费者喜欢的楼盘形式、性能和规格。实际上，消费者所在的地理位置，消费者的经济收入、购买动机、行为和习惯都是不同的。

(4) 销售技巧。要把楼盘销售出去，就必须借助于一定的销售技巧和艺术，例如，采用最佳的销售线路和程序，学会一整套的销售语言，能圆满地回答消费者所提出的各类问题，妥善地处理好与各类客户之间的人际关系。

(5) 法律知识。市场经济是法制经济，它必须严格地遵守有关的法律法规。特别是《城市房地产管理法》、《土地管理法》、《城市房屋拆迁管理办法》、《房地产交易管理条例》、《商品房销售管理办法》、《物业管理条例》等，为房地产销售工作提供法律依据。

### 9.1.3 住宅项目价格的制定及控制

#### 1．价格策略的制定

1) 折扣和折让。房地产市场上常用的折扣或折让主要有以下几种。

(1) 现金折扣。在赊销的情况下，卖方为鼓励买方提前付款，按原价给予一定天数折扣。例如“2/10 净 30 天”，表示付款期为 30 天，如客户在 10 天内付款，给予 2%的折扣。这种折扣可加强卖方收现能力，减少信用成本和呆账。

(2) 数量折扣。为刺激客户大量购买而给予一定折扣，购买量越大，折扣越大，但折扣数额不可超过因批量销售所节省的费用额。数量折扣按每次购买量计算，或者按一定时间内的累计购买量计算，即通常称之为“批量差价”。

(3) 功能折扣。功能折扣又称交易折扣，是针对经销其产品的中间商在产品分销过程中所处的环节不同，其所承担的功能、责任和风险也不同，据此给予不同的价格折扣。

(4) 让利折扣。针对一些特定的对象，或为一些特定的促销活动，开发商以直接的让利销售方式，给予房价一定的折扣。这种方式开发商运用得比较普遍，以至于不管有没有合适的理由，也不管实际房价是在上升还是下降，总是相对于定价给予客户一个折扣。有些开发商甚至于搞虚假折扣，即房屋定价虚高，打折后的价格也许才是其真实的定价水平，甚至于给的折扣低的话，折后价格比真实定价还要高。这种做法有市场环境因素的影响，大家都打折，客户也是没有折扣就不接受。但是久而久之，开发商所给的房地产商品的价格的公信力会严重下滑，进而影响到对开发商诚信度的评判，导致市场普遍的质疑，是不利于房地产市场健康良性发展的。

2) 差别定价

差别定价策略，是指企业在销售商品时，根据商品的不同用途，对不同的交易对象，在不同地区实行不同的价格政策。差别定价策略是房地产定价策略中非常重要的一种策略。

3) 心理定价策略

所谓心理定价策略是指企业定价时，利用客户心理，有意识地将产品价格定高些或低些，以符合消费者心愿。

**知识点滴**

(1) 尾数定价法。0.9 元、9.99 元等就属于这种定价策略。房地产价格比普通商品要贵得多，所以一般不会精确到小数点后面位数，就连个位数也很少，通常都近似到十位数。比如：8990 元/$m^2$，引导客户潜意识里认为其价格本应在 9000 元/$m^2$ 以上，给人一种更便宜的感觉。

(2) 整数定价法。对一些高档的别墅住宅，采取整数定价反而可能有更好的效果。如一些装修豪华、外观别致的高档别墅开价往往都是一套 800 万元、1000 万元等，往往不提及单价。因为消费者购买高档房屋除自我享受以外，还有一个重要的作用，就是显示自己的富有和地位。用房屋总价和房价取整的定价法更适应这部分人的心态。

(3) 心态定价法。根据某些消费者的习惯心理和特殊的要求，如纪念意义、欣赏趣味、讲究风水、讲究门牌号码、价格的数字等，来制定房地产价格。

**案例链接**

## 某住宅项目价格指定方案(节选)

1) 价格表制定的考虑因素

价格表是根据已确定的核心均价为基础，通过各项调差而制定的各单位价格明细表。

(1) 栋间差价的确定。考虑对比的因素主要有(　　)。

a. 朝向　　b. 高度　　c. 景观　　d. 密度　　e. 结构　　f. 噪声或污染

一般情况下，栋间差不宜大于核心均价的 5%。

(2) 户型差价的确定。考虑对比的因素主要有(　　)。

a. 朝向　　b. 景观　　c. 实用性　　d. 结构　　e. 面积　　f. 噪声或污染

一般情况下，户型差不宜大于核心均价的 10%。

(3) 楼层差确定。一般情况下，楼层差视结构为小高层或高层以及栋间遮挡情况而定。小高层住宅楼层差为核心均价的 5%，高层住宅楼层差为 3%。

2) 价格表制定

以一梯 4 户的小高层，均价 8400 元／$m^2$，定价标准是朝向差(10%)与层差(5%)分别计算，层差之间又将高层(5～12)层差与低层(1～4)层差分开计算，得出每房价格，同时以 8 层为标准定价，其价格表见表 9-1。

表 9-1　××住宅价格表

| 朝向 | 房号 | 一层 | 二层 | 三层 | 四层 | 五层 | 六层 | 七层 | 八层 | 九层 | 十层 | 十一层 | 十二层 | 总价 | 均价 |
|---|---|---|---|---|---|---|---|---|---|---|---|---|---|---|---|
| 东南 | A | 8100 | 8220 | 8310 | 8505 | 8595 | 8700 | 8850 | 9024 | 9204 | 9375 | 9555 | 9735 | 106203 | 8850 |
| 西南 | B | 8070 | 8160 | 8250 | 8445 | 8535 | 8640 | 8790 | 8955 | 9135 | 9300 | 9480 | 9660 | 105480 | 8790 |
| 西北 | C | 1260 | 7320 | 7410 | 7590 | 7665 | 7755 | 7890 | 8055 | 8205 | 8370 | 8520 | 8700 | 94725 | 7856 |
| 东北 | D | 7410 | 7500 | 7575 | 7755 | 7845 | 7935 | 8070 | 8235 | 8460 | 8550 | 8715 | 8865 | 96915 | 8076 |

整栋楼共计 48 套住宅，通过以上计算，均价为 8400 元/$m^2$。

## 2. 住宅价格的控制

(1) 价格控制原则。房地产开发企业在确定产品销售价格之后，不是固定不变的，而是随着宏观环境和市场形势的变化，要随时调整价格。为了达到既定的营销目标，对价格主动地进行调整，需灵活运用，慎重决断。

价格控制的基本原则为：逐步渐进提高和留有升值空间。价格控制上要严格避免以下 3 种情况。

① 价格在销售初期下调。房价在楼盘开盘后，基本原则是只升不跌，一旦开盘价明显下调，不仅会严重挫伤已购房者的积极性，带来市场负面效应，还会使楼盘市场信誉度下降而影响楼盘销售。

② 价格做空。有的开发商为了制造人气，在市场实际接受力较差的情况下依旧人为提高市场销售价，而在实际销售中，又随意地让客户还价、打折，出现价格做空现象。

③ 升值太快缺少价格空间。有些开发商一旦发现自身楼盘市场出现业绩，便误认为上市价格太低，过快或过大地上调房价，致使市场应预留的空间失去，外表上非常荣耀，但会因此失去市场。一旦发现价格控制失误，再欲下调时，已经是骑虎难下。

(2) 价格调整方式。价格调整方式有很多，表现方式多种多样，常用价格调整方式见表 9-2。

表 9-2　常用的价格调整方式

| 价格调整方式 | 分类 | 内容 |
|---|---|---|
| 直接价格调整 | 基价调整 | 对一栋楼的计算价格进行上调或下降 |
| | 差价系数的调整 | 每套住宅因产品的差异而制定不同的差价系数，每套住宅的价格则是由房屋基价加权所制定的差价系数计算得来 |
| 付款方式调整 | 付款时间的调整 | 总的付款期限的减少或拉长，各个阶段付款时间设定的向前移或向后推 |
| | 付款比例的调整 | 各个阶段的付款比例是前期高、后期低，还是付款比例在各个阶段均衡分布，或者各个阶段付款比例是前期低、后期高 |
| | 付款利息的调整 | 是指付款利息高于、等于或者低于银行的贷款利息，或者干脆取消贷款利息 |

**知识链接**

直接的价格调整就是房屋价格的直接上升或下降，它给客户的信息是最直观明了的。因为基价是制定所有销售单元价格的计算基础，所以，基价的调整便意味着所有销售单元的价格都一起参与调整。这样的调整，每套销售单元的调整方向和调整幅度都是一致的，是产品对市场总体趋势的统一应对。

差价系数的调整要求我们根据实际销售的具体情况，对原先所设定的差价体系进行修正，将容易销售的单元的差价系数再调高一点，不容易销售的单元的差价系数再调低一点，以均匀各种类型单元的销售比例，适应市场对不同产品需求的强弱反映。有时候，一个楼盘的价格差价系数可以在一个月内调整多次，以适应销售情况的不断变化，这需要一个完善的决策机制与之相配套。

### 3. 住宅项目付款方式的确定

住宅项目在确定付款时，需考虑到住宅项目所在地的家庭平均可支配收入的水平，以及对潜在客户支付能力做调查及评估。在此基础上，为潜在客户提供灵活多样的付款方式能扩大项目的客户群。

(1) 一次性付款。客户如采用一次性付款，则可享受九六折的优惠价。首付 3 万元定金，签订认购书；七天内签订正式买卖契约，支付 30%的首期款(含定金)；签订正式合约一个月内付清 70%的余款，同时办理公证与产权手续。

(2) 按揭贷款。一次性首付(可享受总价九八折优惠)。首付 3 万元定金，签订认购书；签约后 10 天内付清 30%(含定金)的首付款，并签订正式买卖契约，同时提供按揭资料，办理按揭手续。

## 9.1.4 住宅项目销售渠道的确定

住宅项目的销售渠道主要有开发商现场接待、整体或部分委托销售代理公司、通过房交会以及目前越来越多的异地分销等模式。

**知识点滴**

异地分销是住宅项目新兴的另一种销售渠道。一些中心城市开发的大型房地产项目为了开发其他城市的消费者市场，往往会在异地城市设立分销点，以利用中心城市对周边城市和地区的集聚效应，一些在中心城市周边工作和生活的居民，或因子女因素(子女在中心城市就业)、或因养老安居因素(临近退休退养、工作不再是生活的中心)等，往往会选择到中心大城市重新安家置业。

### 1. 选择房地产营销渠道应遵循的原则

房地产开发企业在选择营销渠道时，不仅要求保证本企业的产品能及时到达目标市场，还要求选择的分销渠道销售效率高、销售费用低，能取得最佳的经济效益. 房地产开发企业在选择销售渠道时，要遵循以下几条原则。

(1) 效益性原则。不同的销售渠道有不同的产出，也需要投入不同的成本。房地产开发企业在选择销售渠道时，一定要对各种可供选择的销售渠道进行评价，从中选择投入少、产出大，即经济效益高的销售渠道。

(2) 可控性原则。可控性原则反映了房地产开发企业对销售渠道的控制能力要求。可控性要求房地产开发企业在选择销售渠道时，对所选择的销售渠道要有一定的控制能力。

(3) 协同性原则。房地产开发企业在选择中间商时，不仅要考虑其经营实力、管理水平、信誉的高低和经验的丰富与否，还要考虑其合作意愿。

(4) 适应性原则。适应性是指房地产销售渠道适应环境变化的能力。企业在建设销售渠道时需要花费大量的时间，同时也需要一定的投入，房地产开发企业在对其销售渠道做出决策后，不可能想变就变，但市场环境又是不断变化的。因此，房地产开发企业在选择销售渠道时，应选择那些对环境有较强适应能力的销售渠道。

#### 2. 选择房地产营销渠道应考虑的因素

房地产开发企业在选择销售渠道时，不仅要遵循上述原则，还应该考虑一些相关影响因素，这些因素主要包括以下方面。

1) 产品因素

(1) 单位价值。房地产价值越高，销售渠道就应越短，如别墅、高级公寓应由房地产开发企业直销；房地产价值低，其销售渠道可以长些，如价格低、大众化的房地产可以借助中间商销售。

(2) 质量。有些房地产质量特别优良，市场反映非常好，这样的房地产就可以采用直接销售渠道；反之，则采用间接销售渠道。

2) 市场因素

(1) 客户的数量及分布。如果目标客户较多且地理分布分散，则销售渠道可以长些；如果目标客户较少且分布集中，可以选择短渠道，甚至可以直销。

(2) 购买特点。如果目标客户购买的批量大、频率低，就可以选择直接销售渠道；反之，客户购买的批量小，多样化购买，就可以采用间接销售渠道。

(3) 市场供求状况。若房地产市场兴旺，处于上升阶段，市场需求量不断增大，开发商可考虑与代理商广泛协作，尽量扩大产品的销售。反之，如果经济萧条，产业结构调整和投资方向重大调整，银根紧缩，会造成目标市场需求下降，价格下跌，这时，开发商要尽量减少不必要的流通环节，降低流通费用，尽量采用直接销售渠道。

3) 企业自身因素

(1) 企业的规模、实力和信誉。如果房地产开发企业规模大、实力强、信誉好，在选择销售渠道时的灵活性就大，既可以采取直接销售渠道，也容易得到中间商的合作；如企业规模小、实力弱，就应该主动争取中间商的合作与支持。

(2) 销售力量和销售经验。如果房地产开发企业有足够的销售力量，或有丰富的销售经验，就可以少用或不用中间商；否则，就得利用中间商进行销售。

4) 中间商因素

不同类型的中间商在执行分销任务时，各有优势和劣势，开发商应根据中间商的特点做出选择。在选择代理商时，应挑选素质较好的代理商作为自己的合作伙伴。

### 9.1.5 住宅项目入市时机的确定

由于房地产行业的投入产出周期长，而市场又瞬息万变，因此房地产销售的时间性非常强。另一方面，住宅项目的客户数量在一定时段内呈现出相对稳定、静止的态势，且多为“一锤子买卖”(一辈子购买一次)，而新楼盘推出的数量日益增多，所以，把握好销售时机对项目策划的成功至关重要。

**特别提示**

一个房地产项目早一个月销售或晚一个月销售，业绩就会迥然不同。

要把握好房地产的销售时机，一般从以下几个方面来综合分析和判断。

(1) 项目的工程进度及交房期限。一般而言，客户对期房缺乏足够的信心。因此，距交楼期限时间越短的时候推出销售计划业绩就越好。

**特别提示**

通常，对于多层住宅而言，项目在主体结顶后开始销售，并要争取在交楼前基本销售完毕；对于高层住宅而言，一般在项目的框架结构达到地面以上四五层时销售较为有利。但信誉和口碑较好的房地产开发商充分发挥其优势，提前开始销售，也会取得较好的销售业绩。

(2) 售楼手续的办理情况。正常情况下，项目必须在取得合法的销售手续后方可上市交易。但有时开发商迫于时间或资金的压力，在手续即将办理完毕前提前以“内部登记、内部认购”的方式展开销售，从中争取时间，这也不失为一个有效的办法。

**特别提示**

采用以上手法的前提是销售手续即将办理完成，否则将会造成十分严重的后果：除了有政府部门的严厉查处之外，也很容易在市场上造成极坏的影响，使以后的销售变得十分困难。

(3) 竞争对手的情况。同一地段竞争对手的动向对决定销售时机至关重要，这可从博弈论的角度加以解释。在一定的时段内，某一区域的购房人数是基本固定的，因此谁先销售，谁就可能先下手为强。后来者要想取得好的业绩，自然要付出加倍努力。

(4) 同期市场上住宅项目推广总量的变化。房地产市场是一个长期的销售过程，其市场购买力在“蓄势-消耗-蓄势-消耗”中不断循环。一般来说，同期市场上住宅项目推广总量的变化对于大部分项目都会有两个方面的影响：一是买家在选择对象多了之后容易分流，而且，其购买决定的形成时间也将延长；二是每个项目都会投放一定数量的广告宣传以争取客户，项目总量的增加意味着广告争夺战的加剧，这将直接影响到单个项目广告投放的投入产出比。

(5) 关心政策变化，把握入市机会。房地产项目销售时机策划必须研究和留意国家税收政策、土地政策、金融政策、住宅政策、都市及区域计划等政策的变化，抢占投资先机，先入为主。比如，当国家鼓励房地产业发展时，往往会制定若干优惠政策，尤以税收方面的优惠为多；当国家税收政策对房地产业有利时，购买者的购买欲望很强，可考虑入市。所以，有时候选择特定的时机，在市场项目报出数量较少的时候，忽然召开项目展销会，很可能会收到额外的成效。

# 9.2 写字楼营销策划操作实务

案例导入

某写字楼项目坐落于某市的中央商务区，如图 9.8 所示，其设计起点较高，定位于高端写字楼项目。在决定采用何种经营模式时，有纯销售、销售 + 租赁、纯租赁 3 种选择。该项目开发商在做决策前，分别就本企业的资金流动情况、该项目周边写字楼的租售比例、该项目所处片区写字楼的租售比例以及价格水平均作了详细调研，用作本写字楼项目经营模式的决策依据。

图 9.8　某写字楼项目鸟瞰图

案例分析

(1) 如何确定写字楼项目的租售比例？出租、出售以及租售结合的各自优势是什么？

(2) 分析该开发商在决定本写字楼的经营模式时的现金流情况。

## 9.2.1　写字楼经营模式的确立

写字楼作为房地产项目的品种之一，在经营过程中，开发商除了采用常规的销售模式，还会根据该写字楼自身的实际情况以及综合周边各种因素考虑而采用出租的方式来获利。两者相比较而言，销售模式有利于开发商快速回笼资金，从而直接有效地维系开发商的资金链这根“命脉”。但在整个房地产市场向好的时期，开发商在售出写字楼后，将无法享受到市场价格提升带来的收益。而出租模式恰恰能够弥补销售的这一不足，开发商可以通过出租来获取该写字楼升值所带来的收益。

开发商作为企业，追求的是利润最大化，因此需要开发商事先根据项目的具体情况以及周边各种因素综合考虑是租还是售。若采用出租和销售相结合的方式，则还须事先确定租售比例，以求使各方面达到一个均衡点。

1. 写字楼常见的经营模式

(1) 顶级写字楼。通常能够开发顶级写字楼的开发商都具有非常强的实力，同时也具备很高的知名度和良好的商誉。此类开发商的经营目标已不再是简单的盈利，而是上升到维持及提升自身的品牌价值，其对写字楼的地段、硬件、配套及服务都有非常高的要求。由于其产品本身及所处地段的不可替代性，形成“物以稀为贵”、“奇货可居”的局面，开发商更着眼于该写字楼长期稳定的升值来确保不断地从中获取利润，因此经营方式常采用只租不售的模式，并且在经营初期要承受较长时间的亏损，以及对客户资质具有很高的要求。

顶级写字楼在产品推广的初期通常要依靠各种媒体的宣传，寻找的客户也通常是基于开发商的合作圈。而这类顶级写字楼在建成后一般会成为城市标志性建筑物，所以在其推广后期会以其标志性的外立面、业内口碑及新闻策划为主要宣传方式，并且会有自己的推广策划团队，很少会与中介合作。

在该类顶级写字楼的入驻初期，开发商通常会给予知名客户以较大幅度的优惠，以期通过知名客户的入驻来提升自己的价值。而当入住率，尤其是知名客户的入住率达到一定水平后，开发商将逐步提升租金，以淘汰知名度或者实力相对较低的客户，从而进一步提升客户资质，反复循环，直至达到预期目标为止。

(2) 一般甲级写字楼。一般甲级写字楼的经营方式会存在全部出租经营方式和部分出租经营方式两种。全部出租经营方式：要求开发商有较强的综合实力，并且具有多元化经营的模式。为了提升甲级写字楼的档次，在经营初期对客户的资质要求也较高。在推广方面存在：与中介合作、建立自己的营销团队、坐销，以及利用多种媒体形式组合宣传等多种方式。

部分出租、部分出售的经营方式：一般有整体出现的推广形式和小业主分别出现的推广形式，通常会与中介合作，主要借助网络媒体及报纸进行宣传。甲级写字楼的标志性外立面也是其有效宣传手段之一。

写字楼销售给客户后，即会使原本集中在开发商手里的产权分散到各个客户中，使得在再次出售及出租时会存在形成内部恶性竞争的可能性，因此对该写字楼租金的维持、项目的保值增值都会造成一定的不利影响。

(3) 乙级或乙级以下写字楼。乙级或乙级以下写字楼的经营方式一般借助于项目本身外立面或者是户外广告、报纸的名片式广告、中介或者开发商的合作圈进行客户招揽。

在写字楼项目的营销策划初期，策划人员应根据写字楼的特征、开发商的经济实力以及开发商的企业战略目标来确定该写字楼项目的经营模式。

知识链接

写字楼的顶级、甲级、乙级等分类目前是行业内自发形成的一种通行叫法，国家在这方面并没有成文的规定。究其出处，一般认为是以港台商人为代表的外商在与内地开发商合作开发涉外写字楼的过程中，逐步引入并流行起来的词汇。境外各大房产评估机构都有各自的将写字楼按照其综合素质不同而划分成不同的等级，通常并不考虑其所在地点。按照行业内的经验，一般对写字楼作出如下划分，仅供参考。

顶级写字楼：其办公部分需超过 50000$m^2$，每层建筑面积必须保持在 1500～2000$m^2$；写字楼的大堂应宽敞、挑高三层或以上；楼层净高 2.7 米及以上；通道宽 2 米及以上；按大厦总建筑面积计算，每 150$m^2$配置一个停车位，专用地上、地下停车场应设有自动计费系统和防盗安全系统；按照大厦总建筑面积计算，每部客梯服务面积不超过 4000$m^2$；等候时间不得超过 30s；客货分离，货梯至少两部，有先进的智能控制系统；有 24h 保安服务和维护服务，以及商务配套等；必须有货物专用通道和残疾人通道等；建成后 1～2 年内的入住率不能低于 70%；产权只租不售，实行单一产权。

甲级写字楼：其办公部分应超过 20000$m^2$，每层建筑面积不低于 1000$m^2$；按大厦总建筑面积计算，每部客梯服务面积不超过 5000$m^2$；等候时间不超过 40s；客货分离，货梯至少 1 部；有完善先进的智能控制系统；甲级写字楼的建筑规划大堂宽敞、挑高三层或以上；楼层净高为 2.7m 左右；按大厦总建筑面积计算，每 150～200$m^2$配置一个停车位；配备专用地上、地下停车场；地下停车场应设有自动计费系统和防盗安全系统；建成后 1～2 年内的入住率不低于 65%。

乙级写字楼：其办公部分应超过 10000$m^2$，单层净面积不低于 800$m^2$；楼层净高不低于 2.5m；按大厦总面积计算每 300$m^2$ 应配置一个停车位；按大厦总面积计算每部客梯服务面积不超过 6000$m^2$，速度不低于 3m/s；物业管理应聘请国内知名物业管理公司或本地优质物业管理公司，并提供 24h 内的报案服务和维修服务；建成后的入住率不低于 50%。

### 2. 写字楼租售比例的确定

目前市场上大部分写字楼采用的是租售结合的模式。当采用租售结合的经营模式时，须事先确定该写字楼出租和销售面积之比。显而易见，当销售面积的比例较大时，开发商面临的短期资金压力会少一些，但同时其长期利润也会较少；而出租面积的比例较大时，则正好相反。在确定写字楼的租售比例之前，应先了解市场上写字楼项目的出租和销售情况。

## 9.2.2 写字楼租售实务操作

### 1. 纯写字楼租售实务操作

知识链接

纯写字楼是办公功能占绝对优势的物业类型，底层可能会有商业，但都是为办公活动提供服务。一般地在底层只有银行、咖啡店、高级餐厅、商务中心、娱乐场所、会议室等。如图 9.9 所示。

图 9.9　纯写字楼

以本项目导入案例中所述写字楼项目为例，销售策划操作如下。

1) 市场分析

(1) 项目周边写字楼租售情况。整个杭州黄龙商圈的写字楼物业基本以销售为主，一般情况下写字楼很难售罄，销售率保持在 85%以上，剩余部分用作出租，进行长线投资，如 ZT 大厦、XH 大厦、JL 大厦等，都销售了 95%以上，剩余部分开发商预留；另外一种类型的写字楼属于企业自建写字楼，一般 50%～60%属于企业自己的办公场所，其余部分市场消化，如 GS 大楼、ZSY 大楼等。由于写字楼开发成本较高，所以众多的开发商出于资金的考虑，只租不售或者只售不租的现象相对较少。

(2) 从价格判断。杭州黄龙商圈的销售均价一般维持在 35000～40000 元/$m^2$ 这样一个水平，本写字楼不论是在该区，还是与武林商圈之间比较，在价格方面都不具备竞争优势，尽管本写字楼的设计起点较高，但是高端写字楼的市场空间是相对有限的，本写字楼如全部推向市场，将可能面临：开发商的风险相对较大、该片区及片区与片区之间的楼盘竞争压力很大、黄龙商圈销售周期一般比武林商圈销售周期长等现状。

(3) 片区租售情况判断。黄龙商圈写字楼开发项目近年来比较少，销售整体呈现供需平衡态势，该区域最具代表性的高档写字楼如 GY 大厦当时一面世就引起市场的热烈追捧，价格一路攀升，成为杭州写字楼的经典。现在该写字楼的入住率更是高达 96%；再如 HL 广场当年入住率就高达 87%。据了解，GY 大厦属于只售不租，而 HL 广场大部分为只租不售，由此可见该片区租赁市场存在较大空间。

2) 确定租售比例

写字楼租售比例的考量。租售比例：为回收投资成本，保持该写字楼短期现金流平衡，销售部分应不低于 40%～50%。为吸引大客户，保持租赁完整性，同时也为了保留部分物业以获取长期增值收益，租赁部分应保持至少 20%～30%的比例。综合以上两个因素，销售比例应定为 80%，租赁比例定为 20%。

3) 不同租售比例的现金流情况

通过计算确定不同租售比例对开发商现金流的影响。假设如下条件：该写字楼可销售面积 71000m$^2$，开发成本 27000 元/m$^2$，销售均价 36000 元/m$^2$，租赁均价 300 元/m$^2$·月，空置率 10%。

(1) 销售 60%、租赁 40%时的现金流量表见表 9-3。

表 9-3 销售 60%、租赁 40%时的现金流量表

| | |
|---|---|
| 开发总成本 | 191700 万元 |
| 销售部分开发成本 | 115020 万元 |
| 销售总收入 | 153360 万元 |
| 销售利润 | 38340 万元 |
| 销售费用(2%) | 3067.2 万元 |
| 营业税及附加(5.6%) | 8588.16 万元 |
| 税前利润 | 26684.64 万元 |
| 所得税(15%) | 4002.70 万元 |
| 税后利润 | 22681.94 万元 |
| 投资收益率 | 19.72% |
| 短期现金流 | −53998.05 万元 |
| 长期租金收入(不考虑递增因素) | 9201.6 万元 |
| 租赁税(17%) | 1564.26 万元 |
| 长期现金流(租金净收入) | 7637.34 万元 |

(2) 销售 70%，租赁 30%时的现金流量表见表 9-4。

表 9-4 销售 70%、租赁 30%时的现金流量表

| | |
|---|---|
| 开发总成本 | 191700 万元 |
| 销售部分开发成本 | 134190 万元 |
| 销售总收入 | 178920 万元 |
| 销售利润 | 44730 万元 |
| 销售费用(2%) | 3578.4 万元 |
| 营业税及附加(5.6%) | 10019.52 万元 |
| 税前利润 | 31132.08 万元 |
| 所得税(15%) | 4669.8 万元 |
| 税后利润 | 26462.28 万元 |
| 投资收益率 | 19.72% |
| 短期现金流 | −31047.72 万元 |
| 长期租金收入(不考虑递增因素) | 6901.2 万元 |
| 租赁税(17%) | 1173.21 万元 |
| 长期现金流(租金净收入) | 5727.99 万元 |

(3) 销售 80%，租赁 20%时的现金流量表见表 9-5。

表 9-5　销售 80%、租赁 20%时的现金流量表

| | |
|---|---|
| 开发总成本 | 191700 万元 |
| 销售部分开发成本 | 153360 万元 |
| 销售总收入 | 204480 万元 |
| 销售利润 | 51120 万元 |
| 销售费用(2%) | 4089.6 万元 |
| 营业税及附加(5.6%) | 11450.88 万元 |
| 税前利润 | 35579.52 万元 |
| 所得税(15%) | 5336.94 万元 |
| 税后利润 | 30242.58 万元 |
| 投资收益率 | 19.72% |
| 短期现金流 | −8097.42 万元 |
| 长期租金收入(不考虑递增因素) | 4600.8 万元 |
| 租赁税(17%) | 782.13 万元 |
| 长期现金流(租金净收入) | 3818.67 万元 |

根据以上计算数据，按照销售 60%、租赁 40%的比例和销售 70%、租赁 30%的比例，短期现金流负值较大，对开发商有一定的财务压力。

按照销售 80%、租赁 20%的比例，短期现金流负值较小，并且保留了部分可销售面积用于出租，可以获得长期租金收益和房产增值收益，因此我们认为这一比例组合较为合理，建议采用。

此外，在以上策划的基础上，还应对多种租售比例的资金回笼情况进行分析，从而选择最合适本写字楼项目经营的租售面积比例。

2．综合楼租售实务操作

**知识链接**

由两种或两种以上主要功能并存的写字楼称为综合楼，如图 9.10 所示办公与商场综合性的类型。

图 9.10　综合性写字楼

1) 分析条件

办公房可出租、出售的面积为 22573m$^2$；商铺可出租、出售的面积为 3764m$^2$；总建筑面积为 26337m$^2$；自有资金为 6000 万元；银行贷款为 1.4 亿元；银行的贷款利息按 6.6%计算(考虑到未来银行利率可能出现的上下浮动)；管理费只针对出租的办公用房和商铺，管理费基数为 120 万元，2006 年按 60%计提，2007 年按 70%计提，2008 年按 80%计提，2009 年按 90%计提，2010 年按 100%计提，2011 年及以后若干年每年递增 3%；保险费按每年 15 万元计取；营业税按收入的 5.5%计取；物业管理费补贴以物业公司测算报告为依据；房产税为针对办公用房、商铺的租金收入按 12%计取；销售费用按 2%计取；折旧与摊销只针对出租的办公用房和商铺计提；年租金按 360 天计算。

2) 租售比例假设

(1) 假设情况一。全部出租。办公用房租金为 2.2 元/m$^2$·天；商铺租金为 4 元/m$^2$·天；车位租金为 400 元/个(已扣除物业管理费)；租金涨幅每 3 年一递增；2016 年以后不再增幅。由于出租率是一个变动系数，因此假设第一年办公用房及商铺出租率为 40%；第二年办公用房及商铺出租率为 60%；第三年办公用房及商铺出租率为 80%；第四年办公用房及商铺出租率为 90%；第五年及以后的若干年办公用房及商铺始终保持的出租率为 95%。

考虑到本项目的地下车位只有 90 个，但相对需求量较高，因此出租前景较为乐观，所以我们预计地下车位的出租率第一年保持在 80%；第二年保持在 90%；第三年及以后若干年始终保持在 100%。

通过分析我们可以了解到，此方案资金回收期较长，预计要到 2015 年可以还清银行贷款，内部收益率为 3.27%，投资利润率为 5.00%，投资回收期为 17.35 年。由此可得，假若全部出租，所承担的经营风险较大，因为办公用房和商铺的租赁市场一方面要受到整个中国经济及政府宏观调控的政策影响，另一方面也要受到物业周围成熟度水平、竞争风险、公司内部财务成本压力等因素的影响。

(2) 假设情况二。租 70%，售 30%(其中：商铺全部出租)。办公用房租金为 2.2 元/m$^2$·天；商铺租金为 4 元/m$^2$·天；车位租金为 400 元/个(已扣除物业管理费)；租金涨幅每 3 年一递增；2016 年后不再增幅；办公用房售价为 15000 元/m$^2$。

由于出租率是一个变动系数，因此假设第一年 30%办公用房全部出售，办公用房和商铺出租率为 40%；第二年办公用房及商铺出租率为 60%；第三年办公用房及商铺出租率为 80%；第四年办公用房及商铺出租率为 90%；第五年及以后的若干年办公用房及商铺始终保持的出租率为 95%。

考虑到本项目的地下车位只有 90 个，但相对需求量较高，因此出租前景较为乐观，所以我们预计地下车位的出租率第一年保持在 80%，第二年保持在 90%，第三年及以后若干年始终保持在 100%。

经分析，此方案预计第七年(即 2012 年)即可还清银行贷款。内部收益率为 7.93%，投资利润率为 9.84%，投资回收期 11.41 年。

(3) 假设情况三。租 50%，售 50%(其中：商铺全部出租)。办公用房租金为 2.2 元/m$^2$·天；商铺租金为 4 元/m$^2$·天；车位租金为 400 元/个(已扣除物业管理费)；租金涨幅每 3 年一递增；2016 年后不再增幅；办公用房售价为 15000 元/m$^2$。

由于出租率是一个变动系数，因此假设第一年30%办公用房出售；办公用房和商铺出租率为40%；第二年20%办公用房出售，办公用房及商铺出租率为60%；第三年办公用房及商铺出租率为80%；第四年办公用房及商铺出租率为90%；第五年及以后的若干年办公用房及商铺始终保持的出租率为95%。

考虑到本项目的地下车位只有90个，但相对需求量较高，因此出租前景较为乐观，所以我们预计地下车位的出租率第一年保持在80%；第二年保持在90%；第三年及以后若干年始终保持在100%。

经分析，此方案预计到两年后(即2007年)可还清银行贷款。内部收益率为12.56%，投资利润率为10.38%，投资回收期7.20年。

结论与建议：通过对杭州整个房地产走势的分析及临近开发区写字楼市场的调研，我们建议本项目应定位于涉外写字楼，目标客户群为有一定经济实力的家用电器生产企业、建筑产业服务企业、金融机构、政府部门等。

通过测算和分析，我们建议采用租售结合的营销模式，有利减轻企业的资金运转压力，降低运营成本，为公司的发展打好基础。从投资的内部收益率、利润率、回收期及未来地产的升值前景综合考虑，建议租售面积比例宜控制在50∶50和70∶30之间，具体比例可视企业资金还贷情况而定。

### 9.2.3 写字楼销售人员培训实务操作

以位于某市即将开通的地铁1号线沿线的某写字楼项目为例，其开发商企业对该项目销售人员的培训内容提纲如下。

第一讲：本写字楼优越的地理位置。

第一课：某市地铁规划概况。

第二课：某市地铁1号线沿线住宅分布情况。

第三课：某市地铁1号线开通后对本写字楼的影响。

第二讲：5A级智能化写字楼。

第一课：本写字楼配备了5A级智能系统。5A即BA(Building 楼宇自动化)、CA(通信自动化)、OA(办公自动化)、MA(管理自动化)、FA(消防自动化)。

第二课：本写字楼配备的主要机电设备。

第三讲：环保节能的绿色写字楼。

第一课：绿色写字楼的概念。

第二课：本写字楼的绿色支撑点。

第四讲：本写字楼的智能性及服务性的特点。

第一课：本写字楼内的豪华会所配套和商务会议中心。

第二课：本写字楼周边的商务大环境配套。

第五讲：本写字楼项目在建设过程中参照的高技术指标。

第六讲：开发商雄厚的实力。

第七讲：以人为本的建筑理念和人文的规划细节。

第八讲：本写字楼项目的其他优势。

## 9.2.4 写字楼价格调整实务操作

本写字楼总体的价格策略为遵循低开高走的趋势，在销售前期以有震撼力的价格迅速吸引市场内潜在客户的注意力以聚集人气，在销售中期价格逐步上涨。该写字楼整体价格区间预计在 22500～25000 元/m$^2$，均价在 24000 元/m$^2$。在销售的预订阶段，建议 10 层以下的销售单元以 23500 元/m$^2$ 以下的统一价格面世。

将本写字楼项目投放市场后的时间分成如下几个阶段：开盘前的引导期、开盘强销期、销售持续期、清盘期。根据不同阶段采取不同的价格策略，分阶段价格控制一览表见表 9-6。

表 9-6 分阶段价格控制一览表

| 时间 | 销售阶段 | 销售率(%) | 阶段平均价格(元/m$^2$) |
|---|---|---|---|
| 2010 年 10—12 月 | 开盘前引导期 | $0<X<20$ | 23500 |
| 2011 年 1—4 月 | 开盘强销期 | $20<X<65$ | 24000 |
| 2011 年 5—7 月 | 销售持续期 | $65<X<90$ | 24500 |
| 2011 年 8—9 月 | 清盘期 | $90<X<100$ | 24000 |

根据表 9-6，在开盘前的引导期，以限量发售让利的形式推出，公布均价为 23500 元/m$^2$，计划预售面积控制在 20%以内；在开盘强销期，公布均价为 24000 元/m$^2$，计划销售至总销售面积的 65%；在销售持续阶段，单位价格上浮 500 元，公布均价为 24500 元/m$^2$，计划销售至总销售面积的 90%；在最后的清盘期内，单位价格下浮 500 元，成交价格控制在 24000 元/m$^2$，直至完成所有销售面积。

除了上述直接的价格调整方式，还可能会存在其他的价格策略，如：当总体销售率达到 30%时，整体价格表上的价格均调高 2%，同时对销售不利的产品可调低价格；或者，针对在该写字楼正式开盘销售前进行预订的客户给予 2%的优惠，而开盘之后该优惠立即取消；再或者，对于销售面积内，相对位置、景观、户型等较好的销售单元可保持高价位销售；亦或者对其先行保留，待项目升值后再择机高价销售以增加利润。

价格策略形式种类非常多且灵活，并且还在不断推陈出新。对于开发商而言，最适合自己的策略才是最好的策略，因此在价格策略的制定以及调整的前后都需要策划人员带着敏锐的眼光及时捕捉项目自身、竞争对手以及市场的细微变化，先发制人，创造盈利条件，把握盈利机会。

## 9.2.5 写字楼推广实务操作

### 1. 项目销售目标实务操作

1) 总目标

按开盘日从 4 月 25 日开始计算，销售期为一年，销售期限大致如下：2011 年 4 月底—2012 年 4 月底。

销售总目标确定如下。

考虑到中庭部分有一定的销售难度，会减慢项目的销售速度，拉长整个项目的销售时间，因此在一年的销售期限内，本项目销售70%左右(不包括目前××公司已销售的15%)，总销售额达13.65亿元左右。

(写字楼可售面积×0.7×21000)+(中庭部分可售面积×0.7×15400)=13.65(亿元)

2) 分阶段销售目标(见表9-7)

表9-7 分阶段销售目标计划

| 销售阶段 | 时间期限 | 销售条件 | 销售比例 | 销售面积 |
|---|---|---|---|---|
| 导入期 | 2011年4月1日—2011年4月24日 | 卖场内外包装基本制作完毕，销售人员培训完毕进场，销售物料到位 | 15%(前期已销售)接受内部认购，不公开发售 | 0 |
| 开盘期 | 2011年4月25日—2011年5月初 | 项目策划方案、模型、售楼处、样板房、VI视觉识别系统、广场绿化、项目市场形象导入、销售经理及销售人员初步到位，咨询电话、楼书、单张、看房通道等准备就绪 | 5% | 4692 |
| 强销期 | 2011年5月初—2011年7月初 | 外立面和局部装修显现，前期销售人气、广告配合 | 20% | 18767 |
| 持销期 | 2011年7月初—2011年8月底 | 准现楼状态，大楼完全展示，前期销售人气，广告推广配合 | 10% | 9383 |
| 第二次强销期 | 2011年9月—2011年10月 | 前期销售人气、广告推广 | 20% | 18767 |
| 第二次持销期 | 2011年11月—2011年12月 | 前期销售人气、维持广告 | 10% | 9383 |
| 尾盘期 | 2012年1月—2012年4月 | 大厦入驻，物业管理形象 | 5% | 4692 |
| 合计 | | | 70% | 65684 |

注：①考虑到写字楼销售的特点，购买写字楼的客户一般购买决策时间较长，由于本项目在前期市场导入和广告推广不够强力的情况下，最好销的时间将在开盘两到三个月之后，考虑以上两个因素，拟定以上销售目标。

②上表中导入销售比例的15%是不公开发售的内部认购，不计算在合计的70%中。

3) 工程进度与销售进度关系表(见表 9-8)

表 9-8 工程进度与销售进度关系表

| 序号 | 分项名称 | 工程内容 | 开始时间 | 完成时间 | 销售阶段 | 时间期限 | 销售累计进度 | 销售累计面积($m^2$) |
|---|---|---|---|---|---|---|---|---|
| 前期已销售 15% | | | | | 导入期 | 2011.4.1—2011.4.24 | 0% | 0 |
| 1 | 内外砌体 | 外墙砌体、内墙隔断的安装 | 2.10 | 4.14 | 开盘期 | 2011.4.25 —2011.5 初 | 5% | 4690 |
| 2 | 屋面 | 外墙砌体、内墙隔断的安装包括保温层、防水层、找平层、贴面砖等 | 3.1 | 4.30 | 强销期 | 2011.5 初—2011.7 初 | 25% | 23460 |
| 3 | 室外消防水池 | 开挖、主体施工、回填 | 4.5 | 5.15 | | | | |
| 4 | 样板间 | 样板房设在七层，售楼部、票务中心设在零层 | 3.5 | 5.31 | | | | |
| 5 | 外粉刷 | 外墙贴面砖、贴马赛克、包窗口、粉阳台、装饰线条的粉刷、雨篷、散水 | 2.10 | 6.30 | | | | |
| 6 | 一层大堂的精装修 | | 3.20 | 6.30 | | | | |
| 7 | 室外给水安装 | 包括室外消火栓 | 7.1 | 8.5 | 持销期 | 2011.7 初—2011.8 底 | 35% | 32840 |
| 8 | 室外排水安装 | 污水、雨水管道、窨井、化粪池 | 6.5 | 8.5 | | | | |
| 9 | 变配电 | 变压器、配电盘柜安装 | 6.1 | 8.5 | | | | |
| 10 | 空调安装 | 水路、通风、水冷设备、自动控制系统 | 2.25 | 8.10 | | | | |
| 11 | 精装修 | 电梯前室、环廊等公共部分的精装修 | 5.4 | 8.15 | | | | |
| 12 | 消防安装 | 消火栓系统、喷淋系统、报警系统、通风系统的安装调试、联动试验 | 2.10 | 8.15 | | | | |
| 13 | 电梯安装 | 电梯安装、调试、验收 | 5.1 | 8.15 | | | | |
| 14 | 门窗安装 | 外塑钢窗、内户门(防火防盗)、防火门 | 6.1 | 10.5 | 二次强销期 | 2011.9 —2011.10 | 55% | 51610 |

续表

| 序号 | 分项名称 | 工程内容 | 开始时间 | 完成时间 | 销售阶段 | 时间期限 | 销售累计进度 | 销售累计面积(m²) |
|---|---|---|---|---|---|---|---|---|
| 15 | 内粉刷 | 墙面顶棚的粉刷、地坪的找平、卫生间的防水、地下室的粉刷批白、室内批白 | 2.10 | 10.7 | | | | |
| 16 | 室内给排水安装 | 给水、排水管道、管件的安装、排水灌水试验、给水打压试验 | 2.10 | 10.10 | | | | |
| 17 | 强电安装 | 管内穿线、安装配电箱、开关插座石板、电缆的铺设及测试 | 2.10 | 10.10 | | | | |
| 18 | 弱电安装 | 电话、电视、监控、网络 | | | | | | |
| 19 | 室外道路 | 广场绿化及景观 | 8.5 | 11.5 | 持销期 | 2011.11.12 | 65% | 60990 |
| 楼盘已入驻 | | | | | 尾盘期 | 2012.1.5 | 70% | 65684 |

注：为了保证本项目有一个较好的入市时机，在样板房、售楼处、样板层、电梯大堂的设计和装修上宜尽量提前。

4) 月度销售目标

按照实际情况，初步按我公司 4 月初正式进驻项目现场，若各项工作能配合，4 月中旬开盘，因此月度销售目标从 2004 年 4 月份开始进行制定见表 9-9。

表 9-9　月度销售目标计划表

| 月份 | 销售进度 | 销售面积/m² | 销售金额/万元 | 累计销售进度 | 前提条件 |
|---|---|---|---|---|---|
| 4 | 5% | 4692 | 1390 | 5% | (1) 绿化环境完成 80%<br>(2) 正常的蓄势广告投入能够得到保证<br>(3) 确保广告公司能在 3 月底正式配合工作<br>(4) 保证前期各种销售资料交付我公司<br>(5) 售楼处投入使用<br>(6) 各项广告造势活动 4 月初开始<br>(7) 4 月初看楼通道布置完毕<br>(8) 导示系统完备<br>(9) 楼书等售楼资料 |
| 5 | 10% | 9383 | 2780 | 15% | (1) 参加春季房交会<br>(2) 样板房能够在 4 月中旬投入使用<br>(3) 启动五大精品楼盘联展活动<br>(4) 启动品牌发展战略<br>(5) 广告强势推广<br>(6) 价格促销机制 |

续表

| 月份 | 销售进度 | 销售面积/$m^2$ | 销售金额/万元 | 累计销售进度 | 前提条件 |
|---|---|---|---|---|---|
| 6 | 10% | 9383 | 2780 | 25% | (1) 广告强势推广，保证媒体广告投放量<br>(2) “五大楼盘联展” |
| 7 | 5% | 4692 | 1390 | 30% | (1) 能够保证各种媒体的正常广告投放<br>(2) 各种促销活动能够正常进行 |
| 8 | 5% | 4692 | 1390 | 35% | (1) 保证各种媒体的正常广告投放<br>(2) 启动各项促销活动 |
| 9 | 10% | 9383 | 2780 | 45% | 保证各种媒体的正常广告投放 |
| 10 | 10% | 9383 | 2780 | 55% | |
| 11 | 5% | 4692 | 1390 | 60% | (1) 保证各种媒体的正常广告投放<br>(2) 价格促销活动和各项业主活动<br>(3) 能够参加秋季房交会 |
| 12 | 5% | 4692 | 1390 | 65% | |
| 13 | 1% | 939 | 280 | 66% | |
| 14 | 1% | 939 | 280 | 67% | (1) 启动一口价促销策略<br>(2) 适当投入媒体广告 |
| 15 | 2% | 1876 | 560 | 69% | |
| 16 | 1% | 939 | 280 | 70% | |
| 合计 | 70% | 93834 | 19470 | | |

### 2. 写字楼推广费用估算实务操作

在写字楼项目的租售现场，需要用到各种各样的物料，这些物料主要包括宣传资料、合同资料和各种办公物料等。事先准备好写字楼项目租售所要用到的物料，是项目成功的前提。写字楼项目的租售费用是指促使项目所产生的费用，它除了宣传费用外，还包括租售中心的建造和装修费用。

写字楼项目租售时所需要的物料有很多，策划人员可以列一张清单表，注明各物料所需的数量、预算和负责单位。

某写字楼项目的租售物料的准备见表 9-10。

表 9-10 XX 写字楼项目的租售物料准备计划表

| 序号 | 系统分类 | 数量 | 预算价格/元 | 责任方 | 序号 | 系统分类 | 数量 | 预算价格/元 | 责任方 |
|---|---|---|---|---|---|---|---|---|---|
| 1 | 楼书 | 1000 份 | 3000 | 广告商 | 12 | 洽商座椅 | 3 套 | 1500 | 开发商 |
| 2 | 户型插页 | 1000 张 | 1000 | 广告商 | 13 | 饮水机 | 1 台 | 300 | 开发商 |
| 3 | 单张、海报 | 20000 张 | 3000 | 广告商 | 14 | 音响 | 1 套 | 1500 | 开发商 |
| 4 | 空白合同文本 | 150 份 | — | 开发商 | 15 | 一次性纸杯 | 1 万只 | 10000 | 开发商 |
| 5 | 相关表格 | 视需要 | — | 开发商 | 16 | 手提纸袋 | 3000 个 | 6000 | 广告商 |
| 6 | 销售人员服装 | 3 套 | 6000 | 开发商 | 17 | 现场展板 | 6 块 | 600 | 广告商 |
| 7 | 名片 | 6 盒 | 180 | 广告商 | 18 | 销售进度展板 | 1 个 | 50 | 广告商 |
| 8 | 工作牌 | 3 个 | 90 | 广告商 | 19 | 户外吊旗 | 800 面 | 100 | 广告商 |
| 9 | 营销中心装修 | 1 个 | 100000 | 开发商 | 20 | 销售中心吊旗 | 20 面 | 180 | 广告商 |
| 10 | 接待台 | 1 个 | 1000 | 开发商 | 21 | 工地围墙广告 | 5 块 | 2250 | 广告商 |
| 11 | 沙发 | 2 套 | 4000 | 开发商 | 22 | 楼体条幅 | 1 个 | 600 | 广告商 |

# 9.3 商业类房产营销策划操作实务

**案例导入**

某房地产开发商为专业房地产开发企业，其在某市开发的商业项目如图9.11所示。具有整体性较高、面向行业较集中、所处地段的经济环境较好等特点。在其确定经营模式时，考虑4种选择，分别是：整体出售、整体出租、开发商自营以及开发商参与自营。经过该房地产开发商对该项目所处区域的调研，并结合自身业务状况及经济状况的分析，最终确定采用整体出租的经营方式，将该项目整体出租给某商业集团进行统一招商及管理，并与其签订为期10年的租赁合同，约定开发商从该商业集团的经营利润中获取一定比例的收益。

**案例分析**

该开发商确定经营模式的理由是什么？

图9.11　某商业项目鸟瞰图

## 9.3.1 商业类项目经营模式的确定

与上一节提到的写字楼项目相似，商业项目在确定经营模式时也需要选择是采取出售还是出租，或者租售结合。在决定经营模式前，该商业项目的策划团队应先对各种模式进行分析，逐一列举其优缺点并作出评价，以此来作为决定的依据，如某商业项目的租售模式分析。

### 1. 整体出售

整体出售一般分为两种形式，即整个商场完全整售和按一定经营形态部分整售。它是将商场售给一个买家，购买对象可能是大型的风险投资机构，也有可能是大型的经营商户。

**知识点滴**

一般开发商要先选定专业的商场策划公司，对整个商场进行整体策划，确定商场的功能布局和整体规划，并寻找专业的管理公司，然后编制一份详细的《商业投资计划书》或《可行性研究报告》，以吸引风险投资机构对商铺进行整体购买。如果风险投资机构介入较早，开发商也可与其协商进行商场的前期策划和管理公司的选定工作，整售成功后，投资机构一般会委托专业的管理公司进行经营管理，开发商则不再参与后期的经营和管理工作。

大型经营商户一般为大型集团企业或百货公司，其购买商铺为自己经营，对商铺的硬件有较严格的要求，因此开发商寻找此类型的客户要在项目规划前期进行；同时，开发公司也可与大型集团商户进行商场合作开发；经营商户一般有自身的经营管理机构，按照自己的意愿进行商场的运作，开发商一般不需要选定管理公司，也不参与商场的招商工作。

### 2. 整体出租

由开发商将商场整体出租给大型商业集团，所有商铺均以出租形式经营，且不可出售或转租给第三方；商业集团委托专业管理公司对整个商场进行统一管理，由管理公司完成商场的招商工作；商铺的所有权仍属于开发商，并从大型商业集团的经营中获取收益。

**特别提示**

导入案例解答：从上述两种模式的分析中可以看出，整体销售可能难以实现，整租虽相对容易实现，但其回收资金较慢，对于开发商而言是个不利因素。因此，结合该商业项目而言，整售应作为项目前期争取的营销方案，整租则因其回收资金较慢，须谨慎选择。

### 3. 开发商自营或参与自营，获取商业收益

自营或参与自营是由开发商与商业公司合作成立经营主体或以开发商自身成立商业发展公司为经营主体(聘请商业管理公司)，负责商场内统一布局和招商工作，自行管理商场内部事务。商场一部分所有权属于开发商，也可以做部分销售。开发商从商场的经营中提取相应利润，参与自营一般有两种形式。

## 9.3.2 商业类项目营销策划实务操作

### 1. 商业类项目付款方式实务操作

商业项目的付款方式一般与优惠折扣相关联。总的来说，越有利于开发商快速回笼资金，折扣越多。多种付款方式的运用有利于降低客户购买的门槛，无形中扩大了消费层面，也能促使客户下定购买决心，与分阶段销售配合可以有效说服观望的消费者下单。某商业项目的付款方式方案如下。

建议适当增加付款方式的种类，以满足不同客户的付款需求，以达成促进客户成交的目的。同时通过各种付款方式在折扣上的变化，控制买家对各种付款方式的选择。具体付款方式建议见表9-11。

表 9-11　XX 商业项目付款方式一览表

<table>
<tr><th colspan="2">付款方式</th><th>一次性付款</th><th>按揭付款</th><th>首付分期的按揭付款</th><th>免息分期付款</th></tr>
<tr><td colspan="2">折扣</td><td>九四折</td><td>九六折</td><td>九八折</td><td>无折扣</td></tr>
<tr><td colspan="2">定金</td><td colspan="4">30000 元</td></tr>
<tr><td colspan="2">签署买卖契约时付款额度(扣除定金)</td><td>50%</td><td>40%，同时办理六成十年银行按揭</td><td>20%，同时办理六成十年银行按揭</td><td>20%</td></tr>
<tr><td rowspan="5">签署买卖契约后</td><td>一个月内</td><td>25%</td><td rowspan="5"></td><td rowspan="5">剩余 20%分 5 个月，签约后的第一个月起每月交付 4%</td><td>10%</td></tr>
<tr><td>三个月内</td><td>25%</td><td>20%</td></tr>
<tr><td>五个月内</td><td>—</td><td>20%</td></tr>
<tr><td>七个月内</td><td>—</td><td>20%</td></tr>
<tr><td>九个月内</td><td>—</td><td>10%</td></tr>
</table>

在确定商业项目的付款方式时，要考虑到首付的问题，对大部分客户来说，都希望首付的门槛能再低一些，因此，策划人员可以在销售那些相对较困难的户型时，通过降低首付款来达到促销的目的。

**特别提示**

在采取降低首付款的办法时，可以将首付额度降低到银行按揭所规定的首付比例以下，相差部分可以以开发商免息借款给客户的方式，允许客户在一定时间内分几次付清，同时，开发商可将其定价适当抬高或在原有折扣基础上减少折扣。

### 2. 商业类项目销售渠道实务操作

销售渠道选择正确与否，影响着商业项目的销售速度。一般来说，销售渠道越多元化，越有利于项目的销售，但销售渠道多元化的同时，也会增加项目的销售成本。因此，策划人员在确定商业项目销售渠道的同时，也要考虑销售成本和销售速度的关系。

某商业项目销售渠道的确定如下。

1) 直销

直销是销售人员直接与目标客户联络，与目标客户实行面对面一对一的推销方法，在项目的目标客户极其鲜明的情况下，采用直销是最直接、最有效，也是推广成本最低的行销方法。

2) 巡回展销会

巡回展销会实质就是开辟流动的第二售楼部。如果只开设分销点，由于销售人员仍是被动地等候客户，外地的投资者对项目了解不深，难以激发投资的热情与冲动。以巡回展销会形式，在各地逐一展开全方位的丰富多彩的推广活动，让外地的目标客户更详尽了解项目优势，将有利于吸引更多的目标客户。

3) 网络联销

随着电脑宽带网络技术的普及，营销方式增加一条新的路向，就是网络联销。将项目的各种信息发布在网上，通过互联网让更多潜在买家了解项目资讯，使潜在买家能够在自由的时间、自由的空间中随时挑选理想的物业。

4) 跨行业联合直销

跨行业联合直销是一种利用其他行业的销售渠道来进行直销的方法，通过对一些行会或目标客户相对集中的组织，比如某些商会、行业协会，对这些机构的成员进行有针对性的推广直销，此时，这些机构也就成为我们收集目标客户的中介机构。这种行销手法的优点是选择目标准确、推广成本低、效率高。

3. 商业类项目销售控制实务操作

销售控制的作用是通过分批量地推出不同的房源，从而使好、中、差的房源都能按可接受的速度销售出去，不会出现尾盘期剩下大量较差的房源销售不出去的情况。

销售控制前要先对分批推出房源进行策划，其目的是让各种档次的商铺能比较平衡的被销售。

某商业项目的销控策略如下。

1) 先认筹后认购

根据本项目的上市量，必须有一个提前预热、部分消化的过程。我们建议本项目采用先认筹后认购的方式。即推出市场时以临时定金形式吸纳筹码，一方面可以聚集人气；另一方面可以根据认筹的速度调整推案策略。

2) 根据认筹情况，分批上市

根据项目的认筹情况调整项目的整体上市量，如认筹情况良好，则可以打开商铺号销售，以价格表上预留商铺号或调整单价进行销售控制；如认筹情况不理想，则通过调整推案策略或价格策略分批上市。

3) 商铺分批上市

(1) 方案一。先推 B、D 区，再推 A、C 区。

原因：B、D 栋为靠近酒店的两个区域，考虑项目进入市场时酒店建设对其的影响，故建议先行消化这两个区域商铺。

(2)方案二。先推 C、D 栋，再推 A、B 栋。

原因：C、D 栋为远离主干道路的商铺，位置因素将给销售进度带来一定的影响，先行销售可避免整体上市后，商铺消化的不平衡。

## 9.3.3 商业项目招商执行策划

招商执行策划是专门针对商业项目来说的，招商的成功有利于促进商业物业的销售，特别是对于带租约销售的商业物业来说，即买即收租对于买家来说吸引力非常大。因此，策划人员应对商业物业的招商进行精心策划，使其招商得到完美的成功。

1. 项目招商要点

1) 要点一：提前介入制定招商政策

(1) 招商政策在销售期介入制定是开发商和投资者两方面的要求。

① 开发商对商铺销售的要求。商业物业销售要求开发商必须给投资者一个投资信心，关键的工作就是把商场未来的经营运作、经营特色、经营品种、经营手法、经营规模、经济效益传递给投资者，让投资者对项目有更详尽的认知，帮助投资者建立获利的信心，从而令销售速度加快。

② 投资者对商铺投资的要求。提前介入制定招商政策可大大缩短商场的开业时间，让投资者感觉到即买即收租的有利局面。

(2) 具体建议。

① 招商工作在销售工作开展前介入。建议最好在规划设计和建设阶段，招商工作就已经开始介入，并做好招商准备工作，然后在销售期间与销售同步展开工作，预先制定招商政策和招商措施。

② 销售与招商安排不同公司的人员跟进。从资源优化的角度来看，专才专用，有利于提高工作效率；从面对的客户群来看，商家与投资者属于不同类型的客户，有不同的需求；从人员素质上看：招商工作需要强调招商人员的经验和谈判技巧，双向性、互动性较强；对于销售工作来讲，更强调销售人员的个人销售技巧和同事的配合，属于单向性较强的工作。

2) 要点二：有意识选择商户

商场经营是否成功，很大程度取决于商户的构成，但不是所有想来的商家都允许他来，不同规模、不同定位的商场有不同的商户结构，进不进不是由市场、也不是由商户自主决定的，而是由开发商和策划公司预先“策划”决定的，想来的不一定让他来，没想过要来却与商场定位相符的商户，要千方百计请他进来。

(1) 商户选择两大原则。

① 经营商品或服务要合理搭配，让进驻商户有足够经营空间

② 商户的选择要保证有稳定的租金收入，让投资者能快速回收资金

(2) 商户进驻三大要求。

① 知名或连锁商户。知名品牌商户的进驻能有效提升商场的品位，吸引消费人流和提供稳定的租金收入，越多品牌商户进驻，商场形象越佳。知名商户的进驻，一方面对消费的核心——消费者形成强大的吸引力；另一方面，知名商户的形象也能使商场的形象更加深化，在主力商家的进驻中得到充分体现。

② 个性鲜明的特色商户。不同的商户会带来不同的消费群，某些商户个性鲜明形象突出，容易给消费者留下深刻印象，丰富了商场整体的经营特色。例如，广州天河城当年引进“吉之岛”，吉之岛内设一站式购物超市——未来街市，每天吸引无数消费客流，使吉之岛已俨然成为天河城广场的代名词。特色商户的带动作用可见一斑。

③ 能吸引人流量的商户。有一些商户不一定是知名品牌，不一定付得起很高的租金，却能吸引大规模的人流量，带动商场购物增长，对这些商户要重点引进，如娱乐场所、美食广场等，对商场吸引人流量有重大贡献。

3) 要点三：经营商品类别与商场定位一致

经营商品类别与商场定位一致对于大型商厦、购物中心来说，是比较复杂的招商问题，既要与商场定位保持一致，又要避免雷同，使商户之间能进行差异化经营。

实施经营商品与商场定位一致的策略，从制定整体的招商策略、租赁策略、经营品种策略及商户入场资格人手，严格控制商户的种类、数量、质量，有助于整个商场的经营结构和功能分区维持有序的格局，保证场内的质量和品质，避免商家随便转换经营品种、改变销售策略、改变铺位设计而偏离整个商场经营理念。

### 2．项目招商流程确定

商业项目招商流程的确定，有利于招商人员按照招商流程办事，从而使招商工作有条不紊地开展。如某商业项目招商流程的确定：

(1) 目标商户群的确定。

(2) 对商铺铺位进行规划，制定合理的分割方案。

(3) 针对目标商户群进行项目推广，扩大项目知名度，提升影响力。

(4) 双方洽谈，达成租赁意向。

(5) 商户到实地选择商铺位置，并签订租赁协议。

(6) 商户按规定交纳租金和服务费。

(7) 对已经签订租赁协议的商铺进行销售。

(8) 开发商对商场进行最后的装修和设施配套，为商户的进场创造良好的商业硬环境。

(9) 在招商过程已经基本结束时，选择合适的开业时间，欢迎商户进场经营。

### 3．项目招商手册制定

招商手册文案是广告文案的一种，是任何商业物业在招商中的一种重要宣传物料。招商手册是有意向进驻本项目的商家了解本项目的重要工具之一，对商家是否进驻起着较大的影响作用。因此，策划人员和广告公司应充分重视招商手册文案的撰写和页面的设计。

**案例链接**

## 杭州××商业项目招商手册(节选)

为了使项目正常顺利的开发，我们必须在××项目开发前期对项目主力业态的选择有一定的初期预判，并通过对前期的招商实施研判，以此来验证业态定位的可行性，为项目正式开发奠定坚实可行的基础。

通过前期市场调查和分析地块特性、辐射消费客群及开发收益，对项目主力业态定位进行了梳理与验证，确定最具可行性的业态作为本项目的招商主力，项目招商主力业态一览表见表 9-12。

表 9-12 项目招商主力业态一览表

| 业态 | 基本特点 | | | | | | |
|---|---|---|---|---|---|---|---|
| | 选址 | 商圈与目标顾客 | 规模 | 商品(经营)结构 | 商品售卖方式 | 服务功能 | 管理信息系统 |
| 仓储式会员店 | 城乡结合部的交通要道 | 辐射半径 5 公里以上，目标顾客以中小零售店、餐饮店、集团购买和流动顾客为主 | 营业面积 $6000m^2$ 以上 | 以大众化衣、食、日用品为主，自有品牌占相当部分，商品在4000种左右，实行低价、批量销售 | 自选销售，出入口分设，在收银处统一结算 | 设相当于营业面积的停车场 | 程度较高并对顾客实行会员制管理 |

续表

| 业态 | 基本特点 | | | | | | |
|---|---|---|---|---|---|---|---|
| | 选址 | 商圈与目标顾客 | 规模 | 商品(经营)结构 | 商品售卖方式 | 服务功能 | 管理信息系统 |
| 家居建材商店 | 城乡结合部、交通要道或消费者自有房产比较高的地区 | 目标顾客以拥有自有房产的顾客为主 | 营业面积 6000$m^2$ 以上 | 商品以改善、建筑家庭居住环境有关的装饰、装修等用品、日用杂品、技术及服务为主 | 采取开架自选方式 | 提供一站式和一条龙服务，停车位 300 个以上 | 较高 |
| 城郊购物中心 | 城郊结合部的交通要道 | 商圈半径为 30～50km | 建筑面积 10 万 $m^2$ 以上 | 200 个租赁店以上，包括百货店、大型综合超市、各种专业店、专卖店、饮食店、杂品店以及娱乐服务设施等 | 各个租赁店独立开展经营活动 | 停车位 1000 个以上 | 各个租赁店使用各自的信息系统 |
| 工厂直销中心 | 一般远离市区 | 目标顾客为重视品牌的有目的的购买 | 单个建筑面积 100～200$m^2$ | 为品牌商品生产商直接设立，商品均为本企业的品牌 | 采用自选式售货方式 | 多家店共有 500 个以上停车位 | 各个租赁店使用各自的信息系统 |

## 9.4 存量房产营销策划操作实务

### 案例导入

叶女士将位于林之语嘉园的一套面积 139$m^2$，三室两厅两卫的房子，到附近的中介公司进行挂牌销售，挂牌价格 139 万元。中介公司接到叶女士委托后，进行销售策划，先进行现场勘查，分析了该房子的特点。林之语嘉园位于钱江二桥以东、钱塘江南岸的滨江地带，离杭州中心城区约 10 余 Km 路程。占地近 200 亩，由小高层、高层电梯公寓 Townhouse(排屋)两大区共 5 个组团组成，总建筑面积约 25 万 $m^2$。拥有约 5000$m^2$ 的时尚会所，沿滨江二路还建造一条风情商业街，以便为业主创造丰富便利的社区生活氛围。林之语周边大学较多，文化氛围浓厚；性价比较好，价格不高；未来有一定发展潜力，暂无自住需求的话，可以投资。距离钱塘江较近，环境比较好。从户型的整体设计上来看，较为传统，线条分明：主次卧居东，进入玄关后客厅、餐厅、厨房、卫生间南北分布，书房位于西南角。私密性保护方面欠缺，如厕要经过客厅、餐厅，甚至是玄关。通过现场勘查后中介公司将出售信息在网络上进行了发布。林之语嘉园如图 9.12 所示。

萧山高教园区 139m²非常实用的三房两厅 南北通透

图9.12 林之语嘉园

## 9.4.1 存量房概述

### 1. 存量房含义

存量房是指已被购买或自建并取得所有权证书的房屋，相对于增量房而言。增量房是指房地产开发商投资新建造的商品房，存量房一般是指未居住过的二手房，即通常所讲的“库存待售”的房产。

存量房严格意义上来讲是存量资产，存量房主要包括开发商开发楼盘的尾盘、开发商抵押给银行的房屋、债权人手上的房屋、个人手上的房屋(未居住过的)、法院查封的以及中介代理人手中的房屋等五大块。本节内容涉及营销策划实务操作，主要围绕房地产经纪企业的对存量房的销售及租赁业务操作实务介绍。

### 2. 存量房经营的特点

存量房相对于商品房销售的特点是产权关系复杂，标的物分散，属于现房销售，各标的物差异大，价格浮动的空间大，在营销过程中侧重服务，为完成交易，房地产经纪人的专业水平和业务的熟悉程度，显得非常重要。

## 9.4.2 存量房产营销业务分类及流程

### 1. 存量房产营销业务分类

存量房产营销业务主要包括存量房买方代理、卖方代理、承租代理、出租代理以及存量房居间业务。房地产代理是指以委托人的名义，在委托协议约定的范围内，为促成委托人与第三人进行房地产交易而提供专业服务，并向委托人收取佣金的行为。房地产居间是指向委托人报告订立房地产交易合同的机会或者提供订立房地产交易合同的媒介服务，并向委托人收取佣金的行为。

2．存量房产营销业务流程

(1) 存量房买方代理业务流程包括6个环节。

① 客户接待并获取信任。客户接待主要有两种形式，即到店接待和电话接待。经纪人可以通过展示销售业绩、团队力量、相关证书、房源业务营销资料，赢得客户的信任。

② 推荐房源。在接待中了解买方委托人的需求，根据客户的要求对房源进行筛选，找出适合客户的房源并推荐给客户。

③ 看房。

④ 交易谈判。房地产经纪人要站在买方委托人的立场上，协助或代理买方与业主合理磋商价格，对双方的差异进行弥补，力争使双方达成一致。如果委托人对此房源无意向，需要推荐新的房源。

⑤ 交易达成。双方协商一致后即签订房屋交易买卖合同。在此过程中，房地产经纪人要积极弥补双方的差异、解释合同内容、签署合同文本、促成交易成功。

⑥ 物业交验。交易双方在房地产经纪人的协助下，进行物业交验。至此，整个交易才算完全结束。房地产经纪人与委托人结算佣金和相关费用。

(2) 存量房卖方代理业务流程包括7个环节。

① 接待客户并获取信任。

② 收集物业信息。在与业主建立初步信任的基础上，通过与客户面谈和房地产勘查，收集与业主和标的房地产有关的信息，甄别出可做委托业务的房源，并与业主建立友善关系。

③ 洽商议价。洽商议价通过描述当前的市场状况，从而使业主能够确定房屋出售价格是一个有竞争力的价格，并能为业主带来收益。经纪人要向业主展示营销策略。

④ 营销展示和签署委托书。

⑤ 寻找与筛选购房客户。经纪人要积极对房源进行市场推广，对购房者需求进行把握和引导，同时将情况反馈给业主。

⑥ 带标的房地产。带客户查勘房源，带看前做好陪客户看房前的准备，设计好看房路线、专业化展示房地产，看房过程中观察客户反应，征询客户意见，确定客户需求，解决客户的疑虑，帮助客户做出最后的决定。

⑦ 磋商成交。经纪人工作目标是在客户最终决策过程中担任引导的角色，提供优质服务，直至最后成交。房地产经纪人与委托人结算佣金和相关费用。

(3) 存量房出租和承租代理业务流程。存量房出租和承租代理业务的流程大体一致，在出租代理业务中，更应注意出租房产权、质量、安全和环境方面的查验，而存量房承租代理业务中，则要注意对与承租者需求匹配房屋信息的搜集，考察承租人的支付能力。

① 客户接待。要了解客户需求，并根据客户需求对客户进行分类。

② 房屋租赁代理业务洽谈。当委托人已有初步委托意向时，房地产经纪人要与其进行业务洽谈，要与委托人签订房屋租赁代理合同，以保护双方的权益，避免纠纷。

③ 房屋查验。这一步骤主要是针对房屋出租代理要完成的。出租房查验内容主要包括出租房的实物状况、权属状况以及周边环境状况等。据此与出租方协商、确定月租金额。查验产权内容和实地查验如图9.13和图9.14所示。

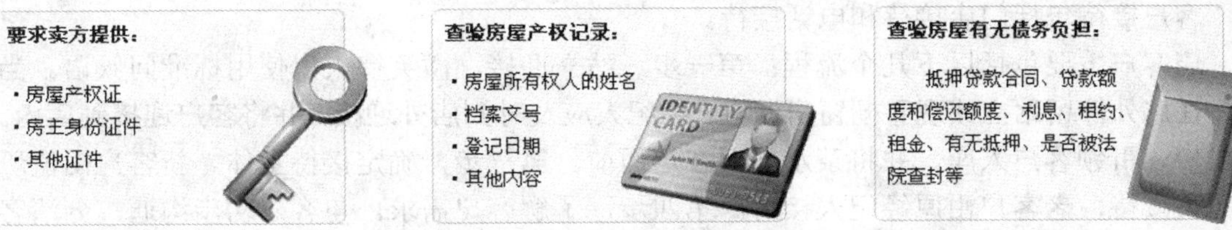


图 9.13 权查验

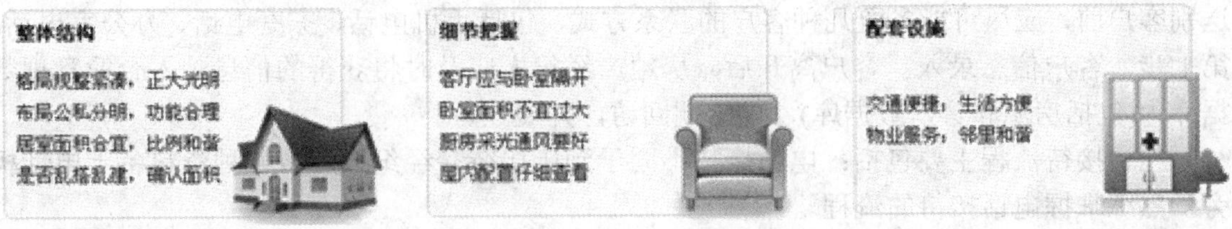


图 9.14 产权查验

④ 信息收集与传播。信息的传播主要是房地产经纪公司将委托出租物业的信息，通过报纸、经纪机构店铺门店广告、互联网、人员推荐等方式进行广告宣传。对于承租委托代理而言，房地产经纪人应积极搜集与承租人租赁需求相匹配的房源信息。

⑤ 陪同看房。

⑥ 房屋租赁价格谈判及租赁合同签订。现场看房后，房地产经纪人要积极撮合租赁双方进行租赁相关事项的谈判，其中关键是租金价格的协调。当租赁双方对租金价格表示满意，也对房屋状况表示认可后，租赁双方应签订房屋租赁合同。在租赁合同签订后 30 日内，房屋租赁双方当事人持有关部门证明文件到市、县人民政府房产管理部门办理登记备案手续。

⑦ 佣金结算。房屋租赁代理收费，一般是按半个月至一个月成交租金额标准，由双方协商议定一次性计收。

(4) 存量房居间经纪业务流程。存量房居间经纪业务流程方面与代理业务基本相似，但更多的是撮合交易双方达成业务，为双方共同服务，所以两者有一定差异。

① 在客户接待环节，房地产经纪人的客户群体不仅包括买方，而且包括卖方，经纪人的职责是促成买卖双方交易的顺利完成。

② 居间业务与代理业务相比多了配对撮合这一步骤。配对是指将合适的房源和合适的客户进行匹配，为买方选择符合其需求的房屋，为卖方选择对应的购买对象，并尽力撮合买卖双方达成交易，经纪人的立场是同时为交易双方服务。

③ 在合同签订环节，居间业务签订的是房屋居间委托合同，由交易双方和房地产经纪人三方共同签署，交易双方各负担佣金的一半。

### 9.4.3 存量房产营销策划实务与操作技巧

#### 1. 客户接待

与客户沟通是房地产经纪人与客户建立联系的关键一步，客户接待最根本的目的是与顾客沟通，了解并记录顾客需求，确定顾客意向，并力求尽快满足顾客的需求，实现房地产交易。

客户接待包括门店接待和电话接待。

店客户主要包括以下几个流程：第一步，站立迎接，微笑待人，使用标准问候语。当客户在店外停留站立或观看橱窗房源时，经纪人应及时到店外迎接，并将客户迎接到店内。第二步，引领客户入座，并将茶水放至客户面前。第三步，确定接待主体。新客户由值班经纪人接待，老客户由原经纪人接待。第四步，了解客户需求。与客户初步沟通，分清客户类别，了解客户需求。第五步，接受服务委托或帮助客户解决问题。第六步，客户离开时，经纪人应为客户打开门，并将客户送至公司门外，致意道别。此外，房地产经纪人在送别客户前，应尽可能多留几种客户的联系方式，包括手机电话、家庭电话、办公室电话。第七步，客户信息录入。客户离开后，房地产经纪人应及时将获得的信息录入企业管理数据库内(包括房源和客户数据库)，并定期回访，开展业务。

电话接待流程主要包括：电话接待不同于到店接待，经纪人应将各种资料备于电话机旁，熟练掌握电话接待的流程。

(1) 问候。电话铃声响 3 声内必须接起，向顾客问好，报出公司名称，自己的姓名。

(2) 回答咨询。记录来电客户的需求，并填写《客户电话来访登记表》。

(3) 记录来电者基本资料，方便跟进服务，也应主动为客户留下自己的姓名、联系方式、投诉电话。

(4) 感谢来电者。当电话通话结束后，房地产经纪人应使用标准结束语致谢，如“感谢您的来电，竭诚为您提供服务，再见！”，同时，应先由对方挂断电话。

(5) 信息录入。挂断电话后应及时将信息录入内部系统。

无论是到店接待还是电话接待，房地产经纪人为客户解答问题时，应尽可能使用书面用语。客户提出问题后，应换位思考，多站在客户的角度上加以考虑，体现出自己的专业水平。

**案例链接**

## 橱窗接待

经纪人小王站在门店口，随时迎接到店客户。这时，小王注意到有位年轻男士在门店的橱窗口，看房源信息，小王携带好名片外出接待，并主动用标准用语邀请入店：“您好！有什么可以帮您吗？请到里面坐一下。”同时观察客户正在关注的房源，小王注意到客户看的是一套总价 100 万元以下的房源。这时候，客户有些犹豫，小王细介绍客户关注的房源：“这套房子总价只要 98 万元，三室一厅，南北通透，小区环境好，配套比较成熟。”同时，再次邀请：“电脑系统里还有新进房源可供选择(或参考)，请到店内查询”。这时候，客户还是不愿意进入店内，于是小王双手递上名片(名字朝上)“我是××，这是我的名片，有需要随时与我联系”，并询问客户的购买需求，最后通过交流，客户也将联系方式留给了小王。

## 求租客户门店接待

陈先生是本市引进的稀缺专业人才，2012 年 1 月份，从天津某科技公司总部调至该公司杭州分公司。初到杭州的陈先生，需要在杭州求租一套二居室住宅，2012 年 1 月 10 日，王先生走进家佳不动产，委托置业顾问为其寻找合适的房源。客户到达门店后，置业顾问小李主动开门迎接客户，致欢迎辞：您好，欢迎光临家佳不动产。客户进入店堂后，小李自然地将客户引导进入接待台前的客户座位。客户入座后，门店同事配合倒水，递杯，水温适中，水位七分满左右。小李作自我介绍，主动递上名片，“陈先生您好，我是家佳不动产置业顾问李锦，您可以称我为小李，这是我的名片。陈先生，您需要了解些什么信息吗?" 陈先生介绍了自己的求租需求。小李在良好的气氛下，进一步了解了陈先生的需求，并记录下了陈先生的联系方式，询问了看房的时间等。谈话结束后客户离开时，小李为陈先生打开门，并将其送至公司门外，致意道别。随后将客户信息录入。立即为陈先生先生寻找合适房源。

**案例思考**

客户接待的基本利益是什么?

**案例链接**

## 办理代理房产出售业务必须要签订委托合同

2011 年 5 月，李某联系某房地产经纪公司帮卖房，该房地产经纪公司找到了买家客户姜某，姜某对房子很满意。经纪人联系了业主，在业主同意下代收了两万元定金。可是第三天，当经纪公司联系业主，请他来公司签合同收定金时，却得知业主因对方出价高，已经和别的公司签了合同并收了定金，导致公司违约必须要赔付客户双倍定金。因为公司没有与业主签订委托代理协议，没有签订代收定金的授权书，因此根本无法追究业主的责任，只能自认倒霉。在本案中业主只是电话委托，并没有与经纪公司签订书面的委托合同，经纪却仅凭业主的电话委托，根本起不了法律作用，因此不具备代业主收定金及签代购合同的权利。

因此，接受业主的售房委托，最好签订书面的委托代理合同，并将可否代为收受定金及其他可行使的权利一并写清楚，以避免今后矛盾的产生。

**知识链接**

### 出售/出租房屋委托协议　　　编号

□出租　□出售

委托方(以下简称甲方): ________________ 身份证号: ________________

受托方(以下简称乙方): ________________

甲、乙双方本着自愿、平等、诚实信用的原则，经双方共同协商，就甲方委托乙方按下列条件居间出售/出租房屋事宜达成如下协议:

一、房屋基本状况

1. 房屋坐落位置: ________________；建筑面积: ________ $m^2$；建成年份: ________；

土地使用证编号: ________；户型: ____室____厅____卫；权属: □私房 □房改房 □经济适用房

2. 装修状况: ________________；附属设施: ________________

3. 抵押情况: □无　□有；　　租赁情况: □无　□有 (租期至______年____月____日)

4. 挂牌总价/租价: 人民币__________万元(￥________元)/每月人民币__________元(￥________元)

5. 沉降情况: □无　□有；　　6、其他: ________________

二、委托方式与期限

□非独家委托，期限自委托日起至房屋交易成功时止。

□独家委托，期限自委托日起至________年____月____日止，在此期间甲方不能同时委托其他中介机构从事与乙方相同的活动，同时甲方将获得本公司出售方顾客服务保证书上的所有服务。

甲方同意在乙方需要时可委托第三方或与第三方共同完成甲方委托的事务。

三、甲方/代理人确认

甲方确认：具有出售/出租房屋的权利，无权利纠纷，并经共有权人一致同意出售上述房屋。

代理人确认：甲方及共有权人一致同意出售/出租上述房屋，无权利纠纷，同时具有甲方书面的有转委托的委托书。

甲方/代理人对其所提供的房屋信息的真实性、准确性负责。

四、甲方(包括关联方)承诺：在乙方居间服务过程中，不得做损害乙方权益的行为(如：与乙方经纪人带看的买受方/承租方(包括关联方)交换联系方式、私下签订买卖/租赁合同、经第三方居间签订买卖/租赁合同)。甲方委托乙方代为收取并保管买受方/承租方交付的定金。

五、乙方承诺：乙方发布的信息与甲方提供的信息一致。妥善保管三证、积极为甲方寻找合适的买受方/承租方，促成交易，保证不赚取非法差价。

六、中介服务费：杭州市物价局制定的房产中介服务收费标准见×××网站及店内明示。

七、违约条款：甲方违反本协议约定的按照出售房屋挂牌总价的3%/或出租房屋年租价的10%作为违约金。在甲方与乙方介绍的买受方/承租方达成交易意向并支付交易定金后，买受方/承租方违约的，甲方同意将没收的交易定金的50%支付给乙方作为服务补偿。

八、关联方：包括甲方配偶、父母、子女、代理人及看房随行人员。

九、协议生效：本协议一式两份，甲、乙双方各执一份，经双方签字或盖章后生效。

十、纠纷处理：本协议在履行过程中发生争议，协商不成的，提交杭州仲裁委员会仲裁。

十一、其他条款：______________________________

甲　　方：______________________　乙　　方：______________

代 理 人：______________________　代 表 人：______________

联络地址：______________________　联络地址：______________

电　　话：______________________　电　　话：______________

签约时间：______________

签约地址：______________

### 2．客户配对与约看

1) 配对

配对是指将合适的房源和合适的客户进行匹配，即为购房或承租客户选择符合其要求的房屋，为售房或出租客户选择合适的购买对象。房地产经纪人为委托人进行房源或客源的匹配过程，实际上是协助潜在客户做出售房或购房(出租或承租)决策的过程。一般来说，潜在客户做出房屋交易决策的过程，既要衡量自己的资金限制条件，还要考虑房地产经纪人提供的房源信息条件，只有当两者条件吻合时，客户才会做出最终的决策。

要取得精准有效的客户配对，首先要对客户需求全面了解，这样配对成功率会越高。

需要对客户需求挖掘，分析需求，将信息进行匹配，然后对客户进行分类，倾注不同程度的关注度。

2) 约看

邀约阶段要着重突出物业的优势，这些优势在“带看”阶段得到证实与强化。

邀约技巧：邀约时要注重突出优势，首先把物业的优势亮出来，引起客户的关注后，再向客户介绍该物业的其他信息。

**知识链接**

### 邀约误区

(1) 夸大其词。

(2) 胡乱承诺。

(3) 不守时，不明确看房时间和地点。

(4) 房主和业主约见在同一地点见面。

### 防止跳单

跳单是指买卖双方经过经纪公司牵线后，撇开经纪公司，私自进行交易，以逃避佣金支付的行为。这种情况在房地产居间业务中比较常见。房地产经纪人在与买卖双方进行约看时，必须提醒客户不要直接谈价，尽量对买卖双方解释：“房产交易，安全第一，私下交易无保障，无人对交易负责，公司还会追究法律责任。”另外最好不要把客户业主约在同一地点上碰面。目前，有很多的经纪机构都制定了保护经纪机构利益的“看房书”，以防止跳单。

**3．实地看房**

实地看房的步骤主要包括以下几点。

(1) 带看前仔细阅读已经搜集到的房屋介绍资料，再次确认相关信息。

(2) 首次看房要提前半小时到达，先找到房屋准确地点，了解房屋周边环境，配套设施、银行、学校和交通状况，并确定到达房屋的最佳路线，设计带看路线。

(3) 准时到达约定地点迎接客户，自我介绍并主动递名片；提前向客户出示并解释《委托协议书》条款，并安排客户签订《看房确认书》。

(4) 向客户介绍周围环境、市政配套设施、学校、医院及交通状况。

(5) 按选择好的路线带客户到达所看房屋，介绍中不要一味强调优点。

(6) 征得业主同意后进入房间，向业主自我介绍并主动递名片，向业主介绍客户。

(7) 看房过程中注意要引导客户的视线和思维。

(8) 站在客户角度替客户了解一些问题，如建成年代、结构、物业服务、环境、停车等。

(9) 带看中可查询相关证件资料，确认业主的身份，查看产权证，了解产权单位对房屋出售是否有限制条件及该房上市审批情况。

(10) 看完房后向业主致谢告辞。带看完后要及时了解客户的反馈情况。

**特别提示**

防止跳单。看房过程中，房地产经纪人要及时制止双方交换联系方式等行为；尽量避免双方单独在一起进行交谈；尽量避免客户使用业主的手机或房屋电话等；避免双方同时离开，应亲自送客户出门。

**知识点滴**

**看房确认书**

编号

□求购　□求租

经出售/出租方同意，居间方__________________________公司(　　　)将下列房屋推荐给求购/求租方，并按照下列时间与地点带求购/求租方实地察看房屋。求购/求租方接受居间方的居间服务，并确认：在此次带看房屋前，没有任何一家中介代理机构及个人向求购/求租方推荐和带看过下列表所列房屋。

| 带看时间 | 房屋地址 | 求购/求租方签名 | 经纪人签名 |
|---|---|---|---|
| 年　月　日 | | | |
| 年　月　日 | | | |
| 年　月　日 | | | |

**求购/求租方承诺：**

1. 在带看服务前，同意出示有效证件并签订本服务确认单。
2. 不做任何损害居间方利益的行为，若有交易意向和居间方联系，由居间方出面商谈。

**关联方：**是指与求购/求租方关系密切的人员，包括配偶、父母、子女、代理人等以及看房随行人员。

求购/求租方(签字)：　　　　　　　　身份证号：

关联方(签字)：　　　　　　　　　　身份证号：

看房确认书填写时一定要将日期填写完整，求购求租方要签名。

**案例链接**

### 看房忘记关空调开关，给业主和客户造成损失

房地产经纪人小李带客户看房，因为是夏天，提前开好了空调，整个看房过程也比较顺利。出来后，

忘记关掉空调，拔掉插头。夏天雷雨天多，结果被雷电打坏了空调。最后公司赔偿才平息了事件。

在这次看房过程中，房地产经纪人风险意识不够，看房后没有关掉室内空调，拔掉插头。为了防止这样的问题，带客户看房完毕后，特别是无人居住的空房或者是委托经纪公司全程代理的出租房，房地产经纪人一定要检查水阀门、电开关、试用的家电有没有关好，并且一定要确保全部关闭才能离开房屋。

**案例思考**

经纪人如何提高风险意识？

### 4．交易撮合

最终能否达成交易，撮合是关键的环节，必须要重视。经纪人在看房后应确定客户意向，尽可能让客户第一时间交定金；如果当下客户没有交定金，回去后应及早回访客户，积极与客户讨论房屋的优缺点，分析不能达成交易的主要问题，对顾客双方的差异进行弥补以促成交易。

交易撮合时要注意几个问题：首先，分析双方的交易分歧，区分是关键问题还是次要问题，主导解决双方的分歧，不能让双方自行协调；其次，要依照公平、公正的原则和市场惯例解决分歧；最后，当分歧较大时尝试将双方分开进行协调，最终促成交易。

### 5．合同签订及款项支付

合同的签订及各种款项的支付是房地产经纪人销售工作初步完成的标志，也关系到经纪人的代理业务能否获得最终的成功，因此是十分重要的环节。

在签订合同前，特别要注意几点，一方面，注意避免双方私下交易；另一方面业主临时涨价或买方(承租方)二度砍价时，经纪人需注意在谈判中一定要掌握主动，控制谈判的节奏，要保持客观冷静的态度，公正，不偏不倚，在出现、僵局时要将买卖双方分开说服。

**知识点滴**

## 买卖合同的签订流程

1) 签约前的准备

明确双方异议所在，争取事先沟通好，房地产经纪人要积极帮助双方寻找解决办法，设计好谈判过程，并为交易双方准备好合同文本、收据和签字笔，并要求双方带齐各种证件。

2) 证件审查

认真审查的证件包括：房产证、身份证、户口簿、结婚证等必要证件；房地产经纪机构与房地产经纪人也应出示相关资质证书和执业资格证书。

3) 合同文本讲解

房地产交易合同属于专业合同，一些合同条款需要由房地产经纪人向双方进行必要的解释。

4) 签订合同

签订房地产买卖合同时，房地产经纪人要提示合同双方合同的填写应用钢笔或签字笔，涉及钱款金额的数字应注意大小写；合同中关于“房屋所在地”、业主的姓名等有关物业基本内容的栏目必须和房产证上注明的一致；合同的签约人必须是合法的当事人，属于委托人代签性质的，必须出具相关的委托书；合同的签约日期及生效日期一定要注明；在合同填写完毕后，买卖双方及房地产经纪机构签字盖章，签字后均须在所签字上按手印；实行网上签约的，应将合同内容录入网上交易系统。

5) 房款及费用收支

包括各种税费及中介费用。

**特别提示**

在合同打印过程中要引导话题，可聊些与本次签单无关的轻松的话题，尽量分散买卖双方的注意力，抄写代理合同等文本的速度要快，合同样本打印后可告知买卖双方只要看黑色加粗字体部分即可，其他都是房管局统一文本格式。

**案例链接**

## 中介费用的计算

某中介服务机构按以下标准向买卖双方收取中介服务费(分档累进制)见表9-13。

表9-13　中介费用的计算

| 档次 | 房地产成交价格 | 费　率 |
|---|---|---|
| 一 | 50万元(含)以下 | 1.25% |
| 二 | 50万～100万元(含) | 0.875% |
| 三 | 100万～200万元(含) | 0.5% |
| 四 | 200万元以上 | 0.3125% |

小王于2011年9月在该中介买了一套仙林苑三房，总价150万的房子。请问他要支付多少中介费？

解：中介费=50×1.25%+50×0.875%+50×0.5%=0.625+0.4375+0.25=1.3125(万元)

### 买 卖 代 理 合 同　　　编号:

甲方(卖方):

乙方(买方):

丙方(代理方):

甲、乙双方已签订《杭州市房屋转让合同》(编号为____________)，现就委托丙方办理房产交易过户等相关事宜，签定本代理合同。

第一条 房产的基本情况

1. 甲方将坐落于杭州市______区____________，建筑面积为________平方米的房屋(以下简称“该房屋”)转让给乙方，转让价为__________元。转让价中包含了以下的附属设备、设施、装修：□管道煤气、□水一户一表、□电一户一表、□有线电视(包含机顶盒)、□电(或煤气)热水器__只、□电视机__台、□空调__台、□固定装修，其他____________________。

2. 该房屋为房改房的，甲方承诺该房屋为其享受房改政策内的面积；若超出房改享受面积的部分，该房屋应交纳的房改房差额房款，按照房改政策由甲方全部承担，否则甲方承担《房屋转让合同》中约定的违约责任。

3. 乙方对该房屋的所处位置、权属、用途、环境、建筑年代、性质及内部设施(含设备)情况均已了解，并同意受让该房屋。

第二条 物业交割

在《房屋转让合同》中约定的物业交割时间前，甲方须完成以下事项：腾空该房屋、迁出该房屋内所有户口，并将该房屋已发生的各项费用：水、电、煤气、电话费、数字电视费、物业管理费、租金等付讫凭证及该房屋钥匙交乙方，如未完成的，甲方承担《房屋转让合同》中约定的违约责任。

第三条 甲、乙、丙三方的权利及义务

1. 甲方委托丙方办理该房屋的转让手续并承诺如下：该房屋为其合法所有、产权清晰、权属明确，所提交的资料真实、无第三人异议、无被抵押、无被查封、无涉讼纠纷等事项；如因上述原因致使本合同不能履行的，甲方承担《房屋转让合同》中约定的违约责任。

2. 如乙方需要办理按揭，则乙方承诺购买该房屋是其按揭购买的第___套房屋。

3. 乙方需要办理按揭(含公积金及组合)贷款，应在签订本合同后_____个工作日内到银行签署《借款合同》，如需补充或更换按揭资料的，乙方应在_____个工作日内补齐，否则每逾期一天由乙方承担违约金____________元整；逾期______个工作日内仍未补齐的，甲方有权单方终止《房屋转让合同》并按《房屋转让合同》的约定追究乙方违约责任。

4. 乙方申请公积金或组合贷款，如银行通知其不符合公积金中心审批条件的，乙方在接到通知后 10 个工作日内改为公积金商业组合贷款或商业按揭，逾期不办的则承担《房屋转让合同》中约定的违约责任。

5. 若需要更改按揭银行的，双方在接到丙方通知后应在两个工作日内，重新签署《房屋转让合同》、《资金监管协议》内有关房款支付方式中 “按揭银行”的条款。

6. 因银行按揭政策发生变动等原因导致乙方不能按原合同约定申请贷款的，则双方友好协商解决，若协商不成合同自动终止，双方互不追究责任，甲方应在得到乙方书面通知后 10 个工作日内退还已收房款；乙方在发出书面通知后第十一个工作日起，单方有权要求代理公司及银行退还已交房款。

7. 因乙方个人原因导致不能按原合同约定申请贷款，使原《杭州市房屋转让合同》不能正常履行的，则乙方须承担《杭州市房屋转让合同》中约定的违约责任。

8. 甲乙双方应在签订本合同之日起______个工作日内将房产交易过户所需资料交与丙方，并在接到丙方通知后 3 个工作日内到杭州市房产管理局办理身份核对、原件校验等手续；否则，违约方按照逾期天数赔付守约方_____元/天作为违约金。逾期____个工作日以上的，守约方有权单方终止《房屋转让合同》并按《房屋转让合同》中约定的违约责任追究违约方。

9. 甲乙双方应于签订本合同起____个工作日内向丙方支付代理费共计________元，丙方应优质、快速地为甲乙双方办理产权交易过户手续(具体日期以各区房管局规定办证时间为准)。

10. 甲方房产为共有的，则任意一个共有权人均有权代表其他共有权人凭物业交割单至丙方或银行领款、签字确认完结手续等。

11. 乙方房产为共有的，则任意一个共有权人均有权代表其他共有权人至丙方处领取房产三证及办理代收税费结账手续。

第四条 其他违约责任

1. 若因甲、乙单方或双方原因，导致本合同和《杭州市房屋转让合同》不能履行，违约方应支付完成此次交易甲、乙双方应付服务费的总额作为丙方代理费。

2. 若因丙方原因未在约定的时间内完成过户手续，每逾期一天应分别向甲乙双方支付 50元作为违约金。

第五条 遇下列情况的，三方免责，互不追究违约责任。

1. 不可抗力因素的。

2. 产权交易过户登记前，该房屋被列入动迁或市政配套改造范围的。

3. 由于法律、法规、政策的更改，经协商后无法达成一致，使本合同无法履行的。

第六条 争议解决

本合同履行中发生的任何争议，应由甲、乙、丙三方友好协商解决。若三方无法达成一致，可向丙方所在地人民法院提起诉讼。

第七条 附则

本合同一式___份，甲、乙、丙叁方各执一份，相关部门各执一份，签字盖章后生效。

甲方：　　　　　委托代理人：

乙方：　　　　　委托代理人：

丙方：　　　　　经　办　人：　　　　　　　　签约日期：

**案例思考**

(1) 买卖代理合同包括哪些条款？

(2) 签订合同前房地产经纪人要做好什么工作？

### 6. 存量房买卖产权过户和租赁合同登记

存量房买卖产权过户需要遵守一定的程序，并提供相关的资料和证件，一般包括申请办理，提交资料，缴纳相关税费，领取房地产权证书。

在租赁环节，当房屋租赁双方对房屋租赁事宜达成一致时，就可以签署房屋租赁合同了。

在租约签订过程中，准备好相关资料与证件，合同应一式三份，房地产经纪机构存档一份。经纪公司收取佣金，开收据，协助租赁双方办理租赁合同登记备案。

### 7. 物业交验及后续服务

1) 物业交验

物业的交验非常重要，否则很容易产生纠纷，经纪人应当协助完成物业的交验。买卖物业相对来说要复杂，房主、客户、置业顾问三方根据合同中填写的物业附件，清点屋内设施，并且试用设施，抄清楚水表、电表、煤气表的度数，交钥匙。交接过程中可安排交易双方签订物业交接单，明确交接事项。

针对租赁物业的交验，如果双方在物业交验过程中产生矛盾，房地产经纪人应主导解决双方的分歧，不能让双方自行协调。当分歧较大时尝试将双方分开进行协调。房地产经纪人要与租赁双方仔细核对出租物业中的各种设施和设备，注明品牌、型号和数量。同时协助双方确认今后各项费用由谁来缴纳。

**案例链接**

# 出租房屋物业交验马虎不得

业主李先生有一套房屋委托家佳房地产经纪公司出租。租约到期后，业主要卖此套房子，于是公司交还房屋给业主。可是在做物业交验时，业主发现房屋内电视机由原来的索尼变成了某国产品牌，空调也被换掉了，凳子也少了一张，卫生间的水龙头也有损坏，要求公司进行赔偿。公司调查了解才知道，房地产经纪人在与客户做物业交验收房时，物业交验单上只写着“电视一台”、“空调两台”，并未详细标注房屋内电视、空调的品牌及状况，物业交验单上也没有凳子张数，更没有标明卫生间的水龙头是否损坏。该经纪公司再打那位租房客户的电话时却怎么也联系不上了，公司只能承担这笔损失。

这个案例给我们一定启示，房地产经纪公司承担的物业全程出租代理时，特别是要注意物业交验清单的填写。本案中，与客户做物业交验时没有标注房屋内电器的品牌及使用状况，更没有在承租人交房时对照原始物业交验单，造成承租人将电器等换掉都不知道，给业主及公司带来损失；房屋内一些小件物品(凳子)没有记入物业交验单，造成物品丢失或损坏后无法追偿承租人相应的责任；卫生间水龙头没有登记是原来就有损坏，还是后期由承租人损坏的，以至于最后产生了一系列问题。

针对买卖物业的交验，要注意水表账单是否结清，检查电表状况是否正常运行，协助双方进行煤气过户，结清电话费，协助办理有线电视过户，结算维修基金，检查和验收附属设施。一般来讲，买方在交房时都会对房屋附属设施、设备、装修及附赠家电、家具等事项进行验收，其中比较容易被忽视的是下水道堵塞和墙面渗水等问题，房地产经纪人应协助买方做好最好的把关工作。协助办理迁移户口手续。

**知识链接**

物业交割单相关内容一定要填写清楚，并三方签字确认。

《置换物业交割单》

合同编号：　　　　　　　　　　　　　　物业地址：

交房日期：

<table>
<tr><td colspan="3">出让方姓名：</td><td colspan="2">电话</td><td colspan="3">受让方姓名：</td><td colspan="2">电话：</td></tr>
<tr><td rowspan="2">项目</td><td></td><td>水表(t)</td><td>电表(°)</td><td>煤气(m³)</td><td>其他费用</td><td>数字(有线)电费</td><td>物管费</td><td>卫生费</td><td>其他</td></tr>
<tr><td>刻度</td><td></td><td></td><td></td><td></td><td></td><td></td><td></td><td></td></tr>
<tr><td>状况</td><td>□结清<br>□未结清</td><td>□结清<br>□未结清</td><td>□结清<br>□未结清</td><td>□结清<br>□未结清</td><td>□结清<br>□未结清</td><td>□结清<br>□未结清</td><td>□结清<br>□未结清</td><td>□结清<br>□未结清</td><td></td></tr>
<tr><td colspan="10">合同约定的附属设施：</td></tr>
<tr><td colspan="10">实际交付的附属设施：</td></tr>
<tr><td colspan="10">出让方确认：　　　　　　　　受让方确认：　　　　　　　　见证人：</td></tr>
</table>

**特别提示**

在《房屋转让合同》中约定的物业交割时间前，甲方须完成以下事项：腾空该房屋、迁出该房屋内所有户口，并将该房屋已发生的各项费用：水、电、煤气、电话费、数字电视费、物业管理费、租金等付讫凭证及该房屋钥匙交乙方，如未完成的，甲方承担《房屋转让合同》中约定的违约责任。

2) 后续服务

当房地产经纪人完成了一宗销售或者租赁业务后，房地产经纪人的工作并没有全部结束。客户开拓是非常重要的工作，要将老客户发展成为公司和经纪人的终身客户，经纪人还可以为客户提供很多后续服务。首先，经纪人应恭贺新业主搬家，并积极主动帮助交易双方理清煤气开户、水电费户口转名，为客户请搬家公司搬家，请清洁公司为新业主打扫居室卫生，提供换锁服务，介绍家装公司，并在节假日发慰问短信，和客户保持联系。

**特别提示**

后续的服务，要把客户发展成为长期客户，经纪人可以在节假日等发短信，与客户保持联系。

## 小　结

本专题就住宅项目、写字楼项目、商业项目及存量房的营销策划内容，结合实际案例作了详细介绍。在此过程中，针对上述不同项目的特点，重点培养编制销售方案、组织销售活动两项内容的实践和应用能力。与此同时，本专题也在目标客户的确定、辨别和满足不同客户的需要，以及销售时传播内容及方式和技巧等方面，也结合实际案例作了详细介绍。

介绍了存量房产营销业务各种类型，以及营销的流程，即完成该流程的操作步骤。同时着重介绍了存量房营销策划实务中的各种技巧，加强实际操作的能力。

## 习　题

一、填空题

1. ____________是指以委托人的名义，在委托协议约定的范围内，为促成委托人与第三人进行房地产交易而提供专业服务，并向委托人收取佣金的行为。

2. 房地产居间是指向委托人报告订立房地产交易合同的机会或者提供订立房地产交易合同的媒介服务，并向委托人收取____________的行为。

3. 配对是指将合适的____________和合适的____________进行匹配，即为购房或承租客户选择符合其要求的房屋，为售房或出租客户选择合适的购买对象。

## 二、选择题

1. 在租赁合同签订后(　　)天内，房屋租赁双方当事人持有关部门证明文件到市、县人民政府房产管理部门办理登记备案手续。

A. 15　　　　B. 30

C. 45　　　　D. 60

2. 存量房买方代理业务流程包括环节(　　)。

A. 客户接待、推荐房源、看房、交易谈判、合同签订、物业交验

B. 推荐房源、看房、客户接待、交易谈判、合同签订、物业交验

C. 客户接待、推荐房源、看房、合同签订、物业交验

D. 客户接待、推荐房源、看房、合同签订、物业交验、后续服务

3. 居间业务与代理业务相比多了(　　)这一步骤。

A. 客户接待　　　　B. 配对撮合

C. 交易谈判　　　　D. 物业交割

## 三、问答题

1. 物业交割需要做什么准备工作？

2. 物业交割内容包括什么？

3. 如何说服客户签订委托协议？

## 四、实训项目

某商品房项目位于杭州城北城乡结合部地段，西面临河。该住宅小区总平面图如图 9.15 所示。该项目处于正在建设中的计划能容纳 5 万人的大型居住项目群内，其中包括社区医院、商业中心、学校等在内的各项配套公建项目，且该项目整体外观设计和用料品质均明显高于周边的同类项目。其周边地区曾经为杭州市的重工业区，现正逐步外迁。该商品房以住宅为主并有少量沿街商铺，共 26 幢建筑，分两期建设及交付，两期交付之间的时间间隔为 6 个月。第一期包括 1～12 号楼，其中 1～3 号楼为多层(6 层)、4～12 号楼为小高层(12 层)；第二期包括 13～26 号楼，其中 16、17 号楼为高层(18 层)，8 号楼为多层(6 层)，其余均为小高层(12 层)，该楼盘平面图如图 9.15 所示。该楼盘所处区域市场均价为 7000 元/$m^2$，目前该项目已接近开盘条件，开发商已确定销售均价为 8500 元/$m^2$。

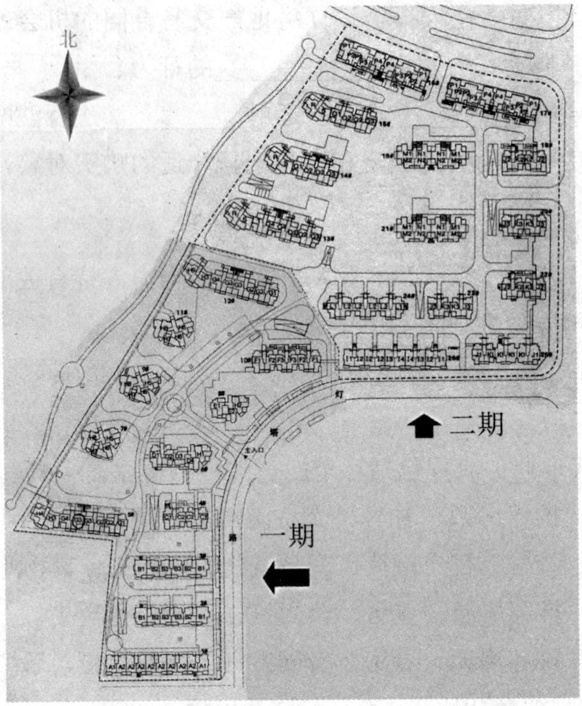


图 9.15　某住宅小区总平面图

请根据该项目的情况组建销售团队，并编制销售方案；请根据该项目中住宅部分的情况编写销售说辞。

# 项目 10

# 房地产项目营销策划书撰写

## 教学目标

通过本项目学习，掌握房地产项目营销策划书撰写的格式、内容和要求，熟悉营销策划书撰写的要素和图表的应用，了解营销策划书撰写的原则，在全面理解分析基础上，基本具备撰写房地产不同项目营销策划书的能力。

## 教学要求

| 能力目标 | 知识要点 | 权重 |
| --- | --- | --- |
| 了解营销策划书撰写的原则 | 营销、销售或推销的概念 | 5% |
| 掌握房地产项目营销策划书撰写的格式 | 策划书结构组成 | 15% |
| 掌握项目策划内容 | 项目分析　项目营销策略 | 15% |
| 了解项目策划书要求 | 项目策划书撰写技巧 | 5% |
| 掌握策划书撰写中图表的应用 | 策划书中常用表格种类与使用 | 15% |
| 撰写简要的房地产项目策划书 | 技术经济指标　市场调研 STP　4P SWOT | 20% |
| 熟悉住宅与商业地产策划异同点 | 住宅项目撰写要点　商业项目撰写要点 | 10% |
| 熟悉项目策划撰写的主要部分 | 各主要部分模板 | 15% |

**导读**

现代经济社会在商言商，商业项目要取得良好的销售业绩和经济效益，策划必不可少。项目策划好比行军打仗的军事，人马未动，策划先行，成功的项目营销策划，项目即成功了一半！

房地产营销策划书是策划人对楼盘营销系统的文本阐述，由最初的构想到逐步完善的方案，以观念性思想变成可以阅读的文字、图表。房地产营销策划书经审核确认后，犹如建筑师的设计方案，是一种应用性文件，它是楼盘营销运作的依据，并根据运作实际情况作相应调整、充实、完善，如图 10.1 所示。

(a) 房地产广告策划书

(b) 房地产项目策划书

(c) 企业策划书

图 10.1　项目策划书

**知识点滴**

现在中国房地产产业已从卖方市场转变为买方市场，结合房地产市场策划营销理论和实践的运作方法，提出“房地产全程策划营销方案”，从项目用地的初始阶段就导入策划营销的科学方法，结合房地产项目开发和行业的运作流程，逐步实施。

房地产营销策划是在对房地产项目内外部环境予以准确分析并有效运用经营资源的基础上，对一定时间内营销活动的方针、目标、战略以及方案实施的过程进行可操作性的筹划。它是一项计划活动、决策活动之间的构思、探索和设计的过程。而将这个过程用文字和图表进行准确、完整且富有创意的表述就是营销策划书。

## 10.1　房地产项目营销策划书撰写的原则

**案例导入**

### 杭州西溪项目策划书(节选)

Part 1 项目概况。

1-1　项目区位及地块特征。

杭州西溪项目位于杭州城西主城区与余杭新区交汇处，五常大道南侧，天目山路西侧。

➔　项目交通条件佳，毗邻杭州绕城高速，规划中的地铁 3 号线未来将与本项目接驳。

➔ 项目周边有较好的自然景观资源，北望杭州西溪国家湿地公园隔路相望，南有沿山河，未来可能直接与西溪湿地贯通。

➔ 项目地块呈东西向狭长条形，北侧对外展示面主要沿五常大道展布。

➔ 项目拟分期开发，原 2、3 号地块为项目一期，1 号地块为项目二期，如图 10.2 所示。

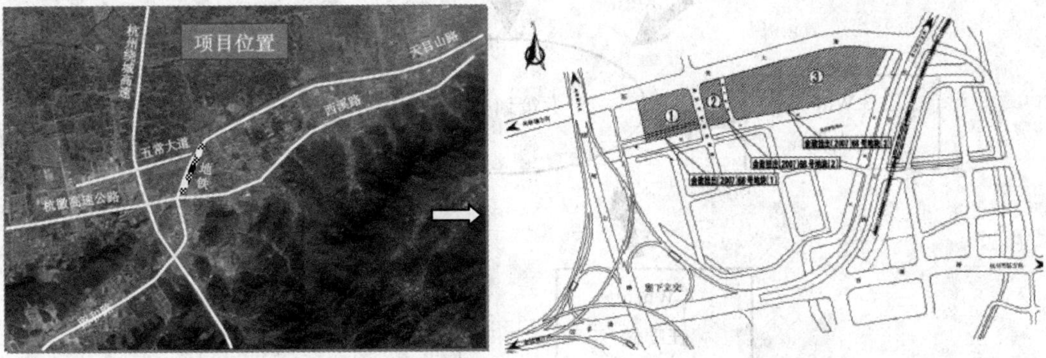


(a) 项目位置图　　　　(b) 项目宗地图

图 10.2　项目区位图

1-2 项目现状交通条件(略)。

Part 2 项目定位。

2-1 项目整体商业定位。

➔ 项目定位：大型“家庭欢乐体验”购物中心，杭州人的娱乐零售目的地(Destination)。杭州西溪项目着眼于一个多彩多姿和别具一格的商业目的地，是建筑与自然柔和相融，商业与环境和谐映衬的共生型购物中心，让都市家庭暂时逃离熙攘的城嚣，探寻生活动力和独特经验。它的出现将为西溪缔造源源惊喜，为城市化发展增添价值，进而筑就杭州地标、人文、生态、品质完美融合的家庭消费新聚点。

➔ 档次定位：中高端。

2-2 目标消费群体定位(略)。

**特别提示**

从以上案例可以看到，营销策划书中阐述策划本案的基本概况，包括地块、交通和基本设施，在此基础上进行项目定位，然后针对定位开展营销策略(包括 4P、6P、4C 等)的策划撰写。

## 10.1.1　营销策划书要解决的问题

无论撰写何种类型的房地产项目，其撰写的最终目的是让消费者了解项目以促进销售并扩大品牌影响力。因此，项目营销策划报告的撰写首先应明确项目策划的前提问题——策划报告到底需要解决哪些问题？联系购房者 5W1H 的行为模式，策划报告要解决的主要问题如图 10.3 所示。

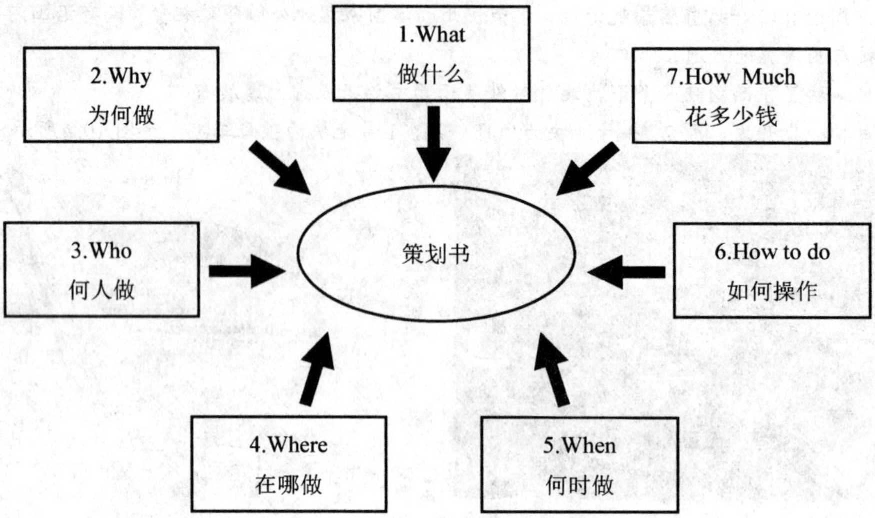


图 10.3　营销策划书常见问题

### 10.1.2　营销策划书的撰写原则

因此，项目策划书的撰写原则应围绕策划书目的作用和要解决的问题，以消费者的需求和房地产市场为中心，结合项目情况进行。

1) 符合逻辑思维

具体而言，就是要明确为什么要策划，做了些什么策划以及如何实现所做的策划。

2) 简洁且具实效

(1) 说明性的文字和数据要真实，不能浮夸。

(2) 对重点内容进行深入分析，强调重要性。

(3) 指导执行类文字要清晰易懂，便于理解和掌握。

3) 具有可操作性

(1) 要仔细分析已有资料，掌握企业的资源实力，清楚目前的外部环境。

(2) 要注意与各环节的相关人员及部门沟通，保证各环节能够合理调配。

4) 具有吸引力和创意

策划书是策划的书面表述，应做到版式新颖、主题明确、内容独特有创意，要能引起消费者的关注、了解和接受，要提炼项目的卖点进行独创性的策划，使得开发商采纳营销策划方案，并最终实现营销策划目标。

**特别提示**

房地产商品的不可移动性决定了其独特、稀缺及差异性。因此，房地产项目营销策划书应围绕项目特点，秉承房地产商品特性，从市场需求出发，体现开发商和消费者的利益。

## 10.2 房地产营销策划报告撰写结构与内容

**引例**

以下为策划书目录节选，其中给出了策划书的部分内容，由此可知营销策划书的一般结构。

### 合肥市某项目策划书目录(节选)

第一篇　合肥房地产市场总述
一、宏观市场“涨”声一片
二、区域市场
三、消费者分析
第二篇　项目定位及分析
一、项目状况
二、项目 SWOT 分析
三、项目定位
四、项目形象塑造
五、客户人群定位
第三篇　产品建议规划
第四篇　营销推广
一、行销策划
二、价格对策
三、促销手段
四、广告宣传
第五篇　项目整合推广策略
一、项目推广宣传之卖点
二、推广思路
三、文案风格

一份好的“营销策划报告书”，必须由房地产企业的营销部门汇同开发、经营等或营销公司的研展部门、企划部门、业务部门等的通力合作，才能很好地完成。撰写“营销策划报告书”，首先必须详细了解房地产项目个案资料、建筑规划设计初稿或蓝图，以及其他相关资料。在此基础上，再收集个案所处区域的都市计划图、人口统计资料、交通建设计划、公共工程建设计划及其他利多利空资料。同时，还要收集该个案区域市场的市场调查资料表，作为“营销策划报告书”的附表，并以此作为提出“价格建议”、“产品定位”、销售预算等的数据资料。

一般说来，由于房地产项目的唯一性，“营销策划报告”并没有统一的格式和内容，但是，大部分的“营销策划报告”都是针对开发商的需要结合市场形势及项目实际而撰写的，有共同的结构框架，主要包含以下几部分，见表 10-1。

**表 10-1　房地产项目营销策划书结构表**

| 策划书结构 | 说明 |
|---|---|
| 封面 | 表明策划书的名称、策划主题、策划人和策划日期 |
| 目录 | 表示策划书的内容 |
| 引言或概要 | 对整个策划方案的简要说明或表明策划方案的背景、理念 |
| 市场环境分析 | 背景、政策、环境、市场现状、竞争对手等分析 |
| 项目分析 | 表明项目概况、项目 SWOT 分析 |
| 项目营销策略选择 | 准备选用的营销策略以实现营销目标 |
| 项目营销策略实施 | 制定针对性的营销策略的实施计划和实施方案 |
| 备注或附录 | 说明可能会产生的调整变化或附录 |

### 10.2.1　封面

一份好的营销策划书需要一个特别的策划书封面，因为阅读者首先看到的是封面，策划报告的封面设计不仅要能引起强烈的视觉效果，突出策划主题，使策划方案如虎添翼，更能反映策划者把握策划精髓的能力。

封面的设计原则应该色彩醒目、条目清晰，其要点如下。

1) 标出本项目案名

如“明佳•时代公馆营销策划报告”。

2) 标出委托方

如果是受委托的营销策划，那么在营销策划报告封面要注明委托方，如“绿城•蓝色钱江”营销策划报告。

3) 标明日期

房地产项目具有强烈的时效性，所以必须在封面标注策划报告完成的日期或双方协定的日期。日期的标注需完整，如 2011 年 1 月 10 日。

4) 标明策划者

**案例说明**

如图 10.4 所示某项目营销策划报告封面，分别给出了以上所述要点。

图 10.4　营销策划书封面

## 10.2.2 目录

目录的作用是使营销策划内容一目了然，让阅读者快速了解策划书总体内容，同时也能方便地查寻到内容中感兴趣部分。所以，一份清晰的目录对策划书将起到画龙点睛的作用。

策划书的目录一般列举到三级目录，不宜太细，要注意各级目录的关联，题目不宜太长，要主题鲜明，用词准确。

## 10.2.3 引言或概要

引言或概要是对策划书的内容进行全面提示，即将主要内容和要点集中说明；也可以是开发商的开发理念和对项目市场的剖析。引言或概要要求关键字及表达方式突出，吸引阅读者的兴趣，使阅读者产生好感；要具有简短性，能够突出方案中的创意亮点和独特之处。

**案例 1**

### 引言(节选)

我们认为：

I

在激烈竞争的 2004 年合肥地产界
跳出房地产思考房地产及其广告推广
才是突破平庸、赢取竞争的解决之道

II

……

……

III

我们的职责是：通过形象整合
使明佳·时代公馆
走上一条可持续发展的
品牌之路

我们将从社会、时代、人文、产品等角度来探索“明佳·时代公馆”项目与“人”本身的内在价值联系，从而找到项目的核心，形成一条主线，推动项目地产品牌的可持续发展。

**案例导入**

### 中关村某项目营销策划书(概要部分)

通过我公司对本项目总体规划设计的研究，以及对 8 号楼方案的研究和分析，我们认为本案销售推广的关键在于对本项目所在地域总体的策划和推广。

由于地理位置的优势，开发商长期本地经营的优势，以及开发商所具有的独到的文化背景的优势，使本项目具有了很好的潜质，拥有可以设计的空间，完全能够运作成为一个突出的、概念鲜明、立意独特的房地产项目。进而通过项目的运营和管理，可以使本项目成为中关村文化休闲的地标性的建筑群落，为日后长久经营打下良好基础。

根据分析，我们建议把本地域塑造成为中关村人的精神家园，为中关村地区提供一个休息、交流和休闲娱乐的文化区域。

在宣传推广方面，我们主张以面带点，点面结合的方式进行宣传。即通过对本地域总体的宣传，带动本项目的宣传。

**特别提示**

案例1的引言阐述了项目的开发理念和营销主题，案例2则是对项目策划方案的概要性说明。

### 10.2.4 市场环境分析

市场环境分析是项目营销策划的依据和基础，营销策划是以环境分析为出发点的。营销策划书中的环境分析主要通过本地区本类房地产宏观环境和微观环境调研分析，描绘分析房地产市场走势，以形成令人信服的分析结果材料作为项目策划的依据。

市场环境分析要注重时效性和准确性，要突出重点。所谓时效性是指列举的数据和事件要与项目策划时间相近，以免由于市场和政策的变动降低数据的参考性。

营销策划书中的市场环境分析要注重图表和文字的结合，其数据和分析要真实、符合客观实际，不能带有太多的主观臆断，这是环境分析的客观性要求。

**案例说明**

#### 上海某项目营销策划方案(目录节选)

第一部分　市场与政策分析

一、上海市房地产市场分析

(一) 上海房地产市场1998年12项信息数据分析

(二) 上海房地产市场1998年13项信息数据汇总

二、虹口区房地产市场分析

(一) 虹口区房地产市场1999年1～3月销售数据及同期比较

(二) 虹口区房地产市场1998年5项销售数据汇总

三、本案相关个案分析

(一) 本案相邻楼盘调查

(二) 本案相近楼盘调查

(三) 本案同类楼盘调查

四、上海内销中高档，高档住宅一览(RMB5000元以上)

(一)闵行、闸北、杨浦地区

(二) 徐汇、浦东新区、普陀、南市地区

(三) 卢湾、静安、黄浦、虹口、长宁地区

五、本案有关房地产政策法规摘要

(一) 商品房销售面积概念

(二) 预售商品房交付时建筑面积增减的处理

(三) 申请《蓝印户口》新规定

(四) 关于个人所得税抵扣房款规定

(五) 关于契税优惠征收规定

**特别提示**

房地产营销策划书中的市场环境分析包含宏观环境分析和微观环境分析，同时因为房地产商品的不可移动性，市场环境分析以本地区本类市场分析为要点，由大到小。

## 10.2.5 项目分析

项目分析是策划报告的重点，撰写的内容主要包括项目概况、项目技术经济指标、项目周边环境设施和项目 SWOT 分析。本部分的撰写要立足于对项目全方位的调研和分析，数据尽可能详尽，分析尽可能全面，不但要考虑现在，而且要关注未来城市区域的规划发展。这部分内容承上启下，其分析结果将直接影响后面的策划，也是体现和衡量策划者水平高低的标准之一。

**案例说明**

如图 10.5 所示为上海某项目营销策划书中的项目 SWOT 分析示意图。

| | |
|---|---|
| **优势Strength**<br>(1) 依托绿地品牌，具有良好已树立的的知名度和美誉度，快速为市场所接受<br>(2) 临近R3号线，规划中R11号线在本地块旁设有站点，沪宁高速公路入口，众多的公交车行线路使“零换乘”的便利交通成为项目价值的有力支撑<br>(3) 普陀区目前唯一的首席甲级5A写字楼，地标性建筑<br>(4) 项目离长寿路商业街约1km，距中山公园约2.5km到徐家汇商圈约5 km，至人民广场约7 km | **劣势Weakness**<br>(1)作为非上海市中心的普陀区，总体发展较慢，区域形象受限制，直接影响项目价值确立<br>(2)项目处于传统的生活区，周边缺少商务氛围，总体办公环境欠佳，已有产品档次不高，市场认知度差 |
| **机会Opportunity**<br>(1)目前上海甲级写字楼市场发展火爆，产品供不应求，市场关注程度高<br>(2)受租金压力，部分国际知名企业撤离传统CBD，为次级CBD提供了良好的客户资源<br>(3)政策潜在导向及海外投资对商用物业的追捧 | **威胁Threat**<br>(1)同类区域的甲级写字楼分流部分客户<br>(2)同区域内，因绿地已开发的两幢写字楼（同创、科创）非甲级写字楼，可能会使部分客户产生对项目档次、品质的惯性误解（同为创字系列）<br>(3)客户对区域的接受度较缓慢，需要一个培植过程<br>(4)西宫改造计划未来运行的不确定性 |

图 10.5 项目 SWOT 分析示意图

### 10.2.6 项目营销策略

项目营销策划是在项目分析基础上结合营销目标选择适宜的营销策略。以 4P 策略为例，其策划点主要如图 10.6 所示。

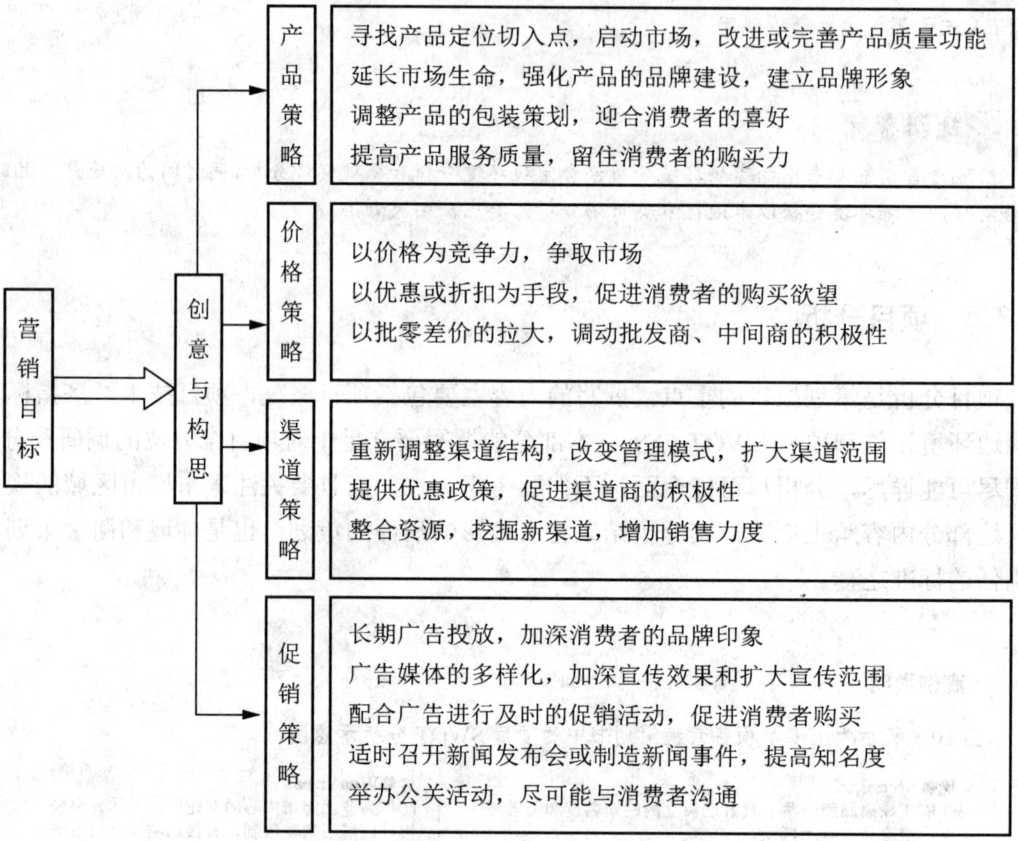


**图 10.6 4P 营销策略图**

**知识点滴**

目前房地产市场的营销理论主要有 4P、6P 和 4C

(1) 4P。指 Product（产品）、Price（价格）、Place（地点，即分销，或曰渠道）和 Promotion（促销）。4P 是目前房地产界最常用的营销策略。

(2) 6P。6P 与 4P 的不同，在于营销学界的泰斗 Kotler 加上的两个 P: Power（权力）和 Public Relations (公共关系)。Kotler 认为，企业能够而且应当影响自己所在的营销环境，而不应单纯地顺从和适应环境。在国际国内市场竞争都日趋激烈，各种形式的政府干预和贸易保护主义再度兴起的新形势下，要运用政治力量和公共关系，打破国际或国内市场上的贸易壁垒，为企业的市场营销开辟道路。同时他还发明了一个新的单词——Megamarketing（大市场营销），来表示这种新的营销视角和战略思想。

(3) 4C。是以挑战者的角色出现的。它分别指 Customer（顾客）、Cost（成本）、Convenience（便利）和 Communication（沟通）。

### 10.2.7 项目营销策略实施

案例导入

杭州某项目营销策划书(目录节选)



项目的营销策略实施是指项目的实际推广操作，包括实施方案设计，推广的时间、地点、方式等，以及费用预算和推广成效分析等，营销策略实施是以实现营销目标为主要宗旨的。

## 10.3 营销策划书撰写要求

引例

房地产项目的开发应遵循项目经济技术指标要求，而营销策划之最终目的是要体现开发的理念，实现项目开发投资的目的，因此，营销策划书的撰写在符合基本结构基础上，还应有哪些撰写要求呢?

### 1. 结构完整，内容翔实

房地产营销是一个系统，房地产营销策划书是这个系统的综合概括和整体表达，在文本阐述上必须着眼于“营销链”的编织，结构完整，内容翔实。内容应包括楼盘营销各个方面，而且每个部分都是楼盘整体营销系统中的一个子系统。如市场环境分析这一部分，如上案例所述，对上海房地产市场宏观方面进行了 12 项信息数据分析：①房地产开发投资额；②批准拆迁面积；③完成拆迁面积；④完成土地开发面积；⑤商品房新开工面积；⑥商品房竣工面积；⑦商品房批准预售面积；⑧已登记商品房预售面积；⑨商品房批准销售面积；⑩已登记商品房销售面积；⑪已登记存量房交易过户面积及存量房交易成交金额；⑫外销商品房抵押面积及外销商品房抵押贷款额。对上海内销中高档、高档住宅研究共搜集了 72 个楼盘资料，并对区位相邻、档次相同、特色相近的竞争楼盘作了重点研究。策划书中对房地产市场从宏观到微观，从市场信息数据到楼盘各种情况系统的调查研究，为楼盘营销提供了周密详尽的依据。

2．分析透彻，论述细致

房地产营销策划书具体内容的撰写不能蜻蜓点水、轻描淡写，而应该是细针密缕、纵深发展；犹如挖井，只有挖到一定深度才能得到清水。如杭州西溪项目因是商业项目，对楼盘周边 3 公里以内的商圈环境、交通现状和规划发展进行了详细的调研分析，对公交线路与生活设施的论述也相当细致。如现有人口总量及分布、未来人口规模及迁移，现有商业设施、未来商业发展，对周边生活设施也反复查勘，说明到位，这些论述为楼盘的区位价值和接下来的项目产品定位提供了可信的论证。

**案例导入**

## 杭州西溪项目策划书(节选)

1-3　项目区域商圈环境

➔　项目 3km 商圈现有总人口约 12 万人，包括:

留下镇 5 万～6 万人。

小和山高教园区 4 万～5 万人。

余杭新区商住区 3 万人。

➔　区域内目前大部分商业集中在留下镇，以简单的街铺、小超市、菜场等为主，业态非常初级简单，主要满足周边居民日常消费。由于项目地块处于非商圈地段，周边目前无零售气氛。

➔　项目 3～5 公里商圈范围内目前尚无大型综合性商业。

世纪联华(200m)：总建筑面积 24500m²，主要满足周边人口日常消费。

西城广场(5km)：商业面积 37400m²，杭州第一个真正意义上的购物中心，服务城西众多住宅人口，经过 5 年市场培育，该项目目前经营状况较好，不少店铺晚上的营业额可以做到全天的 90%以上，反映周边家庭消费有较大的需求和能力。

➔　参考统计数据：2006 年城西地区人均年可支配收入比杭州市区平均水平高 7000 多元；同时城西人均商业面积仅为 0.3m²，远低于杭州人均商业面积 0.68m²，如图 10.7 所示。

图 10.7　项目 3 公里商圈示意图

1-4 周边区域规划和发展

➔ 根据余杭区政府规划，项目所在区域为商住区，目前西溪板块住宅均价1.5万～3万元/$m^2$。

➔ 项目3公里商圈未来3～5年规划总人口约为25万人，包括如下：

留下镇 10万～12万人。

小和山高教园区7万～8万人。

余杭新区商住区8万人(10km商住区范围20万人)。

随着西溪湿地公园不断发展，五星级酒店喜来登、悦榕庄等纷纷落户，湿地周边将发展成为独具杭州特色、国际化的城市休闲和度假会议酒店群落。

**特别提示**

案例为一商业项目营销策划书中的环境分析节选，详细分析了项目周边的商业环境现状和未来发展，有翔实的数据和分析，这些都为项目产品策划提供了依据。

### 3. 注重产品，专业性强

房地产营销以建筑为本体，其宗旨是产品第一，包装第二，对楼盘产品从营销的角度策划，其实从根本上说是从市场需求的角度进行研究策划，这是房地产营销策划书撰写中不可忽视的内容。房地产营销策划书对楼盘产品关注介入程度的深浅，是衡量策划书专业程度高低的重要标志。

**案例说明**

## 杭州某项目营销策划书(节选)

## 产品策划之【内部配套——多泳池泛会所设计】

××楼盘将社区的会所配套功能分成数个部分，每个组团都可就近拥有自己的会所配套，游泳、健身、棋牌、大堂吧、活动室等能充分满足住户的活动需要。在南、北两个区域均有室外游泳池为核心的社区配套中心，为尊贵业主构建和谐愉悦的社区氛围、乐家友邻的归属感、互动交流的人际关系，提高产品附加值。

**特别提示**

营销策划书产品策划中对楼盘户型和景观建议方案，对建筑理念的选择方案，对会所类型、选址、规模、设施、格调的建议方案，是策划书加强专业性的努力，其中户型分析可为其他户型分析提供一种方法，会所方案建议可为其他会所策划提供一种思路。

### 4. 定位准确，主题到位

房地产营销策划书需要根据楼盘产品在市场上所处的位置，针对顾客对楼盘某种特征或功能的需求程度，强有力地塑造本楼盘与众不同的，给人印象鲜明的个性或形象，从而使楼盘在市场上确定适当的定位。

**案例说明**

## 上海某项目营销策划书之定位(目录节选)

营销决策如下:

(一) 产品定位。

(二) 形象定位。

(三) 营销主题。

(四) 营销阶段划分。

**特别提示**

案例中将定位分为产品定位和形象定位，产品定位又分为整体定位和分项定位，力求产品定位准确清晰。形象定位提供了两套方案，可供选择。

楼盘营销主题是楼盘营销中心思想，是营销策略的着力点，是与顾客沟通的凝聚点。营销策划书阐述了营销主题和营销分主题。营销主题力求言近旨远，像一根红线贯串楼盘营销始终。营销分主题力求丝丝入扣，是配合营销主题阶段性的重点。这样既有长远的战略性筹划，又有阶段的战术性考虑。

### 5. 切实可行，强调实效

房地产营销策划书是一种应用性文件，它必须具有可操作性。这种可操作性首先是切合营销与市场的实际需要，针对性强，内容实在。其次是操作步骤与方法阐述清楚具体，操作可以按图索骥，如法炮制。再次是适应操作人力、物力实际情况，因地制宜，因时制宜。房地产营销策划书的撰写根本目的是为了实现和提高销售业绩，所以在策划书还必须重视营销实施的阐述。

**案例说明**

## 上海某项目营销策划书(营销实施要点节选)

第二部分　本案营销实施

一、营销组织(含组织构架、现场人员、策划人员)

二、营销培训(含培训目标、培训要求、培训内容、培训方式、考核)

三、营销现场(含现场气氛、现场接待)

四、营销流程(销售阶段流程、售楼操作流程、销售统计流程)

五、营销表格 (含客户详细信息、销售详细信息、销售记录、付款计划及执行情况、业务员销售情况一览)

六、本案营销阶段划分与相关费用

**特别提示**

项目营销策划书中关于营销组织、营销培训、营销现场、营销流程包括营销人员的考核和奖惩，都是为了加强楼盘的营销实施，强化销售现场的管理，促成楼盘成交。

# 10.4 项目营销策划撰写案例分析

**引例**

房地产项目营销策划书根据不同的项目特点既有共性，更有个性，在实际的策划书撰写中初学者往往不清楚一些基本的技巧和框架，我们需要提供哪些帮助呢？

## 10.4.1 项目营销策划常见模板

### 1. 项目市场调研报告模板

项目市场调研是营销策划重要一环，市场调研报告模板见表10-2。

表 10-2 市场调研报告模板

| 序号 | 项目 | 次项目 | 主要内容 |
|---|---|---|---|
| 1 | 市场环境调查分析 | 宏观市场环境分析 | (1) 政治法律环境分析<br>(2) 社会经济环境分析<br>(3) 社会文化环境分析<br>(4) 社会人口环境分析 |
| | | ××市房地产市场分析 | (1) ××市房地产市场现状分析<br>(2) ××市房地产市场特征分析<br>(3) ××市城市建设发展分析<br>(4) 结论 |
| 2 | 区域市场调研和分析 | ××区整体市场概述 | (1) ××区商品房市场整体分析<br>(2) ××区各区域或(板块)市场特征分析<br>(3) ××区经典商品房介绍(重点分析物业成败的关键因素) |
| | | 项目所在区域(或板块)介绍 | (1) 区域或(板块)总体概况<br>(2) 区域或(板块)历史沿革及现状<br>(3) 区域或(板块)土地利用现状<br>(4) 区域或(板块)商品房市场现状<br>(5) 区域或(板块)各项配套设施介绍<br>(6) 区域或(板块)交通组织现状<br>(7) 区域或(板块)SWOT分析 |
| | | 与项目相关的规划介绍 | 包括城市总体规划、次区域规划以及区域或(板块)规划的相关内容 |
| | | 相关调研和分析部分(重点分析物业成败的关键因素) | (1) 区域或(板块)在售商品房调研，填写明细调研表<br>(2) 区域或(板块)内商品房供求关系分析<br>(3) 区域或(板块)内商品房物业类型分析<br>(4) 区域或(板块)内商品房户型特征分析<br>(5) 区域或(板块)内商品房价格特征分析<br>(6) 区域或(板块)内商品房销售特征分析<br>(7) 项目SWOT分析 |

续表

| 序号 | 项目 | 次项目 | 主要内容 |
| --- | --- | --- | --- |
| 3 | 相关结论 | 未来市场预测 | (1) 2～3 年区域或(板块)供应量预测<br>(2) 价格走势预测<br>(3) 需求趋势预测<br>(4) 客户消费趋势预测 |

2．项目定位报告模板

项目定位是衡量项目是否符合消费者需求，保证项目产品差异性、独特性的重要因素，也是 STP 战略在房地产项目策划中的实际应用，其模板见表 10-3。

表 10-3　项目定位报告模板

| 序号 | 项目 | 次项目 | 主要内容 |
| --- | --- | --- | --- |
| 1 | 项目分析 | 项目概况 | (1) 项目区位(含区位图)<br>(2) 项目技术经济指标 |
| | | 项目 SWOT 分析 | (1) 项目优势分析<br>(2) 项目劣势分析<br>(3) 项目机会分析<br>(4) 项目竞争分析 |
| 2 | 项目定位 | 客户群定位 | (1) 区域或(板块)在售楼盘主要客户构成及销售效果分析<br>(2) 竞争项目的客户定位<br>(3) 本项目外销市场可行性分析<br>(4) 本项目目标市场定位(内外销比例、自住投资比例设定)<br>(5) 本项目目标客户需求及定位分析 |
| | | 物业形象定位 | (1) 区域或(板块)在售及潜在楼盘的形象定位特点<br>(2) 本项目定位 |
| | | 物业产品定位 | (1) 周边在售项目及潜在竞争项目户型定位分析<br>(2) 本项目户型、面积定位建议<br>(3) 本项目户型定位建议<br>(4) 与竞争项目的比较分析 |
| | | 物业价格定位 | (1) 定价的影响因素<br>(2) 定价的基本原则<br>(3) 参考均价评定<br>(4) 项目预期售价 |

3．项目产品规划报告模板

项目产品规划是在项目定位基础上的针对性设计，通常建立在对市场和地块翔实分析基础上，项目产品规划报告模板见表 10-4。

表 10-4　项目产品规划报告模板

| 序号 | 项目 | 次项目 | 主要内容 |
| --- | --- | --- | --- |
| 1 | 项目概况 | 项目地块概况 | (1) 宗地位置<br>(2) 宗地现状<br>(3) 项目地块价格分析 |
| | | 项目周边配套 | (1) 周边 3000m 范围内的社区配套<br>(2) 宗地周边 3000m 外但可辐射范围内主要社区配套现状 |
| | | 项目规划控制要点 | 项目地块技术经济指标(土地面积、建筑物各部分建筑面积、容积率、建筑密度、限高、绿化率等) |
| 2 | 市场分析 | 区域市场成长状况 | (1) 区域分类别市场现状分析<br>(2) 区域住宅市场各项指标成长状况(如开工量/竣工量、销售量/供需比、交易量、交易价格等) |
| | | 区域住宅市场简述 | (1) 形成时间<br>(2) 各档次住宅区域内分布状况<br>(3) 购买人群变化 |
| | | 区域内产品的供应状况 | (1) 区域市场在整体市场的地位及发展态势<br>(2) 区域市场目标客户层研究和市场定位 |
| 3 | 规划设计初步分析 | 规划设计的可行性分析 | (1) 规划设计的初步概念<br>(2) 规划设计的经济、法律和技术可行性分析 |

## 4．项目前期策划报告模板

房地产项目前期策划是房地产开发的基础，也是项目成败的关键，前期策划应务实和创造性并存，这是项目开发成功的保证。房地产项目前期策划报告模板见表 10-5。

表 10-5　房地产项目前期策划报告模板

| 序号 | 项目 | 次项目 | 主要内容 |
| --- | --- | --- | --- |
| 1 | 项目概况 | 地块概况 | (1) 地理位置<br>(2) 地块现状 |
| | | 项目周边配套 | (1) 绿化、自然景观<br>(2) 周边交通情况<br>(3) 周边生活、教育配套<br>(4) 地块人文环境<br>(5) 区域或(板块)在城市规划中的地位<br>(6) 规划经济技术指标<br>(7) 综合评述 |
| 2 | 房地产市场现状及发展趋势 | 房地产宏观市场环境分析 | (1) 国家宏观调控政策对房地产市场的影响<br>(2) 整体规划对房地产市场的影响<br>(3) 市政基础设施建设对房地产市场的影响<br>(4) 重大利好政策对房地产市场的影响<br>(5) 综合评述 |
| | | 土地市场分析 | (1) 区域土地市场现状<br>(2) 区域土地市场预测 |

续表

| 序号 | 项目 | 次项目 | 主要内容 |
|---|---|---|---|
| 3 | 地块区域房地产市场调查分析 | 区域房地产市场情况分析 | (1) 区域销量分析<br>(2) 区域产品分析<br>(3) 区域二手房市场情况分析 |
| | | 区域周边房地产市场分析 | (1) 地块周边区域市场分析<br>(2) 地块周边二手房市场状况<br>(3) 综合分析 |
| | | 典型竞争楼盘介绍 | (1) 项目概念主题特点及推广手法和主题<br>(2) 经济技术指标<br>(3) 规划设计、产品设计、环境设计和配套<br>(4) 户型面积及比例<br>(5) 目标客户<br>(6) 价格定位<br>(7) 项目进度(工程、推广、销售)<br>(8) 优劣势分析及可借鉴之处 |
| 5 | 消费群体调查分析 | | (1) 市场细分和细分市场<br>(2) 目标客户分析 |
| 6 | 项目分析 | 项目 SWOT 分析 | (1) 项目优势分析<br>(2) 项目劣势分析<br>(3) 项目机会分析<br>(4) 项目竞争分析 |
| | | 项目定位 | (1) 项目客户定位<br>(2) 项目产品定位<br>(3) 项目价格定位<br>(4) 项目形象定位 |
| 7 | 项目发展思路 | | (1) 操作思路<br>(2) 总体规划建议<br>(3) 产品形式建议<br>(4) 户型及面积比例建议<br>(5) 户型功能及结构建议<br>(6) 小区商业面积及商业功能设置建议<br>(7) 配套建议<br>(8) 分期建设 |

### 5．项目推广策划报告模板

房地产项目推广策划是在规定时间内，高效率地向目标客户传播价值信息，并最终实现客户认知和购买欲望的策划行为。可以说，推广策划是实现销售目标的关键。房地产项目推广策划报告模板见表 10-6。

表 10-6　房地产项目推广策划报告模板

| 序号 | 项目 | 次项目 | 主要内容 |
|---|---|---|---|
| 1 | 市场调研与分析 | 市场分析 | (1) 当前市场分析(开发总量、竣工总量和积压总量)<br>(2) 区域市场分析(销售价格、成交情况) |
| | | 近期房地产行业的有关政策、法规和金融形势 | (1) 近期宏观调控政策分析<br>(2) 近期税收政策<br>(3) 近期土地相关政策<br>(4) 近期金融政策 |
| | | 竞争个案项目调查与分析 | (1) 周边主要楼盘概况<br>(2) 竞争楼盘技术经济指标<br>(3) 竞争楼盘销售情况分析<br>(4) 竞争楼盘推广策划创意性分析 |
| | | 消费者分析 | (1) 购买者地域分布<br>(2) 购买者动机和产品功能偏好(外观、面积、地点、格局、建材、公共设施、价格和付款方式)<br>(3) 购买时机、季节性<br>(4) 购买反应(价格、规划和地点等)<br>(5) 购买频度<br>(6) 结论 |
| 2 | 项目环境调研 | 地块概况 | (1) 地理位置<br>(2)地块现状 |
| | | 项目周边配套 | (1) 绿化、自然景观<br>(2) 周边交通情况<br>(3) 周边生活、教育配套<br>(4) 地块人文环境<br>(5) 区域或(板块)在城市规划中的地位<br>(6) 规划经济技术指标<br>(7) 综合评述 |
| | | 项目 SWOT 分析 | (1) 项目优势分析<br>(2) 项目劣势分析<br>(3) 项目机会分析<br>(4) 项目竞争分 |
| 3 | 项目营销策划 | 项目产品分析 | (1) 项目特性分析(优劣势判断，在同类物业中的地位排序)<br>(2) 建筑规模与风格<br>(3) 建筑布局和结构(实用率、绿地面积、配套设施、厅房布局、层高、采光通风、管道布线)<br>(4) 装修和设备(是豪华还是朴素，是进口还是国产，保安、消防、通信)<br>(5) 功能配置(游泳池、网球场、俱乐部、健身房、学校、菜场、酒家、剧院等)<br>(6) 物业管理(是自己管理还是委托他人管理，收费水平、管理内容等)<br>(7) 开发商背景(实力、以往业绩、信誉、员工素质)<br>(8) 结论和建议(哪些需突出、哪些需弥补、哪些需调整) |

续表

| 序号 | 项目 | 次项目 | 主要内容 |
|---|---|---|---|
| 3 | 项目营销策划 | 目标客户分析 | (1) 目标客户基本资料或特征<br>(2) 目标客户经济、文化背景分析 |
| | | 价格定位 | (1) 理论价格(达到销售目标)<br>(2) 成交价格<br>(3) 租赁价格<br>(4) 价格策略 |
| | | 广告策略 | (5) 广告的阶段性划分<br>(6) 阶段性的广告主题<br>(7) 阶段性的广告创意表现<br>(8) 广告效果监控 |
| | | 媒介策略 | (1) 媒介选择<br>(2) 各类广告主题<br>(3) 媒介组合<br>(4) 投放频率<br>(5) 费用估算 |
| | | 推广费用 | (1) 现场包装(营销中心、示范单位、围板等)<br>(2) 印刷品(销售文件、售楼书)<br>(3) 媒介投放<br>(4) 广告效应分析 |
| 4 | 概念设计 | | (1) 小区的规划布局和空间组<br>(2) 小区容积率的敏感性分析<br>(3) 小区道路系统布局(人流、车流)<br>(4) 小区公共配套布局安排<br>(5) 小区建筑风格的形式及运用示意<br>(6) 小区建筑外立面色彩的确定及示意<br>(7) 小区户型比例的搭配关系<br>(8) 小区经典户型的功能判断及其面积划分<br>(9) 小区环境绿化概念<br>(10) 小区环艺小品主题风格确定及示意 |
| 5 | 推广实施识别系统 | 核心部分 | (1) 名称<br>(2) 标志<br>(3) 标准色<br>(4) 标准字体 |
| | | 运用部分 | (1) 现场布置<br>(2) 营销中心布置<br>(3) 工地办公室布置<br>(4) 功能标牌制作 |

**特别提示**

以上模板既可作为单独报告撰写，也可以是房地产项目全程营销策划的组成部分。各模板项目内容可以根据实际情况适当增补或删减。

## 10.4.2 营销策划书中的图表应用

众所周知，一份独特的营销策划书必须要有翔实的数据和分析，有直观的吸引人的表现方式，而这些都离不开图标的应用。可以说，策划书中的图表既是文字的补充，更是感官的直接体现，对读者的认知具有简洁明了的指引作用。一般情况，房地产项目营销策划书中的图表常包含以下几种类型。

### 1. 项目区位图

区位对房地产行业至关重要。选择区位是进行房地产投资和消费活动的前提和基础。房地产是集区位、实物和权益“三位一体”的商品。如上所述，项目概况是房地产项目营销策划书的重要组成部分，也是策划的原始资源。房地产项目区位除文字叙述外，通常还用直观的区位图来表示其地理位置、交通位置和所处的经济位置。如图 10.8(a)所示为“朗郡”项目地块所处位置和基本形状，如图 10.8(b)所示则不但表示了“厚仁路商业街”项目地块的四至，也显示了周边主要大型居住小区和商业、交通配套。

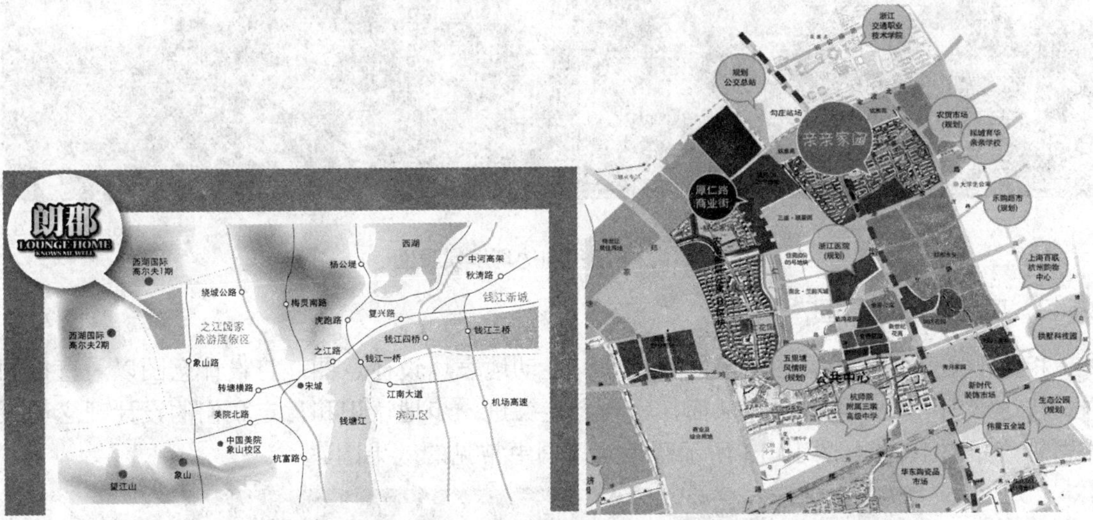


(a) (b)

图 10.8 项目地块区位图

**特别提示**

图 10.8（b）中区位图可以表述为：厚仁路商业街项目位于西湖区三墩镇，沿厚仁路东西两侧布置，位于金渡北路与董家路之间。东临佳苑房产及三盛房产地块；南至董家路；西为农居点和慧仁家园；北至金渡北路。

**知识链接**

### 区位的概念

区位源于德语 standort 一词，后译成英文 location，表示“场所”、“位置”等意义。区位概念所反映的不是单纯的绝对的地理位置，而是指具有相对意义的经济地理位置，它反映人类活动的空间分布及其相互关系。区位是制度、经济、技术等多种因素综合作用的产物。城市区位可以分为两个层次，即宏观城市区位层次与微观城市区位层次。所谓宏观城市区位，是指城市作为一个整体在全国经济发展、城市体系及对外开放格局中所处的区位。微观城市区位则是指城市内部区位，是城市内部制度、经济及技术要素综合作用的结果。

2．项目周边环境实景图

房地产项目的成功开发，离不开与项目周边环境的协调与相互作用，这也是房地产商品相邻性的具体体现。房地产项目策划也必须考虑到项目周边景观、交通、商业、教育等已有或规划的配套设施。实景图是真实、清晰展现周边环境的主要方式，如图 10.9 所示。

图 10.9　项目周边环境实景图

3．项目产品效果图

相比于实景图，效果图是最能直观地、生动地表达设计意图，将设计意图以最直接的方式传达给观者的表现方法，从而，使观者能够进一步地认识和肯定我们的设计理念与设计思想。如图 10.10～图 10.13 所示营销策划书中常见的效果图。

图 10.10　项目室内效果图

图 10.11 楼盘俯瞰效果图

图 10.12 项目沿街透视效果图

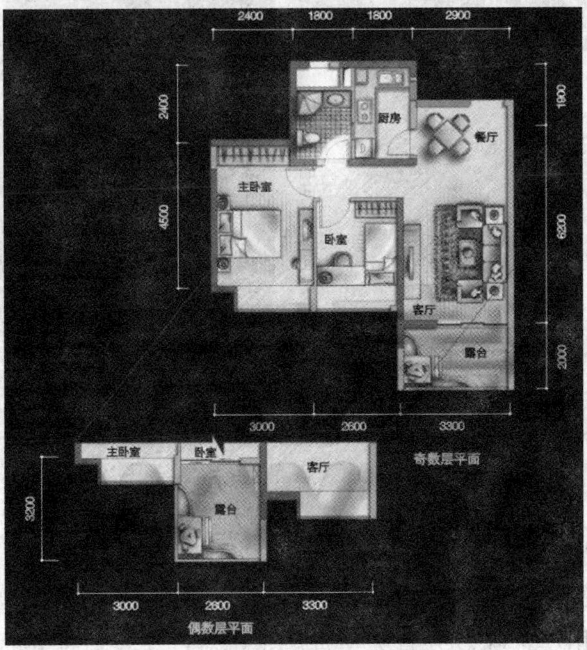


图 10.13 户型效果图

**特别提示**

效果图对于后期广告宣传、品质塑造、业务员接待有很大的帮助。除上述效果图外，楼盘效果图还有项目景观效果图、沿街商业配套建筑效果图（日景和夜景）、项目会所建筑效果图（日景和夜景）、项目楼宇大堂装修效果图、项目电梯厅装修效果图、项目主入口效果图（日景和夜景）等。

**知识链接**

效果图是通过图片等传媒来表达作品所需要以及预期达到的效果，从现代来讲是通过计算机三维仿真软件技术来模拟真实环境的高仿真虚拟图片，在建筑、工业等细分行业来看，效果图的主要功能是将平面的图纸三维化，仿真化，通过高仿真的制作，来检查设计方案的细微瑕疵或进行项目方案修改的推敲。

#### 4．项目推广策划图(图 10.14)

图 10.14　项目推广策划图

#### 5．市场调研分析图表

市场调研是项目策划基础和依据，其价值来源于数据的真实与准确。但各种指标、数字常常会让受众感到枯燥乏味，并且无从理解，很难产生良好的传播效果。用图示、图表加以辅助显示，则避免了数字的枯燥，说服力强，使受众一目了然、便于理解。如图 10.15

所示为常见的项目本地区本类交易情况折现图，而表 10-7～表 10-9 是项目竞争楼盘的各项调查数据表。

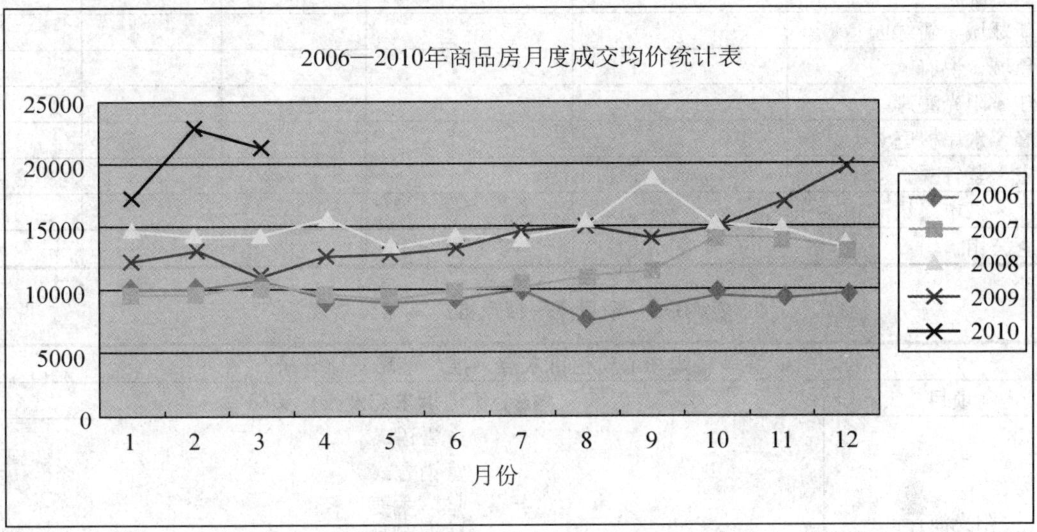


图 10.15 杭州市(主城区)2006—2008 年商品房月度成交均价折线图

表 10-7 项目竞争楼盘交易量统计表

| 项目所在版块商品竞争楼盘存量及新推量统计(面积) | | | | | | | | |
|---|---|---|---|---|---|---|---|---|
| 楼盘 | 总可售面积 | 已推出面积 | 已售面积 | 2008 年销售量 | 2008 年存量 | 预计 2009 年新推出量 | 2009 年可售量 | 2009 年可售量所占比例 |
| 蓝色钱江 | | | | | | | | |
| 阳光海岸 | | | | | | | | |
| 城市之星 | | | | | | | | |
| 东方润园 | | | | | | | | |
| 万象城 | | | | | | | | |
| 水岸枫庭 | | | | | | | | |
| 晓庐 | | | | | | | | |
| 御树 | | | | | | | | |
| 新绿园 | | | | | | | | |
| 紫轩 | | | | | | | | |
| 板块总计 | | | | | | | | |

表 10-8 项目竞争楼盘基本情况表

| 项目名称 | 占地面积($m^2$) | 建筑面积($m^2$) | 容积率 | 绿化率 | 总套数 |
|---|---|---|---|---|---|
| 滨江·金色海岸 | | | | | |
| 欣盛·东方润园 | | | | | |
| 赞成·林风 | | | | | |

续表

| 项目名称 | 占地面积($m^2$) | 建筑面积($m^2$) | 容积率 | 绿化率 | 总套数 |
|---|---|---|---|---|---|
| 金基・晓庐 | | | | | |
| 钱新绿城・新绿园 | | | | | |
| 万象城・悦府 | | | | | |
| 滨江・阳光海岸 | | | | | |
| 雪峰・水岸枫庭 | | | | | |
| 天宏・紫轩 | | | | | |
| 滨江・城市之星 | | | | | |
| 昆仑公馆 | | | | | |

表 10-9 项目竞争楼盘推广策略分析表

| 竞争楼盘核心价值诉求点、推广策略对比分析 | |
|---|---|
| 项目 | 核心价值诉求点及推广策略 |
| 阳光海岸 | 广告语<br>营销方式<br>推广主要途径<br>报纸广告<br>户外广告<br>推广诉求点 |
| | |

**特别提示**

市场调研数据还常用圆饼图、柱形图和面积图表示。

## 10.4.3 项目营销策划书案例节选

### 1. 杭州某住宅项目营销策划书节选

××住宅项目营销策划书(节选)

第一部分：市场分析

1.1 宏观经济环境与房地产市场分析

1.1.1 宏观经济背景及房地产总体趋势

2009年，在国际、国内经济形势以及国家宏观调控政策的影响下，房地产市场将步入较长时间的调整期。从需求者的角度讲，部分改善型需求和投资型需求的购买行为将向后推迟，炒房者将因投机能力下降而不同程度地退出市场，首次购房的自住性需求将更为谨慎；从需求结构的角度，购房需求将向实用性的中小户型集中；从产品需求特点的角度，留存在市场当中的真正的住房需求者将会对房地产产品提出更高要求，因此未来市场竞争会更加激烈。

当前房地产市场缺少的不是需求，而是购买力预期的转变。更准确的是对房地产投资前景和价值的判断。结合目前内地经济调整与房地产调整的情况，房价调整的见底有利于投资性置业的回归，以及自住和改善需求结束观望杭州房地产开发投资额占 GDP 的比重见表 10-10。

表 10-10　杭州市房地产开发投资额占 GDP 的比重

| 年份 | 房地产开发投资额(万元) | 环比增长率(上年=100) | GDP(万元) | 环比增长率(上年=100) | 房地产投资/GDP(%) |
|---|---|---|---|---|---|
| 1999 | 848441 | 27.35% | 12250000 | 10.2% | 6.91% |
| 2000 | 1015347 | 19.67% | 13800000 | 11.8% | 7.36% |
| 2001 | 1409132 | 38.78% | 15680000 | 12.2% | 8.99% |
| 2002 | 1982517 | 40.69% | 17800000 | 13.2% | 11.14% |
| 2003 | 2588452 | 30.56% | 20920000 | 15.0% | 12.37% |
| 2004 | 3285409 | 26.93% | 25150000 | 15.0% | 13.06% |
| 2005 | 4105706 | 24.97% | 29420000 | 13.0% | 13.96% |
| 2006 | 4426534 | 7.81% | 34409900 | 14.3% | 12.86% |
| 2007 | 5187900 | 17.20% | 41038900 | 14.6% | 12.64% |
| 2008 | 6851075 | 32.05% | 47811600 | 16.5% | 14.33% |

注：本表数据来源于杭州市统计年鉴及统计公报

1.1.2　住宅市场特征及趋势判断

【杭州整体市场趋势】(略)

【杭州高端公寓趋势】(略)

1.2　房地产区域市场形势(略)

1.3 竞争环境分析(略)

## 第二部分：项目分析

2.1　项目概况

2.1.1　项目概述(略)

2.1.2　项目经济技术指标(见表 10-11)

表 10-11　项目经济技术指标

| 项目经济技术指标 | | |
|---|---|---|
| 项目内容 | 占地面积 | |
| | 建筑面积 | |
| | 地上建筑面积 | |
| | 可售面积 | |
| | 总户数 | |
| | 车位数 | |
| | 容积率 | |
| | 建筑密度 | |
| | 绿化率 | |

续表

| 项目经济技术指标 | | |
|---|---|---|
| 配套公建及会所面积 | 其他地上配套 | |
| | 经营用房 | |
| | 物业用房 | |
| | 社区用房 | |
| | 架空层 | |
| | 地下 | |
| | 商铺 | |
| | 酒店 | |
| | 酒店式公寓 | |

2.1.3　项目周边配套

公园：规划中的望江公园(4.65 公顷，约 70 亩左右)、滨江绿化带、市民公园。

商业：中国针织城好客隆超市、近江小区上海华联超市、世纪联华超市、三江超市、秋涛路好又多超市。近江小区农贸市场、东侧的上城区公共中心区块规划有体量较大的商业。

文体教育：杭州大剧院、江干文体中心、在园区北面赞成林风旁规划为娃哈哈幼儿园和小学，近江小区附近有胜利小学、崇文小学、开元中学，春江花月北面为杭师院附小。

医院：杭州市妇女儿童医院、邵逸夫医院、杭州市第四人民医院、上城区紫阳医院、近江小区社区医院。

银行：工商银行、建设银行、交通银行。

2.3　产品分析(节选)

项目以鲲鹏路为轴线的南北两大区块，由精装高层公寓、酒店式公寓、白金五星级酒店及国际精品商街区，精妙围合成一个现代大气的高端复合社区。

2.3.1　项目区位价值

××区域是近五年市政府投入最大、政策收益最多、升值潜力巨大的领袖板块。主要包含有中心区块、望江区块、运河区块，这三大区块组成了城市未来的价值版图，也被称作一心两翼。

项目周边云集了丰富而完善的配套，52 万 $m^2$ 土地上，将会建起一个全方位的区域公共中心。在公共中心的“十字”型轴线上，均匀地分布着商务商业区、行政办公区、文化娱乐区和临江公园区。从定位上说，这个公共中心既是新城 CBD 的配套单元，又是区域性的公共街区，也是临江街坊式公园和地铁商务商贸综合体。公共中心的西南角规划有约 4.65 公顷的望江公园，与项目仅隔着一条望江东路，公园内将放置体育运动设施(网球场等)和小型商业设施(咖啡吧)，形成一个面向钱塘江、绿树成荫、层次丰富的生态绿化空间。此外，公园的地下空间还将建有一个 5000$m^2$ 的大型超市以及大型公共停车场。

2.3.2　项目价值(节选)

◆规划设计部分

【规整大气的园区布局】

总用地面积约为84255m²，基地呈规整的矩形。地上总建筑面积约为30万m²，庞大的体量为形成浓郁的社区氛围提供足够的可能。通过亲切宜人、尺度人性的整体规划设定愉悦的生活场景，加强住户的交流和相互包容，使得整个社区具有了更强的精神归宿感。即符合钱江新城精致、大气的指导思想，又延续了城市的肌理。

【尊贵地标——白金五星酒店荣耀服务】

【内部配套——多泳池泛会所设计】

【有序分离，功能分明——全面人车分流体系】

【道路系统——舒缓平静、富于变化】

◆建筑设计部分

【建筑风格——现代主义的国际语汇】

【建筑立面——玻璃幕墙的纯净表情】

【建筑高度——城市轮廓线的优雅呈现】

【车库采光】

【室内外“灰空间”】

建筑底层架空层等“灰空间”的开辟，形成“居住空间—单元空间—组团空间—园区空间”四大空间层面的层层扩大、步步开阔的空间逻辑关系，而居者的活动范畴也因此层层延展，逐步打破居家壁垒，融入社区“泛社交”的氛围中。

◆户型设计部分(略)

◆景观设计部分(略)

◆科技、生态、节能部分(略)

◆基础设施部分(略)

2.4　项目定位

2.4.1　目标客户群定位

我们对本项目产品的客群定位为：

追求高层次的生活享受的自住型购房者，追求身份和价值体现的高收入人士。

2.4.1.1　客户状态分析(略)

2.4.1.2　客户群置业目的(略)

2.4.1.3　客户群描述(略)

2.4.2　市场形象定位(略)

2.4.2.1　营销推广主题整合

项目以纯正的现代建筑风格，呈现纯净的建筑观感，会同以“尊贵体验、极致服务”为价值核心的超五星级酒店，旨在用软性的体验，打造刚性的豪宅，诠释褪尽浮华的尊贵新意——纯净的尊贵，悠然的奢华。

这是一个充满诗意的国际化高端公寓，唯有纯粹的心境，方可体验它的纯净之美。

2.4.2.2　核心卖点整理

本项目有众多的产品利益点。按照这些利益点对推广主题的贡献不同，我们将他们分成“基础特质”和“策略特质”两大类，加以整理。

A. 基础特质

地理位置、江景、精装修、社区配套、景观、公园、园区服务。

B. 策略特质

建筑风格、户型、白金五星酒店级会所。

## 第三部分：项目营销策略

3.1　营销定位

项目按照现代城市设计“功能高度复合”的理念，在住区中组合了白金五星酒店、酒店式公寓和精品商业街区等酒店、娱乐、购物功能；就像一个微缩的城市，在有限范围内把一个城市最吸引人的东西都聚积在一起。

如果说，传统的城市综合体是以大型商业、写字楼等公共空间为中心，住宅作为其丰富性配套的，具有城市开放与服务功能的城市复合型繁华街区；项目所处的城市综合体，是以高端住宅、酒店式服务公寓等高端人居空间为核心，高星级酒店、精品商业街区作为其服务型配套的，具有都市生活与品质居住的国际复合型尊贵街区。

3.2　项目整体营销目标

◆建立健全本项目的整体形象，做好房源上市的推广促销。

◆作为绿城第二代高层公寓的代表作品，展现绿城产品的品质和品位。

◆2009 年 2 月底至 3 月初正式启动项目全面的宣传攻势。

◆计划 2009 年 6 月第一批房源(北区块)正式开盘，全年完成销售额指标 13.6 亿元，回款指标 8.16 亿元。

3.3　品牌导入策略

开发商某某集团被业内誉为“高端物业营造专家”，在北京、上海、杭州等各大城市开发的高端项目，均成为当地市场上高端物业的标杆——无论是谁，要开发高端物业时，总绕不开标杆物业。

正如前文所述，本项目计划以纯正的现代建筑风格，呈现纯净的建筑观感，会同以“尊贵体验、极致服务”为价值核心的超五星级酒店，旨在用软性的体验，打造刚性的豪宅，诠释褪尽浮华的尊贵新意。以此来丰富“高端物业营造专家”对于高贵生活的深度理解和人文表达。

3.4　入市时机选择(略)

## 第四部分：销售策略

4.1　销售节奏控制策略(表 10-12)

表 10-12　销售节奏控制策略

2009 年-2013 年各年度销售计划表

| 年份 | 2009 年 | 2010 年 | 2011 年 | 2012 年 | 2013 年 | 2014 年 |
| --- | --- | --- | --- | --- | --- | --- |
| 年度销售额(亿元) | | | | | | |

4.2　客户积累策略

项目在积极推广的同时更需注重客户营销，维护好与绿城老客户的关系，积极开展本地小型客户推介、省内异地巡展等圈层营销活动，并在活动后做好后续客户维护，在日常交流同时将项目信息及时告知客户，介绍项目各项优势。本项目将采用客户俱乐部形式圈定客户，发行尊蓝卡，使尊蓝卡成为一项实用的道具。并利用尊蓝卡，帮助销售人员开展与意向客户的实质性沟通，提前锁定客户。在项目的各个节点通过各种形式增进与客户之间的情感，维持意向客户对本项目的关注度和购买热情，避免客户流失，促进销售。

4.3　价格策略

4.3.1　销售定价设计(略)

4.3.2　销控策略

项目的销售过程中，开盘环节最为关键，为迎合客户追涨不追跌及从众的心理，我们将从开盘初期根据市场情况及意向客户积累情况制定合理的推盘方案，有效控制销售节奏避免推出房源过多销售率不高引起的冷场或推出房源有限客户流失的情况出现。同时，在销售过程中根据实际情况不断调整推盘方案，争取项目的利润最大化及资金的尽早回笼。

## 第五部分：推广策略

5.1　整体推广策略设计

【定位准确，包装精致，推广精准】

【举办系列活动，加强客户积累与维护】

为提高项目知名度，扩大意向客户的积累范围，并能维持老客户对项目的关注热情。我们应结合开盘时机，不定期举办客户交流会、小型主题沙龙、联谊会、答谢宴等公关活动，增进与客户双向交流沟通机会，有利于增进客户感情、促进成交。同时也可使客户更了解产品，反馈意见有利于提升产品品质。

【利用多方资源，引爆多个目标市场】

【体验营销，样板先行，促进客户成交】

争取样板区和样板房先行，对积累客户下单有非常大的促进作用。通过样板展示，眼见为实，可增强客户购买信心，特别对于高端产品，样板房的直观感受对客户下单有非常大的促进作用。做好样板区入口、样板房、园区、参观通道等的设计包装，给客户提供符合项目档次的、优美的参观环境。此外，在样板房开放的同时，应积极推动物业管理提前介入。协助绿城物管公司做好样板房管理方案，配置保安、保洁、管家等服务人员，提供五星级酒店式服务，体现服务场景，对项目整体服务品质的提升起到积极作用。

【事件营销，公关第一，保持恒温效应】

在一个竞争的市场上，要保持连续 2～3 年左右的关注度，是操盘房地产项目须前置考虑的问题。中断或中途变更形象策略，都是致命或高成本的。或者是无可奈何的机械重复关注点，造成“营销失语”和形象老化。我们一方面要储备一系列的题材与诉求点，有节奏地释放出来。另一方面，我们也要利用公关活动不断制造舆论热点，利用主题化的公关活动为推广体系中的节点，通过公关活动和媒体报道维持项目的曝光率，辅以公关活动软文作为铺垫，提升项目的热度，促进项目高端楼盘地位的确立。

【增加差异化价值，吸引购买】

项目作为高端住宅产品有着明显的品牌和品质优势。但在目前市场背景下，本项目体量又非常庞大，同时钱江新城在售和未售的中高端项目云集，销售必将面临严峻的市场考验。除品牌优势外，需要从户型、精装修风格和品质、室内配置、景观等各方面增加产品本身与其他中高端项目的差异化价值，做到“人无我有、人有我优”，吸引客户下单。

5.2　公司品牌及项目品牌导入(略)

【个性设计及其内涵】

【创新形式】

5.3　推广主题设计

【推广主题】

项目以纯正的现代建筑风格，呈现纯净的建筑观感，会同以“尊贵体验、极致服务”为价值核心的超五星级酒店，旨在用软性的体验，打造刚性的豪宅，诠释褪尽浮华的尊贵新意——纯净的尊贵，悠然的奢华。这是一个充满诗意的国际化高端公寓，唯有纯粹的心境，方可体验它的纯净之美。

【品牌内涵】

稀缺、国际的品质，尊贵、荣耀的品位，纯净、诗意的品格。

5.4　媒体策略

5.4.1　主要媒体

A. 报纸媒体。《杭州日报》、《钱江晚报》为主力投放媒体。《都市快报》、《都市周报》作为辅助媒体。

B. 户外广告牌。区域性定向的大众传播媒体，形象鲜明容易引人注目，信息保留时间长，可以形成长时间的视觉冲击。建议在重要节点实行户外全面铺开策略。

其他：项目周边围挡及高炮广告/机场高速高炮/中河高架户外/钱江新城区域户外为主要户外阵地。

C. 网络广告。传播范围最广，不受时间和空间的限制，交流性强。网络广告的载体基本上是多媒体、超文本格式文件，受众可以对感兴趣的产品了解到更为详细的信息，使消费者能更方便、快捷的享受产品、服务与品牌。

5.4.2　辅助媒体

A. 电台广告。配合节点。

B. 电梯轿厢广告。针对市中心及项目周边区域的高端楼盘可能会出现一批有换房需求的客户，通过电梯轿厢广告对客户进行针对性投放，发动营销攻势，力争采用精准的投放获得更多的客户资源。

C. 杂志类广告。杂志配合前期推广、开盘、样板区开放等重要节点的广告推广。

D. “浙江经视”电视台广告。整合集团资源，投放15s的形象广告。

E. 杭州市区楼宇电视广告。以一期开盘、样板区开放为节点投放15s的形象广告。

F. DM直投。可采用直投的形式，针对目标客户群较集中的小区进行定向投放，既可更精确的直达目标客户群，也可进一步降低推广成本。

## 第六部分：阶段营销、推广执行计划

6.1　市场推广节奏设计(表10-13)

表10-13　市场推广节奏设计

| 推广分期 | 起止周期 | 阶段目的 | 任务分解 |
|---|---|---|---|
| 品牌导入期(前锋期) | | | |
| 项目形象传播期(预热期) | | | |
| 产品价值诉求期(强销期) | | | |
| 推广恒温期 | | | |
| 二次强销期 | | | |
| 二次恒温期 | | | |

6.1.1　品牌导入期【2008年9月—2009年4月】

1. 推广目的

启动项目面的宣传攻势，以形象带出产品诉求，建立丰富而具体的产品价值体系，展开精确的针对性宣传，积累意向客户，并争取利用尊蓝卡锁定客户，为开盘做好蓄水。

2. 重要节点

(1) 2008年10月17～20日，参加第15届浙江省房地产博览会。

(2) 2008年10月25日，组织意向客户赴春江花月会所观摩烟花大会。

(3) 2008年11月15日，项目开工典礼。

(4) 2009年2月，现场售楼处开放。

(5) 2009年3月1日，项目推广全面展开，推出项目的新闻炒作。

3. 推广主题

4. 推广方式

(1) 媒体推广方面。

■户外广告强势出击【2009 年 3 月 1 日开始】

快速地占据优势户外广告资源，利用目前已取得的多块户外广告资源，对项目的高端形象进行一次爆发性的发布，让户外广告作为宣传的先锋，发挥最佳的传播效应以产生广泛的社会影响力，强势出击，形成一股宣传的冲击波，吸引市民关注。

■媒体宣传全面铺开

系列新闻炒作【2009 年 3 月开始】

选择部分媒体进行深入合作，以"××区域一线沿江都市综合体，某某项目揭开神秘面纱"作为宣传主题并将其作为一个新闻点来炒作。

采取整合传播方式，利用户外广告、报纸、网络为主，广播、杂志宣传造势为辅，引发媒体讨论。在媒体上解析项目的产品上的提升，以更国际化的市政配套资源、更稀缺的自然景观资源、更高贵的服务体系、更舒适的居住空间。

(2) 公关活动方面。

■发行尊卡[针对广告投放后的来电来访客户]

■联合各大银行挖掘 VIP 理财客户资源[针对银行 VIP 高端理财客户]【2009 年 3 月 10 日-5 月 30 日分阶段执行】

■省内异地推介会，直击目标客户[针对温州、台州、义乌等地高端客户]【2009 年 3 月 18 日—5 月 30 日分阶段执行】

5. 工作计划表(表 10-14)

表 10-14 2009 年 3～4 月份工作计划表

| 日期 | 推广工作 | 形式 | 内容主题 | 媒体 | 版面 |
|---|---|---|---|---|---|
| 3 月初 | 媒体传播 | 硬广 | 产品形象+项目信息 | 都市快报 | 整版 |
| 3 月中旬 | 印刷品出街 | | — | — | — |
| 3 月下旬 | | | | — | — |
| 3 月 20 日前 | | | | | — |
| 3 月底 | | | — | — | — |
| 4 月份 | | | | | |
| 4 月中旬 | 大型户外广告 | 机场、中河高架、项目周边、市区 | 活动信息 | — | — |
| 4 月底前 | TV 宣传片 | | | — | — |

6. 执行渠道

主力通路：硬广软文、户外广告、公关活动。

辅助通路：新闻专题、杂志、网络、电台广告、TVC、宣传物料、DM。

6.1.1 项目形象传播期【2009 年 5 月】(略)

6.1.2 开盘强销期【2009 年 6 月】(略)

6.1.3 持续推广期【2009 年 7-8 月】(略)

6.1.4 二期开盘期【2009 年 9-10 月】(略)

6.1.5 二次持续期【2009 年 11-12 月】(略)

2. 上海某写字楼项目营销策划书节选

## 绿地某项目营销策划报告(节选)

一、市场分析

1. 宏观房地产发展状况

上海近年来发展迅猛，国民经济保持平稳较快增长，这为房地产市场良性发展提供了良好的经济环境。调研表明办公楼市场的租金及售价预计将有10%～12%的增长率。

商业物业租金预期再涨，预计2006年市中心零售物业的平均租金将会有8%～10%的增长，预计高端住宅市场今年将是盘整期，由于投资者持观望态度，高端住宅市场的售价将可能会持续向下调整的趋势。

2. 市场特点描述

(1) 写字楼市场供应有限，甲级写字楼市场持续活跃。

(2) 由于可供应较少，甲级写字楼租金持续上扬，租金同期上升近1.4%。

(3) 上海甲级写字楼销售市场的不成熟，导致了甲级写字楼的售价微跌，售价同期下跌约2.5%。

(4) 2000—2006年年初，上海市写字楼整体租金上涨115%，而其中甲级写字楼租金上涨80%。

(5) 2000—2006年年初，上海市写字楼整体售价上涨23%。

3. 存量和供应

(1) 至2006年一季度，上海全市甲级写字楼存量已达到约380$m^2$。

(2) 2006年一季度，上海市甲级写字楼新增供应量约58800$m^2$。

4. 空置率及市场特点

(1) 空置率。目前全市甲级写字楼空置率保持在6%以下。其中黄浦的空置率为3.2%，静安的空置率约为2.3%。

未来供应量，预计2006年全年供应量将控制在30万$m^2$以下，比去年同期有一定幅度下降。

(2) 市场特点。通过对2005年全年的甲级写字楼市场交易行为进行分析，发现有以下几个特点。

(1) 对成本敏感的跨国公司寻找新的商务区域。

(2) 整个市场供给紧缺，预租行为活跃。

(3) 大租户为能够获得所需空间，相互争抢新落成项目。

5. 政策走向(略)。

6. 普陀区概况及规划(略)。

二、项目分析

1. 项目技术经济指标(略)。

2. 项目特征分析(略)。

3. 项目配套品质分析(略)。

4. 项目SWOT分析

(1) 优势 Strength。依托绿地品牌，具有良好已树立的知名度和美誉度，快速为市场所接受；临近 R3 号线，规划中 R11 号线在本地块旁设有站点，沪宁高速公路入口，众多的公交车行线路使“零换乘”的便利交通成为项目价值的有力支撑；普陀区目前唯一的首席甲级 5A 写字楼，地标性建筑；项目离长寿路商业街约 1km，距中山公园约 2.5km，到徐家汇商圈约 5 公里，至人民广场约 7km。

(2) 劣势 Weakness。作为非上海市中心的普陀区，总体发展较慢，区域形象受限制，直接影响项目价值确立；项目处于传统的生活区，周边缺少商务氛围，总体办公环境欠佳，已有产品档次不高，市场认知度差。

(3) 机会 Opportunity。目前上海甲级写字楼市场发展火爆，产品供不应求，市场关注程度高；受租金压力，部分国际知名企业撤离传统 CBD，为次级 CBD 提供了良好的客户资源；政策潜在导向及海外投资对商用物业的追捧。

(4) 威胁 Threat。同类区域的甲级写字楼分流部分客户；同区域内，因绿地已开发的两幢写字楼(同创、科创)非甲级写字楼，可能会使部分客户产生对项目档次、品质的惯性误解(同为创字系列)；客户对区域的接受度较缓慢，需要一个培植过程；西宫改造计划未来运行的不确定性。

5. 周边竞争项目分析(略)。

6. 项目定位(略)。

7. 项目价值分析及提炼

(1) 项目所处区位较好，属于规划中次级 CBD。

(2) 项目所属区域整体形象较差，整体商务气氛不够浓厚，决定了其售价及租金将比传统 CBD 如陆家嘴、徐家汇等地区要低。

(3) 项目配套设施品质卓越，档次较高。

三、目标客户定位

1. 写字楼客源分析

(1) 本项目难以引起境外大型基金的关注，但可以与中小基金形成联动，以其为营销工具，炒作项目，增强买家信心。

(2) 本项目所处区域形象较差，项目初期知名度不高，需要引进集团客户来提升本项目形象，起到聚客能力，是项目主要的营销方向。

(3) 散户和投资客户有利于打开市场，实现项目的最大价值。

2. 主要客户群

1) 核心客户——集团客户

(1) 所占比例。约 25%。

(2) 企业属性。以国内民营企业为主，其次为国有大型企业。

(3) 需求特征。注重物业产品内在品质；处于市中心(内环)，交通便捷、配套齐全；提供良好的商务服务；品牌物业管理；大面积的办公空间；追求物业形象和售价之间的均好性。

(4) 需求面积。800m$^2$～1500m$^2$。

(5) 总价范围。1500 万～3000 万元。

2) 辅助客户——自用散户(略)

(1) 所占比例。约 50%。

(2) 企业属性。项目周边熟悉本区域的现代服务型企业，多为目前入驻于长寿路、曹杨路和江苏路沿线的办公物业，需要升级办公空间的型企业，他们主要服务于 CBD，完成了一定的资本和客户积累，需要提升企业形象。

(3) 辅助客户——投资客户(略)。

四、价格定位(略)

五、营销策略

1. 主题定位(略)

总部商务领地

关键词解析：□总部，体现项目定位高端，面向集团客户，同时满足中小企业形象需求。□商务，明确物业为办公场所，同时体现成熟的服务理念。□领地，某类客户聚集之高地，也有地标的暗示。

通过醒目的产品形象，实现与现有产品的差异化。

2. 总体营销策略

(1) 以改变区域形象，提高项目知名度为主要营销方向，重点解决“高端产品品质与低档区域形象”之间的矛盾，树立购买者信心。

(2) 以集团客户为突破方向，提升项目知名度和美誉度，通过散户购买来获取项目价值最大化。

3. 可实施策略建议

(1) 前期预热市场，以政府口吻炒作板块价值，提升区域形象。

(2) 以业内专家对甲级 5A 写字楼评判标准为题，来并修正市场对甲级 5A 的不良认识，为后期项目产品品质体现做铺垫。

(3) 现有案名以大厦后缀，混于周边项目，不够醒目，建议对案名做以调整，体现项目大气、高档之形象，如和创商务广场、和创中心等。

(4) 与基金形成联动，靠基金炒作来引起市场关注，增强投资者信心。

(5) 强化现场包装，尤其是售楼处和样板房的建设，弱化周边环境的劣势，在项目外立面暂时不能体现的情况下，以其体现项目品质。

(6) 以合理的客户通路来储备客户资源。

(7) 前期去化目标以集团购买(整层客户)为主，推盘在高层；散户购买控制在低层。

4. 各销售阶段营销策略建议

(1) 第一阶段：项目导入期。

① 主要任务。提升区域形象、点对点直销导入集团客户+散客前期积累。

② 工程节点。结构封顶前。

③ 推广策略。对项目进行预热，引起社会关注，为后期宣传及销售做铺垫。以新闻炒作为主要宣传方式，以特定专业媒体为工具，为求新闻真实性，建议借政府、专家口吻。

(2) 第二阶段：开盘期、强销期。

① 主要任务。宣传产品品质、大客户引进带动全面散客跟进。

② 工程节点。项目主体结构封顶，外立面部分呈现，以准现房姿态推向市场。

③ 推广策略。强化现场包装，体现产品品质高度。开盘期，在新闻炒作的基础上进一步增加硬性广告，加大广告发布频率。强销期，以硬性广告为主，针对主要卖点做纯销售式广告，同时发挥软性文章的理性诉求配合宣传。

(3) 第三阶段：持续期、收尾期。

① 主要任务。散售为主，租赁为辅。

②工程节点。项目内外装基本完成，进入现房入住阶段。

③ 推广策略。持续期，以成交客户的证言式广告，以维持消费者的记忆度，增强买家和潜在消费者的信心。收尾期采用脉冲式发布策略，减少发布频率，但维持较长的发布时间。

**特别提示**

本案例的撰写立足于上海写字楼市场的调研分析和预测，重点分析了目标客户群的分类特征，项目价格策略在市场比较法基础上充分考虑了本地区本类市场的现状与发展趋势，营销策略针对性强，营销策划书体现了项目的商业价值和商业地产特色，具有较强的可操作性。

**知识链接**

商业地产广义上通常指用于各种零售、批发、餐饮、娱乐、健身、休闲等经营用途的房地产形式，从经营模式、功能和用途上区别于普通住宅、公寓、别墅等房地产形式。以办公为主要用途的地产，属商业地产范畴，也可以单列。国外用的比较多的词汇是零售地产的概念。泛指用于零售业的地产形式，是狭义的商业地产。商业地产是以经营和收益为目的的建筑物及配套设备、设施、场地以及相关权益的总称，具有经营性、公众性和服务性的属性。

### 3. 住宅地产项目和商业地产项目策划的差异

1) 价值层面的差异

(1) 物业价值。商业物业的价值在于经营，通过经营创造高于价格的价值。一个商业项目必须要系统考虑项目的商业定位、招商、经营，才能实现高水平的商业物业开发，达到预期的赢利目标。

而住宅的价值在于居住，保值升值。其关键是准确的产品定位及目标消费群体定位，最后通过销售实现开发价值。

从投资角度来看，住宅可以买来自用，是保值投资，风险性极小，而商业项目一旦没做旺，其价值就极低，甚至一文不值，风险性极大。

(2) 利益关系。从主体上说，住宅地产的价值链显然单一得多，即“开发商——终端消费者”。商业地产的利益参与者更为复杂，它的价值链是“投资者——开发商——营运商——经营者——终端消费者”。其中包含这 4 种权益关系，开发者的权益、所有者的权益、经营者的权益、管理者的权益，它们与商业地产的开发模式密不可分。

开发者是商业地产开发商；所有者是商铺真正的拥有者；第三是经营者，就是进入这个商业里面从事商品经营者；大型与中小型商场都需要有一个统一的管理者实施有效的管理。

开发者通过项目获得利益；所有者通过出租商业物业获取租金收入；经营者通过经营获取经营效益；管理者通过管理获取管理利益。

与住宅开发相比，住宅仅仅通过发展商和购买者两个环节就可以构成单一价值链，而商业地产的价值链上除了开发商，还包括消费者、经营者和投资者，每个参与者都有自己的利益出发点，因此不可避免地存在着许多矛盾，像发展商要求铺位划分要好卖而经营者要求好用，投资者要求高回报而经营者要求先培育市场，以及商铺租与售的矛盾等。商业地产开发要权衡“四角恋爱”的利益关系。因此，为了平衡不同主体的利益，商业地产开发商不仅要考虑地段，更要考虑市场定位、业态组合、功能布局、管理模式、销售策略、投资回报等因素。

(3) 市场风险。开发商在看好商业地产开发利润的同时，也存在着一定的市场风险。除土地成本、土建费用及一些税费管理等因素比住宅用地高以外，一般投资商业的人群相对较少，加之现今人们理智投资理念加强，所以为降低市场运作风险，商业地产开发必须具有有前瞻眼光的开发商、专业的商业地产顾问及经验丰富的物业管理公司三大要素，以有场有市为开发目的，这样才能增强投资者的信心，降低开发风险及提高开发价值。

而住宅相对来说开发风险较小，因为住宅消费群体较广，住宅业态既具有居住功能，也具有投资功能，其双重作用为销售提供了更广阔的购买群体。

2) 营销层面的差异

(1) 营销主题。消费者在购买任何一种商品的时候，购买的实际上都是一种梦想，这种梦想在某一个方面满足了他们的需求，所以愿意付出货币等值或不等值交换。对于住宅来说，消费者购买的是一种他们需要的“生活方式”，因为无论怎样讲，房子本身没有特别大的差异，不同的只是赋予房子的内涵，所以宣传主题往往侧重于对未来生活梦境的憧憬和提前写真。

商业地产实际上更多的是一种投资的概念。作为投资而言，回报率和回报周期才是消费者真正关心之所在。

(2) 推广对象。住宅房地产面对的消费群体主要分两种：用于自住的购房者和用于投资的购房者。用于自住的购房者又分为首次购房自住和二次及多次购房者，他们的心态是完全不同的。住宅地产纯投资在目前的经济水平下相对消费群不多，但有快速增长的趋势，他们关心的是该区域长远发展以及今后出租的前景问题。

在商业地产上，推广对象是分阶段来划分的。首先是将商铺出售或出租出去，推广的目标也分两类：用于自己经营的业主和用于投资的业主。自营客户关心的是商圈的成熟度、消费群基数和消费能力；投资客户则更注重该地段的发展前景和投资回报的周期。

在整体交房、商场开始运作后，推广对象将发生转移，重点是怎样吸引更多的消费者光顾商场，从而提升整个商场的人气和形象，这是摆在商场经营管理面前一个迫切的问题。

(3) 营销周期。营销周期和市场供给量是密不可分的。目前的房地产市场上，住宅地产的提供量远超过商业地产，所以消费者可选择的机会就多，考虑的周期也长，加上住宅开发已经向规模化、集约化发展，所以住宅地产的营销周期相对就很长，在具体的作业方式上，通常分成几个大阶段来执行。

商业地产在这一点上与住宅地产完全不同，商业地产能永续存在的前提是需要足够的市场支撑和足够的人群消费，所以商业地产一般都是在一个相对成熟的区域进行开发，这样投资总额相对很高，但是实际开发面积相对小，吸收的客户也少，所以营销周期要求尽可能短，否则战线过长，市场冷却后再积聚温度那就困难得多。

(4) 消费者关心的问题。住宅消费者关心的几个关键指标排序是：价格、地段、户型、品质、开发商实力、服务、配套。

商业地产客户关心的问题是：地段、价格、后续管理、开发商实力、主力店。因为商业地产必须有足够的人气才能支撑，所以一个商业地产项目能否取得成功，很大程度上是由地段等先天因素决定的。

(5) 推广节奏。房地产推广的一个营销周期一般由几个递进的阶段构成：预热期（市场引导/培育期）、内部认购期、开盘期、强销期、持续期和清盘期。作为住宅地产来说，因为要分成几个营销阶段推广，所以它是由几个营销周期组合而成，每一个营销周期基本上都要完整包括上述阶段；否则市场引导不够，项目优势展示不全，消费者对今后生活的了解不够，市场接受就有限。

在商业地产，可能只需包括上述部分阶段，比如预热期和内部认购期合并，或者直接从预热期进入开盘并立即转入强销期；如果先天条件优越，不违背当地市场价格体系，可能开盘时就直接进入了清盘期。

(6) 媒介策略。住宅地产因为描绘的是未来的生活蓝图，所以宣传方式几乎是无所不用其极：精致的宣传资料、优美的电视广告、直击人心的平面广告、旨在维持长期影响力提升企业形象的户外广告等。

而商业地产因为周期短，很多媒介都无法考虑。比如电视广告，因为制作成本高，必须长期播放才有效果，而在较短的单位时间内无法全面介绍项目优势，所以使用很少；更多的时候是投入信息量大的平面广告。但这也不是千篇一律的，如果一个商业地产项目周期跨度长，需要分阶段推广，此时电视广告因为具有声、色、形的优点，无论是在提升项目和企业形象还是在刺激消费者购买方面，都具有其他媒介无法比拟的优势。

相对于大项目而言，可以在开盘前后进行一个月左右的电视广告辅助。另外，户外广告的使用也极具针对性，一般都是意向客户集中的区域，比如机场、高速公路和商家集中的商业区，基本上都是促销型的广告，因为相对很短的周期来说，这些必须长时间才能发挥影响力的广告是不适合的。

(7) 现场包装。现在任何一个住宅项目的工地包装已经越来越趋向于高成本，并追求梦幻般的效果，售楼处富丽堂皇，售楼小姐个个都有亲和力，售楼处的氛围更象一个家，即使是工地围挡也在“造梦”的原则上吸引消费者。

商业地产一般是“短、平、快”的项目，而且单位成本高、目标消费群集中，所以到处充满商业气息。售楼处可能是临时的，工地广告充满了浓厚的商业味道，工地施工很快就能完成……每一个信息都在提醒客户时间不多，趁早出手才有机会。

(8) 宣传费用分配。住宅地产的周期长，所以宣传费用几乎是平均使力。

商业地产因为周期短，一般预热时间在 20～30 天较适宜，广告费用几乎全部集中在开盘前后一个月的时间内。

(9) 营销活动。为尽可能吸引购房者，住宅项目一般都会推出很多公关和促销活动，比如经常性的业主联谊会、逢节日组织出去旅游、阶段性的优惠购房等。

商业地产面对的都是在商场上打拼多年的生意人，一般的促销手段之作用微乎其微，所以几乎很少进行专门性的优惠活动，更多的是公关性质的活动：比如专业人士组成的“投资报告会”、商家交流会等。综合而言，住宅地产和商业地产面对的消费群体不同，所以在营销策略上有很大的不同，认真比较其中的差异，对我们的营销推广将有深远的指导意义和重要的现实作用。

**特别提示**

住宅和商业地产是房地产最常见的两种物业形态。由于土地性质和购买目的的不同，项目的营销策划目标随之不同，体现在营销策划书的撰写结构内容上也有很大差异，如市场分析、项目概况、项目分析、产品设计、营销策略的选择等着眼点均不相同，这也是房地产市场区域性、本类性和房地产产品异质性的体现。

## 小　结

本项目从房地产项目策划书要解决的问题出发，在阐述项目策划书撰写的目的和原则基础上，重点讲述了房地产项目策划书撰写的结构和内容要求，总结了住宅项目和商业项目营销策划的区别，最后，在案例分析的基础上，给出了营销策划书主要组成部分的参考模板供学生技能训练。

## 习　题

### 一、填空题

1. 营销策划书的核心是____________。

2. 房地产项目营销策划书主要包含________、________、________、________和________。

3. 房地产项目营销策划书中常见应用图表为________、________、________、________和________。

4. 效果图和实景图最大的区别是____________。

## 二、选择题

1. 对商业地产开发，以下(　　)观点是正确的。

A. 商业地产贩卖的是新生活理念

B.商业物业在规划设计时需要先考虑经营需要

C. 商业物业的价格定位主要看市场需求与供应，与租金无关

D.把中庭做大有利于提升商业氛围

2. 以下属于营销策划书的主要作用的是(　　)。

A. 准确、完整地反映营销策划的内容　　B.充分、有效地说法决策者

C. 为企业未来服务　　D.作为项目执行和控制的依据

3. 下列(　　)不属于营销策划书撰写的基本原则。

A. 逻辑思维原则　　B. 简洁实效原则

C.精确细致原则　　D.创意新颖原则

4. (　　)是对房地产市场营销全过程的总体部署和安排，是实施和控制市场营销的依据。

A. 房地产渠道策略　　B. 房地产价格策略

C. 房地产促销策略　　D. 房地产市场营销方案

## 三、简答题

1. 简述房地产项目营销策划书的撰写结构。

2. 房地产项目营销策划书中的项目概况主要包含哪些内容？

3. 房地产促销策略是4P中重要环节，其中广告和产品展示是最常见的促销方式，根据实践所见回答以下问题。

(1) 售楼处是展示楼盘的主要场所，归纳售楼处设计布置的主要区域和必备道具(或设施)。

(2) 楼书是重要的房地产产品广告，请说明楼书策划的必备要素。

## 四、实训项目

以3～4个学生为一小组，根据当地近期读地手册分组分区域选择一出让地块，在系统学习营销策划书理论知识基础上，针对地选择一地块，按照所学知识，小组通过分工协作，撰写项目营销策划报告或某地块营销策划书。

# 参 考 文 献


[1] 贾士军. 房地产项目全程策划(理论实操与案例)[M]. 广州：广东经济出版社，2003.

[2] 朱连庆. 大型商业地产：定位与策划[M]. 上海：学林出版社，2006.

[3] 黄福新. 房地产策划[M]. 北京：中国建筑工业出版社，2004.

[4] 倪时峰，黄长乐. 房地产营销策略与技巧[M]. 广州：广东经济出版社，1999.

[5] 兰峰. 房地产项目策划[M]. 西安：西安交通大学出版社，2009.

[6] 彭杰，陈靖. 市场营销与策划[M]. 北京：人民邮电出版社，2010.

[7] 董金社. 商业地产：策划与投资运营[M]. 上海：商务印书馆，2006.

[8] 胥和生，沈蕙帼. 房地产策划[M]. 上海. 东华大学出版社，2006.

[9] 贾士军. 房地产项目策划[M]. 2版. 北京：高等教育出版社，2011.

[10] 王志纲，韩启泰，王志纲工作室. 王志纲战略思想库[M]. 北京：人民出版社，2007.

[11] 谭启泰. 谋事在人：王志纲策划实录[M]. 北京：人民出版社，2007.

[12] [美]阿德里安娜·施米茨，德博拉·L·布雷特. 房地产市场分析——案例研究方法[M]. 张红，译. 北京：中信出版社，2003.

[13] 祖立厂. 房地产营销策划[M]. 北京：机械工业出版社，2004.

[14] 戴承良. 创意地产[M]. 上海：学林出版社，2008.

# 北京大学出版社高职高专土建系列规划教材

| 序号 | 书名 | 书号 | 编著者 | 定价 | 出版时间 | 印次 | 配套情况 | |
|---|---|---|---|---|---|---|---|---|
| | | | 基础课程 | | | | | |
| 1 | 工程建设法律与制度 | 978-7-301-14158-8 | 唐茂华 | 26.00 | 2012.7 | 6 | ppt/pdf | |
| 2 | 建设法规及相关知识 | 978-7-301-22748-0 | 唐茂华等 | 34.00 | 2013.8 | 1 | ppt/pdf | |
| 3 | 建设工程法规 | 978-7-301-16731-1 | 高玉兰 | 30.00 | 2013.8 | 13 | ppt/pdf/答案/素材 | ★ |
| 4 | 建筑工程法规实务 | 978-7-301-19321-1 | 杨陈慧等 | 43.00 | 2012.1 | 4 | ppt/pdf | ★ |
| 5 | 建筑法规 | 978-7-301-19371-6 | 董伟等 | 39.00 | 2013.1 | 4 | ppt/pdf | ★ |
| 6 | 建设工程法规 | 978-7-301-20912-7 | 王先恕 | 32.00 | 2012.7 | 3 | ppt/ pdf | |
| 7 | AutoCAD 建筑制图教程(第2版)(新规范) | 978-7-301-21095-6 | 郭　慧 | 38.00 | 2013.8 | 2 | ppt/pdf/素材 | ★ |
| 8 | AutoCAD 建筑绘图教程(2010版) | 978-7-301-19234-4 | 唐英敏等 | 41.00 | 2011.7 | 5 | ppt/pdf | ★ |
| 9 | 建筑 CAD 项目教程(2010版) | 978-7-301-20979-0 | 郭　慧 | 38.00 | 2012.9 | 1 | pdf/素材 | |
| 10 | 建筑工程专业英语 | 978-7-301-15376-5 | 吴承霞 | 20.00 | 2013.8 | 8 | ppt/pdf | ★ |
| 11 | 建筑工程专业英语 | 978-7-301-20003-2 | 韩薇等 | 24.00 | 2014.7 | 2 | ppt/ pdf | ★ |
| 12 | 建筑工程应用文写作 | 978-7-301-18962-7 | 赵立等 | 40.00 | 2012.6 | 3 | ppt/pdf | ★ |
| 13 | 建筑识图与构造(第2版)(新规范) | 978-7-301-14465-7 | 郑贵超 | 40.00 | 2014.1 | 1 | ppt/pdf/答案 | ★ |
| 14 | 建筑构造(新规范) | 978-7-301-21267-7 | 肖　芳 | 34.00 | 2013.5 | 2 | ppt/ pdf | |
| 15 | 房屋建筑构造 | 978-7-301-19883-4 | 李少红 | 26.00 | 2012.1 | 4 | ppt/pdf | ★ |
| 16 | 建筑工程制图与识图(第2版) | 978-7-301-24408-1 | 白丽红 | 29.00 | 2014.7 | 1 | ppt/pdf | ★ |
| 17 | 建筑制图习题集 | 978-7-301-15404-5 | 白丽红 | 25.00 | 2013.7 | 8 | pdf | |
| 18 | 建筑制图(第2版)(新规范) | 978-7-301-21146-5 | 高丽荣 | 32.00 | 2013.2 | 1 | ppt/pdf | ★ |
| 19 | 建筑制图习题集(第2版)(新规范) | 978-7-301-21288-2 | 高丽荣 | 28.00 | 2013.1 | 1 | pdf | |
| 20 | 建筑工程制图(第2版)(附习题册)(新规范) | 978-7-301-21120-5 | 肖明和 | 48.00 | 2012.8 | 5 | ppt/pdf | |
| 21 | 建筑制图与识图 | 978-7-301-18806-4 | 曹雪梅等 | 24.00 | 2012.2 | 5 | ppt/pdf | ★ |
| 22 | 建筑制图与识图习题册 | 978-7-301-18652-7 | 曹雪梅等 | 30.00 | 2012.4 | 4 | pdf | ★ |
| 23 | 建筑制图与识图(新规范) | 978-7-301-20070-4 | 李元玲 | 28.00 | 2012.8 | 5 | ppt/pdf | ★ |
| 24 | 建筑制图与识图习题集(新规范) | 978-7-301-20425-2 | 李元玲 | 24.00 | 2012.3 | 4 | ppt/pdf | ★ |
| 25 | 新编建筑工程制图(新规范) | 978-7-301-21140-3 | 方筱松 | 30.00 | 2012.8 | 1 | ppt/ pdf | ★ |
| 26 | 新编建筑工程制图习题集(新规范) | 978-7-301-16834-9 | 方筱松 | 22.00 | 2012.9 | 1 | pdf | |
| 27 | 建筑识图(新规范) | 978-7-301-21893-8 | 邓志勇等 | 35.00 | 2013.1 | 2 | ppt/ pdf | |
| 28 | 建筑识图与房屋构造 | 978-7-301-22860-9 | 贠禄等 | 54.00 | 2013.8 | 1 | ppt/pdf /答案 | ★ |
| 29 | 建筑构造与设计 | 978-7-301-23506-5 | 陈玉萍 | 38.00 | 2014.1 | 1 | ppt/pdf /答案 | ★ |
| 30 | 房屋建筑构造 | 978-7-301-23588-1 | 李元玲等 | 45.00 | 2014.1 | 1 | ppt/pdf | ★ |
| 31 | 建筑制图与识图(第2版) | 978-7-301-24386-2 | 曹雪梅 | 36.00 | 2014.9 | 1 | ppt/pdf | |
| 32 | 建筑工程应用文写作(第2版) | 978-7-301-24480-7 | 赵立等 | 50.00 | 2014.7 | 1 | ppt/pdf | ★ |
| | | | 建筑施工类 | | | | | |
| 1 | 建筑工程测量 | 978-7-301-16727-4 | 赵景利 | 30.00 | 2013.8 | 10 | ppt/pdf /答案 | ★ |
| 2 | 建筑工程测量(第2版)(新规范) | 978-7-301-22002-3 | 张敬伟 | 37.00 | 2013.5 | 2 | ppt/pdf /答案 | ★ |
| 3 | 建筑工程测量 | 978-7-301-19992-3 | 潘益民 | 38.00 | 2012.2 | 2 | ppt/ pdf | ★ |
| 4 | 建筑工程测量实验与实训指导(第2版) | 978-7-301-23166-1 | 张敬伟 | 27.00 | 2013.9 | 1 | pdf/答案 | |
| 5 | 建筑工程测量 | 978-7-301-13578-5 | 王金玲等 | 26.00 | 2011.8 | 3 | pdf | |
| 6 | 建筑工程测量实训 | 978-7-301-19329-7 | 杨凤华 | 27.00 | 2013.5 | 4 | pdf | ★ |
| 7 | 建筑工程测量(含实验指导手册) | 978-7-301-19364-8 | 石　东等 | 43.00 | 2012.6 | 2 | ppt/pdf/答案 | ★ |
| 8 | 建筑工程测量 | 978-7-301-22485-4 | 景　铎等 | 34.00 | 2013.6 | 1 | ppt/pdf | |
| 9 | 数字测图技术(新规范) | 978-7-301-22656-8 | 赵　红 | 36.00 | 2013.6 | 1 | ppt/pdf | ★ |
| 10 | 数字测图技术实训指导（新规范） | 978-7-301-22679-7 | 赵　红 | 27.00 | 2013.6 | 1 | ppt/pdf | ★ |
| 11 | 建筑施工技术(新规范) | 978-7-301-21209-7 | 陈雄辉 | 39.00 | 2013.2 | 2 | ppt/pdf | ★ |
| 12 | 建筑施工技术 | 978-7-301-12336-2 | 朱永祥等 | 38.00 | 2012.4 | 7 | ppt/pdf | |
| 13 | 建筑施工技术 | 978-7-301-16726-7 | 叶　雯等 | 44.00 | 2013.5 | 5 | ppt/pdf /素材 | |
| 14 | 建筑施工技术 | 978-7-301-19499-7 | 董伟等 | 42.00 | 2011.9 | 2 | ppt/pdf | |
| 15 | 建筑施工技术 | 978-7-301-19997-8 | 苏小梅 | 38.00 | 2013.5 | 3 | ppt/pdf | |
| 16 | 建筑工程施工技术(第2版)(新规范) | 978-7-301-21093-2 | 钟汉华等 | 48.00 | 2013.8 | 2 | ppt/pdf | ★ |
| 17 | 基础工程施工(新规范) | 978-7-301-20917-2 | 董伟等 | 35.00 | 2012.7 | 2 | ppt/pdf | ★ |

| 序号 | 书名 | 书号 | 编著者 | 定价 | 出版时间 | 印次 | 配套情况 | |
|---|---|---|---|---|---|---|---|---|
| 18 | 建筑施工技术实训(第 2 版) | 978-7-301-24368-8 | 周晓龙 | 30.00 | 2014.7 | 1 | pdf | ★ |
| 19 | 建筑力学(第 2 版)(新规范) | 978-7-301-21695-8 | 石立安 | 46.00 | 2013.9 | 3 | ppt/pdf | ★ |
| 20 | 土力学与地基基础 | 978-7-301-23675-8 | 叶火炎等 | 35.00 | 2014.1 | 1 | ppt/pdf | ★ |
| 21 | 土木工程实用力学 | 978-7-301-15598-1 | 马景善 | 30.00 | 2013.1 | 4 | pdf/ppt | ★ |
| 22 | 土木工程力学 | 978-7-301-16864-6 | 吴明军 | 38.00 | 2011.11 | 2 | ppt/pdf | ★ |
| 23 | PKPM 软件的应用(第 2 版) | 978-7-301-22625-4 | 王　娜等 | 34.00 | 2013.6 | 1 | pdf | ★ |
| 24 | 建筑结构(第 2 版)(上册)(新规范) | 978-7-301-21106-9 | 徐锡权 | 41.00 | 2013.4 | 1 | ppt/pdf/答案 | ★ |
| 25 | 建筑结构(第 2 版)(下册)(新规范) | 978-7-301-22584-4 | 徐锡权 | 42.00 | 2013.6 | 1 | ppt/pdf/答案 | ★ |
| 26 | 建筑结构 | 978-7-301-19171-2 | 唐春平等 | 41.00 | 2012.6 | 4 | ppt/pdf | |
| 27 | 建筑结构基础(新规范) | 978-7-301-21125-0 | 王中发 | 36.00 | 2012.8 | 2 | ppt/pdf | ★ |
| 28 | 建筑结构原理及应用 | 978-7-301-18732-6 | 史美东 | 45.00 | 2012.8 | 1 | ppt/pdf | ★ |
| 29 | 建筑力学与结构(第 2 版)(新规范) | 978-7-301-22148-8 | 吴承霞等 | 49.00 | 2013.12 | 2 | ppt/pdf/答案 | ★ |
| 30 | 建筑力学与结构(少学时版) | 978-7-301-21730-6 | 吴承霞 | 34.00 | 2013.12 | 2 | ppt/pdf/答案 | ★ |
| 31 | 建筑力学与结构 | 978-7-301-20988-2 | 陈水广 | 32.00 | 2012.8 | 1 | pdf/ppt | |
| 32 | 建筑结构与施工图(新规范) | 978-7-301-22188-4 | 朱希文等 | 35.00 | 2013.3 | 2 | ppt/pdf | ★ |
| 33 | 生态建筑材料 | 978-7-301-19588-2 | 陈剑峰等 | 38.00 | 2013.7 | 2 | ppt/pdf | |
| 34 | 建筑材料 | 978-7-301-13576-1 | 林祖宏 | 35.00 | 2012.6 | 9 | ppt/pdf | ★ |
| 35 | 建筑材料与检测 | 978-7-301-16728-1 | 梅　杨等 | 26.00 | 2012.11 | 8 | ppt/pdf/答案 | ★ |
| 36 | 建筑材料检测试验指导 | 978-7-301-16729-8 | 王美芬等 | 18.00 | 2013.7 | 5 | pdf | |
| 37 | 建筑材料与检测 | 978-7-301-19261-0 | 王　辉 | 35.00 | 2012.6 | 5 | ppt/pdf | ★ |
| 38 | 建筑材料与检测试验指导 | 978-7-301-20045-2 | 王　辉 | 20.00 | 2013.1 | 3 | ppt/pdf | ★ |
| 39 | 建筑材料选择与应用 | 978-7-301-21948-5 | 申淑荣等 | 39.00 | 2013.3 | 1 | ppt/pdf | ★ |
| 40 | 建筑材料检测实训 | 978-7-301-22317-8 | 申淑荣等 | 24.00 | 2013.4 | 1 | pdf | |
| 41 | 建设工程监理概论(第 2 版)(新规范) | 978-7-301-20854-0 | 徐锡权等 | 43.00 | 2013.7 | 3 | ppt/pdf /答案 | |
| 42 | 建设工程监理 | 978-7-301-15017-7 | 斯　庆 | 26.00 | 2013.1 | 6 | ppt/pdf /答案 | ★ |
| 43 | 建设工程监理概论 | 978-7-301-15518-9 | 曾庆军等 | 24.00 | 2012.12 | 5 | ppt/pdf | |
| 44 | 工程建设监理案例分析教程 | 978-7-301-18984-9 | 刘志麟等 | 38.00 | 2013.2 | 2 | ppt/pdf | ★ |
| 45 | 地基与基础(第 2 版) | 978-7-301-23304-7 | 肖明和等 | 42.00 | 2014.1 | 1 | ppt/pdf/答案 | ★ |
| 46 | 地基与基础 | 978-7-301-16130-2 | 孙平平等 | 26.00 | 2013.2 | 3 | ppt/pdf | |
| 47 | 地基与基础实训 | 978-7-301-23174-6 | 肖明和等 | 25.00 | 2013.10 | 1 | ppt/pdf | |
| 48 | 建筑工程质量事故分析(第 2 版) | 978-7-301-22467-0 | 郑文新 | 32.00 | 2013.9 | 1 | ppt/pdf | ★ |
| 49 | 建筑工程施工组织设计 | 978-7-301-18512-4 | 李源清 | 26.00 | 2013.5 | 5 | ppt/pdf | ★ |
| 49 | 建筑工程施工组织实训 | 978-7-301-18961-0 | 李源清 | 40.00 | 2012.11 | 3 | ppt/pdf | ★ |
| 50 | 建筑施工组织与进度控制(新规范) | 978-7-301-21223-3 | 张廷瑞 | 36.00 | 2012.9 | 3 | ppt/pdf | ★ |
| 51 | 建筑施工组织项目式教程 | 978-7-301-19901-5 | 杨红玉 | 44.00 | 2012.1 | 1 | ppt/pdf/答案 | |
| 52 | 钢筋混凝土工程施工与组织 | 978-7-301-19587-1 | 高　雁 | 32.00 | 2012.5 | 1 | ppt/pdf | |
| 53 | 钢筋混凝土工程施工与组织实训指导(学生工作页) | 978-7-301-21208-0 | 高　雁 | 20.00 | 2012.9 | 1 | ppt | |
| 54 | 建筑力学与结构 | 978-7-301-23348-1 | 杨丽君等 | 44.00 | 2014.1 | 1 | ppt/pdf | |
| 55 | 土力学与基础工程 | 978-7-301-23590-4 | 宁培淋等 | 32.00 | 2014.1 | 1 | ppt/pdf | |
| | **工程管理类** | | | | | | | |
| 1 | 建筑工程经济(第 2 版) | 978-7-301-22736-7 | 张宁宁等 | 30.00 | 2013.11 | 2 | ppt/pdf/答案 | ★ |
| 2 | 建筑工程经济 | 978-7-301-20855-7 | 赵小娥等 | 32.00 | 2013.7 | 2 | ppt/pdf | |
| 3 | 建筑工程经济 | 978-7-301-24346-6 | 刘晓丽等 | 38.00 | 2014.7 | 1 | ppt/pdf/答案 | |
| 4 | 施工企业会计(第 2 版) | 978-7-301-24434-0 | 辛艳红等 | 36.00 | 2014.7 | 1 | ppt/pdf/答案 | ★ |
| 5 | 建筑工程项目管理 | 978-7-301-12335-5 | 范红岩等 | 30.00 | 2012. 4 | 9 | ppt/pdf | ★ |
| 6 | 建设工程项目管理 | 978-7-301-16730-4 | 王　辉 | 32.00 | 2013.5 | 5 | ppt/pdf/答案 | ★ |
| 7 | 建设工程项目管理 | 978-7-301-19335-8 | 冯松山等 | 38.00 | 2013.11 | 3 | pdf/ppt | |
| 8 | 建设工程招投标与合同管理(第 2 版)(新规范) | 978-7-301-21002-4 | 宋春岩 | 38.00 | 2013.8 | 5 | ppt/pdf/ 答案 / 试题/教案 | ★ |
| 9 | 建筑工程招投标与合同管理(新规范) | 978-7-301-16802-8 | 程超胜 | 30.00 | 2012.9 | 2 | pdf/ppt | ★ |
| 10 | 建筑工程商务标编制实训 | 978-7-301-20804-5 | 钟振宇 | 35.00 | 2012.7 | 1 | ppt | ★ |
| 11 | 工程招投标与合同管理实务 | 978-7-301-19035-7 | 杨甲奇等 | 48.00 | 2011.8 | 3 | pdf | ★ |
| 12 | 工程招投标与合同管理实务 | 978-7-301-19290-0 | 郑文新等 | 43.00 | 2012.4 | 2 | ppt/pdf | ★ |
| 13 | 建设工程招投标与合同管理实务 | 978-7-301-20404-7 | 杨云会等 | 42.00 | 2012.4 | 1 | ppt/pdf/ 答案 / 习题库 | |

| 序号 | 书名 | 书号 | 编著者 | 定价 | 出版时间 | 印次 | 配套情况 | |
|---|---|---|---|---|---|---|---|---|
| 14 | 工程招投标与合同管理(新规范) | 978-7-301-17455-5 | 文新平 | 37.00 | 2012.9 | 1 | ppt/pdf | ★ |
| 15 | 工程项目招投标与合同管理 | 978-7-301-15549-3 | 李洪军等 | 30.00 | 2013.11 | 8 | ppt | ★ |
| 16 | 工程项目招投标与合同管理(第 2 版) | 978-7-301-22462-5 | 周艳冬 | 35.00 | 2013.7 | 1 | ppt/pdf | ★ |
| 17 | 建筑工程安全管理 | 978-7-301-19455-3 | 宋　健等 | 36.00 | 2013.5 | 3 | ppt/pdf | |
| 18 | 建筑工程质量与安全管理 | 978-7-301-16070-1 | 周连起 | 35.00 | 2013.2 | 5 | ppt/pdf/答案 | |
| 19 | 施工项目质量与安全管理 | 978-7-301-21275-2 | 钟汉华 | 45.00 | 2012.10 | 1 | ppt/pdf | |
| 20 | 工程造价控制 | 978-7-301-14466-4 | 斯　庆 | 26.00 | 2013.8 | 9 | ppt/pdf | ★ |
| 21 | 工程造价管理 | 978-7-301-20655-3 | 徐锡权等 | 33.00 | 2013.8 | 2 | ppt/pdf | |
| 22 | 工程造价控制与管理 | 978-7-301-19366-2 | 胡新萍等 | 30.00 | 2013.1 | 2 | ppt/pdf | ★ |
| 23 | 建筑工程造价管理 | 978-7-301-20360-6 | 柴　琦等 | 27.00 | 2013.1 | 2 | ppt/pdf | |
| 24 | 建筑工程造价管理 | 978-7-301-15517-2 | 李茂英等 | 24.00 | 2012.1 | 4 | pdf | |
| 25 | 建筑工程造价 | 978-7-301-21892-1 | 孙咏梅 | 40.00 | 2013.2 | 1 | ppt/pdf | ★ |
| 26 | 建筑工程计量与计价(第 2 版) | 978-7-301-22078-8 | 肖明和等 | 58.00 | 2013.8 | 2 | pdf/ppt | ★ |
| 27 | 建筑工程计量与计价实训（第 2 版） | 978-7-301-22606-3 | 肖明和等 | 29.00 | 2013.7 | 1 | pdf | ★ |
| 28 | 建筑工程计量与计价综合实训 | 978-7-301-23568-3 | 龚小兰 | 28.00 | 2014.1 | 1 | pdf | ★ |
| 29 | 建筑工程估价 | 978-7-301-22802-9 | 张　英 | 43.00 | 2013.8 | 1 | ppt/pdf | ★ |
| 30 | 建筑工程计量与计价——透过案例学造价第 2 版) | 978-7-301-23852-3 | 张　强 | 59.00 | 2014.4 | 7 | ppt/pdf | ★ |
| 31 | 安装工程计量与计价（第 2 版） | 978-7-301-22140-2 | 冯钢等 | 50.00 | 2013.7 | 2 | pdf/ppt | ★ |
| 32 | 安装工程计量与计价实训 | 978-7-301-19336-5 | 景巧玲等 | 36.00 | 2013.5 | 3 | pdf/素材 | ★ |
| 33 | 建筑水电安装工程计量与计价(新规范) | 978-7-301-21198-4 | 陈连姝 | 36.00 | 2013.8 | 2 | ppt/pdf | ★ |
| 34 | 建筑与装饰装修工程工程量清单 | 978-7-301-17331-2 | 翟丽旻等 | 25.00 | 2012.8 | 3 | pdf/ppt/答案 | |
| 35 | 建筑工程清单编制 | 978-7-301-19387-7 | 叶晓容 | 24.00 | 2011.8 | 2 | ppt/pdf | ★ |
| 36 | 建设项目评估 | 978-7-301-20068-1 | 高志云等 | 32.00 | 2013.6 | 2 | ppt/pdf | ★ |
| 37 | 钢筋工程清单编制 | 978-7-301-20114-5 | 贾莲英 | 36.00 | 2012.2 | 1 | ppt / pdf | |
| 38 | 混凝土工程清单编制 | 978-7-301-20384-2 | 顾　娟 | 28.00 | 2012.5 | 1 | ppt / pdf | |
| 39 | 建筑装饰工程预算 | 978-7-301-20567-9 | 范菊雨 | 38.00 | 2013.6 | 2 | pdf/ppt | ★ |
| 40 | 建设工程安全监理(新规范) | 978-7-301-20802-1 | 沈万岳 | 28.00 | 2012.7 | 1 | pdf/ppt | ★ |
| 41 | 建筑工程安全技术与管理实务(新规范) | 978-7-301-21187-8 | 沈万岳 | 48.00 | 2012.9 | 2 | pdf/ppt | ★ |
| 42 | 建筑工程资料管理 | 978-7-301-17456-2 | 孙　刚等 | 36.00 | 2013.8 | 3 | pdf/ppt | |
| 43 | 建筑施工组织与管理(第 2 版)(新规范) | 978-7-301-22149-5 | 翟丽旻等 | 43.00 | 2013.4 | 1 | ppt/pdf/答案 | ★ |
| 44 | 建设工程合同管理 | 978-7-301-22612-4 | 刘庭江 | 46.00 | 2013.6 | 1 | ppt/pdf/答案 | ★ |
| 45 | 工程造价案例分析 | 978-7-301-22985-9 | 甄　凤 | 30.00 | 2013.8 | 1 | pdf/ppt | ★ |
| 46 | 建设工程造价控制与管理 | 978-7-301-24273-5 | 胡芳珍等 | 38.00 | 2014.6 | 1 | ppt/pdf/答案 | ★ |
| 47 | 建筑工程经济 | 978-7-301-24346-6 | 刘晓丽等 | 38.00 | 2014.7 | 1 | ppt/pdf | ★ |
| | **建筑设计类** | | | | | | | |
| 1 | 中外建筑史(第 2 版) | 978-7-301-23779-3 | 袁新华等 | 38.00 | 2014.2 | 1 | ppt/pdf | ★ |
| 2 | 建筑室内空间历程 | 978-7-301-19338-9 | 张伟孝 | 53.00 | 2011.8 | 1 | pdf | ★ |
| 3 | 建筑装饰 CAD 项目教程(新规范) | 978-7-301-20950-9 | 郭　慧 | 35.00 | 2013.1 | 1 | ppt/素材 | |
| 4 | 室内设计基础 | 978-7-301-15613-1 | 李书青 | 32.00 | 2013.5 | 3 | ppt/pdf | |
| 5 | 建筑装饰构造 | 978-7-301-15687-2 | 赵志文等 | 27.00 | 2012.11 | 5 | ppt/pdf/答案 | ★ |
| 6 | 建筑装饰材料(第 2 版) | 978-7-301-22356-7 | 焦　涛等 | 34.00 | 2013.5 | 4 | ppt/pdf | |
| 7 | 建筑装饰施工技术（第 2 版） | 978-7-301-24482-1 | 王　军 | 37.00 | 2014.7 | 1 | ppt/pdf | ★ |
| 8 | 装饰材料与施工 | 978-7-301-15677-3 | 宋志春等 | 30.00 | 2010.8 | 2 | ppt/pdf/答案 | ★ |
| 9 | 设计构成 | 978-7-301-15504-2 | 戴碧锋 | 30.00 | 2012.10 | 2 | ppt/pdf | |
| 10 | 基础色彩 | 978-7-301-16072-5 | 张　军 | 42.00 | 2011.9 | 2 | pdf | ★ |
| 11 | 设计色彩 | 978-7-301-21211-0 | 龙黎黎 | 46.00 | 2012.9 | 1 | ppt | ★ |
| 12 | 设计素描 | 978-7-301-22391-8 | 司马金桃 | 29.00 | 2013.4 | 1 | ppt | ★ |
| 13 | 建筑素描表现与创意 | 978-7-301-15541-7 | 于修国 | 25.00 | 2012.11 | 3 | Pdf | ★ |
| 14 | 3ds Max 效果图制作 | 978-7-301-22870-8 | 刘　晗等 | 45.00 | 2013.7 | 1 | ppt | ★ |
| 15 | 3ds max 室内设计表现方法 | 978-7-301-17762-4 | 徐海军 | 32.00 | 2010.9 | 1 | pdf | |
| 16 | 3ds Max 2011 室内设计案例教程(第 2 版) | 978-7-301-15693-3 | 伍福军等 | 39.00 | 2011.9 | 1 | ppt/pdf | |
| 17 | Photoshop 效果图后期制作 | 978-7-301-16073-2 | 脱忠伟等 | 52.00 | 2011.1 | 1 | 素材/pdf | ★ |
| 18 | 建筑表现技法 | 978-7-301-19216-0 | 张　峰 | 32.00 | 2013.1 | 2 | ppt/pdf | |
| 19 | 建筑速写 | 978-7-301-20441-2 | 张　峰 | 30.00 | 2012.4 | 1 | pdf | ★ |

| 序号 | 书名 | 书号 | 编著者 | 定价 | 出版时间 | 印次 | 配套情况 | |
|---|---|---|---|---|---|---|---|---|
| 20 | 建筑装饰设计 | 978-7-301-20022-3 | 杨丽君 | 36.00 | 2012.2 | 1 | ppt/素材 | |
| 21 | 装饰施工读图与识图 | 978-7-301-19991-6 | 杨丽君 | 33.00 | 2012.5 | 1 | ppt | |
| 22 | 建筑装饰工程计量与计价 | 978-7-301-20055-1 | 李茂英 | 42.00 | 2013.7 | 2 | ppt/pdf | |
| 规划园林类 | | | | | | | | |
| 1 | 居住区景观设计 | 978-7-301-20587-7 | 张群成 | 47.00 | 2012.5 | 1 | ppt | ★ |
| 2 | 居住区规划设计 | 978-7-301-21031-4 | 张　燕 | 48.00 | 2012.8 | 2 | ppt | ★ |
| 3 | 园林植物识别与应用(新规范) | 978-7-301-17485-2 | 潘利等 | 34.00 | 2012.9 | 1 | ppt | ★ |
| 4 | 城市规划原理与设计 | 978-7-301-21505-0 | 谭婧婧等 | 35.00 | 2013.1 | 1 | ppt/pdf | ★ |
| 5 | 园林工程施工组织管理(新规范) | 978-7-301-22364-2 | 潘利等 | 35.00 | 2013.4 | 1 | ppt/pdf | ★ |
| 房地产类 | | | | | | | | |
| 1 | 房地产开发与经营(第2版) | 978-7-301-23084-8 | 张建中等 | 33.00 | 2013.8 | 1 | ppt/pdf/答案 | ★ |
| 2 | 房地产估价(第2版) | 978-7-301-22945-3 | 张　勇等 | 35.00 | 2013.8 | 1 | ppt/pdf/答案 | ★ |
| 3 | 房地产估价理论与实务 | 978-7-301-19327-3 | 褚菁晶 | 35.00 | 2011.8 | 1 | ppt/pdf/答案 | ★ |
| 4 | 物业管理理论与实务 | 978-7-301-19354-9 | 裴艳慧 | 52.00 | 2011.9 | 1 | ppt/pdf | ★ |
| 5 | 房地产测绘 | 978-7-301-22747-3 | 唐春平 | 29.00 | 2013.7 | 1 | ppt/pdf | ★ |
| 6 | 房地产营销与策划(新规范) | 978-7-301-18731-9 | 应佐萍 | 42.00 | 2012.8 | 2 | ppt/pdf | ★ |
| 市政路桥类 | | | | | | | | |
| 1 | 市政工程计量与计价(第2版) | 978-7-301-20564-8 | 郭良娟等 | 42.00 | 2013.8 | 3 | pdf/ppt | |
| 2 | 市政工程计价 | 978-7-301-22117-4 | 彭以舟等 | 39.00 | 2013.2 | 1 | ppt/pdf | ★ |
| 3 | 市政桥梁工程 | 978-7-301-16688-8 | 刘　江等 | 42.00 | 2012.10 | 2 | ppt/pdf/素材 | |
| 4 | 市政工程材料 | 978-7-301-22452-6 | 郑晓国 | 37.00 | 2013.5 | 1 | ppt/pdf | ★ |
| 5 | 路基路面工程 | 978-7-301-19299-3 | 偶昌宝等 | 34.00 | 2011.8 | 1 | ppt/pdf/素材 | |
| 6 | 道路工程技术 | 978-7-301-19363-1 | 刘　雨等 | 33.00 | 2011.12 | 1 | ppt/pdf | |
| 7 | 城市道路设计与施工(新规范) | 978-7-301-21947-8 | 吴颖峰 | 39.00 | 2013.1 | 1 | ppt/pdf | ★ |
| 8 | 建筑给水排水工程 | 978-7-301-20047-6 | 叶巧云 | 38.00 | 2012.2 | 1 | ppt/pdf | |
| 9 | 市政工程测量(含技能训练手册) | 978-7-301-20474-0 | 刘宗波等 | 41.00 | 2012.5 | 1 | ppt/pdf | |
| 10 | 公路工程任务承揽与合同管理 | 978-7-301-21133-5 | 邱　兰等 | 30.00 | 2012.9 | 1 | ppt/pdf/答案 | |
| 11 | 道桥工程材料 | 978-7-301-21170-0 | 刘水林等 | 43.00 | 2012.9 | 1 | ppt/pdf | |
| 12 | 工程地质与土力学(新规范) | 978-7-301-20723-9 | 杨仲元 | 40.00 | 2012.6 | 1 | ppt/pdf | ★ |
| 13 | 数字测图技术应用教程 | 978-7-301-20334-7 | 刘宗波 | 36.00 | 2012.8 | 1 | ppt | |
| 14 | 水泵与水泵站技术 | 978-7-301-22510-3 | 刘振华 | 40.00 | 2013.5 | 1 | ppt/pdf | ★ |
| 15 | 道路工程测量(含技能训练手册) | 978-7-301-21967-6 | 田树涛等 | 45.00 | 2013.2 | 1 | ppt/pdf | |
| 建筑设备类 | | | | | | | | |
| 1 | 建筑设备基础知识与识图 | 978-7-301-16716-8 | 靳慧征 | 34.00 | 2013.11 | 12 | ppt/pdf | ★ |
| 2 | 建筑设备识图与施工工艺 | 978-7-301-19377-8 | 周业梅 | 38.00 | 2011.8 | 4 | ppt/pdf | ★ |
| 3 | 建筑施工机械 | 978-7-301-19365-5 | 吴志强 | 30.00 | 2013.7 | 3 | pdf/ppt | ★ |
| 4 | 智能建筑环境设备自动化(新规范) | 978-7-301-21090-1 | 余志强 | 40.00 | 2012.8 | 1 | pdf/ppt | ★ |

相关教学资源如电子课件、电子教材、习题答案等可以登录 www.pup6.com 下载或在线阅读。

扑六知识网(www.pup6.com)有海量的相关教学资源和电子教材供阅读及下载(包括北京大学出版社第六事业部的相关资源)，同时欢迎您将教学课件、视频、教案、素材、习题、试卷、辅导材料、课改成果、设计作品、论文等教学资源上传到 pup6.com，与全国高校师生分享您的教学成就与经验，并可自由设定价格，知识也能创造财富。具体情况请登录网站查询。

如您需要免费纸质样书用于教学，欢迎登录第六事业部门户网(www.pup6.cn)填表申请，并欢迎在线登记选题以到北京大学出版社来出版您的大作，也可下载相关表格填写后发到我们的邮箱，我们将及时与您取得联系并做好全方位的服务。

扑六知识网将打造成全国最大的教育资源共享平台，欢迎您的加入——让知识有价值，让教学无界限，让学习更轻松。

联系方式：010-62750667，yangxinglu@126.com，欢迎来电来信咨询。